金陵全書

丙編·檔案類

南京近代教育檔案

南京市立第一中學

南京市檔案館 編

南京出版傳媒集團
南京出版社

圖書在版編目（CIP）數據

南京近代教育檔案. 南京市立第一中學 / 南京市檔案館編
. -- 南京 : 南京出版社, 2020.5
（金陵全書）
ISBN 978-7-5533-2822-5

Ⅰ. ①南… Ⅱ. ①南… Ⅲ. ①地方教育－教育史－史料－南京－近代②南京市第一中學－校史－史料－近代
Ⅳ. ①G527.531②G639.285.31

中國版本圖書館CIP數據核字(2020)第050915號

書　　名　【金陵全書】（丙編・檔案類）
南京近代教育檔案・南京市立第一中學
編　　者　南京市檔案館
出版發行　南京出版傳媒集團
南　京　出　版　社
社址：南京市太平門街53號　　郵編：210016
網址：http://www.njcbs.cn　　電子信箱：njcbs1988@163.com
聯系電話：025-83283893、83283864（營銷）　025-83112257（編務）

出 版 人　項曉寧
出 品 人　盧海鳴
策　　劃　盧海鳴　朱天樂
責任編輯　崔龍龍
裝幀設計　王　俊
責任印製　楊福彬

製　　版　上海雅昌藝術印刷有限公司
印　　刷　上海雅昌藝術印刷有限公司
開　　本　889毫米 x 1194毫米　1/16
印　　張　30.5
版　　次　2020年5月第1版
印　　次　2020年5月第1次印刷
書　　號　ISBN 978-7-5533-2822-5
定　　價　1000.00 元

南京出版社
圖書專營店

目録

壹　校史及概况

貳 學則及規程

叁 教學及管理

爲送本校初三下學生名冊請準予轉學或借讀事由的往來公函

爲添辦高中自費班事由的一組文件

為僑生黄樹桐編入高中自費班就讀事由的往來公函

為學生甘石麟因病休學事由的一組文件

爲學生李恒亮予以轉學安插事由的一組文件

肆　校舍建設

爲新建學生宿舍提前驗收交付使用的往來文件

南京近代教育檔案

南京市立第一中學

壹 校史及概況

南京市立第一中學　校史

民國十五年七月，國民革命軍誓師北伐。翌年秋，削平北洋軍閥，甫定大江南北，定鼎南都，設特別市政府，改組市內學校。採實驗學區制。就前江寧縣公立第一小學舊址，創中區實驗學校，是為本校創設之始。由教育局聘任李清悚先生為校長。八月接收校址，開始籌備，收小學生四十餘人。後因就學者日衆，設小學五級，幼稚園一級，十一月又收前江寧縣立初中學生，分設三級。合小學五級，幼稚園一級，共九級。

十七年春增設小學二級，並得款修葺校舍。同年秋又另增初中一級，小學二級。合前為初中四級，小學九級，幼稚園一級，都十四級。學生五百餘人矣。

十八年因校舍不敷應用，呈准市政府建新校舍一所，名勵青院。六月，舊校舍年久失修，相繼傾坍。又市府所劃道路系統，其子午線之南段，恰中貫校址，剖為兩部，餘地僅五分之二，至是學校之存在乃成疑問。厥後奉令收東鄰市公共體育場地約十四畝，重建校舍。八月興工，計建植幼院，和平院，博愛院各一所，翌年六月四[illegible]落成。秋，當局因校舍之增加，添辦高中師範科一級，男子初中一級，女子初中三級，遂有師範一級，初中八級，小學九級，幼稚園一級，共十九級矣。

南京市立第一中學校史（一九四七年）

十九年市府道路系統計劃更易，子午線路改爲中正路，前貫本校之地，移之而西。乃以其地闢爲足球場。同年六月奉令收市有公共演講廳爲本校禮堂。既秋又增高中師範及初中各一級。以投考同學踴躍，額滿見遺者仍衆，乃循家長之請求，呈准市府設自費初中特別級一級。計師範二級，初中十級，小學九級，幼稚園一級，共二十二級。

二十年秋，前設之初中特別級改爲正式級。同時又增設高中普通科，小學經濟班各一級，計共高中一級，師範二級，初中十級，小學十級，幼稚園一級，都二十四級，學生達千餘人。

二十一年秋增高中普通科一級，減女子初中一級。餘無變更。

二十二年秋教部頒定規程，中小學以分設爲原則，市府取消實驗學區制。劃本校小學部爲府西街小學，中學部更名爲市立第一中學，仍委李清悚先生爲校長。興氣象台，建風雨操場。並增高中普通科一級，計高中三級，師範二級，初中九級，共十四級。

二十三年春李校長奉命偕同中華兒童教育社國外教育考察團赴日考察教育，更變學校訓練方針，以復興中華民族為最高鵠的，新生活原則為依歸，實施軍事化管理。並籌設師範一級，計高中三級，師範三級，初中九級，共十五級。

二十四年秋市立師範學校成立，本校師範科奉令停招新生，即以其班次改為高中一級。仍成十五級。九月明德院開始建築。

二十五年春李校長出席　蔣院長召集全國中學校長會議。同年秋又減師範一級改辦女子生活班一級。八月明德院落成。收容寄宿學生。

二十六年春添設各項體育設備。師範科完全結束。六月李校長奉令赴廬山參加蔣院長召集之暑期訓練。同月又奉市府令赴歐美考查中等教育，給假一年，校務由教導主任章柳泉先生代理。七月日寇于蘆溝橋上海先後發動侵略戰爭，平、津、淞滬等地相繼淪陷。九月，本校與市立各中等學校設聯合中學，旋國民政府為從事持久抗戰，為爭取國家民族之獨立生存，遂移節重慶，以示抗戰到底之決心。是年冬南京又淪陷敵手，本校因而停辦。

及至三十四年八月，賴我全國軍民之合作，及聯合國之併肩作戰，卒使日寇投降。國土重光。市政府首先凱旋歸來，社會局乃委陳朱敬先生為本校校長。當時校內滿駐國軍，幾經交涉，始讓出博愛院一幢，即以高中五級遷入之。初中六級乃在白下路前貧兒院即偽市立一中校舍上課。並又在白下路前昇平橋小學舊址，創設分校，設高中二級，初中五級。

三十五年二月駐軍撤盡，全校由白下路貧兒院遷返。計有高中五級，初中十一級，共十六級，兵燹以後，校舍蠹窗破壁，設備因陋就簡，禮堂，勵青院，及教職員宿舍，勞作教室，女子生活班教室等屋全燬，稍加修理，勉強應用而已。七月，京市恢復教育局委陳重寅先生為校長，核定設高中九級，初中十五級，共廿四級，請款修復勵青院，又修復舊女子生活班教室，命名為康樂院，修復舊教職員宿舍，命名為崇文院，同時，昇平橋分校，奉令獨立為第三中學。

三十六年二月，增設初中自費班一級，於是共有高中九級，初中十六級，都廿五級。四月請准修復舊大禮堂，及東界與憲兵學校毘連之界牆。並修整花木，佈置庭園，漸復舊觀焉。

南京市立第一中學學校概況一覽表 三十五年度第一學期製

校名	南京市立第一中學	校址	南京中華路北段府西街十四號
成立年月日	民國十六年十一月一日	電話號碼	二二一二〇
校長姓名	陳重寅	現有班級	高中九班初中十五班共二十四班

校史概略：民國十六年十一月[illegible]市立[illegible]中學校[illegible]校前江寧縣立初級中學[illegible]設中學部三班為本校創辦之始十七年秋增[illegible]建[illegible]秋增男女初中及高中師範科五級共有九級十九年秋增高中一級初中二級廿年秋增高中一級共十三級廿二年秋奉令改為市立第一中學增高中一級共十四級廿五年秋增女子生活學級一班共十五班廿六年秋抗戰軍興本校先與各市立中学合組為臨時聯中冬首都淪陷遂告停辦卅四年九月勝利凱旋本校復員設高中七級初中五級共十二級卅五年春增初中四級共十六級秋又增高中二級初中六級共廿四級成現狀焉。

教職員	教員兼職員	8	男	60
	教員	43	女	6
	職員	15	合計	66
	合計	66		
經常費（附）	辦公費	460,000元		
	教職員薪金	12,387元		
	加成數	7,905,600元		
	生活補助費	7,260,000元		
	合計	15,637,987元		
圖書	中文	804冊		
	外國文	126冊		
	合計	930冊		
	雜誌	120種		
	報紙	2種		
儀器標本	物理	279件		
	化學	479件		
	生理衛生	74件		
	博物	493件		
	其他	59件		
	合計	1384件		
体育設備	联合器械	1具		
	雙槓	1具		
	木馬	1具		
	草墊	4個		
	球類	20件		
	其他	4件		
	合計	31件		

學生人數

班級	人數	年級/類別	人數
高三甲	49	高三	97
高三乙	48	高二	158
高二甲	53	高一	225
高二乙	54	初三	208
高二丙	51	初二下	54
高一甲	56	初二	218
高一乙	53	初一	320
高一丙	54	合計	1280
高一丁	62		
初三甲	52	高中	480
初三乙	52	初中	800
初三丙	52	合計	1280
初三丁	52	走讀	1167
初二下	54	寄宿	113
初二甲	54	合計	1280
初二乙	55	青年軍復員學生	17
初二丙	55	復員分發學生	236
初二丁	54	舊生	508
初一甲	54	新生	432
初一乙	53	插班生	55
初一丙	54	自費生	62
初一丁	51	退學生	30
初一戊	54		
初一己	54		
合計	1280	合計	1280

校舍概況

院別	名稱	數量
博愛院	樓上教室	4
	樓上教員休息室	1
	樓下教室	4
和平院	樓上教室	6
	樓下教室	3
	樓下辦公室	4
	樓下会客室	1
	樓下教員休息室	1
崇文院	教室	1
	[illegible]教室	1
	辦公室	2
	儲藏室	1
	教職員寢室	3
	樓下圖書館	2
	樓下儀器室	1
	樓下飯堂	1
明德院 二樓	学生寢室	6
	教職員寢室	2
	辦公室	2
	儲藏室	2
	廁所	1
明德院 三樓	教職員寢室	20
	廁所	1
大勵青院	禮堂	1
	教室	4
	教員休息室	1
	教職員寢室	1
康樂院	教室	2
	教職員寢室	1
後院	氣象台	1
	教職員寢室	2
其他	廚房	2
	盥洗室	1
	廁所	2
	焚毀炉	1
	木工廠	1
	傳達室	1
	自行車室	1
	校工室	4
合計		96

校具概況

名稱	數量
辦公桌椅	46套
課桌椅	779套
四人椅	90張
長方桌	10張
方凳	5張
玻璃櫥	42個
木工枱凳	12張
長板凳	26張
鼓號	9件
國樂	13件
鋼琴	1架
風琴	2架
油印機	1付
保險箱	1具
大鏡	2面
時鐘	4個
信號鐘	2個
童子軍棍	120根
樣[illegible]旗	7面
茶具	52件
單人鉄床	31張
双人木床	36張
電灯	90盞
電話	1具
童軍用具	24件
講台	10個
沙發椅	2張
乒乓桌	2張
衣架	2個
洗脸架	7個
佈告欄及揭框	15個
推草机	1個
花剪	1把
鋤頭	16把
釘鈀	1把
洋鎬	4把
四齒釘爬	4把
手鋸	4把
其他	251件
合計	1702件

畢業生人數	高中普通科	5屆 154人
	高中師範科	5屆 156人
	男初中	11屆 620人
	女初中	7屆 194人
	合計	28屆 1124人
	女子生活學級	1班 33人
本學期臨時費	校舍修理費	10,600,000元
	電灯装修費	260,000元
	牆路修理費	2,500,000元
	其他	6,200,000元
	合計	19,560,000元
本學期招生情形	高中報名者	746人
	初中報名者	1463人
	插班報名者	170人
	合計	2379人
	高中錄取者	138人
	初中錄取者	294人
	插班錄取者	55人
	合計	487人
	錄取數佔報名人數之百分比	20%

本學期特殊事項：

1. 高中設一年級自費班一班收62人每人交費十萬元旋改為公費班所收費調充設備費
2. 十一月一日舉行十九週年校慶紀念校友會献復校紀念碑一座綢質校旗一面

南京市立第一中學一九四六年度第一學期學校概況一覽表（一九四六年）

南京市立第一中學學校概況一覽表

三十五年度第二學期製

校名	南京市立第一中學	校址	南京中華路北段府西街十四號		
成立年月日	民國十六年十一月一日	電話號碼	二二一二〇		
校長姓名	陳重寅	現有班級	高中九班初中十六班共二十五班		

校史概略：民國十六年十一月南京市立中區實驗學校收前江寧縣立初級中學學生設中學部三班為本校成立之始十七年秋增一級十八年建校舍秋增男女初中及高中師範科三級共有九級十九年秋增高中一級初中二級廿年秋增高中一級共十三級廿二年秋奉令改為市立第一中學增高中一級共十四級廿五年秋增女子生活學級一班共十五班廿六年秋抗戰軍興本校先與各市立中學合組為臨時聯中冬首都淪陷遂告停辦卅四年九月勝利凱旋本校復員設高中七級初中五級共十二級卅五年春增初中四級共十六級秋又增高中二級初中六級卅六年春奉令招收初一自費班一級都廿五級成現狀焉

教職員				
教員兼職員	8	男	64
教員	48	女	11
職員	19		
合計	75	合計	75

經常費（計月）	
辦公費	1,119,600元
教職員及工友薪金	15,400元
加成數	16,104,000元
生活補助費	14,688,000元
合計	31,927,000元

圖書	
中文	1138冊
外國文	143冊
合計	1281冊
雜誌	342種
報紙	8種

儀器標本	
物理	375件
化學	494件
生理衛生	74件
博物	493件
其他	59件
合計	1495件

體育設備	
聯合器械	1具
雙槓	1具
木馬	1具
球類	8件
跳高架	2付
鉛球	2個
籃球架	1付
排球柱	1付
大小足球門	2付
跑表	1只
皮尺	1只
其他	4件
合計	25件

學生人數			
高三甲	50	高三下	96
高三乙	46	高二下	128
高二甲	64	高二上	25
高二乙	64	高一下	190
高二上	25	高一上	39
高一甲	63	初三下	141
高一乙	64	初三上	101
高一丙	63	初二下	178
高一上	39	初二上	57
初三甲	51	初一下	226
初三乙	50	初一上	181
初三丙	40	合計	1362
初三上甲	46	高中	478
初三上乙	55	初中	884
初二甲	59	合計	1362
初二乙	60	走讀	1212
初二丙	59	寄宿	150
初二上	57	合計	1362
初一甲	53	復學生	33
初一乙	56	舊生	1182
初一丙	58	新生	117
初一丁	59	插班生	15
初一上甲	60	休學生	5
初一上乙	56	退學生	10
初一上丙	65	合計	1362
合計	1362		

校舍概況		
博愛院	樓上教室	4
	樓上教員休息室	1
	樓下教室	4
和平院	樓上教室	6
	樓下教室	3
	樓下办公室	3
	樓下會客室	1
	樓下教員休息室	1
崇文院	教室	2
	理髮室	1
	办公室	1
	儲藏室	1
	教職員寢室	3
明德院	樓下圖書館	2
	樓下儀器室	1
	樓下學生飯堂	1
	二樓 學生寢室	5
	二樓 教職員寢室	7
	二樓 學生療養室	1
	二樓 儲藏室	1
	二樓 廁所	1
	三樓 教職員寢室	20
	三樓 廁所	1
大小禮堂		2
勵青院	教室	4
	教員休息室	1
	校友會办公室	1
	教職員寢室	1
康樂院	教室	2
	教職員寢室	1
後院	氣象台	1
	教職員寢室	2
	廚房	2
	盥洗室	1
其他	廁所	2
	水爐	1
	木工廠	1
	傳達室	1
	自行車室	1
	校工室	4
合計		99

校具概況	
辦公桌椅	46套
課桌椅	943套
四人椅	90張
長方桌	10張
方凳	5張
玻璃櫥	42個
木工枱	12張
長板凳	26張
鼓號	9件
國樂器	13件
鋼琴	1架
風琴	2架
油印機	3副
保險箱	1具
大鏡	2面
時鐘	4個
信號鐘	2個
童軍棍	120根
旗幟	7面
茶具	52件
單人鉄床	30張
双人木床	36張
電燈	90盞
電話	1具
童軍用具	24件
講台	10個
沙發椅	2張
乒乓桌	2張
洗臉架	7個
佈告欄及報框	15個
推草機	1具
花剪	1把
鋤頭	16把
釘鈀	1把
洋鎬	4把
四齒釘爬	4把
手鋸	4把
衣架	2具
其他	374件
合計	2,012件

畢業生人數		
高中普通科	5屆	154人
高中師範科	5屆	156人
男初中	11屆	620人
女初中	7屆	194人
合計	28屆	1124人
女子生活學級	1班	33人

本學期臨時費	
校舍粉刷費	5,103,500元
大理堂修理費	17,900,000元
圍牆修理費	12,300,000元
追加修理費	1,071,000元
合計	36,374,500元

本學期招考情形	
高中報名者	25人
初中報名者	308人
插班生報名者	63人
合計	396人
高中錄取者	15人
初中錄取者	102人
插班生錄取者	15人
合計	132人
錄取數佔報名人數之百分比	33%

本學期特殊事項

1. 實施深化訓導：着重學生"格"的養成，希望訓導效果能有永久性，實施的办法務求能促起學生自覺自動的精神，軌範學生處事立業的正常態度，為學生奠定一個作人的永久基礎。
2. 各項訓導設施：(一)靜字牌，學生集合時，如有喧擾，即以靜字牌面向此部份學生，促其自覺，藉使自動糾正，無待於訓管人員人員之干涉。
(二)黑旗，早晨升旗時，如有學生遲到，即令其站在黑旗下反省，藉以促其自覺。
(三)缺席統計箱，上課時，由級長將缺席學生姓名記載于缺席表上，交由任課教師簽字，于下課時由教師投入缺席統計箱內，逐日由訓導幹事取出整理統計之。(此項為求嚴密缺席統計，及減少教師點名麻煩而設)。
(四)分期邀約學生家長舉行座譚會，以求家庭與學校密切聯繫。

南京市立第一中學一九四六年度第二學期學校概況一覽表（一九四七年）

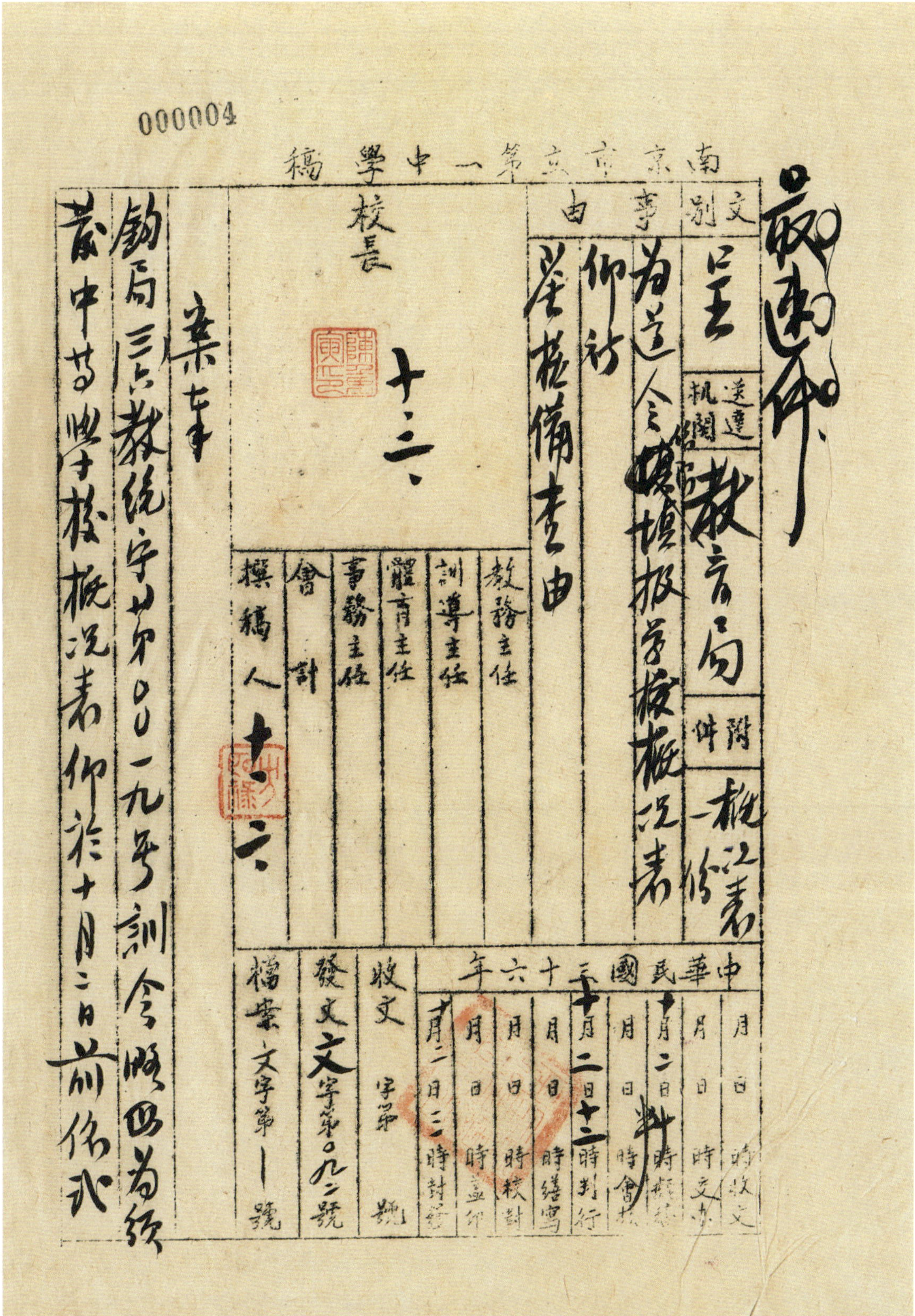
000004

南京市立第一中學稿

文別	呈
送達機關	教育局
事由	為遵令填報學校概況表仰祈鑒核備查由
附件	概況表一份

校長 十二六

教務主任　訓導主任　體育主任　事務主任　會計　撰稿人 十二六

案奉
鈞局三六教統字第〇〇一九號訓令略為頒發中等學校概況表仰於十月二日前依式

中華民國三十六年

收文	發文	檔案
字第 號	文字第〇九二號	文字第一號

月日時收文　月日時交辦　十月二日時擬稿　月日時會核　十月二日十二時判行　月日時繕寫　月日時校對　月日時蓋印　十月二日三時封發

南京市立第一中學爲遵令填報學校概況表給市教育局的呈文（一九四七年十月二日）

附：南京市中等學校概況表

檔號：1009-1-9

填送勿误为要等因奉此遵经饬限[illegible]
案填明汇合格同该表以上各份
鉴核备查
谨呈
南京市政府市长马
附呈报告表乙份
（衔名）

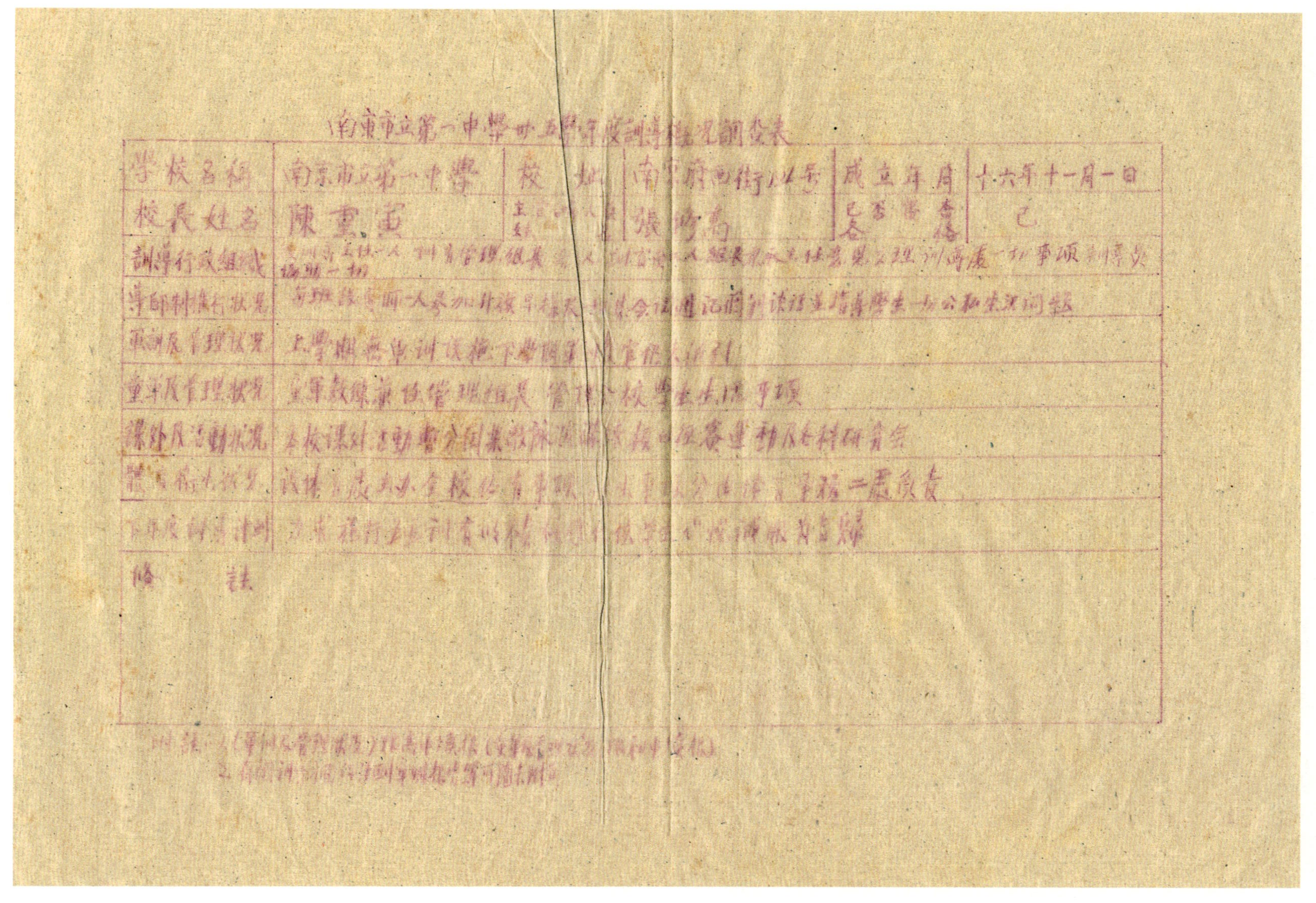

南京市立第一中学卅五学年度训导概况调查表

学校名称	南京市立第一中学	校址	南京府西街八十号	成立年月	十六年十一月一日
校长姓名	陈重寅	主[illegible]姓[illegible]	张[illegible]高	已否备案	已
训导行政组织	[illegible]训导主任一人 训育管理组长各一人 [illegible]训导一切事项[illegible]协助一切				
导师制施行状况	每班设导师一人参加升旗早操[illegible]集会[illegible]指导学生一切公私生活问题				
军训及童训状况	上学期无军训[illegible]下学期[illegible]				
童军及管理状况	童军教练兼任管理组长 管理全校学生生活事项				
课外及活动状况	本校课外活动曾分国乐歌咏演讲[illegible]比赛运动及各种研究会				
体育卫生状况	设体育[illegible]全校体育事项[illegible]一处负责				
下年度训导计划	[illegible]				
备注					

附注：1.（军训及童训状况）[illegible]

2.[illegible]

南京市中等學校概况表

校名＿＿＿＿ ＿＿學年度第＿＿＿＿學期

教職員數及歲出經費數

教職員數									歲出經費數						所屬行政區	校址	校長姓名	備註
共計	教員				職員				~~共計~~	經常門				特殊門				
	專任		兼任		專任		兼任			本校經常費 1	~~辦公費~~ 3	俸給費 2	特別費 5	購置費 9 4				
	男	女	男	女	男	女	男	女										
八七	四四	一五	六	〇	一七	五				~~34,065~~	~~244,790~~	~~195,520.00~~	849,000.00	8,500,000.00	三	[illegible]街14號	陳[illegible]	特殊門內暫填於購置費

班級數及學生數

	高中															初中														
	春秋季別	班級數				學生數							本學期底届畢業生數			春秋季別	班級數				學生數							本學期底届畢業生數		
		共計	三年級	二年級	一年級	共計	三年級		二年級		一年級		計	男	女		共計	三年級	二年級	一年級	共計	三年級		二年級		一年級		共計	男	女
							男	女	男	女	男	女										男	女	男	女	男	女			
總計	—	( )														—	( )													
	共計	(二)	二	四	五	五三五	一〇二		二〇一		二三二					共計	(八)	五	五	八	九五三	二四六		二九六		四一一				
	春季	二		一	一	八一			二六		五五					春季	六	二	一	三	二八八	六六		六五		一五七		六六	六六	
	秋季	九	二	三	四	四五四	一〇二		一七五		一七七					秋季	一二	三	四	五	六六五	一八〇		二三一		二五四				

＿＿年＿＿月＿＿日　　校長＿＿＿＿　　填表者＿＿＿＿

函送市政視察團底稿　三、十四

南京市立第一中學學校經濟概況

(一)經常費類

本校經常費類歲出預算數因本年度歲出總預算數尚未核定且時有追加之可能故無法獲得正確性的預算數字茲將一、二月份經常費實收實付情形列表如下（因三月份截止本日止為其收支事項）：

費別		預算數（即領到經費）	實付數	備註
辦公費	元月份	210000	150600	三月份起預算數照原數增加[illegible]
辦公費	貳月份	1050000	1043200	
薪餉	元月份	24552000	23528000	本校職員預算人數現為[illegible]
薪餉	貳月份	20731000	20519000	二月份薪餉尚未領足
公費	元月份	12000	12000	
公費	貳月份	12000	12000	
合計		9654600	9533,5800	

南京市立第一中學

南京民生印書館敬贈

南京市立第一中學學校經濟概況（一九四七年三月十四日）

檔號：1009-1-9

（二）設備費類

本学期本校应領之設備費因学設備費尚未收足故無從核計總數惟教育局因

鉴於寒假期间各校被軍隊駐紮以校舍校具均皆有損壞故向市銀行為本

校貸款弍拾柒萬元為应急之用此款將來於設備費中扣还

南京市立第一中學

南京市立第一中學學校概況表

三十六年第一學期製

校名	南京市立第一中學	校址	南京中華路北段府西街十六號
成立年月日	民國十六年十一月一日	電話號碼	第二二一二〇號
校長姓名	陳重寅	現有班級	高中十一班初中十八班共二十九班

校史概略

民國十六年十一月南京市立中區實驗學校收前江寧縣立初級中學學生設中學部爲三班爲本校創辦之始十七年秋增一級十八年建校舍秋增男女初中及高中師範科五級共有九級十九年秋增高中一級初中二級廿年秋增高中一級共十三級二十二年秋奉令改爲市立第一中學增高中一級共十四級二十五年秋奉令停招師範科增女子生活學級一班共十五班二十六年秋抗戰軍興本校先與各市立中學合組爲臨時聯中冬首都淪陷遂告停辦卅四年九月勝利凱旋本校復員設高中七級初中五級共十二級三十五年春增初中四級共十六級秋又增高中二級初中六級三十六年春奉令招收初一自費班一級都廿五級秋奉令增高初中自費班各二級共廿九級成現狀焉

教職員

教員兼職員	11	男	67
教員	55	女	20
職員	21		
合計	87	合計	87

經費（月計）

門別	科目	金額
經常	俸給費	16,800.00
	辦公費	1,731,200.00
	購置費	1,000,000.00
	特別辦公費	90,000.00
	合計	2,8[illegible]8,000.00
臨時	員工生補費	60,280,000.00
	復員費	15,487,190.00
	合計	74,767,190.00
總計		77,603,190.00

圖書

中文	1293冊
外國文	146冊
合計	1409冊
雜誌	166冊
報紙	6種

儀器標本

物理	370件
化學	620件
生理衛生	74件
博物	493件
其他	59件
合計	1616件

體育、設備

聯合器械	1具
雙槓	1具
木馬	1具
跳箱	1具
球類	8件
跳高架	2付
鉛球	2個
籃球架	2付
排球柱	1付
大小足球門	2付
跑表	1只
皮尺	1盤
其他	4件
合計	27件

學生人數

班級	人數	類別	人數
高三上甲	57	高三上	103
高三上乙	46	高二下	27
高三下	27	高二上	175
高二上甲	58	高一下	75
高二上乙	57	高一上	179
高二上丙	60	初三下	66
高一下	57	初三上	180
高一上甲	42	初二下	65
高一上乙	38	初二下	232
高一上丙	48	初一下	158
高一上丁	51	初一上	255
初三下甲	36	合計	1497
初三下乙	30	高中	541
初三上甲	60	初中	956
初三上乙	60	合計	1497
初三上丙	60	走讀生	1327
初二下	65	寄宿生	170
初二上甲	60	合計	1497
初二上乙	58	舊生	957
初二上丙	57	分發復員學生	10
初二上丁	57	復學生	13
初一下甲	54	新生	219
初一下乙	58	自費生	178
初一下丙	46	插班生	94
初一上甲	38	借讀生	16
初一上乙	44	旁聽生	9
初一上丙	44	退學生	4
初一上丁	54		
初一上戊	55		
合計	1497	合計	1497

校舍概況

院	室	數
博愛院	樓上教室	4
	樓上教員休息室	1
	樓下教室	4
和平院	樓上教室	6
	樓下教室	3
	樓下辦公室	3
	樓下會客室	1
	樓下教員休息室	1
崇文院	教室	2
	教職員聯誼會	1
	儲藏室	1
	教職員宿舍	4
明德院	樓下圖書館	2
	樓下儀器室	1
	樓下學生寢室	1
	二樓 教室	4
	二樓 教職員宿舍	8
	二樓 學生膳食室	1
	二樓 儲藏室	2
	三樓 教職員宿舍	20
	三樓 廁所	1
大禮堂		1
勵青院	教室	4
	教員休息室	1
	校友會辦公室	1
	教職員宿舍	1
康樂院	教室	2
	教職員宿舍	1
後院	氣象台	1
	教職員宿舍	2
	廚房	2
	盥洗室	1
其他	廁所	2
	水爐	1
	木工廠	1
	傳達室	1
	自行車室	1
	校工室	4
	理髮室	1
	販賣部	1
	音樂教室	1
	小便池	1
	學生會客室	1
	合計	10

校具概況

辦公桌椅	46套
課桌椅	1093套
四人凳	90張
長方桌	10張
方凳	5張
玻璃櫥	42個
木工搭	12張
長板凳	26張
鈔號	9件
國樂樂器	14件
鋼琴	1架
風琴	2架
油印機	2副
保險箱	1具
大鏡	2面
時鐘	4個
信號鐘	2個
童軍棍	120根
旗幟	7面
傢具	52件
單人鐵床	30張
電燈	101[illegible]
電話	2具
童軍用具	24件
講台	11個
沙發椅	2張
乒乓桌	1張
洗臉架	7個
佈告欄及報框	15個
推草機	1具
花剪	1把
鋤頭	16把
鉤鉈	1把
洋鎬	4把
四齒鉤爬	4把
手鋸	4把
衣架	2具
人力車	1輛
其他	[illegible]74件
合計	2141件

畢業生人數

高中普通	6屆	231人
高中師範科	5屆	156人
男初中	12屆	738人
女初中	7屆	194人
合計	30屆	1919人
女子生活學級	1班	33人

本學期修建費

舖造大門及傳達室等	27,500,000元
加寬水泥路面	2,100,000元
合計	29,600,000元

本學期招考情形

高中報名者	764人
初中報名者	753人
插班生報名者	334人
合計	2851人
高中錄取者	1[illegible]4人
初中錄取者	224人
插班生錄取者	92人
合計	490人
錄取數佔報名數之百分數	17

本學期特殊事項

1.教學加細：過去加强工作，已經足够本學期應力求加細，其要目爲：分科會議注重研究教法，及考查方法，同程度班級進度一律，考試統一，或難易程度相等，嚴密補授缺課，務必教完進度等若干項。

2.訓管求深：過去嚴正程度已够祇深化二字未做得足，本學期應力求深化要項爲：注重指導啓廸使不犯過，不輕施處罰，處罰必求學生心悅誠服，研究學生犯過原因，設法防範，使不犯過等若干項。

3.加强與學生家長及社會有關方面之聯絡：教育孤立，絕收不到良果，本學期必多與學生家庭及社會有關方面聯繫。

4.扶植自治會充實課外活動：此爲教育上二大要端，本學期當更求切實施行。

5.全體學生逐日寫大小字：接受家長要求，同時本校亦感覺今日青年之國粹書法，實在太差，故本學期命全體學生，每日必寫大字十二個小字六十個，印就專門用紙以供練習。

6.轉變生活勞作對象及內容：現本校土方工程已大致粗平，本學期生活勞作之對象，及內容，均須加以轉變，其指標仍爲整理及美化學校環境，除一部份仍爲地面整理加工外，餘當着重於環境之佈置，及各項清潔整理，掃除之工作。或協助職員處理校務方面之抄寫，整理，包紮等工作。

南京市立第一中學一九四七年度第一學期學校概況表（一九四七年）

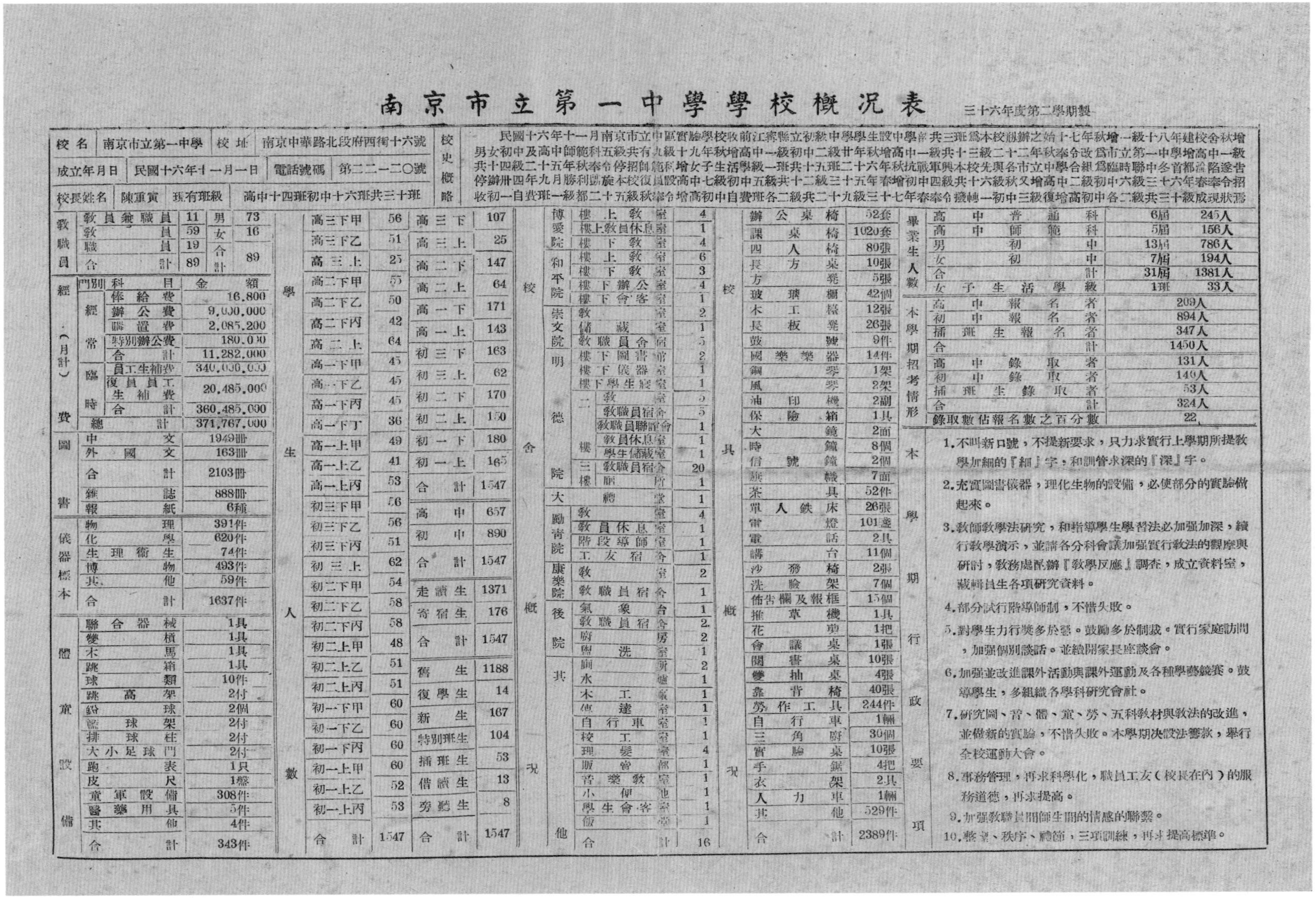

南京市立第一中學學校概況表

三十六年度第二學期製

校名	南京市立第一中學	校址	南京中華路北段府西街十六號
成立年月日	民國十六年十一月一日	電話號碼	第二二一二〇號
校長姓名	陳重寅	現有班級	高中十四班初中十六班共三十班

校史概略：民國十六年十一月南京市立中區實驗學校收前江寧縣立初級中學學生設中學部共三班爲本校創辦之始十七年秋增一級十八年建校舍秋增男女初中及高中師範科五級共有九級十九年秋增高中一級初中二級廿年秋增高中一級共十三級二十二年秋奉令改爲市立第一中學增高中一級共十四級二十五年秋奉令停招師範科增女子生活學級一班共十五班二十六年秋抗戰軍興本校先與各市立中學合組爲臨時聯中冬首都淪陷遂告停辦卅四年九月勝利凱旋本校復員設高中七級初中五級共十二級三十五年春增初中四級共十六級秋又增高中二級初中六級三十六年春奉令招收初一自費班一級都二十五級秋奉令增高初中自費班各二級共二十九級三十七年春奉令撥轉一初中三級復增高初中各二級共三十級成現狀焉

教職員

教員兼職員	11	男	73
教員	59	女	16
職員	19	合計	89
合計	89		

經費（月計）

門別	科目	金額
經常	俸給費	16,800
	辦公費	9,000,000
	購置費	2,085,200
	特別辦公費	180,000
	合計	11,282,000
臨時	員工生補費	340,000,000
	復員員工生補費	20,485,000
	合計	360,485,000
總計		371,767,000

圖書

中文	1949冊
外國文	163冊
合計	2103冊
雜誌	888冊
報紙	6種

儀器標本

物理	391件
化學	620件
生理衛生	74件
博物	493件
其他	59件
合計	1637件

體育設備

聯合器械	1具
雙槓	1具
木馬	1具
跳箱	1具
球類	10件
跳高架	2付
鉛球	2個
籃球架	2付
排球柱	2付
大小足球門	2付
跑表	1只
皮尺	1盤
童軍設備	308件
醫藥用具	5件
其他	4件
合計	343件

學生人數

班級	人數	班級	人數
高三下甲	56	高三下	107
高三下乙	51	高三上	25
高三上	25	高二下	147
高二下甲	55	高二上	64
高二下乙	50	高一下	171
高二下丙	42	高一上	143
高二上	64	初三下	163
高一下甲	45	初三上	62
高一下乙	45	初二下	170
高一下丙	45	初二上	150
高一下丁	36	初一下	180
高一上甲	49	初一上	165
高一上乙	41	合計	1547
高一上丙	53	高中	657
初三下甲	56	初中	890
初三下乙	56	合計	1547
初三下丙	51	走讀生	1371
初三上	62	寄宿生	176
初二下甲	54	合計	1547
初二下乙	58	舊生	1188
初二下丙	58	復學生	14
初二上甲	48	新生	167
初二上乙	51	特別班生	104
初二上丙	51	插班生	53
初一下甲	60	借讀生	13
初一下乙	60	旁聽生	8
初一下丙	60	合計	1547
初一上甲	60		
初一上乙	52		
初一上丙	53		
合計	1547		

校舍概況

院別	名稱	數量
博愛院	樓上教室	4
	樓上教員休息室	1
	樓下教室	4
和平院	樓上教室	6
	樓下教室	3
	樓下辦公室	4
	樓下會客室	1
崇文院	教室	2
	儲藏室	1
	教職員宿舍	5
明德院	樓下圖書館	2
	樓下儀器室	1
	樓下學生寢室	1
	二樓 教室	5
	二樓 教職員宿舍	5
	二樓 教職員聯誼會	1
	二樓 教員休息室	1
	二樓 學生儲藏室	1
	三樓 教職員宿舍	20
	三樓 廁所	1
大禮堂		1
勵青院	教室	4
	教員休息室	1
	階段導師室	1
	工友宿舍	1
康樂院	教室	2
	教職員宿舍	1
後院	氣象台	1
	教職員宿舍	2
	廚房	2
	盥洗室	1
其他	廁所	2
	水爐	1
	木工廠	1
	傳達室	1
	自行車室	1
	校工室	1
	理髮室	4
	販賣部	1
	音樂教室	1
	小便池	1
	學生會客室	1
	飯堂	1
合計		16

校具概況

辦公桌椅	52套
課桌椅	1020套
四人椅	80張
長方桌	10張
方凳	5張
玻璃櫥	42個
木工檯	12張
長板凳	26張
鼓號	9件
國樂樂器	14件
鋼琴	1架
風琴	2架
油印機	2副
保險箱	1具
大鏡	2面
時鐘	8個
信號鐘	2個
旗幟	7面
茶具	52件
單人鉄床	26張
電燈	101盞
電話	2具
講台	11個
沙發椅	2張
洗臉架	7個
佈告欄及報框	15個
推草機	1具
花剪	1把
會議桌	1張
閱書桌	10張
雙抽桌	4張
靠背椅	40張
勞作工具	244件
自行車	1輛
三角廚	30個
實驗桌	10張
手鋸	4把
衣架	2具
人力車	1輛
其他	529件
合計	2389件

畢業生人數

	屆數	人數
高中普通科	6屆	245人
高中師範科	5屆	156人
男初中	13屆	786人
女初中	7屆	194人
合計	31屆	1381人
女子生活學級	1班	33人

本學期招考情形

高中報名者	209人
初中報名者	894人
插班生報名者	347人
合計	1450人
高中錄取者	131人
初中錄取者	140人
插班生錄取者	53人
合計	324人
錄取數佔報名數之百分數	22

本學期行政要項

1. 不叫新口號，不提新要求，只力求實行上學期所提教學加細的『細』字，和訓管求深的『深』字。
2. 充實圖書儀器，理化生物的設備，必使部分的實驗做起來。
3. 教師教學法研究，和指導學生學習法必加强加深，續行教學演示，並請各分科會議加强實行教法的觀摩與研討，教務處配辦『教學反應』調查，成立資料室，蒐輯員生各項研究資料。
4. 部分試行階導師制，不惜失敗。
5. 對學生力行獎多於懲。鼓勵多於制裁。實行家庭訪問，加强個別談話。並續開家長座談會。
6. 加强並改進課外活動與課外運動及各種學藝競賽。鼓導學生，多組織各學科研究會社。
7. 研究國、音、體、童、勞、五科教材與教法的改進，並做新的實驗，不惜失敗。本學期決設法籌款，舉行全校運動大會。
8. 事務管理，再求科學化，職員工友（校長在內）的服務道德，再求提高。
9. 加强教職員間師生間的情感的聯繫。
10. 整潔、秩序、禮節，三項訓練，再求提高標準。

南京市立第一中學一九四七年度第二學期學校概況表（一九四八年）

校长室

卅六年度第二学期

本校行政总检讨

南京市立第一中學校長室一九四七年第二學期行政總檢討（一九四八年八月十五日）

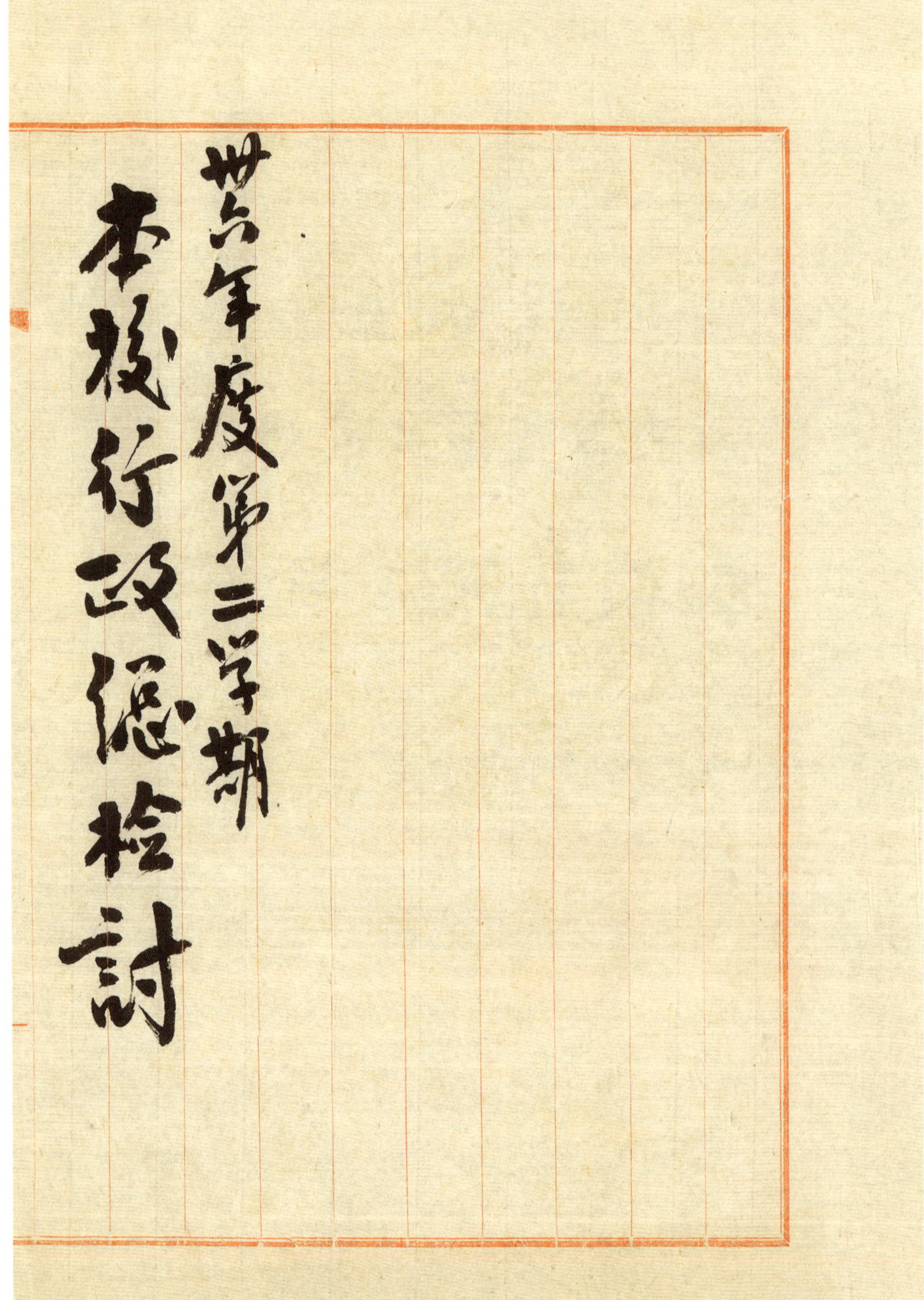

卅六年度第二学期

本校行政總檢討

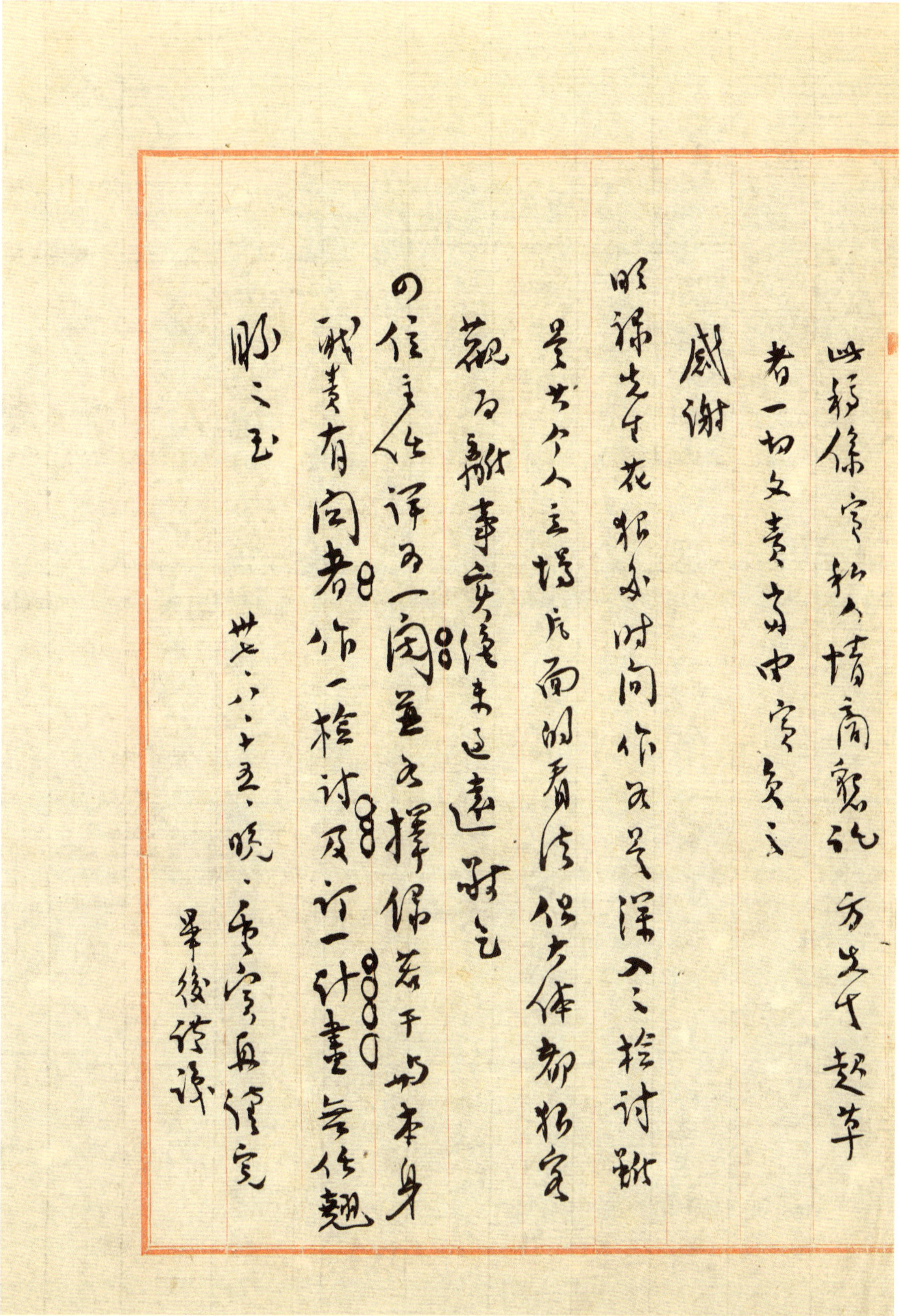
此稿係宗私人情商鶴記　方先生起草
者一切文責當由宗負之
感謝
明禄先生花很多時間作了最深入之檢討與
最少个人立場方面的看法但大体都很完
觀而欲事實從來已遠甚矣
的信主任詳予一閱並予擇錄若干與本身
職責有關者作一檢討及訂一計畫無任翹
盼之至
卅六、八、十五、晚、秀宗再伸完
畢後繳還

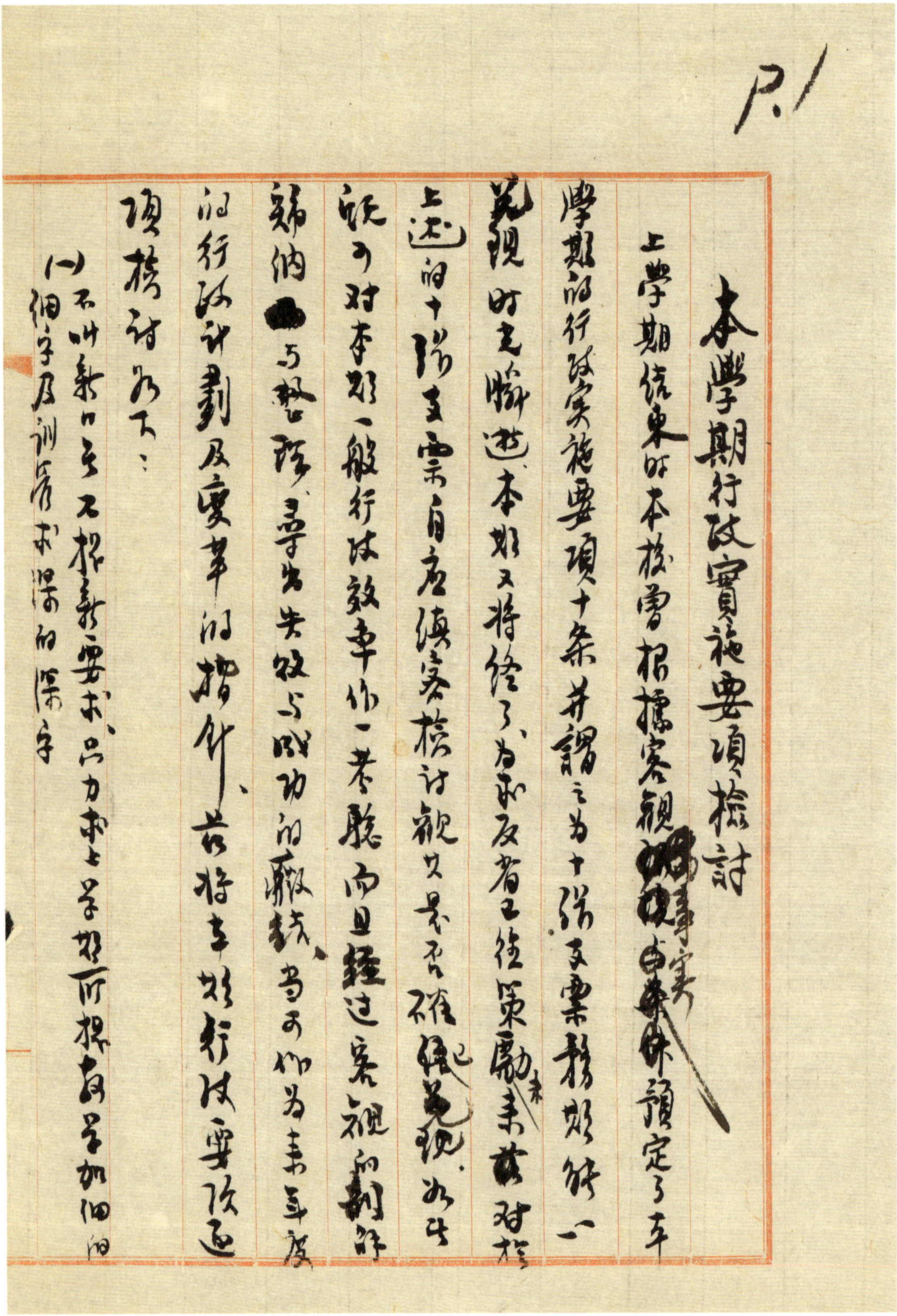

P.1

本學期行政實施要項檢討

上學期結束時本校曾根據客觀的事實預定了本學期的行政實施要項十條並謂之為十項主要工作一覽現時先縷述，本期又將終了，為求反省工作策勵未來，對於上述的十項主要工作自應慎密檢討，觀其是否確已實現，此外試可對本期一般行政效率作一考驗，而且經過客觀的剖析歸納與整理，尋出失敗與成功的癥結，為可作為未來年度的行政計劃及變革的指針，並將本期行政要點逐項檢討如下：

（一）不叫新口號，不提新要求，只力求上學期所提者加細的細分及訓育求得的深入本项列於各项之首，实为全部重心，明晰的指出了本学期行政要项实施的原则，而下列九项则正为其所实施的内容。如四区学期不过作为一学期来工作中心的教学加细之训导和深的两大要纲、能如指出方针之个与深二字合应有一个较具体的「教训两大要纲的解释」，更为完备更为具体的全盘计划出现。可惜的是本期仍只扼要地列出下面九项工作，而在教务上没有教学加细的逐月逐期逐年的精密的计划，在训导上也没有同样的训导实施纲领，以达到深化的理想境界。姑不论现实环境如何

P.2

以本校两年来积极的作风来说，也可以说为一大转机。教训两大要纲问题已是累急就章和未完善了，可久本学校的十件支票，可列出也六项，读者作为是一般性的口号。

(2)充实图书仪器、理化生物的设备，使教学的实验

(3)添设课桌

本项的发展最为教学方面的

先说充实图书一项：本校图书馆购置已陆续由图书馆主任作有计划的增添，不若上校为多科多科会议自行购置，也为很微薄方面的进步。至图书的添置，据图书馆最近的统计数字可以说看图书3333册、上学期中添置二二七八册，本学期添置六〇八册（其中杂志占卌册）

本学期原有图书为二八八六册，截至第十二周止计添置四九一册（其中杂志为231册）

二本学期添置的书籍以杂志占多数，而本学期截至现在为止才有九一册，数量上看来远比上期为少，而且在实际上都比上期为多，况且，本校的书便较上期的印费多多了。

再就充实设备器械而言，本校设备中尚须急切

备者为物理实验、美援中约五千美元货款，大半新到国

物理化器的补置及实验标本的订制、标本尚[illegible]

室内设计

（三）上学期理化生物设备：

（1）物理 三二二件 （2）化学 六二〇件 （3）生物 五六七件

（四）本期添置者：

（1）物理：

教部拨发 六九件

添购 十三件

自制 二件

共计 八四件，（2）化学增加六十四

又实验桌十张

P3

(2)化学 用具 三件 酒精 五磅

(3)生物 福尔马林 四磅

丙 目前实验情形（截至十六日止）

(1)物理 学生自行组实验十条次 共数七十条次

(2)化学 共数 九十条次

(3)生物 共数 四十条次

依上列统计数字可以看出本校物理实验方面已较上轨道，且已可以分组实验，而化学与生物方面则毫无建树，由此可见倘能就目前人力、物力予以适当之配，每期择一二项工作为重心，则不出五年，本校各项

請先加
學生作業
及教員缺
課數字

设备方可臻于上乘，而此教学加细之细密（六个月为）莫定了
亦能奠（物质）基础。

（三）教师教学法研究，我校自本学期起学习法多加注意加紧续行研讨，
须示并注意各科会议拟陈实行教法而观摩与研讨
教割聚两者教学及各项成立法资料室，藏报章书各
项研究资料。
本项联合会明拟有若干目标，略述于下：
（1）教师教学法研究，（2）学习教师教学法研究的组织。
（乙）是（甲）八科教学研究会议（会）（甲）各会均由各科
（国文、数学、英语、理化、公民史地、生物、体育、音乐）
席教席负责，定期召开，讨论各科十八学法的改进，以及指导
学生学习，并由各项学习指导，籍以辅助教学，扩大效果。
上学期各科开会次数是：英语、理化二科各三次，国文、史地
二科各二次，数学、公民、生物、体育三科各一次，而艺术科竟为0
次。本学期各科至十六周止，各科会议举行的次数，经统计均为二次，而

R4

藝術科美術曾行三次，其他各科亦於學期結束前更須正式設立[illegible]一次
勞作舉行第三次會議。其實會議舉行的次數多寡，雖然可以表示一
各科對於教學研究的注意與興趣，但會議究竟還是形式，主要的還須
看會議討論的內容。本期各科會議，對於教學原本教材的選擇
與討論，學科研究會的指導，各科學習方法的介紹與實驗等等，均
足以說明本學期教學研究已開始進入新的階段了，然而深感遺憾
的[illegible]是由於本學期同仁因職務太忙，一旦舉會討論難免
不夠充分或有所敷衍，以致[illegible]討論[illegible]理要點也就
難免精神空泛，未能深入，因此和作班最初大學形式上的
某項問題而[illegible]集體討論。

[illegible]

（四）指導學生學習法必須加強加深。中學學生對於各科的學
習方法常感茫無所措之事，往往事倍功半，學習上遇到困難或不知
如何解決，故本期對於學生學習方法的指導特別著重，加強加深。本
期所實施的具體辦法有三端：一為分請同仁在週會中講述各
科學習方法；一為於課外時間個別[illegible]指導學生[illegible]
學生學習上的困難；一為聯繫學生的自由研究[illegible]上述
三端都分別檢討於下：

[illegible]

(1)利用週会讲述各科学习方法。此法将来须利用全体集会时间，讲述各科学习方法的诸种要领，但可利用之週会为时太短，使该生有意搜索而聪于学习……这实在是一大缺憾。

(2)利用晚自修时间指导。这种类似的工作有许多学生可以受惠，但学生自己常常感不到的。同时指导的问题大都是在书本上的困难，而非学习的技术。

(3)师生间自由接触。如果只叫学生们自己不明了的问题，自会经常向老师们请教，以求解决，大多数学生在学习上都不很主动，自由学习，难有收获。

因此，本校对于各科学习方法的指导工作，了解性的尚未能做到加深与加强。

(4)须行教学演示，举行各科会议，加强实行教法的观摩与研讨。

上学期教导处演示教学有高中数学及化学各一次，而本期已举行者为高中国文、英文、历史、初中代数各二次，并将演示的高中数学及初中英文。举行时除各该教师参加外，本校同仁亦多出席观

P.5

讀……一年……校刊內……核討

摩，由會後討論情形，六極並進，影響所及，其他各校亦相繼舉行，此例為京市中等教育界大增光彩。

至於校與校間實行教法的觀摩與研討，必須得于全國各情上與課諸上[illegible]的聯繫與促進，否則不能實行。本校同仁間曾有聯繫全市教育界的各校互觀摩，仍[illegible]難實現。

（四）關於教學及其他

近年本校一條最重要的創舉，經醞釀很久，至本學期始實行。最初由教務處商同任課教師同意，即由各校一時由學生填寫，書後內容計分十項（如老師的講言情不情、所講的進度的快慢、教室秩序的好壞，以及其他意見等等）。一方面使本校教學方法上的問題，教務處再將書到意見核查統計後，送交任課教師作為參考。本學期僅實行了一部份，因範圍不太大，不能好於普遍實行，教師應以接受，作為教學時之參考，則在教學效果上，必有意外的收穫。

（五）關於資料室藏輯各項研究資料：資料室本期由圖書館主任兼辦，本期出刊的一件校慶自14期至19期止共出6期，[illegible]本校[illegible]校史紀念特刊正在徵集稿件，去年又編訂了資料室所藏[illegible]

辑的资料目录，从这月份中可看出编辑资料的一般用意。

（四）部份实行阶级导师制，不惜失败。

阶级导师制为本校训导工作之新贡献，部份实行的班级为高三下甲乙丙班，高一上甲乙丙班，初二下甲乙丙三班，初一下甲乙丙三班，初一上甲乙丙班。参加实行的级以初中为多，可见重心仍在初中学生的基础训练，有重要价值，以训导方法基础之意。本校以特殊环境区为实验区，实初中各班实行阶级导师之切在生之一区域内，十六周来，成效殊未敢骤加评断，但其表现确有值得一述者：

（甲）实施阶级导师，以一人当导数班训育后，（一）指道训

以资集合，所以本班特定每星期日青班的是：

P.6

四(四)学生秩序较上为好多、上课时学生常在教室外闲逛(此)

纪、因而协助教师(代课)控制教室秩序、

(3)门窗、将学校各教室之窗玻璃损毁颇多、

(1)因程度各班在一个导师训导下、以致接受两头隔阂。

(1)特注意中化语增加日本导师(讲节)与日本语接连承授

讨学生之方法

以上の点、据年的从来是隔一两导师而一点不成果、所以并设置为隔一两等

(制)师的依点、(统制之)〔?〕为导适班之缺点、盖为情适一之故、而求以极大改

进之道：[illegible]实验制度必能有成、预以为须设立〔?〕[illegible]

(1)[illegible]遣适来校导师、[illegible]

在楼及其辩(论)、目与学生打成一片、并次住校、可与学生

班住校学生、学生同学生活学习上之指导等。

(1)训导高级、隔一两导师工作繁要、适知实际指导计划、且的

除一导师以外、如训育主任除召集全训二位外、讨论各班训导之辅导工作大差。

(1)从常举行导师会报、各校意见(举行训导会议讨论训育实施、导师参加)、交换意见、(以资)改进新订会报上之

(1)各班级并对本身环境需要、自行订定该班训导会(训导)工作、并使

工作、可以视各班性形而有所伸缩、

(5)其学制度未见能致研讨前修部份实行、(春操)未

(16)目前各班，好班较多，人数多，由一个导师担任，有考虑分班，或设置副导师，以为协助。

(17)"可惜失败"的学生太多，活性，应改为坚决实行陪同导师制，代调导师订定目标，[illegible]所以下，加对于本制之注意，请深入研讨，加强辅导，导师的进修问题亦可用开会加强。

(18)班会为全班之灵魂，必须全力协助使其活动，为支团记录员负责记录，如果无力兼顾增加人员，可以委员任之，负记录日记为佳。

(19)例如指导导师调查（每一导师应有二小时）不知何处为之，王小明（？）

(10)课外活动导师不必担任实际的功课，最重要的，在研究如何主其实具体内容。

(12)对学生方行奖惩，鼓励多于制裁，实行家庭访问，加强个别谈话，并继续同学座谈会。

(11)力行奖惩，鼓励多于制裁。主要针对这点对学生进行多少奖励而言。因本期陈嫣然学生以总需要[illegible]外，并予以积极性的奖励。上学期的奖惩情形[illegible]

我们认为班会应当活跃，为什么不能自己主动的办二三班委，导师制的实施[illegible]

教导表列数字：（材料指操行导字处的三十六年度第一学期学生操行考评表）

全校学生人数 一四九七人

全部班级数 二九班

曾受罚学生：记过者：六五二人

受惩学生：以记过：一二七五人 以退学者、六一人 以开除学籍者 四七人

以停学 十一人 以退学四人 以开除学籍 二人

合计 一四〇〇人

再看本学期的奖惩统计：（截至十六周止）

全校学生人数 一五四一人 二三五止

〃〃班级数 三〇班

受奖学生：以优点：二〇一人 以嘉奖 一人

受惩学生：以记过 四一二人 以警告 五七人 以开除学籍者二二人 以停学七人

以退学 一人 以开除学籍 二人 合计为 四九五人

从这两表上所载看出两学期来总的数字是多于奖。但这仅是学生行为错误的纠正，并不足证明训导方式上仍偏重于总处而忽略奖励。本校对学生的选择、接施奖牵而接手，特别侧重于奖惩、故励多于制裁对应于制、

以实行家庭访问、加强个别谈话、重视加强学校与家庭间联系、个别的了解学生情况的方法之一、但已实行访问及谈

二、各位表示意见、以上各问题所获得
下与各位的同情与
协助、六、今后明了
本校对目前中
国教育的关心
与爱护、

话的[redacted]、导师、若仅对力不从心、时间不允许、精力不允许、二、修改
对特殊学生的家庭访问及少数学生的个别谈话、关于个别谈
话[redacted]意见以为最好是利用导师与学生在谈话形成时、也就是说导与学生
共同生活时、互相的熟识、才最有价值、如果有收获、否则将学生
召来面谈、仿佛对坐、空气严肃、感情枯燥、很若审问、也
就个别谈话、纯为导师主动[redacted]所忽略了学生当时的心理情
绪[redacted]结果情有形谈话的收获、就
是实行个别谈话不同手、至于导师制未能健全确立之前、这项职务
亦应实施、
四、请开师生座谈会、除家庭访问以外、与学生家长联欢
的就是本校两年来向运筹行一次的家长座谈会、集家长、学
校行政人员、导师、教师于一堂、讨论该班学生之教导训育、体
育训练、生活情形及改向学校建议、母校、本校的家长要求、以免
不融、有时一谈、收获亦匪！本学期准备全面召开家长会、
传达对于我们的筹备、毫无困难的已成历史、今后有大会推
选出来的委员、有委员中推选出的常务委员、经常的协助学校
建设指导、教育自也不只限于形式了、再也不只与社会脱节了、这实在
是本校两年来对于该工作辛勤耕耘最满意最愉快的结果、
是人自引为莫大的安慰、

P.8.

不过本期因为小学生活底的修正，都具有相当深的意义，这不仅是灌输了一些普通的法律常识而已，主要的还在[illegible]

(六)加强并改进课外活动与课外运动及各种学艺竞赛。鼓导学生、多组织各学科研究会社、

1) 加强并改进课外活动与课外运动及各种学艺竞赛。

(a) 课外活动：本校向极注重学生课外活动，使学生于读书之余暇，锻炼其做人做事之能力，本知行合一精神，加强之，并改进之，同时训导处也设有[illegible]并推动之，作为全校活动的中心活动，以资模范，究会只达学习的新创作。对于这一活动的教育价值，殊不必有所评论，但我们在不少学校内，会发现内隐藏着一部份高级研究员在埋首沉思，也常令人想到此时此地特别着重于某种学术研究的课外活动是需要考虑和研究，这只能给予深思的。当然，这学术各种学艺竞赛当也是课外活动之一，但不可讳言的，亦训导处每年都举行以[redacted]实际情形，拟定一套活动的课外活动实施计划，以为训导实施的准的工具。因此，我们对于[illegible]学校的心理仍不健全，全校仍缺乏其同的有力的有系统的生活，[redacted]动，这不能不归罪于课外活动未能积极推进性的教导之故。

(b) 课外运动：[illegible]课外运动有过一度努力与希望，自本学期开始，每日下午四时师生努力提倡，鼓励学生全体参加，但打球或踢手球，可惜未及半月即不宜而废。考其原因据说有二：一为体育器械不全，无法活动；一为学生

功課太忙，或其他活動太多，無法安排，但我們總覺得人課還是不夠，因為

(1)體育活動器械不足，可以逐步擴充，其無一架器械時，可以設法另求其他活動，不能因無器械即停止，設在勞作因為缺乏材料工具，建築、石膏、金工、木工等早已無法實行了，可是我們不能即停止勞作課程，最好設法使他們在生產勞作方面去發展，因此，體育活動缺乏器械時，就可以多走一個不同單純的集體遊戲也不錯嗎？(2)學生功課繁忙，誠然，但可以採擇時間，每周排到五次。同時同仁間的課外運動，也為學生的時間而限制停止活動，點注意未顧到的問題。(3)除了運動以外，我們為體育各種[illegible]後，也動一些與青年身心健康有關的[illegible]、性與青年生理衛生的手淫病、以及一個所指望的生理圖畫一所[illegible]。[illegible]後，說們學生家庭的指導，但這只可能有劃的，使青年在後特別重視學生的健康行為[illegible]

出而好的迎而為使向[illegible]作[illegible]

(5)勞作[illegible]不是玩玩，而是注意實際的技術，還在於使學生了解實際生產的意義的。

四、文藝活動[illegible]作者應有相當的基礎，發展讀物及順序，以及項目的寫實，而本期的學藝活動則比較遜色。今年文藝活動，說到專業以下：

(1)教務處主辦者：如壁報、作文、閱書、青年常識演講、時事演講、各項比賽

(2)訓導處主辦者：禁煙運動比賽、[illegible]比賽（可以圖[illegible]）

P.9

（3）理化各科研究会主办者：数学理化研究会，及理化考验会、无线电制造厂及书报会、展览厂。

（4）史地各科研究会主办者：时事测验、半球天文台、资料汇辑、及影话比赛

（5）艺术各科研究会主办者：音乐方面：学生音乐指挥研究、古典音乐唱队、演奏会

图画方面：图画展览、图画研究会

美术方面：工艺美术研究会及手工作品展览、音乐研究会表演、作品展览

下作者处分再：春季（全校运动会）、美术作品展览及音乐表演

不列各项学艺竞赛，且在庆祝会上，揭晓上期进步最多者，而且将得奖者姓名揭于板

广设且有加，此种活动如果行之得宜，不但辅助学生增进课外知识与技能，而且对于学生性情的陶冶，人格的修养，皆有大益，所以我们以为

下学期不要由教训处单独而或联合同各学科研究会办理这些活动，应该由教训、体育各处共行联合会商，就目前青年学生所最需要的方向（以甲思想、健康、道德、择业、升学、就业等）择用各种方式（或座谈、或文字、或图画或戏艺、或音乐）作有计划的推动，相信这些活动当可辅助我们训育工作，加强于教学，补训导之不足。

（6）鼓励学生多组织各学科研究会社，本项的原则是正确的，由学生自动组织小型的学术研究团体，加深研究某一学科，以辅助上课之不足，但有一个前提，就是应有正当与热心的指导

擬刪除的
成立半年自行
從印其已擬
太多故再刪去

這兩個會社各個是不成立，事前成立了，也徒具形式，沒有效果。今年以來加

這兩會社已成立，而有成績——理化及史地研究會。說他們的活動，可以述於左：

（1）理化研究會——這是由理化科各科研究會所領導的學生組織，本學期開始籌備，初成立，但成績已有可觀。他們的實驗室正佈置就緒，使各種圖表已陸續繪製。他們對疑難的討論，求利用廠及普都電廠的參觀，科學電影的放映，壁報的刊等工都有頭緒的成就。最値得注意的，是常常看到許多學生一面在實驗室中做實驗，一面又在理化參考書中翻閱參考書，真令人精神愉快，對着科學界的前程了。

（2）史地研究會——這是由史地科研究會所領導的又一學生組織，似乎上學期就成立了。上學期曾主辦了一次時事測驗，這學期即着重一般資料的蒐集，和近除參觀了天文台、故宮、古物陳列所等處的陳覽，還有幽默主動的活動。史地研究會材料設實若干問題，選編為專輯，總見以為時事的研究、對史地雜有幫助。本學校曾舉行了一次時事測驗，其用意在對時事十分重視，而史地亦相殊，倘若這樣適當的問題加以研究的結論，不僅可輔助學生研究史地課程，而且也有利於學生思想的演進工作。

使學生有機會自己來學習組織、維持風紀、整理讀書、研究科學，非興趣於科學所試[illegible]所感覺出來的，作經常的學生自動的團體，並且從自治會組織的團體中，工作上互相聯絡，把學生的組織提昇，也就是學生自治會的作用了

P.10

除以上二種以外學生會社外其他就未多見了，這是一種遺憾。因此我們為這二種會社倘若是由學生自治會而自動組織，應該請求學校加以協助指導，並且應使他們及其意義上，以確實這些作些工作學生自治會來，也許是由於學潮頻繁之故，本校學生自治會組織的特別注重，這就於課業，這並非好現象，相信也是不合乎教育的原意。一方面（加強自己的組織，一方面不協助學生會的活動）大多數仍對於學潮，一方面努力設法使學生活動納於正軌，使他們自動的追求生活的改善，學業進步，身心健康而(?)(?)亞有(?)有意義的活動中，養成守法守紀的精神，也要訂正學生的能力，這與本校所主張的為學生求學的，須做人要於求學正當的能力，素來一樣的，所以，須以(?)(?)許多方面對於求學生自治會的經費直接援助，同時，學生所有的會社，如某種文學、社會科學、自然科學、藝術等等學術研究會相繼成立，鄉村教育也這成一種濃郁的學術空氣。那時，(?)(?)(?)(?)的日新也活潑壯麗，學校(?)一度文化樂園所不是[illegible](?)(?)(?)教條的[illegible]廣播電台。

卅 研究開音、佈置、設(?)科教材與教法的改進，並做科學的實驗，不惜安放於學生教法的經費教育，舉行全校運動大會。

由於一般学校对於图音体、美、劳工科均视为无足重要之学科，因而忽视了教学者教此等学科的心理，其实这几门学科对於学生的精神陶冶、体力锻炼均有莫大益处，如果以消遣科视之，而师资又不注意，於教学随便敷衍，不知不觉中就害了若干青年的灵魂与身体，这不是一个教育界的罪恶吗！

然而，现在社会经济水准日渐降低，学校经费不足，以学生为数太多，上述数项学科往往需要耗费的材料，经济上不宜耗费过多，这似乎有其不得已之苦衷，自亦有其可谅之处，惟目前教育趋势渐趋於生活教育，主张向生活中学习，在生活中寻求最实际的教材，要求劳术不脱离现实生活，要手脑并用，反对知识份子不劳动的传统，因此，本校为实施这一理想起见，特将上述各科特别重视，并研究新的方法来实验，以求配合生活教育的实施。学期开始时，学校邀集有图音各科教师讨论教材与方法的改进，一学期来各科实施的成效也有不同，其中当以劳作一项最为杰出（生活劳作本校创自民十六年，即向被作为学校之一科之特出，而迄今已有悠久的历史……）

劳作科在组织上成立了生活劳作推行委员会，以达生活

为中心来研究教材与教法的改进，教材已经解决了这方面之一（刷新）
小组的精巧技能，而是利用原料及实际经验能力与人力的劳动[illegible]并以服务
的方式来[illegible]实际经验[illegible]，[illegible]最适时举行的生
活劳作实况会[illegible]可[illegible]教
材的内容及教法方式的新解与探讨了。

生活劳作大致由学生来做，行住坐卧、工作学习，一属要得人
范围内。现今团体及个人生活需要的劳作例（列）举，共分目如以下：

(1)布置美化环境方面：手工、纸工、泥塑、竹工、藤工、缝纫、花木修培、[illegible]、[illegible]、[illegible]、[illegible]
会场等

(2)供应团体需要方面：装订作业本、物件封、木板印刷、油印、[illegible]粉
笔、墨汁、墨水、浆糊等

(3)解决个人生活方面：修补书籍、[illegible]、鞋袜、针织缝补、洗衣、[illegible]等。

所需材料价值见右表（列表统计）：

	项目	35年上学期	35年下学期	36年上学期	36年下学期	备注
A.	教员人数	1,074	1,113	1,192	1,204	
B.	实际工作时间	12,888	13,356	14,304	14,448	
C.	折合工时(?)	1,611	1,669	1,788	1,806	
D.	工作所需材料	806	834	894	903	
E.	手工工资(元)	2,530	9,000	12,000	15,000	
F.	代价估计	649,150	7,606,000	13,328,000	135,450,000	DXE二F

綜上所述，黄花精神之教育教材之一切有獨特的史料與方法，所以在
成績也就顯出可觀。在將黃花精神之一部分適當地選擇出來，如
國畫科的國畫作品欣賞會、音樂科的樂曲挑選、歌詠比賽、
演說會、體育科的運動會、音樂科的音樂及音樂節活動
等，一切有相當成績，並由總理遺訓到本校同學一系列的教學
遵循這個思路再加以研究的相信結果，應用於教育的
精神與原則，將來建立科學，破一般人所輕視的科
有關新的教育，將教育意義亦特提高其價值與作用的，

至於本校運動會之復興意義與當困難下，仍能照常舉行了，這不得不
佩服體育家的勇氣與努力。運動會（補錄）未應生若何驚人的紀錄，但而
本校一向不在乎觀精神錦標的，[redacted]
運動道德的發揚，實為重，而通過今日青年身體
普遍羸弱的狀態下，[redacted]體育運動精神尚須重視而宣導新教育，亦
應重視，這不只是提倡運動手段，而只是作為新實事中而作爲後要
産生英雄、崇拜的英雄觀念，忽略了國民體育健康的提倡，因此，從
事的訓練與指導太重要了，試看運動會開幕時，揭幕之運動大使
見在作品結果而作報告了。[illegible]

深了寄存的討論

P.12

八、事務管理，一再求科學化，職員工友（校長在內）的服務道德亦再求提高。

這是屬於學校行政的檢討。上以學校行政的素質是否適應確實，以說是在幾年上已經檢查，而幾年之研究提高，則在乎服務道德之力行與科學管理之被注意，亦已有更進一步一程度氣、遲進早退、敷衍塞責、一般衙門內的官僚習氣，以本校來說，雖不敢說是絕無僅有，但至少大多數人，大致都可能都在努力說真的情緒下，努力本身工作的。至素本校對考核服務精神與道德，遺憾許多人事上的評價，但僅校方今日的職服、這在落後一大、女態可以嚴格統系、行政上僅這方面不少漏洞，若想深校長之

⑴學校的各項會議，特別是行政會議，會議的決定，就是決策的實行。[redacted] 因而這樣，儘量是事權集中於校決策，尚且是否能集中多方面的意見，也能不能適應全校的要求。[redacted]

[redacted]

⑵校長還是未能盡校役，由於辦理行政策，以致事必躬親不少。現由

(4)事務處之總務組教職員的膳食及學生膳事會的指導，關係同仁的宿舍分配的不合理，工友缺乏訓練。

校長、下如我們為校長室應設一專人負責，須研習各務。有關工作之承處負責計劃實施，而校長的主要職務工作在領導。校外對工作的督導（不必親自動手），校外亦要關係團體的聯繫（所有一般校內同仁的認識），[redacted]動，絕對再不要終日困在辦公室，東摸西動，精力消耗，真正可惜。

(3)同仁間似缺乏自動的尋找工作，這表示大家對工作的興趣與熱忱似感不夠，有人說校長是專制，似乎教職員與學校存在着一種傭僱關係，這實在只是說笑話，但多少表現出學校與教職員間的距離，人事關係誠然是互相的，但學校應該主動地設法克服這一缺憾，使同人認學校如家庭，情感融洽，向上互相守法負責，當然目前說來，也許只是理想，但仍須負責設法合理。例：同口而只有校長主任，二位書記，也似推辭說話，這又是什麼原因？

(4)工作勞逸不均，確有此種現象，校長勞苦，主任安逸。論工作，校長負全責，由於上述第二點之故，校長事必躬親，而主任的工作完全

P.13

推在组长与干事身上了，校长只负主任不席，但是干事又不实际做个办事工务院，就是这样的。校长每办八小时至十小时工作，组长干事可依办公时间办公（或因迟到之故打一九折），且每工友的工作时间不负，但主任的办公时间就无从计算了，兼课员等代课薪，……办公时间就不可因上课而不计算，其他办公时间除了看看会签公事外，当用（自己）报计划的极少，大多数时间是批阅记、看传习或者回到自己在学校中的宿舍小坐，（如果有事）去办公室略坐一下，就可看出，主任是否不在座的，论待遇，主任兼课多，薪水大，每个主任大约在一个半专任，校长的三百八十元只不够稍比较的，与其他同仁比，则更有天渊之别，依薪高，（在办公室）有休息室，如果（主任）再说不够，但请学中去谈，那么其他同仁就更不够活下去了。论负责，校长责大，成为校内众矢之的对象，事实上这正须有重赏以奖之，而主任则（有时）可将责任向上推诿校长，下则推给组长干事，（不能）自己负应做的事务是可以谅原的，而主任不明瞭自己本分的许多事情，那就是笑话了。

由……班劳苦，会计出逃，这与上述的情形正相反，一切不必繁述。

(八)工友间亦有此种现象，但不深甚。

(四)教务处中间早有此种现象，现在或因新聘人员接替，已见改善。

因此考察职员的服务态度，最重要的是要考察其已否在其本职上尽责，有无怠惰，有无创造，有无违法，有无先私后公。其他形式上的签到，请假等不能作为主要的根据的。

最后，我建议，可否于每期末一次职员的自我检讨及负责室的工作检讨，作为防范流为形式而有失深意。

(九)加强教职员间师生间的情感的联系。

本校教职员间情感的联系，应该是由教职员联谊会负责的，但本校教职员联谊会仍旧非常隔阂，而本校的布告，读非常，"加强"二字，不向直不够

P.14

除了半期間開學以外，所附送的九個辦事、連一次會議都未召開、所採的辦議案，夜校、合作社等、竟擱置不設、照這宣不見踪影。所置備的几件傢具，乒乓球枱只是進圖書館、陸入儲藏室、致生部又派在新民堂、藤椅沙發都安放在兩處校長室內、連這級任會員一點不以一切法非常刻之辭，已於師生向的猜疑則更說不上、學生社教服務的活動，推根只是主任，及各班主要科教師例外、

生教務會議

（學生自治會所訂章程上的事項，教育局核准的事務，合作社，學生對於教員休息，以文娛）

至於訓教服務對學校向心力的發揮會、竟成為不現、訓導處又未能作導學生團會參加訓導，師生間的關係逐漸疏校例行的週師會全部停頓，班級學生叫不出老師的姓名、更要談什麼聯繫了。

（據未查，凡擔任初中學生科課程的老師，可以加倍多種活動，可以使師生間關係多接觸）

（十）整頓秩序，社會三項訓練，再求提高標準

從這項主要意義來說，要提高三項訓育的標準，（再求）本校訓育處似未能佈置頂提高標準的內容，所以，缺乏計劃是在設

大的缺憾、再以这三段训练来说：整个队伍的散漫、以特务队为最、西点班报不上初班，秩序平平、不能控制教室秩序的常怪学生太喧闹、能控制教室秩序的也许嫌学生太拘束太呆板了、但空堂无课时、教室却闹的很、每每妨碍邻室上课秩序最差、在前项中已略叙述、对服务的态度尤傲慢无礼、这只需要一节时间来训练[illegible]礼、[illegible]由乎、也可[illegible]出训导的深度的

以上所述的十项有检讨、有批评、纯为个人见解、惟须声附陈者、训学校各方面均在进步中、个人[illegible]尚有未能觉察之处、故未列举、以此文边停边写、前後或有

（但经本人阅过并杜同意手写註

P.15

未能貫徹事實之處及錯誤，以批評或太苛刻，惟毫無對人不對事之意，無非春秋責備賢者，希望當局盡於行政更進一步。四、建議或太理想，但以個人而言，對學校實在希望其極高，但深信決無其他力量於之能破壞，理想作之成為事實也。

明禄 六月廿日晚十二時十分

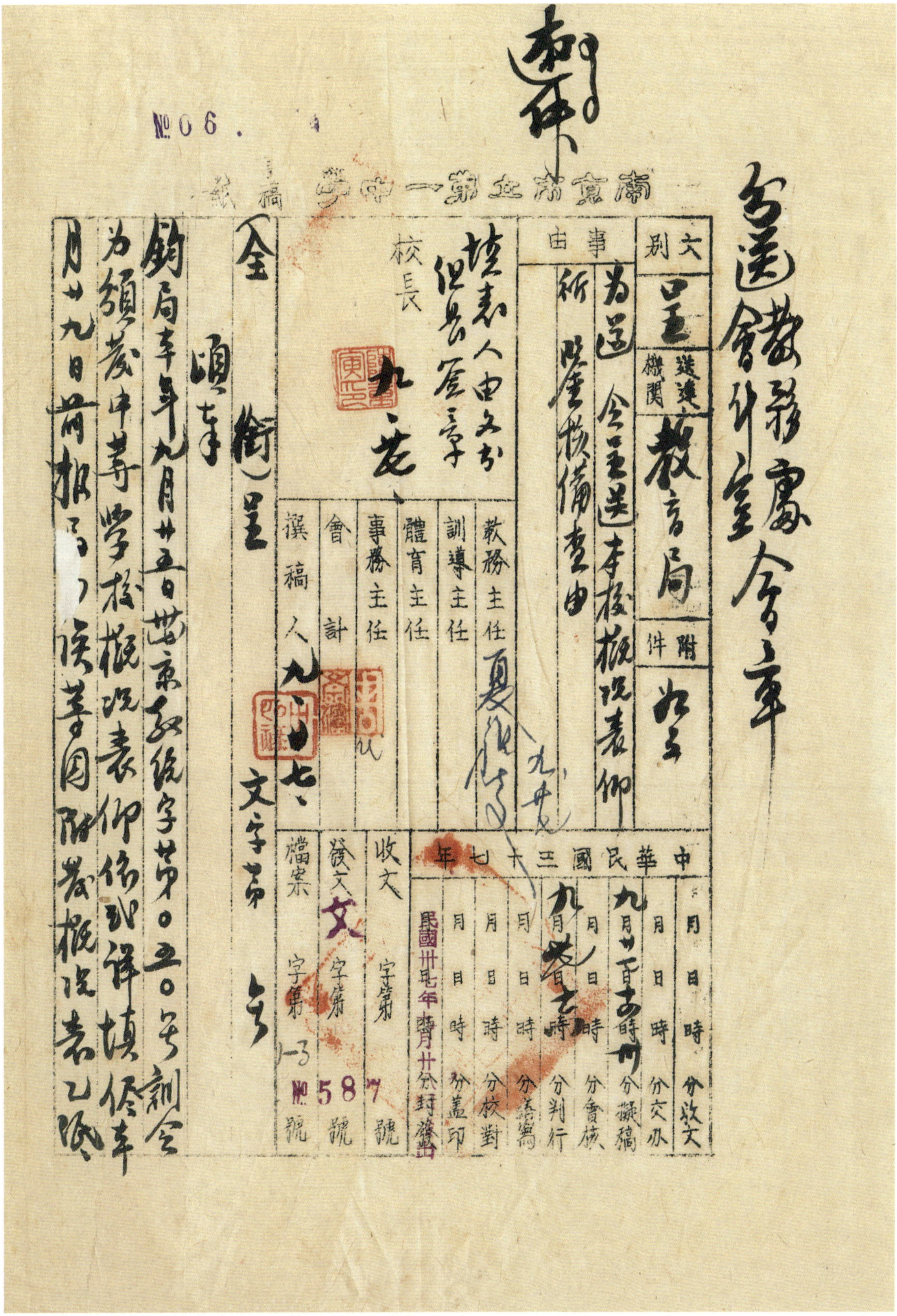

南京市立第一中學爲遵令填報學校概况表給市教育局的呈文（一九四八年九月二十八日）

附：南京市中學概况調查表

檔號：1009-1-9

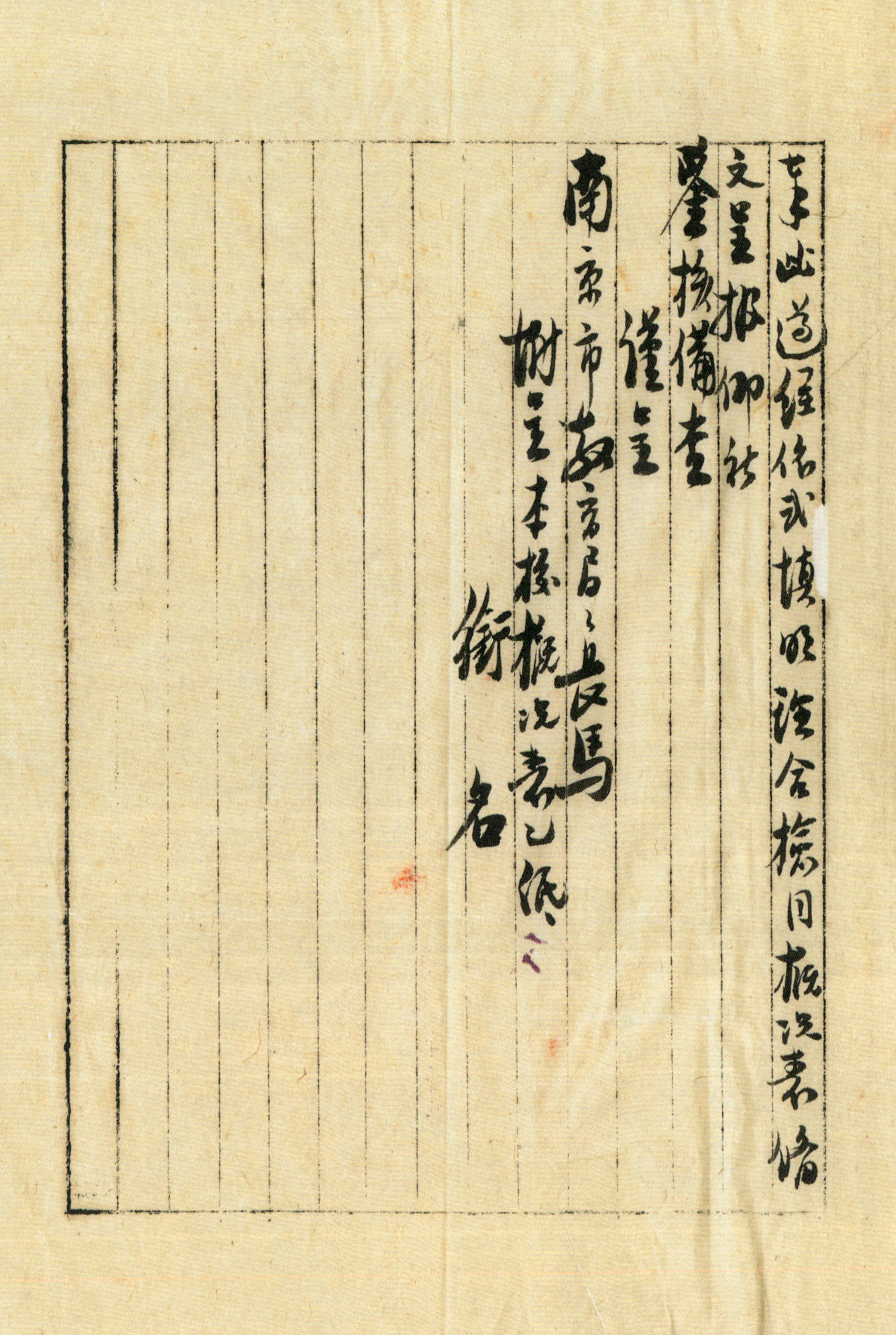

奉此，遵經飭式填明該合格同校況表備
文呈報，仰祈
鑒核備查。
謹呈
南京市教育局局長馬
附呈本校校況表二紙
銜名

南京市中學概況調查表

卅七 學年度第 二 學期

教職員數及歲出經費數

教職員數									歲出經費數						所屬行政區	校址	校長姓名	備註
共計	教員 專任男	兼任女	兼任男	任女	職員 專任男	任女	兼任男	任女	共計	經常門 小計	俸給費	辦公費	特別費	特殊門 特別費				
100	60	18	1		1	17	4	1	[印]	676497	6686—		7897	/	南京市六十三區 共六橋廿四号	村露街十六号	陸重實	

班級數及學生數

	高										中 本學期應屆畢業生數			初										中 本學期應屆畢業生數		
春秋季別	班級數 共計	三年級	二年級	一年級	學生數 共計男女	三年級男女	二年級男女	一年級男女			計	男	女	春秋季別	班級數 共計	三年級	二年級	一年級	學生數 共計男女	三年級男女	二年級男女	一年級男女			計	男	女
總計											天	天	共計											五〇	五〇	
共計 春季													共計 春秋季											五〇	四〇	
秋季											天	天												五〇	五〇	

填表 方如錄

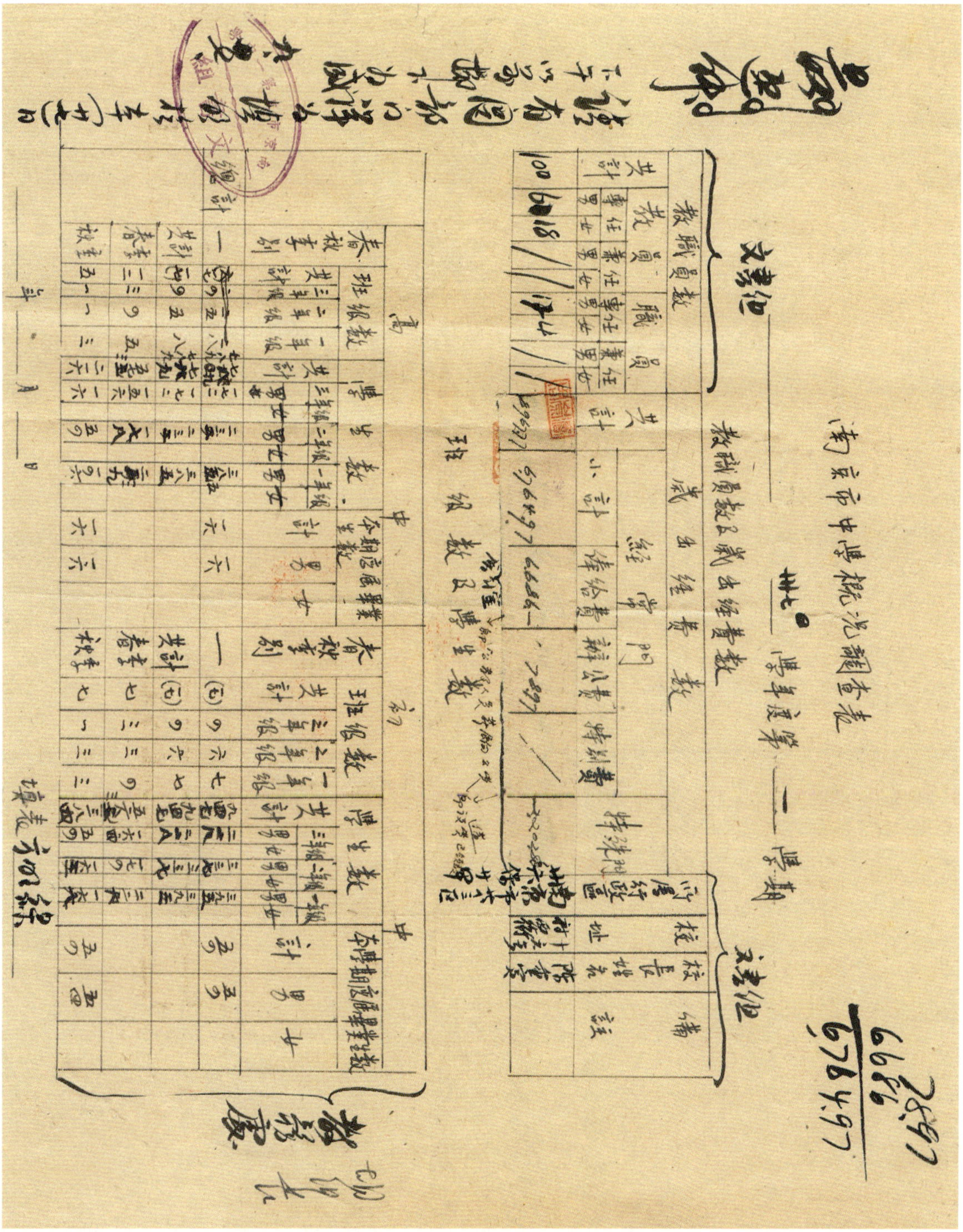

南京市立第一中學最近概况　三十七年九月　日　校長陳〇〇

（一）校址：南京市中華路北段府西街十六號

（二）成立及沿革年月：

民國十六年十二月本校前身南京市立中區實驗學校收前江寧縣立初級中學之學生設立中學部，是為本校創办之始。民國二十二年秋奉令改為市立第一中學。卅四年勝利凱旋本校復員而成現狀。

南京市立第一中學最近概況（一九四八年九月）

檔號：1009-1-9

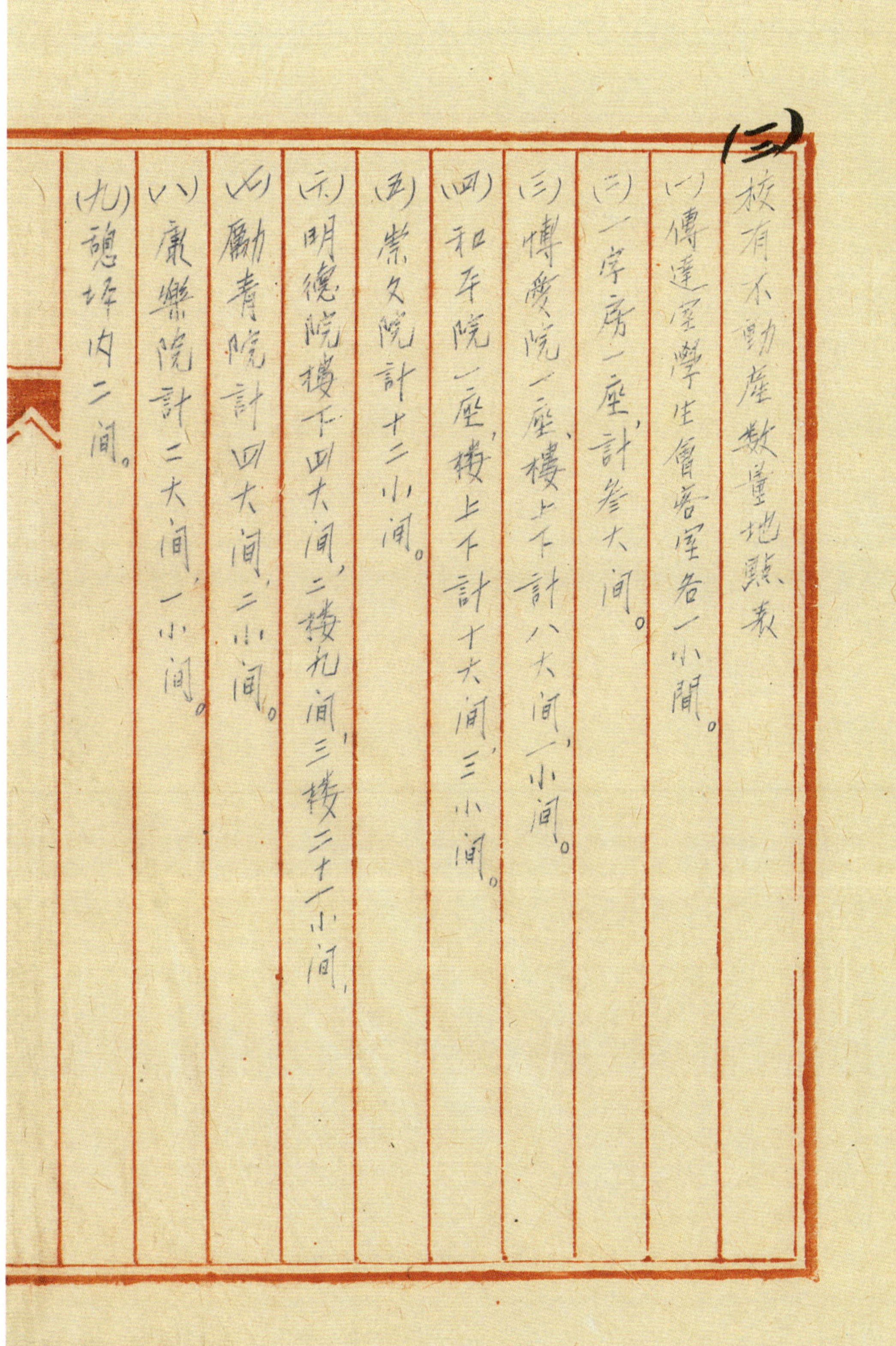

(三)

校有不動產數量地點表

(一)傳達室學生會客室各一小間。

(二)一字房一座，計叁大间。

(三)博愛院一座、樓上下計八大间，一小间。

(四)和平院一座，樓上下計十大间，三小间。

(五)崇文院計十二小间。

(六)明德院樓下四大间，二樓九间，三樓二十一小间，

(七)勵青院計四大间，二小间。

(八)康樂院計二大间，一小间。

(九)聽琴内二间。

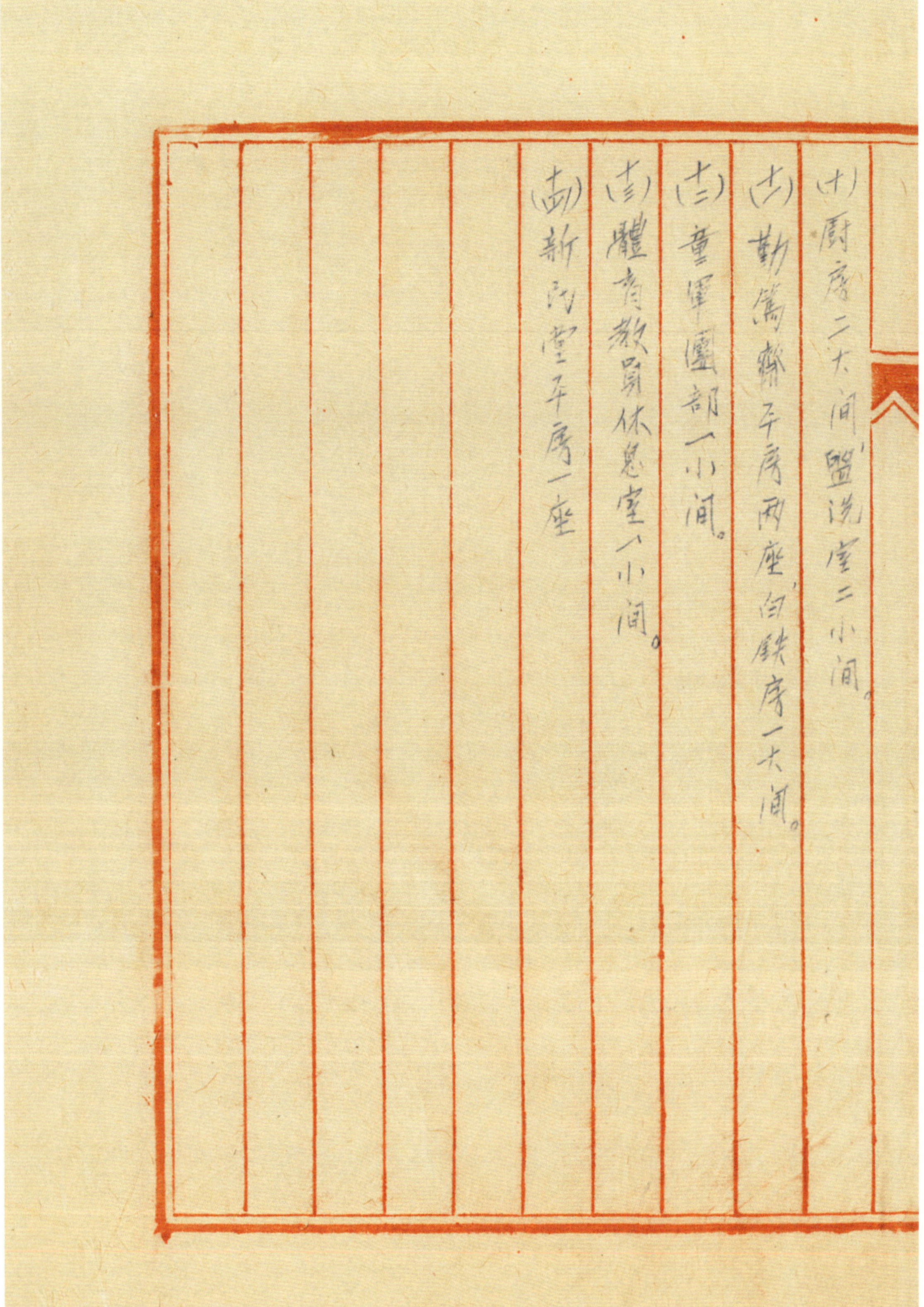

(十)厨房二大间，盥洗室二小间。

(十一)勤篤齋平房两座，白鐵房一大间。

(十二)童軍團部一小间。

(十三)體育教員休息室一小间。

(十四)新礼堂平房一座

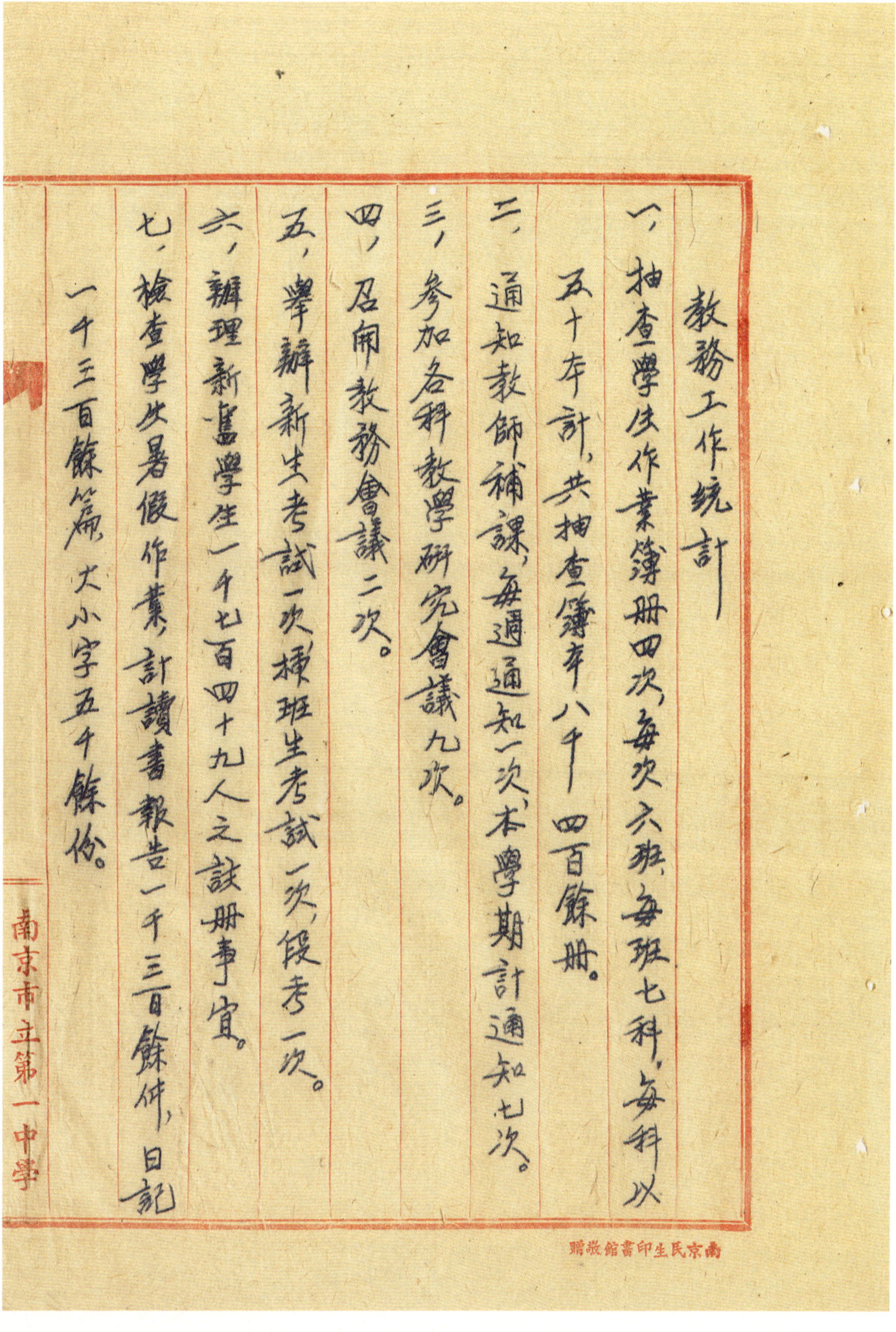

教務工作統計

一、抽查學生作業簿冊四次，每次六班，每班七科，每科以五十本計，共抽查簿本八千四百餘冊。

二、通知教師補課，每週通知一次，本學期計通知七次。

三、參加各科教學研究會議九次。

四、召開教務會議二次。

五、舉辦新生考試一次，插班生考試一次，段考一次。

六、辦理新舊學生一千七百四十九人之註冊事宜。

七、檢查學生暑假作業，計讀書報告一千三百餘件，日記一千三百餘篇，大小字五千餘份。

南京市立第一中學

南京民生印書館敬贈

南京市立第一中學教務工作統計（一九四八年十月）

檔號：1009-1-10

八、發給考不及格學生家長通知書八百餘件。
九、草擬新型中學實驗班實施計劃。
十、編擬新型中學實驗班各學科每週教學時數表。
十一、舉辦上學期學科不及格學生補考二次。
十二、擬訂社會教育工作推行委員會組織規程及工作計劃。
十三、舉辦科學演講科學展覽，暨一科學表演各一次。
十四、擬訂遲上課各班教師補課辦法。
十五、舉辦學術演講三次，修養談話九次。

南京市立第一中學

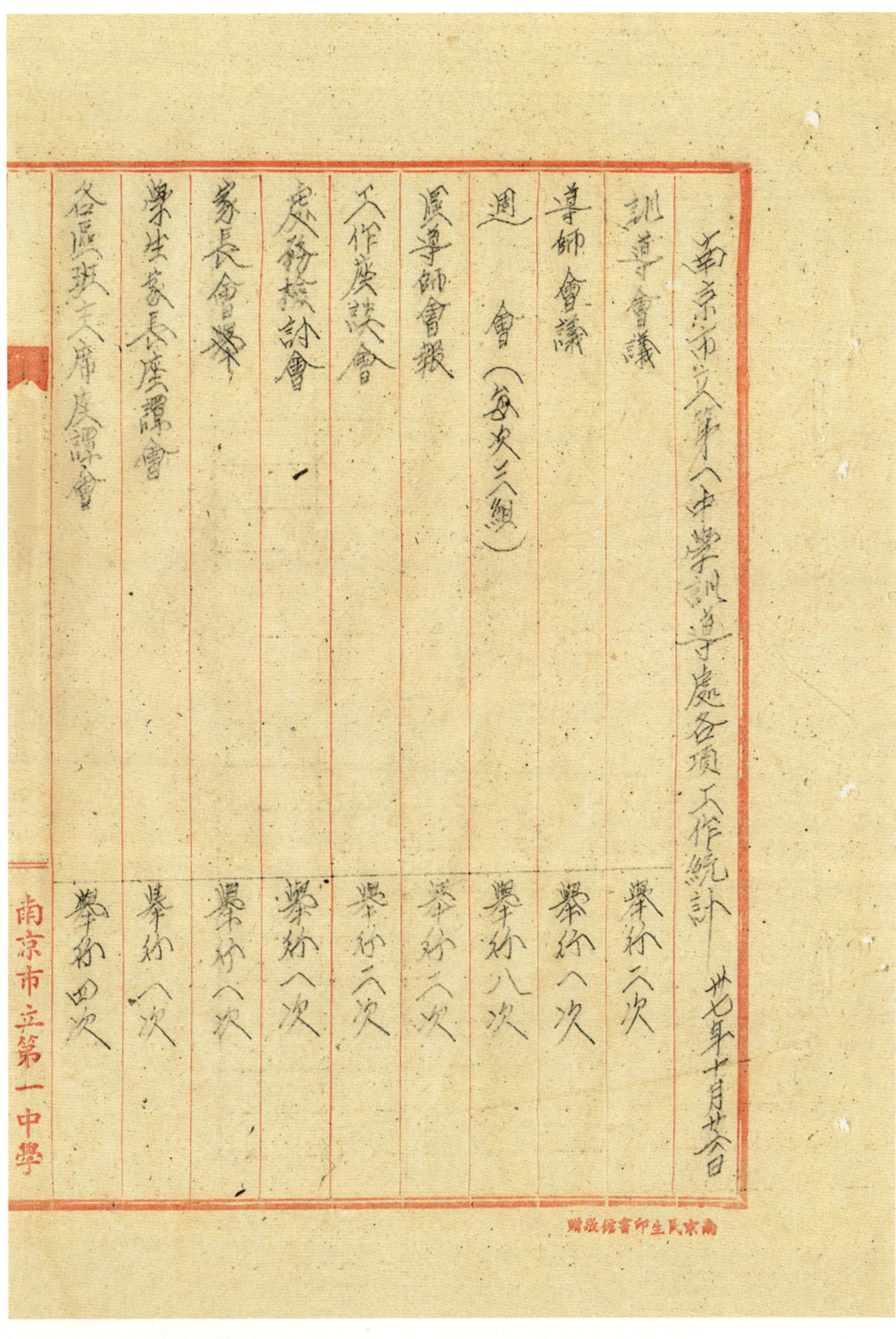

南京市立第一中學訓導處各項工作統計　卅七年十月廿六日

訓導會議	舉行二次
導師會議	舉行一次
週會（每次二組）	舉行八次
級導師會報	舉行二次
工作座談會	舉行二次
服務檢討會	舉行一次
家長會議	舉行一次
學生家長座談會	舉行一次
各級班主席座談會	舉行四次

南京市立第一中學

南京民生印書館敬贈

南京市立第一中學訓導處各項工作統計表（一九四八年十月二十六日）

檔號：1009-1-10

全校班主席座談會	舉行一次
各級級會	舉行一次
學生膳食委員會	舉行四次
學治會理事選舉委員會	舉行一次
學治會理事會	舉行二次
學治會事務理事會	舉行一次
校宿生審查委員会	舉行三次
免費生審查委員会	舉行三次
秋課助學金初審委員会	舉行一次
學生假設法庭組織辦法起草委員会	舉行一次

南京市立第一中學

擬訂本處行事曆

擬定本學期訓導實施綱要

擬定各週導師工作概要 八次

擬定新生訓練實施綱要

擬定學生膳食委員規約

擬定各區班主席值日實施辦法

擬定各區整潔工作督導辦法

擬定各區整潔服務生攷勤表

擬定整潔服務生輪值表

南京市立第一中學

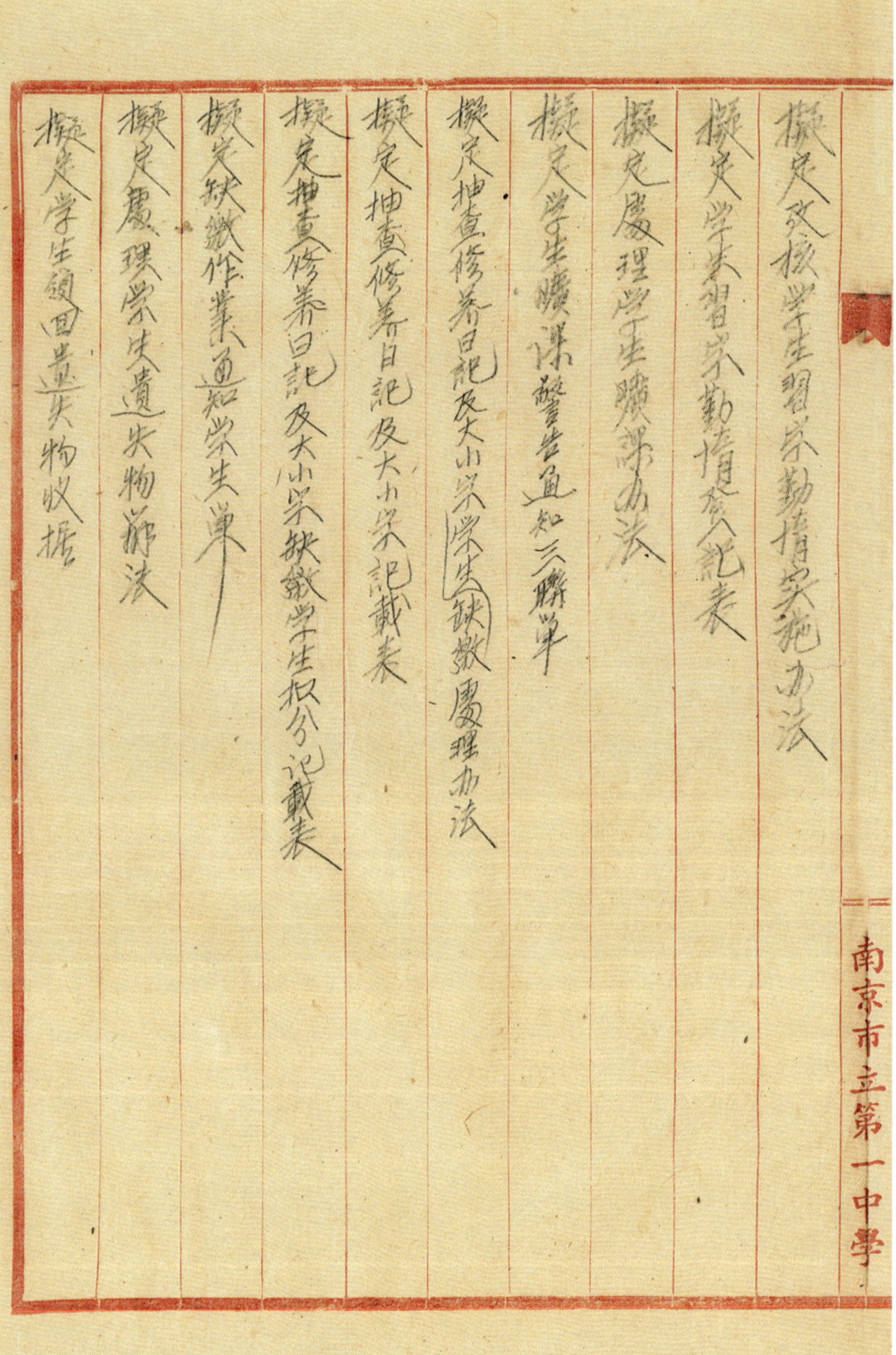

擬定考核學生習業勤惰實施辦法

擬定學生習業勤惰登記表

擬定處理學生曠課辦法

擬定學生曠課警告通知三聯單

擬定抽查修養日記及大小考學生缺繳處理辦法

擬定抽查修養日記及大小考記載表

擬定抽查修養日記及大小考缺繳學生扣分記載表

擬定缺繳作業通知學生單

擬定處理學生遺失物辦法

擬定學生領回遺失物收據

南京市立第一中學

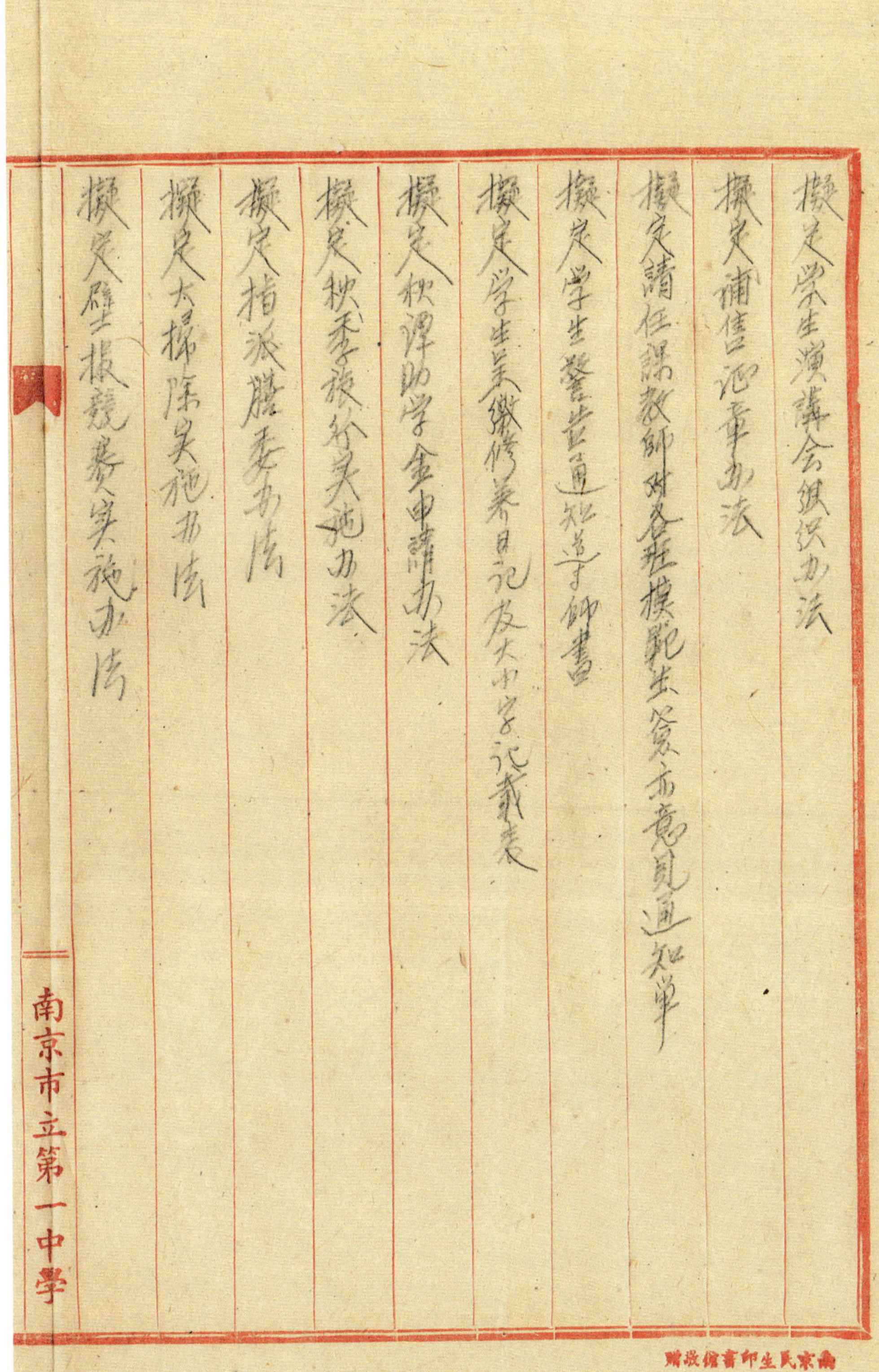

擬定學生演講会組織办法

擬定補售证章办法

擬定請任課教師对各班模範生发表意見通知單

擬定學生警告通知導師書

擬定學生呈繳修養日記及大小字記載表

擬定秋課助學金申請办法

擬定秋季旅行实施办法

擬定指派膳委办法

擬定大掃除实施办法

擬定壁报競賽实施办法

南京市立第一中學

修定学生請假办法
修定学生自治会章程
修定模範生挑選办法
編製各級会組織表
編製訓導概况
編製各級組導師一覽表
編製学生姓名索引
編製学生記事索引
編訂学生家長調查表
編訂学生保証書

南京市立第一中學

聘定各級領導師	
組織各班之会	
聘定各班之導師	
实施特殊学生個性研究	
整理特殊学生研究資料	
訪問特殊学生家長	十五次
與学生家長通信連絡	六十八次
邀請学生家長談話	九次
实施新生指導訓練	十八次
实施新生秩序訓練	六次

南京市立第一中學

指導各班出刊壁報	
指導住校学生自習	逐日進行
統計公佈曠課学生姓名	逐日办理
約各缺課学生談話	随时举行
協助学生租賃校外宿舍	
劝募助学金	已完成
响应布鞋劳軍	已完成
發動宿舍捐建運動　家長会決定	在進行中
抽查学生修養日記及大小字	逐週举行
檢查環境整潔	逐日举行

南京市立第一中學

清潔大掃除	舉行四次
指導学生成立自治会	
指導学生組織演講会	
指導学生組織課餘歌詠隊	
指導学生各班挑選第一屆模範生	
	逐週舉行
指導附設学生膳委会工作	
印製各項章則等表冊	凡十種
造報各項名錄表冊	共六种
籌設学生自治法庭	

南京市立第一中學

舉办秋季修学旅行
指導各班之会活動
指導各区值日班主席执行任務
指導学生自治会活動
導師經常批閱学生参省日記及大小字指導精神生活
會同事務處办理学生寄宿米申請
会同事務處指導販賣部辦理学生熱食
会同事務處設置学生晒衣場
鼓勵学生参加課外活動擁護病假学
核发病假学生月考補考証

十八件

南京市立第一中學

筹备校庆庆祝晚会	
举办壁报竞赛	
执行学生奖惩事项	五三六件
团体嘉奖	六件
嘉奖	三七件
优点	三九七件
严重警告	十五件
警告	十七件
缺点	六十六件
整理各项研究资料	

南京市立第一中学

附註：

一、本表所列皆為工作大端

二、日常例行工作不列

三、臨時偶遇意外事件不列

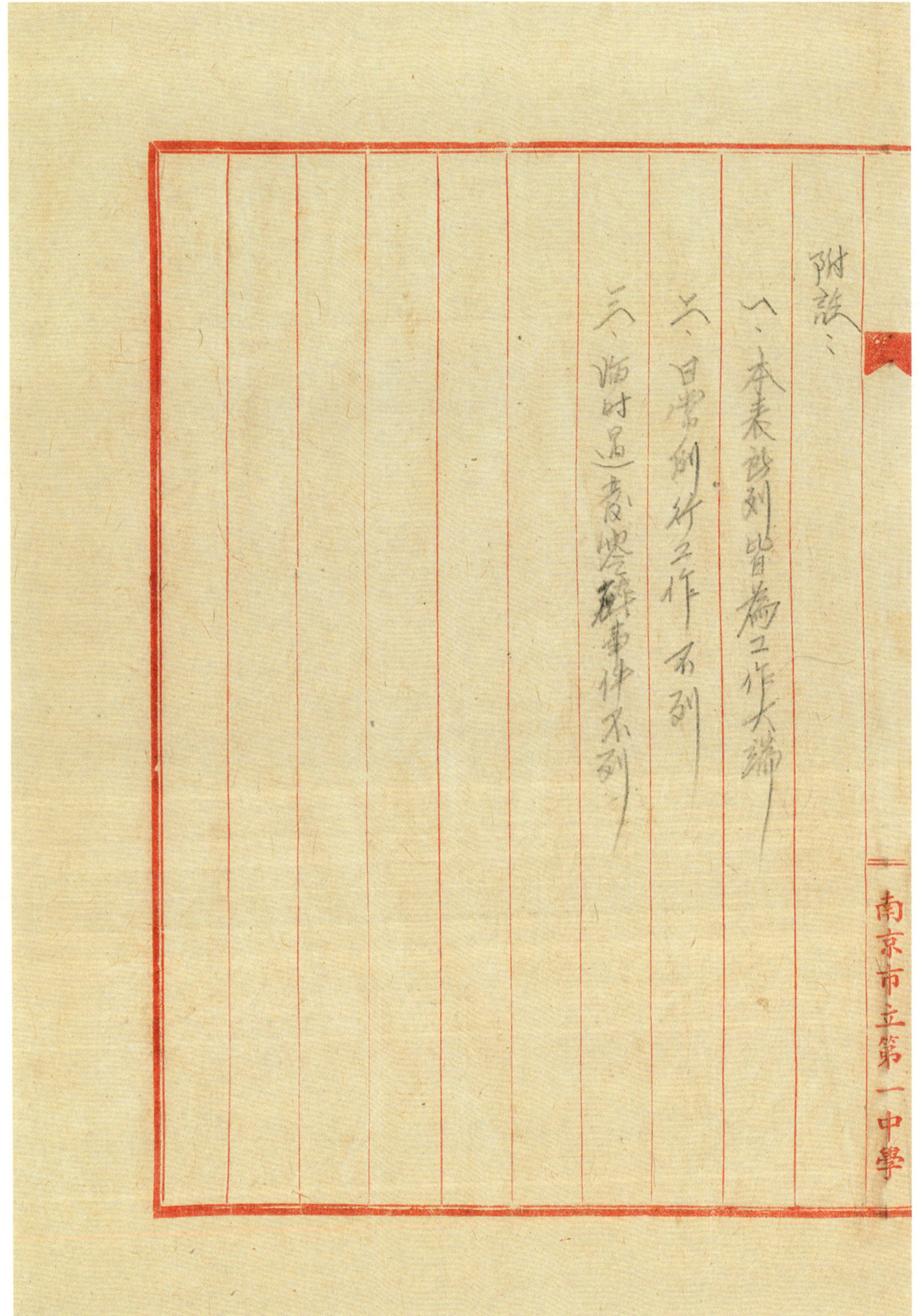

南京市立第一中學

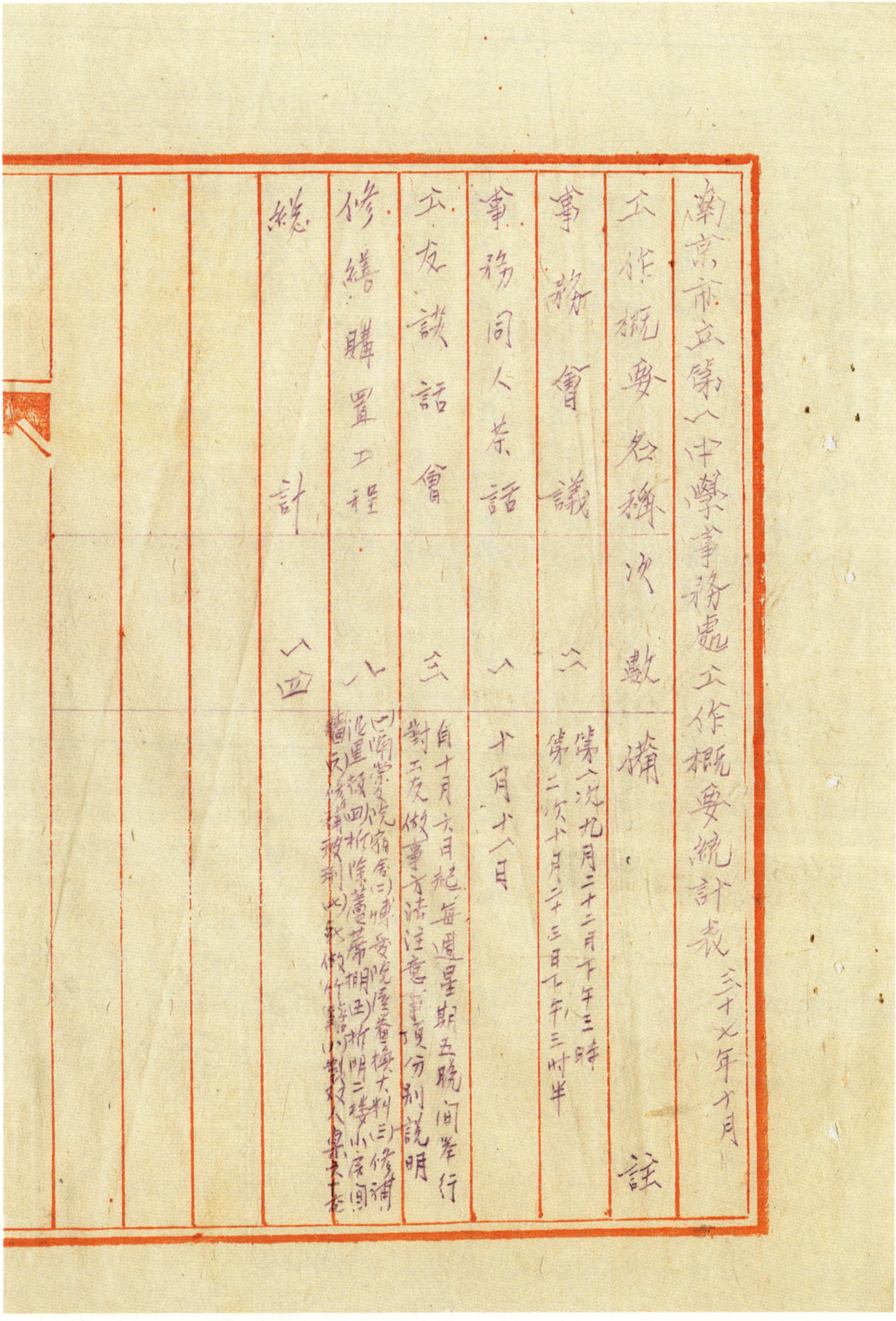

南京市立第一中學事務處工作概要統計表　三十七年十月

工作概要名稱	次數	備註
事務會議	二	第一次九月二十二日下午三時 第二次十月二十三日下午三時半
事務同人茶話	一	十月十八日
工友談話會	三	自十月六日起每週星期五晚間舉行 對工友做事方法注意事項分別說明
修繕購置工程	八	(一)陶崇文院宿舍(二)博愛院屋頂換大料(三)修補[illegible]運設(四)拆除蘆蓆棚(五)拆門二樓小房間牆(六)修補玻璃(七)添做竹籬(八)製双人桌六十張
總計	一四	

南京市立第一中學事務處工作概要統計表（一九四八年十月）

檔號：1009-1-10

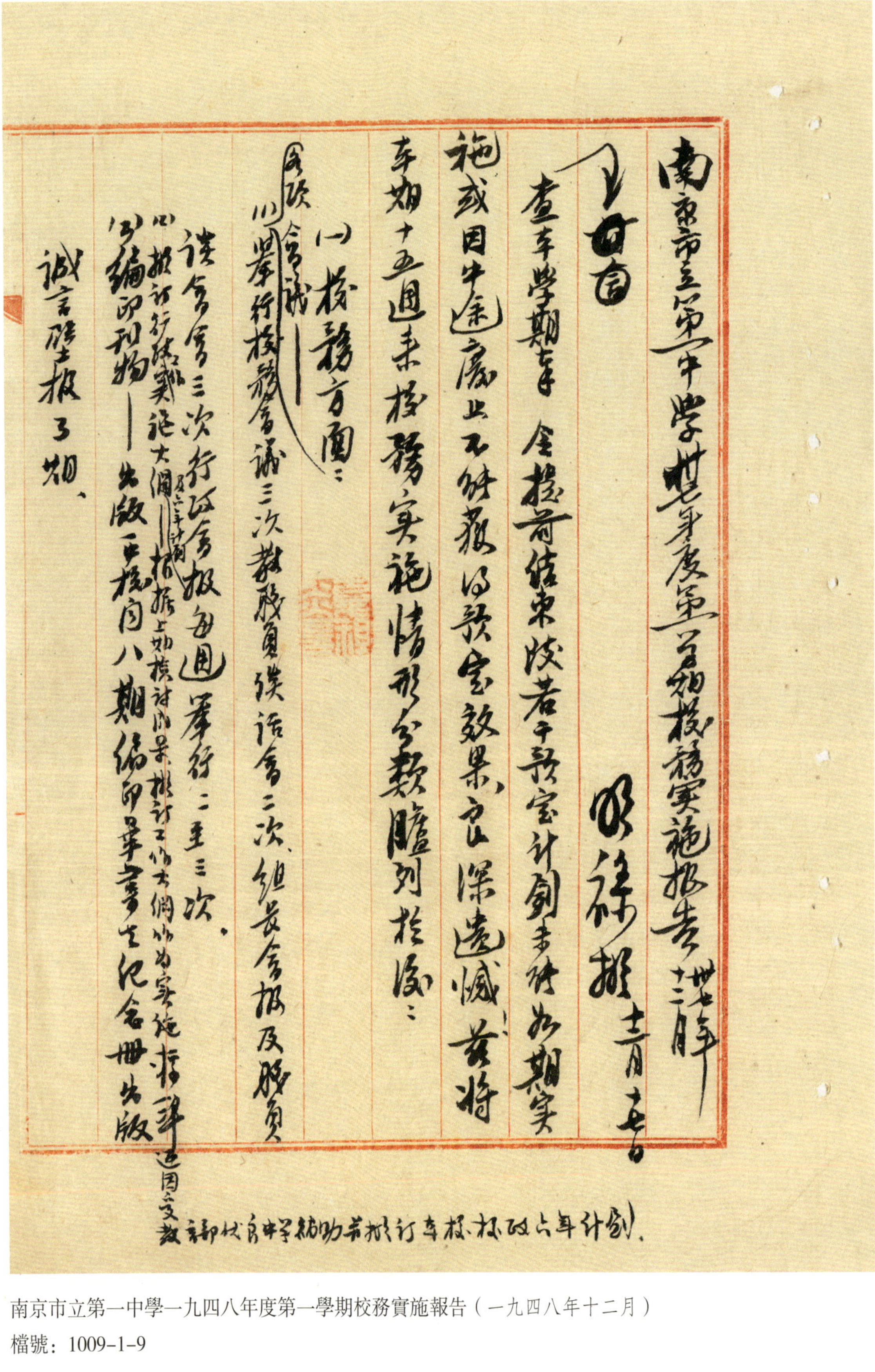

南京市立第一中學卅七年度第一學期校務實施報告 卅七年十二月

由 呈 錄 報 十二月 日

查本學期業已全校前結束,若干教室計劃未能如期實施,或因中途處此不能獲得預定效果,良深遺憾。茲將本期十五週來校務實施情形分類臚列於後:

(一)校務方面:

(1)舉行校務會議三次、教職員談話會二次、組長會報及職員談話會三次、行政會報每週舉行二至三次。

(2)擬訂行政工作實施大綱 及六年計劃 ——根據上如檢討結果,擬訂工作大綱作為實施標準 遵國文教育部核定中學輔助辦法擬訂本校校改六年計劃。

(3)編印刊物——出版一中校刊八期,編印畢業生紀念冊出版

(4)識言壁報五期、

南京市立第一中學一九四八年度第一學期校務實施報告(一九四八年十二月)

檔號:1009-1-9

~~[illegible]~~

廿八 人事考核——本校職員進修、招聘行政教導——并嚴格稽核考核。

廿 研究事項——籌劃新型中學實驗班各項試驗事項、撰寫各項教育問題論文、

廿一 籌畫各項展覽會——舉行校史紀念館展覽會、本校碑碣拓片展覽會。

廿二 編製統計圖表——編製各項重要統計圖表十四冊。

廿三 慶祝校慶及校友節——招印全校各生之姓名表冊、舉行校慶晚會、召開校友、家長、教職員聯合座談會等。

廿四 家長聯絡——校長分區化、個別化等方法經常約訪學生家長，以資聯絡并征求校務意見。

廿五 經濟公開——除按照會計制度另行經濟稽核委員會審核外，[illegible]

美豐殿紙印刷號承印

(四)教務方面：

(1)各項會議——舉行教務會議三次、各分科教學研究會二至三次、處務會議二次

(2)教學研究事項——由各分科首席教師主辦之

(3)充實圖書儀器——本期圖書增置照原有數外（新購圖書、雜誌）由校方增購有一七〇冊、學生捐獻圖書有一五五〇冊、儀器設備中心著重在化學儀器增置約有（全部儀器由本校……）

一大大大作

(4)改善考試制度——本期考試舉行一次考試，同時採用混合考試，根據測試行之，而畢業學期考試、

(11)办理社教工作——组织社教委员会（推行）办理民众教育工作

(12)办理附设大学教职员子女委托班、补助清寒[illegible]免费设施、

(13)指导团体活动、作为本校活动教

(14)[illegible]协助[illegible]学校[illegible]老师

(15)举行教学反省——（由教研组主持）各科教学法举[illegible]以作为教师参考

(16)着重平时成绩考查——厉行抽查学生作业，并注意学生平时阶段成绩考查办法

(17)举办各种竞赛——如举行书法比赛、演讲比赛、等

(18)开展测验——（对新教学实验班集体编制测验）搜集各项心理测验资料试行测验工作（须先专任专案主持工作相当）

(19)指导学生课外研究——由各科教学研究会负责办理指导学生组织（国文学科、）史地学科组、理化学科研究会、

(17)办理义务补习——本校现[illegible]学生保荐担任、由本校教师自愿义务为学生补习保证。

美豐牋紙印刷號承印

(三)训导方面：

(1)举行会议——举行训导会议三次，区导师联席会议三次，处务会议三次

(2)试行导师及区导师协合制，收效甚大

(3)指导学生会组织——指导学生自治会及膳食委员会之组织

(4)发动各项竞赛——举办壁报比赛、习字比赛、演讲比赛、等

(5)精神训话——每日利用升旗朝会时间及国民月会请导师及社会名人轮流向学生训话

(6)膳宿生管理工作——指导学生内务、自修、膳食、及课外工作

并尊重学生意见

(7) 由训导处负责审核及出版刊物等全部事宜

(8) 指导学生从事社会服务

(9) 举办训导问题的学术讲演以供训导之参考

(10) 创造模范生制度以激励学生向上精神、

(11) 学生会一切组织事务会同教务、协助推动并开周会

举行座谈会

(12) 指导课外活动

(13) 举行修学旅行幸如旅行参观及中山陵园、

(14) 加强个别谈话及家庭访问、

(15) 拟订训导实施要纲及每周导师工作纲要

四、体育方面：

(1) 举行会议——举行体育会议三次，[体育]分科会议三次

[redacted]

(2) 早操指导

(3) 课[指导]外活动并举办各项球类级际比赛

(4) 参加本市体育表演——团体大会操获第一优胜奖状

(5) 矫治学生病态 [加强卫生教育并与中心卫生室合办健康检查]

(6) 改良体育教法，重视精神锻炼、

四、事務方面

(11)、舉行會議——舉行事務會議三次、事務處同仁聯誼會一次

(12)、舉辦員工福利工作——同仁福利以受經費限制無法舉辦，工友方面舉辦[illegible]除每人加發[illegible]球鞋一雙、棉背心一件，并以同仁捐贈[illegible]費儲備工友食米十石、創辦惠工基金補助校工伙食、

(13)、工程修繕——本期工程修繕計有：特等院校大操場、南陽（陽）台宿舍及院門附近隔離外院、修理全校屋頂板、新製石（及修建下水道）礎與精、新民臺修理天花板、修建盥洗室（及疏浚下水道）

(14)、出納現金檢查——訂頒檢查現金、以防舞弊、

(15)、（加強）校工訓練——新增每星期五晚七時至九時由各部主任向校工講話、講解本法

(16)、美化學校環境——利用生活勞作整理校園環境并完成校園葡萄架、草坪植林、

貳 學則及規程

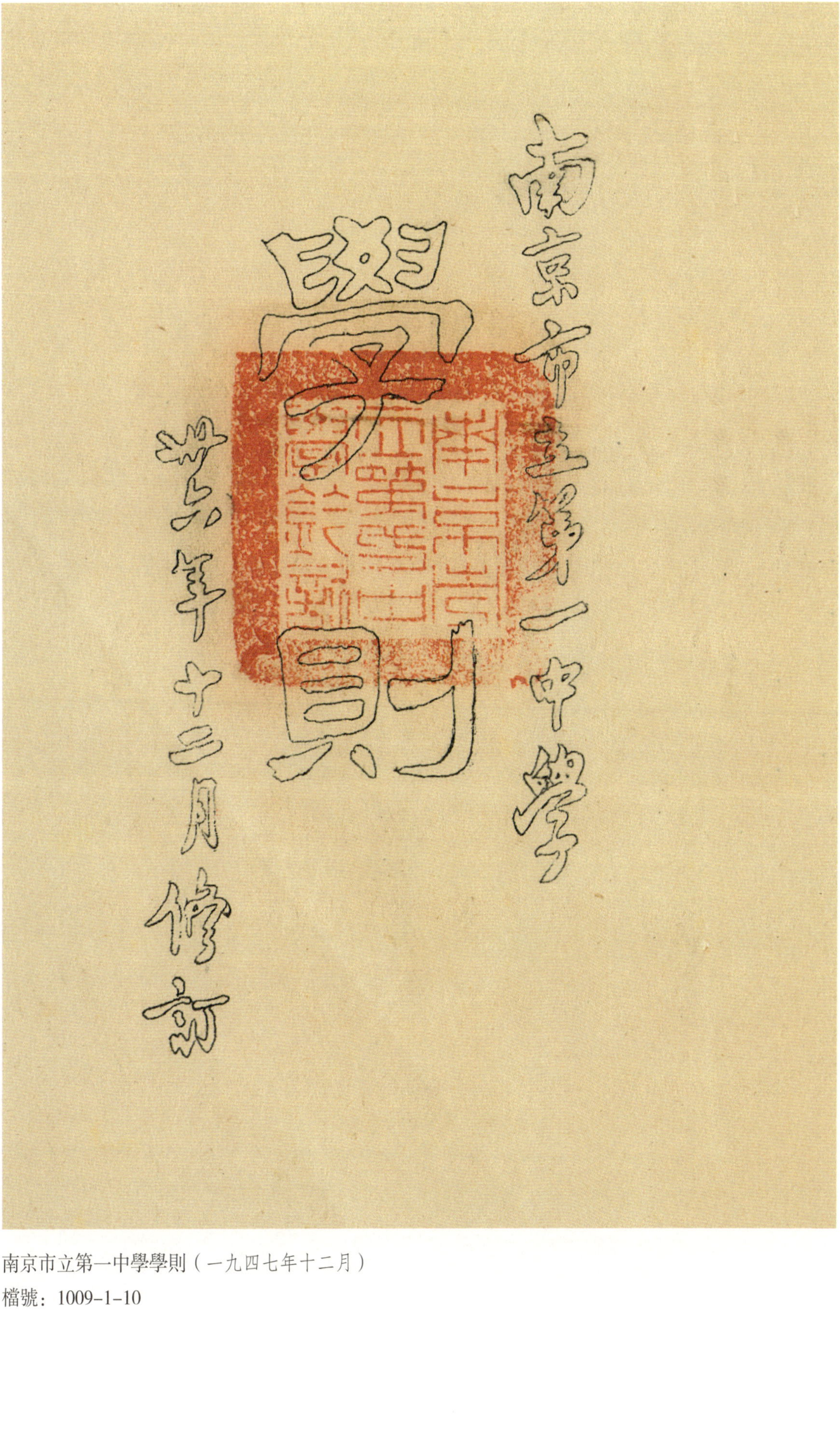

南京市立第一中學學則（一九四七年十二月）

檔號：1009-1-10

目錄

南京市立第一中學學則

卅六年十二月修訂

第一章 總則

第一條 本學則依據修正中學規程，並參酌本校過去歷史習慣、現在實際情形及本校理想方針訂定之。

第二條 本學則為本校處理學生入學註冊、考試、成績計算、升留級、補考、畢業、休學、轉學、退學、復學、請假、缺席、獎懲及体育等事宜之根據。

第二章 入學

第三條 本校每年於寒暑假期中招收新生及插班生，招生簡章另訂之。

第四條 初中一年級新生之入學資格為公立或已立案之私立小學畢業生。

第五條 高中一年級新生之入學資格為公立或已立案之私立初級中學畢業生。

第六條 高初中均得酌量招收同等學力之學生，但其名額初一不得超過錄取總額百分之二十，高一不得超過錄取總額百分之十。

第七條 各級視實際學生人數之多寡，酌量招收插班生，但高初中第六學期均不得招收插班生。

第八條　各級插班生須為公立或已立案之私立中學肄業學期銜接、修習學科相同而有原校之轉學證書及成績單、經本校試驗及格者。

第九條　本校不收女生。

第十條　本校宿舍狹小、不敷收容、高初中新生及各級插班生均不得請求寄宿。

第三章　註冊

第十一條　新舊學生均須依照本校規定日期及時間親自到校辦理註冊手續。

第十二條　舊生註冊須領取註冊程序單並於志願書上加蓋本學期各項圖章、然後依次呈驗學生證、上學期成績報告書、假期作業及本學期應購書籍、作業簿本、經查核認可後隨發繳費四聯單、逕赴銀行繳清學雜設備等費、憑銀行收據准予註冊。

第十三條　新生及各級插班生之註冊、須領取註冊程序單、依次呈驗或呈繳學生證、畢業或肄業證書、成績單、學籍表、志願書、保證書及本學期應購書籍及作業簿本、經查核認可後隨發繳費四聯單、逕赴銀行繳清學雜設備各費、憑銀行收據正式註冊。

第十四條　學生如因病不能依照規定日期到校註冊時、須先期由該生家長簽章書面代為請假並附醫師証明文件遠道學生以郵戳為憑否則任何理由一概不得申請補辦註冊手續。

第十五條 因病請求緩期註冊之學生其請假之日期均不得超過十日如病未痊癒應由學生家長代辦註冊手續並續辦請假手續否則一概不得入學。

第四章 成績考查

第十六條 本校學生成績考查辦法依照修正中學規程第八章訂定之

第十七條 學生成績分學業操行体育三項除操行体育成績考查辦法另訂學業成績考查應悉依本章各節之規定辦理。

第一節 缺席及曠課

第十八條 學生因病不能到校到校上課應由家長代為請假事假除父母之喪外均不得請假。

第十九條 各科請假缺席時數達該科教學總時數三分之一以上之學生不得參與該科之學期考試。

第二十條 不履行請假手續或請假時並未允准以及事後請求補假之學生均以曠課處。

第廿一條 一日之內曠課一小時或連續曠課數小時均以曠課一次計算。

第廿二條 未經請假擅自曠課之學生其曠課之次數超過八次者應即令其退學。

二

第二節 作業檢查

第廿三條 學生平日之作業，除各科教師經常檢查記分外，由教務處隨時加以檢查。

第廿四條 作業之檢查，以每週抽查六班為原則，於週會時用抽籤方法決定之。

第廿五條 被檢查之作業簿本，教務處應加蓋圖記及日期戳。

第廿六條 缺繳作業簿本之學生，每次應扣該生該科平時平均分數二分。

第三節 日常考查

第廿七條 學生之日常各科成績考查方式如左，各科依其性質酌用之：

一、口頭問答　二、演習練習
三、實驗實習　四、讀書報告
五、作文　六、測驗
七、調查採集報告　八、其他工作報告
九、勞動作業

第四節 段考及抽考

第廿八條 每學期第五第十第十五三週舉行段考三次。

第廿九條 各學科依照每週教學時數之多寡分別決定段考之次數辦法如左：

一、每週教學時數在三小時以上者段考三次，

二、每週教學時數爲二小時者段考二次（第一第三段考時舉行）

三、每週教學時數爲一小時者段考一次（第二段考時舉行）

第卅條 各級學生之段考應於同一時間集中舉行之。

第卅一條 教務處得臨時舉行抽考，其成績與一次段考相等，與段考分數合併計算，其辦法另訂之。

第卅二條 各科段考成績如有不及格之學生，應由教務處通知該生家長幫同學校嚴加督促。

第五節 期考

第卅三條 學期考試於學期終了，各科教學完畢時，就一學期內所習課程考試之。

第卅四條 學期考試之前得停課一日至二日，以備學生複習。

第卅五條 高初中第三學年第二學期得免除學期考試，而以各科平時成績作爲學期成績，但參加畢業會考之學生，仍須舉行最後學期考試。

第六節 畢業考試及會考

第卅六條 畢業考試於三學年修滿後，就初中或高中所習全部課程考核之。

第卅七條 學籍未經市教育局核准之學生，不得參加畢業考試。

第卅八條　畢業考試前得停課三日至四日，以備學生複習。

第卅九條　參加畢業會考之學生，得免除畢業考試。

第四十條　學生修業期滿，畢業成績及格或經會考成績及格者，准予畢業，由學校發給畢業證書。

第四十一條　畢業考試成績內不及格學科在三科以上，或僅二科不及格，但其科目在初中為國文、英語、數學、勞作四科中之任何二科，在高中為國文、英語、數學、物理、化學五科中之任何二科之學生，均應留級一學年。如有春季始業之班級，得留級一學期。

第四十二條　前項留級以二次為限，如仍不能畢業，發給修業證書，令其退學。

第四十三條　畢業考試成績內有一科不及格，或雖有二科不及格，但其科目非如四十一條所規定者之學生，均應令其補行考試二次，如仍不能及格，應照第四十一條辦法辦理。

第四十四條　應屆畢業之學生於最後一學期，如因疾病或親喪不能如期參加學期考試或畢業考試，曾經請假核准，得在下一屆之畢業考試時參加補考，及格後列入為下一屆之畢業學生。

第七節　成績計算

第四十五條　本校學生成績之計算，採百分法，以六十分為及格。

第四十六條　日常考查成績佔該科學期成績三分之一。

第四十七條　各次段考平均成績（包括抽考成績）佔該科學期成績三分之一。

第四十八條　期考成績佔該科學期成績三分之一。

第四十九條　各科學期成績之平均為該生之學期總成績。

第五十條　每學生一二兩學期成績之平均數為該生之學年成績。

第五十一條　每生各學年成績之總平均與其畢業考試成績合為畢業總成績。

第五十二條　各學年成績平均在畢業總成績內佔五分之三畢業考試成績佔五分之二。

第五章　升級留級與補考

第五十三條　各級學生各科成績全部及格方得升級。

第五十四條　無學期成績之學科或成績不及格之學科在初中為國文英語數學勞作四科中之任何二科，在高中為國文英文數學物理化學五科中之任何二科之學生均應留級。

第五十五條　非如前條規定之學科有三科不及格者或前條規定之學科有一科不及格而其他未規定之學科又有二科不及格者、亦應留級。

第五十六條　無學期成績或不及格之學科僅有一科或雖有二科不及格但其科目非如第五十四條所規定者須經補考補考及格後方得升級。

第五十七條　前條規定之補考以二次為限如第二次補考仍不及格仍應留級。

第五十八條　留級學生以連續留級二次為限如第三學期仍須留級者發給肄業証明書令其退學。

第五十九條　無學期成績或不及格之學科，如係第五十四條所規定學科中之任何四科，或非如五十四條規定之學科有六科不及格，或五十四條規定之學科與非規定之學科合計有五科不及格者，均應令其退學。

第六十條　無故不參加各項考試者，不准補考。

第六章　轉學、休學、復學、退學及借讀、

第六十一條　本校學生於學期中或學期終了時，如因故必須轉入他校肄業者，得由家長函請轉學，經校長核准後發給轉學證書。

第六十二條　本校學生因身體或家庭之特殊困難情形，得請求休學一學期或一學年。

第六十三條　休學期滿之學生，得申請復學，編入與原學期銜接之學級肄業，但休學期滿而不到校申請復學者，即取消其學籍。

第六十四條　休學之期限至多不得超過兩學期。

第六十五條　本校學生如因身體或家庭之特殊困難情形，經家長書面請求，得准其退學。

第六十六條　如因時局影響原校不能開學之學生，或有其他特殊情形之學生，經原在學校函請收容借讀，得酌量本校班級人數收為借讀生。

第六十七條　借讀生不得請求改為本校學生。

第六十八條　借讀生之畢業考或會考概由其原肄業學校辦理之。

第六十九條　借讀生應恪守本校一切規則否則取消其借讀資格。

第七章　獎懲

第七十條　本校學生之獎勵與懲罰依下列各條之規定辦理之。

第七十一條　獎勵方式分為物質獎與精神獎二類，物質獎又分為(一)獎金(二)獎給文具二種，精神獎又分為(一)存記優点(二)嘉獎(三)特殊嘉獎(四)發給獎狀四種，懲罰方式分為(一)存記缺点(二)警告(三)嚴重警告(四)停學(五)留校察看(六)退學六種。

第七十二條　學生有合於下列各款之一者得酌予前條規定之獎勵：

一、學期操行成績列入超等，學業成績平均在八十分以上而各科均及格者。

二、熱心公益而成績卓著者。

三、全學期中對於上課或各種規定集會均無缺席請假遲到早退等情事而其他方面亦確能遵守校規者。

四、能檢舉破壞紀律份子者。

五、處事公正拾物或拾金不昧者。

第七十三條　學生有下列各款情形之一者得按其情節予以存記缺点一次或二次之處分：

一、朝會遲到者　二、上課時擅離座位者

五

三、欠繳作業者　四、見師長不敬禮者

五、不佩校徽及隨帶學生証者

六、爲值日生或服務生不盡職責者

第七十四條　學生有下列各款情事之一者，按其情節輕重予以警告嚴重警告或停學之處分：

一、未經請假私出校門者

二、越級陳訴而無正確理由者

三、污損牆壁門牕或校具及其他場所者

四、須用公物逾期不負責歸還者

五、上課或集會不遵約束者

六、考試有作弊企圖者

七、寄宿生不假外宿者

八、對師長輕率失敬者

九、欺侮同學或凌辱校工者

十、無確切理由而規避各種集會活動或勤務者

十一、對於學業不求進取足以影響他人學習者

十二、各項服務不努力不盡責者

十三、有其他不良行爲者

第七十五條　學生有下列各款情事之一者予以退學之處分：

一、考試作弊者

二、侮辱師長者

三、朦蔽師長假傳命令者
四、曠課（無故缺席）達八次以上者
五、首倡滋事聚衆要挾或破壞團体紀律者
六、言行不良損害校譽者
七、塗抹或撕毁學校公告文書者
八、故意損壞公物者
九、未得學校允許私立組織有不正當之企圖者
十、有盜竊或詐欺行為者
十一、偽造學校文件或公私圖記者
十二、擅用公物者
十三、私帶違禁品或危險物品者
十四、在記缺点達十六次或警告八次或嚴重警告四次或停學二次者
十五、學期操行成績列入劣等者
十六、有其他惡劣行為或不正當思想者

第七十六條　學生有合於前條各款之行為而情節稍輕並能確實悔悟學校認為尚可留校以觀後效者得予以留察看。

第七十七條　凡經留校察看之學生，如再有任何過失即令其退學。

第七十八條　獎懲可以抵銷：
缺点、警告、嚴重警告，分别與優点、嘉獎、特殊嘉獎、相抵銷
停學可與二次特殊嘉獎相抵銷。

第七十九條　曾受獎懲之學生應予增減其學期操行成績。

六

第八十條　凡學生重複得功或犯過者得加重其獎懲。

第八十一條　本校學生之詳細獎懲規則依本章各條之原則另訂之。

第八章　學生自治會及課外活動

第八十二條　本校為訓練學生學習做事做人並養成學生民主風尚及提高學生自治精神起見除各級組學生由各級導師指導其班會外並由訓導處指導學生組織自治會。

第八十三條　學生自治會理事由全校學生直接選舉之。

第八十四條　學生自治會之會章另訂之。

第八十五條　本校學生課外活動分下列四類：

一、學藝活動

二、休閒活動

三、体育活動

四、社會服務及勞動服務

第八十六條　本校學生各類課外活動之項目依校內外環境之需要學生之興趣指導人才及設備器材之可能種種情況分別組織之。

第八十七條　各項課外活動之舉行分別性質由學校各處或學生自治會各部主持之。

第九章　體育

第一節　精神原則

第八十八條　本校重視体育認為不僅鍛練体格並可訓練人格力行『体訓合一論』So列為五育之首位曰：『体德智群美』。

第八十九條　本校反對錦標主義及個人英雄之選手体育主義主張全体學生普遍之体格鍛練尤重視運動精神（道德紀律）之陶冶。

第二節　正課

第九十條　体育正課高中每班每週二小時初中每班另加童子軍二小時。

第九十一條　体育正課以操場訓練為原則如遇天雨則由担任教師改作室内運動或作体育講演。

第九十二條　學生上課時一律須穿着短裝及軟底布面鞋。

第九十三條　高初中畢業班學生不得要求減少体育及童軍時數。

第九十四條　缺課及請假办法與教訓二處規定者同。

第三節　早操

第九十五條　本校為鍛練學生体魄養成學生早操習慣訓練學生之紀律與團体精神起見除星期日及例假日外每日清晨舉行早操一次。

第九十六條　早操前唱國歌並舉行升旗禮。

第九十七條　早操時一律穿着短服並按規定次序排列。

第九十八條　天雨或場地潮濕確實不能舉行操練時暫停一次。

第九十九條 早操完畢後須按規定順序入教室不得紊亂。

第一百條 缺席及請假办法與正課同。

第四節 課外活動

第百〇一條 本校為普及体育加强學生鍛練体格養成正當娛樂習慣並配合課外活動之見課餘舉行各項課外活動。

第百〇二條 課外運動時間除星期及例假外定於每日下午四時半起五時半止。

第百〇三條 每一學生均須參加一項運動。

第百〇四條 課外運動之項目及每項目參加之人數由体育處規訂之。

第百〇五條 參外課外運動之學生均須服從隊長或指導員之指導與命令。

第百〇六條 缺席及請假办法同前。

第五節 成績之考核

第百〇七條 本校体育成績每學期考核一次。

第百〇八條 体育成績依身高体重分甲乙丙三組計分分組標準另訂之。

第百〇九條 体育測驗之項目與給分標準另訂之。

第百十條 体育成績以百分法計算並遵照教育部所頒中學体育實施方案之規定分為：(甲)技能測驗 25% (乙)運動精神 25% (丙)出席勤惰 25% (丁)体育常識 10%

（戊）衛生習慣 15%.

第百十一條 初中体育成績包括童子軍成績各佔50%.

第百十二條 初中童子軍成績之攷核分：

甲、課程訓練：（一）技術訓練30%（二）智識訓練30%

乙、生活訓練：（一）生活習慣30%（二）服務精神10%

第百十三條 初中童子軍每學期舉行段攷二次佔本科總成績三分之一.

第百十四條 体育成績不滿六十分者為不及格不及格之學生依本學体育寔方案之規定補行測驗（技能及常識）如仍不及格者不得升級或畢業.

第十章 附則

第百十五條 本學則經校務會議通過後公布施行。

第百十六條 本學則如有未盡事宜及不妥善處得經校務會議之決議修正增删之。

第百十七條 本學則業經呈奉 教育局核准備案。

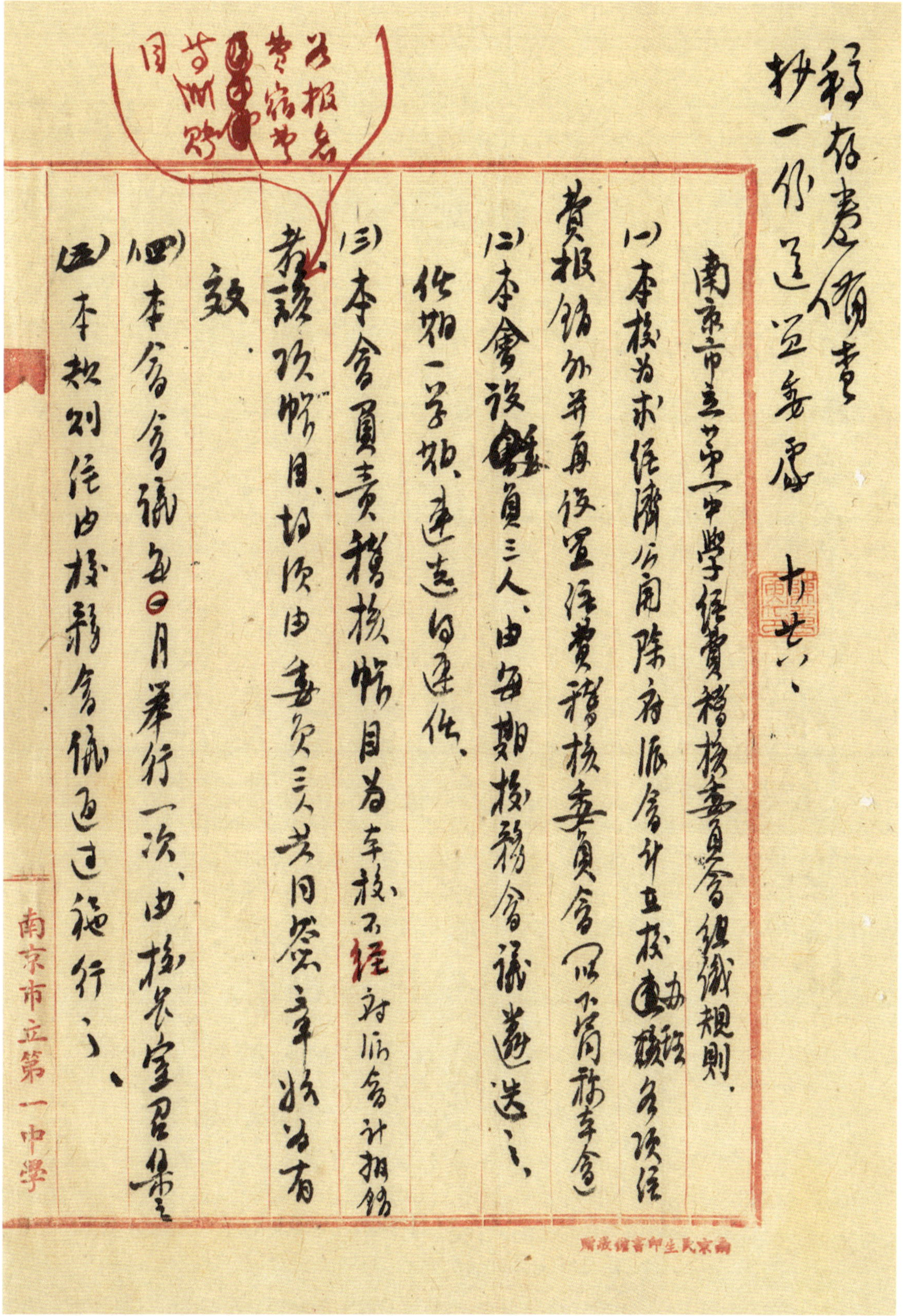

南京市立第一中學經費稽核委員會組織規則
(一)本校為求經濟公開，除有派會計主辦各項經費報銷外，并再設置經費稽核委員會（以下簡稱本會）。
(二)本會設委員三人，由每期校務會議選之，任期一學期，連選得連任。
(三)本會負責稽核帳目，為本校不經財所會計捐錢者，該項帳目均須由委員三人共同簽章，方為有效。
(四)本會會議每月舉行一次，由校長室召集。
(五)本規則經由校務會議通過施行之。

南京市立第一中學經費稽核委員會組織規則（一九四八年十月二十六日）

檔號：1009-1-10

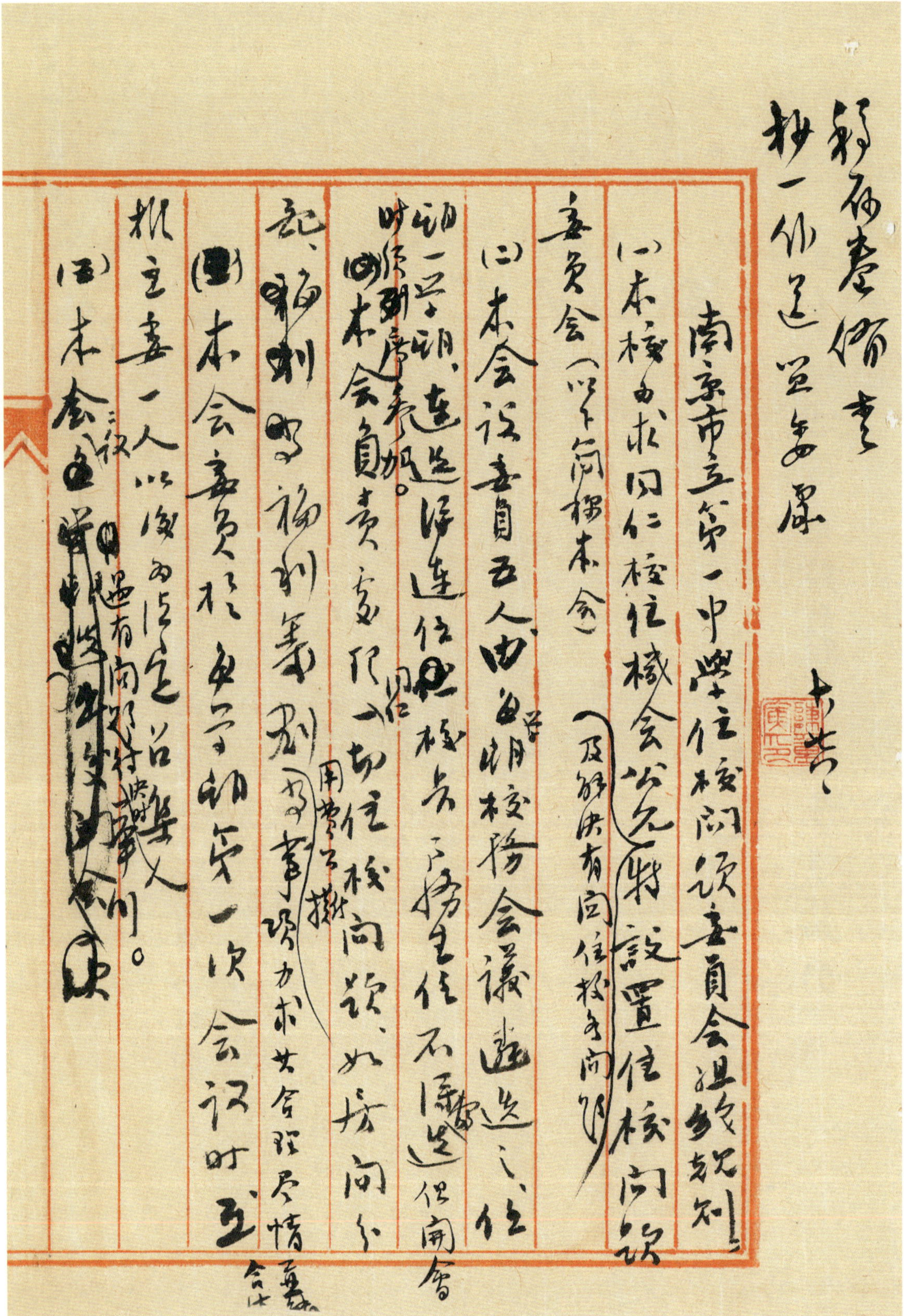
移存参備查
抄一份送[illegible]
南京市立第一中學住校問題委員會組織規則
(一)本校為求同仁住校生活合理，特設置住校問題委員會（以下簡稱本會）及解決有關住校各問題
(二)本會設委員五人，由全體校務會議選出之，[illegible]
(三)本會負責處理一切住校問題，如[illegible]記、稽核、福利等，[illegible]力求公開[illegible]
(四)本會委員於每學期開第一次會議時互推主委一人，以便[illegible]
(五)本會[illegible]

南京市立第一中學住校問題委員會組織規則（一九四八年十月二十六日）
檔號：1009-1-10

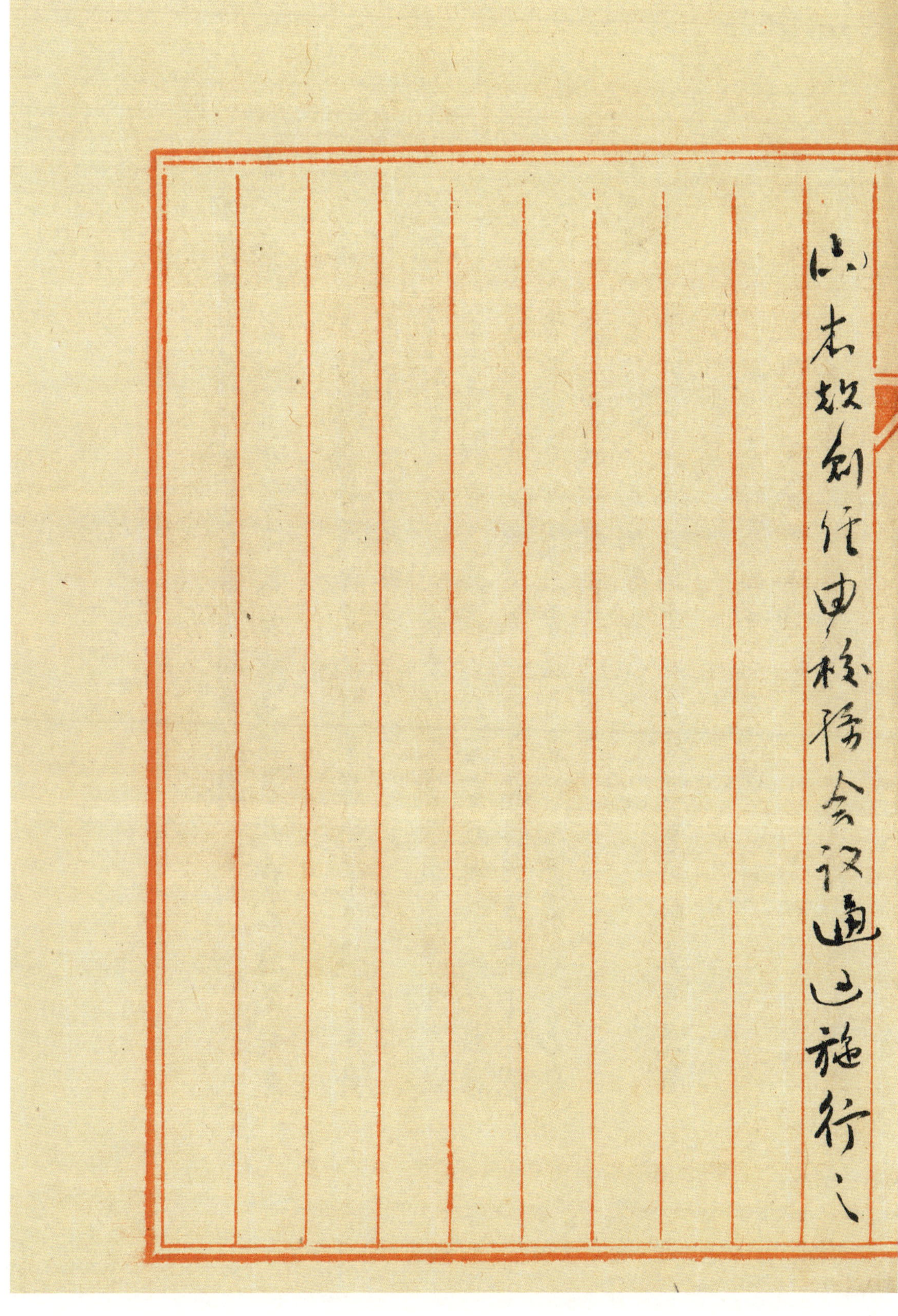

以上規則經由校務會議通過施行之

南京市立第一中學教務處辦事細則

第一條：本細則依據本校組織規程第六條之規定訂定之。

第二條：本處應辦事項除本校辦事總則業有規定者外悉依本細則辦理之。

第三條：本處設主任一人秉承校長掌理教務事宜下設教學、註冊、設備三組，組設組長一人（設備組組長由主任兼任）並設教務幹事若干人圖書管理員、儀器管理員各一人秉承主任之命分別掌理全校教務事宜。

第四條：教務主任之職責如左：

1. 擬定或修訂教學上各項重要章則並召集教務會議。
2. 擬定各科教學實施及研究計劃。
3. 擬定教務行政計劃。
4. 會同招生委員會辦理新生暨插班生入學考試事宜。

南京市立第一中學教務處辦事細則（一九四八年十二月）

檔號：1009-1-10

5. 辦理學生轉學退學休學復學及畢業事宜。

6. 會同各科教員選定各科教科用書參考書教學用具並商訂各科教學進度。

7. 會同事務處計劃並支配全校教學設備。

8. 出席各學科研究會議。

9. 辦理畢業生升學及就業指導事宜。

10. 其他有關教務之一切重要事項。

第五條：教學組長之職責如左：

1. 擬訂教學上各項章則及應用表格。

2. 編配各級教學時間。

3. 依據課程標準會同各科教員訂定每學期教學進度。

4. 支配教室自修室實驗室及實習場所

5. 商同事務處辦理教學上各項設備。

6. 查閱各級各科教學預定及實際進度。

7. 查閱各級教室日誌。

8. 辦理教員缺課補課及臨時調課事宜。

9. 檢查各科作業次数。
10. 辦理學期考試畢業考試及各次補考事項。
11. 擬訂學生成績計算辦法。
12. 擬訂各學科競賽辦法。
13. 擬訂學生假期作業辦法。
14. 襄辦招生事項。
15. 辦理各級學生招考事項。
16. 其他有關教學行政事項。

第六條：註冊組長之職責如左：

1. 擬訂註冊方面各項章則辦法及各項應用表格。
2. 辦理學生入學註冊事項。
3. 辦理新生插班生入學考試事宜。
4. 審查及保管學生入學證書及學生履歷表。
5. 編學生學號。
6. 登記新生插班生學籍。

7. 登記整理及保管學籍簿。
8. 登記及保管學生各項成績。
9. 編製學生學業成績報告書。
10. 辦理學生轉學休學復學退學及畢業事宜。
11. 辦理畢業生聯絡事項。
12. 其他有關註冊之事項。

第七條：教務幹事之職責如左：
1. 繕製本處各項章則、規約、辦法及表格。
2. 辦理本處一切調查統計及登記事項。
3. 承辦本處應行呈報或冊報等事項。
4. 繕擬本處一切佈告及函件。
5. 收發並保管教學上各項用具。
6. 編定教室座次及試場之座次。
7. 繕印試題及教科補充教材。
8. 整理並保管各科試卷及各項章則表格。
9. 逐週檢查學生作業簿冊。
10. 登記教員請假缺課及補課。
11. 繕寫各級日課表。

12，繕發成績報告書。
13，填寫教務日誌。
14，其他有關教務之交辦事項。

第八條：圖書幹事之職責如左：

1，保管本校一切圖書。
2，擬訂圖書添置計劃。
3，編目及登記圖書。
4，訂閱訂購圖書雜誌日報。
5，辦理閱覽指導。
6，擬訂圖書借閱辦法。
7，訂定閱覽室開放時間。
8，佈置圖書閱覽室並注意其整潔及秩序。
9，擬訂圖書室各項應用表格規約並繪製各項統計圖表。
10，其他圖書室以及有關教務交辦事項。

第九條：儀器管理員之職責如左：

1. 整理並保管本校儀器標本。
2. 會同自然科教員規劃本校儀器標本之設備。
3. 統計實驗材料之消耗。
4. 掌理儀器標本及實驗材料出納事項。
5. 其他有關儀器標本及教務方面之交辦事項。

第十條：本處職員除於本校辦公時間外得依事實上之需要提早或延長之。

第十一條：本處職員於寒暑假期内得輪流值日處理一切事項。

第十二條：本細則經校長核定後施行之修正時同。

南京市立第一中學體育處辦事細則

第一條 本細則依據本校組織規程第 條之規定訂定之。

第二條 本處應辦事項除本校辦事總則業有規定者外，悉依本細則辦理之。

第三條 本處設主任一人，秉承校長掌理體育事宜下設體育衛生兩組，組設組長一人（體育組組長由主任兼任），並設體育幹事若干人，秉承主任之命，分別掌理全校體育衛生事宜。

第四條 體育主任之職責如左：

1. 擬定或修訂體育上各項重要章則並召集體育會議
2. 擬定體育實施計劃
3. 擬定體育研究計劃
4. 擬定體育設備計劃
5. 選編體育正課教材
6. 編組及指導學生課外運動
7. 支配及管理運動場地及設備
8. 擬定各種運動競賽辦法

南京市立第一中學體育處辦事細則（一九四八年十二月）

檔號：1009-1-10

9. 籌辦全校運動會及体育表演會
10. 其他有關体育之一切重要事項

第五條 体育組長之職責如左：
1. 擬訂体育上各項章則及應用表格、
2. 改查及統計學生体育成績
3. 記錄及統計各種運動成績
4. 編造体育實施報告
5. 其他有關体育行政事項

第六條 衛生組長之職責如左：
1. 擬定或修訂衛生上各種章則
2. 擬訂全校衛生實施辦法
3. 擬訂衛生設備計劃（包括治療用具及藥品）
4. 舉行健康檢查（並矯治其缺点
5. 施行傳染病預防接種
6. 治療員生及工友之疾病
7. 改進學校環境衛生
8. 研究及改進膳食營養

9. 注意學校飲料清潔及衛生
10. 推進社會衛生及參加各種衛生運動
11. 編造學校衛生實施報告
12. 其他有關學校衛生行政事項

第七條 體育幹事之職責如左：

1. 繕製本處各項章則規約辦法及表格
2. 辦理本處一切調查統計及登記事項
3. 承辦本處應行呈報或冊報等事項
4. 繕擬本處一切佈告及函件
5. 收發並保管體育上各項用品
6. 繕寫學生體育成績
7. 填寫體育日誌
8. 其他有關體育之交辦事項

第八條 體育會議之組織如左：

由校長各主任体育教員及体育教務訓導等處各組組長組織之校長或体育主任為主席每月開會一次必要時得召集臨時會

第九條 体育會議之職責如左：

1. 訂定体育衛生實施方案
2. 規劃体育衛生上應行設置之事項
3. 審訂体育衛生各項章則
4. 審訂体育衛生成績考查辦法
5. 規劃体育衛生設備
6. 其他有關体育衛生事項

第十條 本處職員除依照本校辦公時間外得依事實上之需要提早或延長之

第十一條 本處職員於寒暑假期內須輪流值日處理一切事項

第十二條 本細則經校長核定後施行之修正時同

2、

事務處辦事細則

甲 總則

一、本細則依據中學法及中學規程等法令之規定訂定之。

二、本處綜理全校事務事宜。

三、本處設文書出納庶務三組。

四、本處設主任一人、各組設組長一人、幹事書記各若干人、分別遞級秉承校長處主任主持或分任本處各項事宜。

乙 職務分掌

五、本處主任職掌如左：

（一）秉承校長核閱各項收發文告及章則。

（二）規劃全校建築設備財產保管學生貸金及經臨各費之支配事宜。

（三）會同會計員督同出納人員辦理預算、決算、現金出納及統計等事宜。

（四）指揮監督本處各級職員從事文書出納庶務等工作之改進及物力財力人力等使用之經濟、并隨時考核之。

（五）召集事務會議及各種事務談話會及檢討會。

六、文書組職掌如左：

（一）關於文件收發分配撰擬繕校及保管等事項。

南京市立第一中學事務處辦事細則（一九四八年十二月）

檔號：1009-1-10

（二）關於公布各種重要章則辦法事項。
（三）關於會議紀錄事項。
（四）關於典守印信事項。
（五）關於編製各種重要報告彙刊及通訊事項。
（六）關於繕發教職員聘書及人事登記事項。
（七）關於校長及本處主任交辦事項。
（八）關於其他文書事項。

七、出納組職掌如左：
（一）關於款項收入及支出事項。
（二）關於不屬於公款保管之現金及票據保管事項。
（三）關於請領經費及分配撥付事項。
（四）關於出納之登記及憑証製發事項。
（五）關於薪津工資發放及捐款扣轉事項。
（六）其他出納事項

八、庶務組職掌如左：
（一）關於公物購置保管分發及檢查登記事項。
（二）關於校舍修築及租賃事項。
（三）關於校產校具之登記增減事項。

(四) 關於工友支配管訓及門禁稽查事項。

(五) 關於膳食茶水燈火管理及清潔事項。

(六) 關於校長及本處主任交辦事項。

(七) 其他庶務事項。

丙　各組辦事要則

九、文書組辦事要則

(一) 收到文件由傳達室交文書組收發員收摘由編號登收文簿後送由校長核閱批办，但密件不得拆封，僅於收文簿內註明來文機關及日期號數，當逕送校長拆閱。

(二) 凡已核定之公文由文書組長分送办理，如關係各處之文件應送請該主管處擬稿，再送有關處室組會核。

(三) 文稿擬就後應逐級由主任及校長核定簽名始得繕發。

(四) 書記繕就稿件須詳細校對，交由文書組長及事務主任核閱蓋印，再由收發摘由編號始得封發。

(五) 文件發出須連同原文（連附件）及文稿分類編號歸檔備查。

(六) 收發密件及尚未公開之重要文件，承办人員均須嚴守秘密，不得洩漏。

(七) 承办文件不得積壓，緊急公文應隨到隨办，每隔一星期并須將本星期內已办未办、已發未發各案件分别列表呈由主任核送校長查閱。

十、出納組辦事要則

（一）各項收入款項除代辦費及暫收款外均應由出納組長在原始憑証存根蓋章。

（二）凡經費款項除零用金及公庫法第四或第五條所列（另附）之情形外均應由校長或受權人簽名蓋章隨時存入公庫臨時費專款應按其性質分別列戶存儲。

（三）凡經費支付在壹萬元以下者得由出納室報請事務主任核准執行如在壹萬元以上或係特殊開支及有暫付暫墊預付等性質者應由出納室送經校長核准始可作支付之執行。

（四）出納應於每日下辦公時編製現金日報表及庫存表送由事務主任及校長核閱。

（五）凡暫付墊付預付款項應隨時記帳並轉帳學生代辦費應於代辦事項終了或學期終了結帳有餘發還不足補繳。

（六）凡俸給費支出應由出納先期編造薪津表及工餉表送事務處主任轉呈校長核定後發放。

（七）出納人員對於應負保管責任之現金票據證卷及其他重要財物單據等項應妥慎儲藏現款應隨時繳公庫或存入銀行如遇有水火盗賊或其他意外事故倘因怠忽致有遺失應負賠償責任。

（八）校中現金不得超過一百萬元。

十一、庶務組辦事細則：

(一) 凡財產或物品之購買除經常辦公用品得斟酌情形辦理外所有價值較鉅之物品須先由請購人或庶務人員填具請購單送事務處主任或校長核准後再交庶務員採購之對於壹萬元以下者得逕由購買壹萬元以上五萬元以下者應估價購置五萬以上應用比價或投標手續辦理之。

(二) 購置之財產或物品應隨時取得合法單據并由經手人驗收或證明人簽名蓋章以明責任。

(三) 購置之財產或物品應由庶務組隨時點查送由有關之人員驗收以清手續而明責任。

(四) 所有財產物品由保管人員分月編列財產目錄銷耗物品之領發及銷耗或物品損壞均應隨時分別登記於每月終了造具財產增減表呈核期終及年度終了必須報以清查。

(五) 凡教職員領用教學及辦公用品應先填具領物單經保管人員簽後赴庶務組保管員處領取。

(六) 庶務組備用金暫定中幣元每八日或用完結束一次由採購人員編製支付清單連同原始單據送由事務處主任閱章轉呈校長核閱後再撥足備用金原額。

丁 考勤

十二、各處職員應按照辦公時間到校辦公，不得遲到或早退，但因公出外者不在此限。辦公時間由學校另定之。

十三、各種例假日除輪值人員外，餘均循例休息，但遇有重要公務時得臨時通知處理之。

十四、各職員因事或因病請假不能到校辦公時，應函書請假並託人員負責代理其工作。

十五、事務日記按日由各組隨時將重要工作扼要記錄，須每日上午送事務主任查閱。

十六、公務緊急時得於每晚七至十時加班辦公，每次加班費得津貼夜點費每人二,000元。

十七、本細則如有未盡事宜，得提請校務會議修改之。

十八、本細則由校務會議通過施行。

附註 公庫法

第四條：政府各機關對於左列各種收入得自行收納，并得在規定期內自行保管。

一、零星收入。二、機關所在地距代理公庫之銀行或郵政機關在規定里程以外者之收入。三、在經征地點隨征隨繳經主管機關認為應予便利者之收入。四、機關無固定地點者之收入。

第五條：政府各機關於左列各種支出得按規定期間預向公庫具領自行保管及支出。

一、額定零用金內零星支出。二、機關所在地距代理公庫之銀行或郵政機關在規定里程以外者之經費。三、機關無固定地點者之經費。四、其他經法令許可之統付包付金額。

南京市立
第一中学
生活勞作推行委員會組織規程

南京市立第一中學生活勞作推行委員會組織規程（一九四八年十二月）

檔號：1009-1-10

京市一中生活勞作推行委員會組織規程

一、本規程根據生活劳作实施計劃大綱第二条訂定之

二、本會定名為南京市立第一中学生活劳作推行委員會

三、本會以研究、实驗、推廣生活劳作為宗旨

四、本會直隸於校務會議，由校長、各處室主任、藝術科首席教師及全體劳作教師担任委員，任期一学期，校長兼主任委員并就教師中指定一人為總幹事，另置幹事若干人由優委学生中選充之

五、本會之任務如次：

1、协助教務處計劃、督促、加強劳作科教学之進行

2、協助訓導處計劃督促加強課外勞作及社會服務之進行
3、協助体育處計劃督促加強課外運動之進行
4、協助事務處事務行政之進行
5、闡揚生活勞作之理論
6、編印生活勞作教材
7、研究生活勞作教学方法
8、介绍生活勞作实驗情形
9、擴大生活勞作推行範圍
10、加強生活勞作教育效果
六、本會之工作如次：

1、編印生活勞作實施办法
2、举办生活勞作技藝競賽
3、举办生活勞作講演競賽
4、举办生活勞作論文競賽
5、举办生活勞作成績展覽
6、選拔生活勞作模範隊
7、發表生活勞作之理論與技術性之文字
8、提進全國中等学校一致推行生活勞作

七、本規程經校務會議通過後施行，修改時同。

南京市立第一中學三十七年度社會教育推行委員會組織規程

一、本校依據部頒中等以上學校社會教育推行委員會組織規程第一條之規定組織南京市立第一中學社會教育推行委員會（以下簡稱本會）主持規劃本校辦理社會教育事宜。

二、本會隸屬於教務處，由左列人員組織之：

甲、當然委員：教務、訓導、體育、事務、會計主要各處室主任。

乙、聘任委員：由校長就校內外熱心社會教育人士聘任之。

三、本會設常務委員一人，由教務主任擔任之。總幹事一人，由校長遴聘具有社會教育專門研究及相當經驗者充任之。幹事若干人，由校長指派本校職員或學生兼任之。

四、本會之職掌如左：

（一）擬編辦理社會教育及家庭教育之計劃概況報告表。

（二）規劃事業步驟並編製預決算。

南京市立第一中學一九四八年度社會教育推行委員會組織規程（一九四八年十二月）

檔號：1009-1-10

（三）支配工作並考核其成績

（四）訓練工作人員有關工作上之知識技術等

（五）聯絡當地有關機關團體及个人協同進行

（六）研究工作上各項實際問題

（七）其他有關社會教育工作事項。

五、本會每學期開常會二次，於學期開始、期中及結束時分別舉行，遇必要時得召集臨時會，均由常務委員召集之。

六、本會經費由學校在經常費項下開支給，並應列入預算，不足之數，呈請市教育局補助。

七、本會辦事細則另定之。

八、本規程自呈請市教育局核准後公布施行。

叁 教學及管理

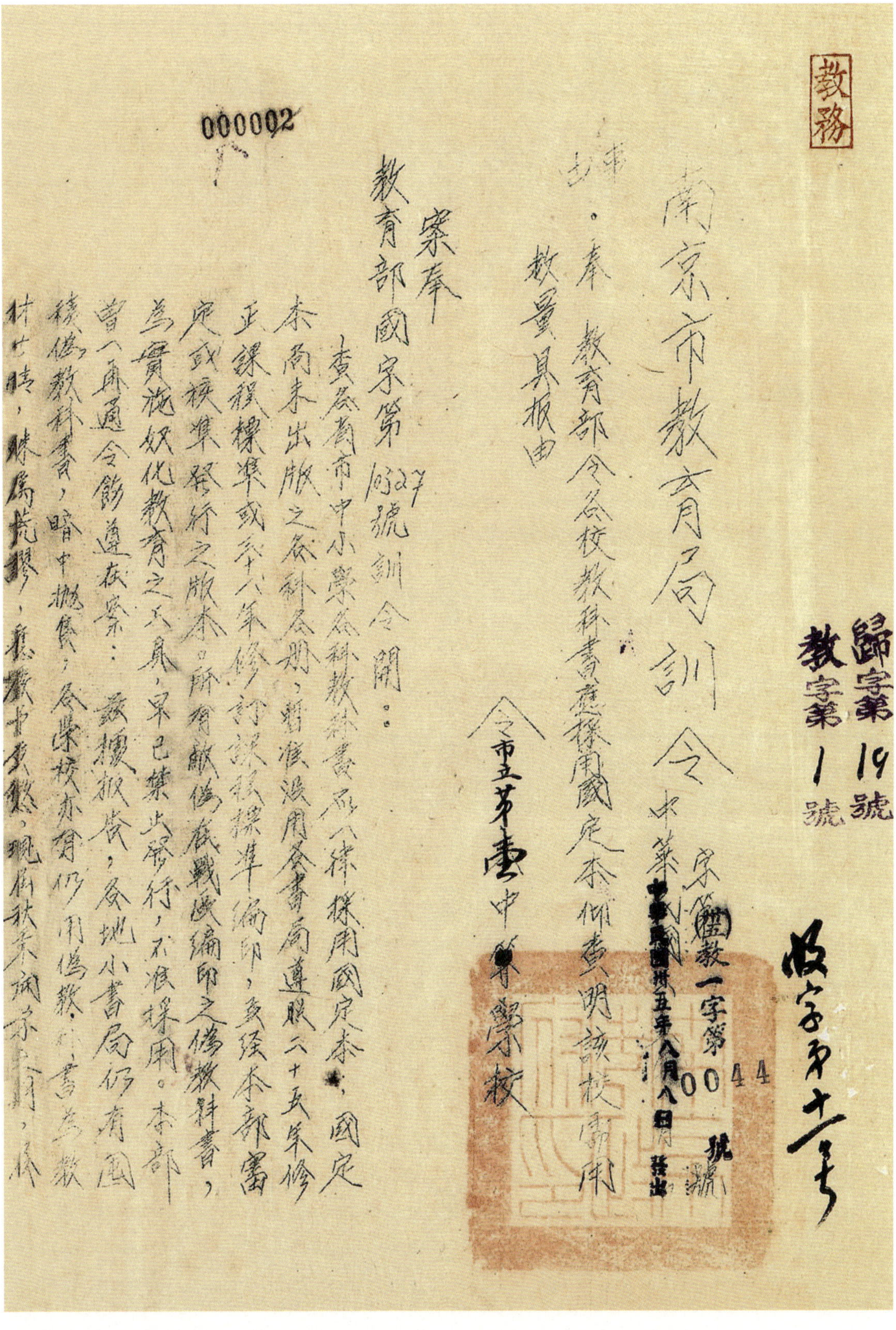

教務

南京市教育局訓令

中等教字第 號

中華民國卅五年八月八日發出 教一字第00044號

歸字第19號

教字第1號

收字第十七號

事由：奉教育部令各校教科書應採用國定本仰查明該校需用數量具報由

令市立第一中學校

案奉

教育部國字第10827號訓令開：

「查各省市中小學各科教科書應一律採用國定本，國定本尚未出版之各科各冊，暫准選用各書局遵照二十五年修正課程標準或廿八年修訂課程標準編印，並經本部審定或核准發行之版本。所有敵偽在戰時編印之偽教科書，為實施奴化教育之工具，早已禁止發行，不准採用。本部曾一再通令飭遵在案。茲據報告，各地小書局仍有翻印偽教科書，暗中推售，各學校亦有仍用偽教材、小書為教材之情，殊屬荒謬，亟應嚴加查禁。現值秋季開學，除

南京市教育局爲奉教育部令各校教科書應采用國定本，仰查明該校需用數量具報給市立第一中學的訓令

（一九四六年八月八日）

學校均須採用教科書。國定中小學教科書又歸七家聯合供應處所
屬七家書局當以各分局翻印國定課本是爲標準本，今，茲
其書量供應，該處（局）應先期接洽，嚴密調查，詳爲具報
倘有小書局商私翻印檯價，偽造教科書情事，應予嚴以糾懲
其翻印偽書者，亦應嚴辦，而清餘毒。其有採用偽教科書
[illegible]
[illegible]
[illegible]
[illegible]
辦該校下學期各級需用各科教科書
數量，仰於文到三日內查明具報，以憑接洽供應，事關功
令，切勿延爲要！

儀奉到下學期招收
學生班級數，合全
具行呈報

八，九

兼局長 馬元放

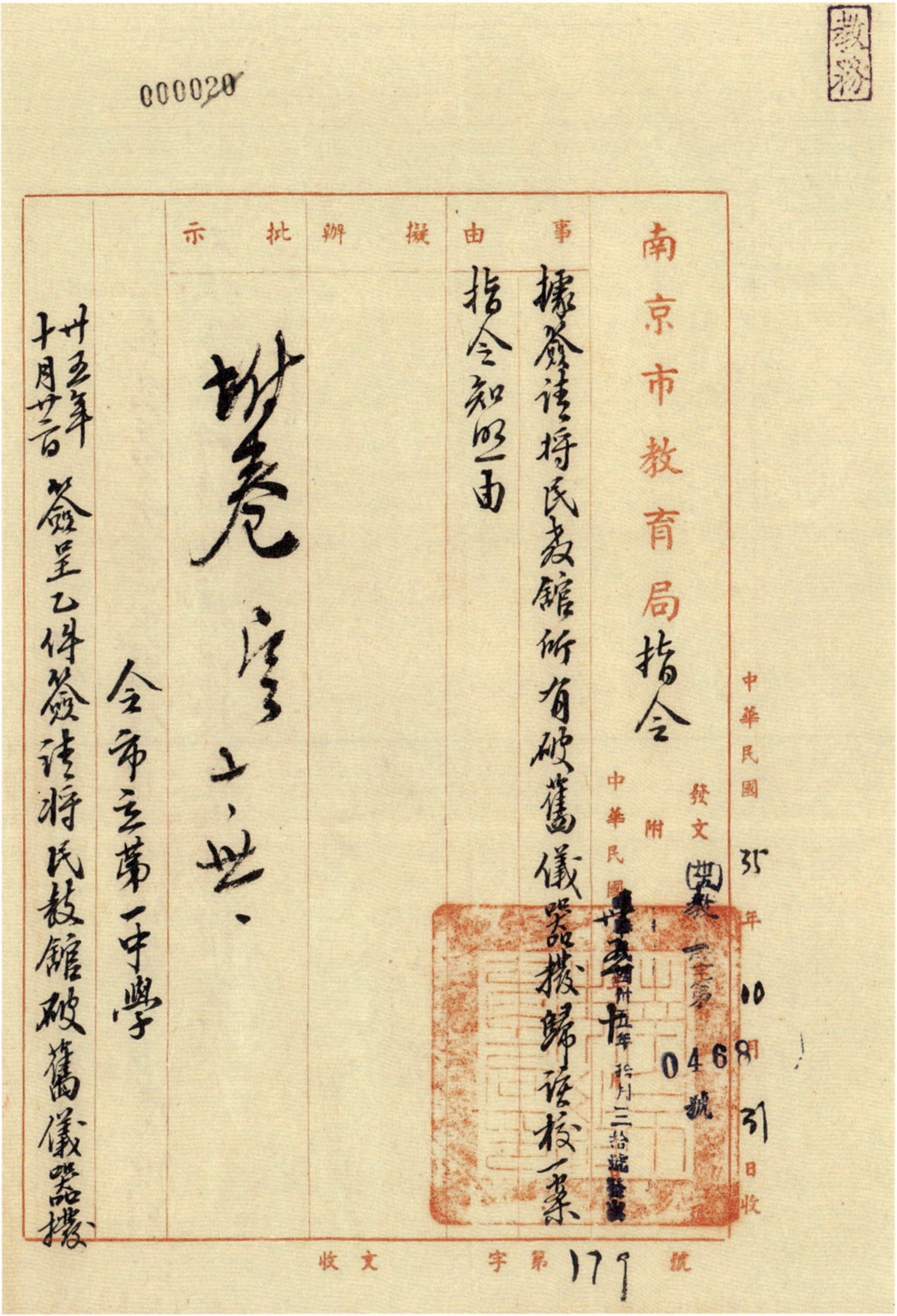

000020

教務

南京市教育局指令

事由：據簽請將民教館所有破舊儀器撥歸該校一案指令知照由

擬辦

批示

發文（卅五）教一字第0468號

中華民國35年10月31日收

令市立第一中學

卅五年十月廿三日簽呈乙件簽請將民教館破舊儀器撥

收文字第179號

南京市教育局爲據簽請將民教館所有破舊儀器撥歸市立第一中學給該校的指令

（一九四六年十月三十日）

歸本校以充實教育器材由
呈悉查市立民教館標本儀器已專室陳列
不便另撥所請將撥該校應用礙難照准
此令

兼局長馬元放

乙节

監印
校對

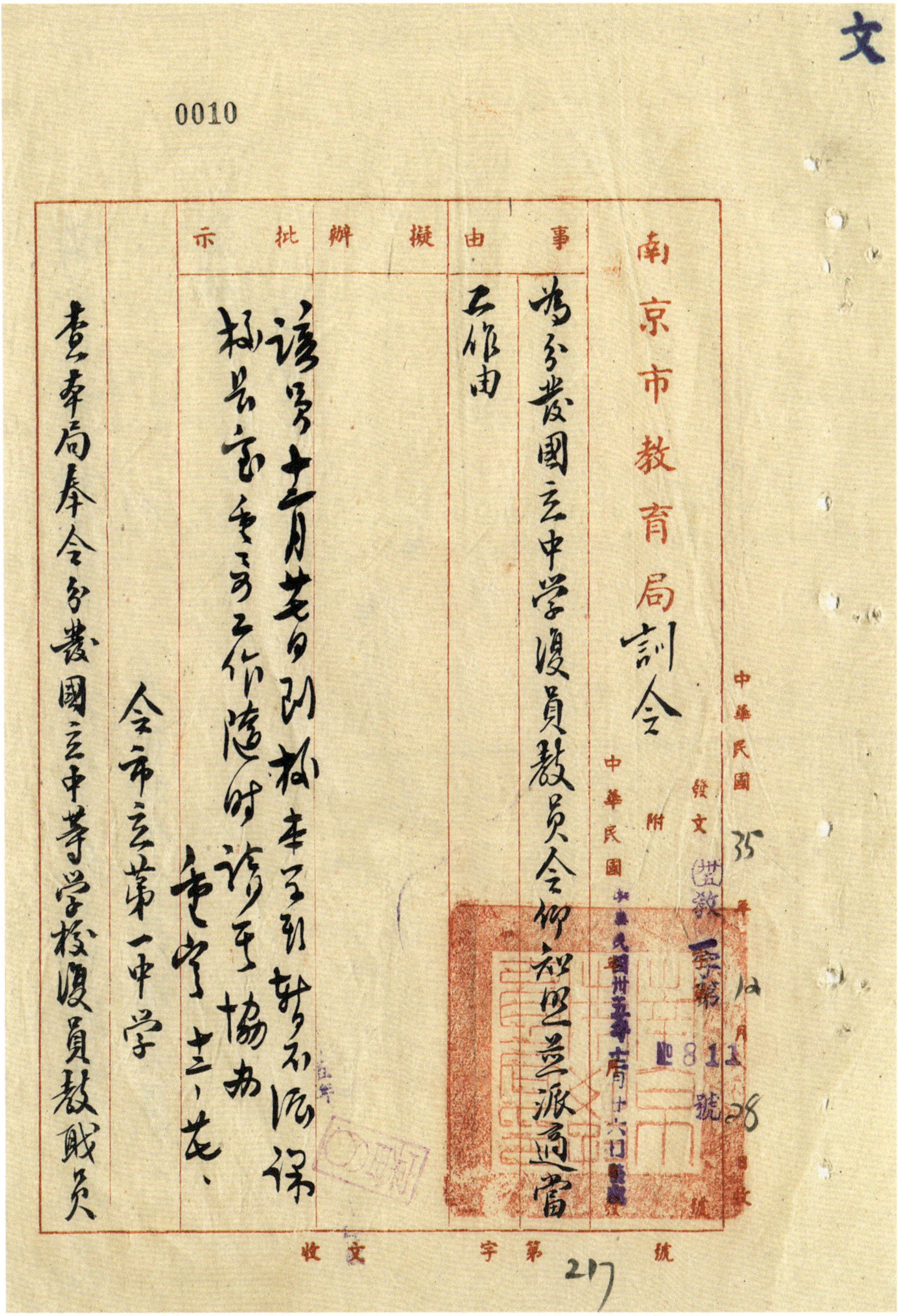

文
0010
南京市教育局訓令
事由
爲分發國立中學復員教員令仰知照并派適當工作由
擬辦
批示
該員十二月廿四日到校本校勢不能保
校長室秘書工作隨時請予協助
十二、廿六
令市立第一中學
查本局奉令分發國立中等學校復員教職員
中華民國
發文
35年12月28日
字第811號
收文
字第
號
217

南京市教育局爲分發國立中學復員教員令仰知照并派適當工作給市立第一中學的訓令

（一九四六年十二月二十六日）

檔號：1009-1-14

前後計有四批在案，茲有復員教員吳澤黎來局
報到，並經本局決定分發該校，仰即於該員到校時
派任適當工作為要。

此令

兼局長　馬元放

監印　陶學義
校對　諸韻軒

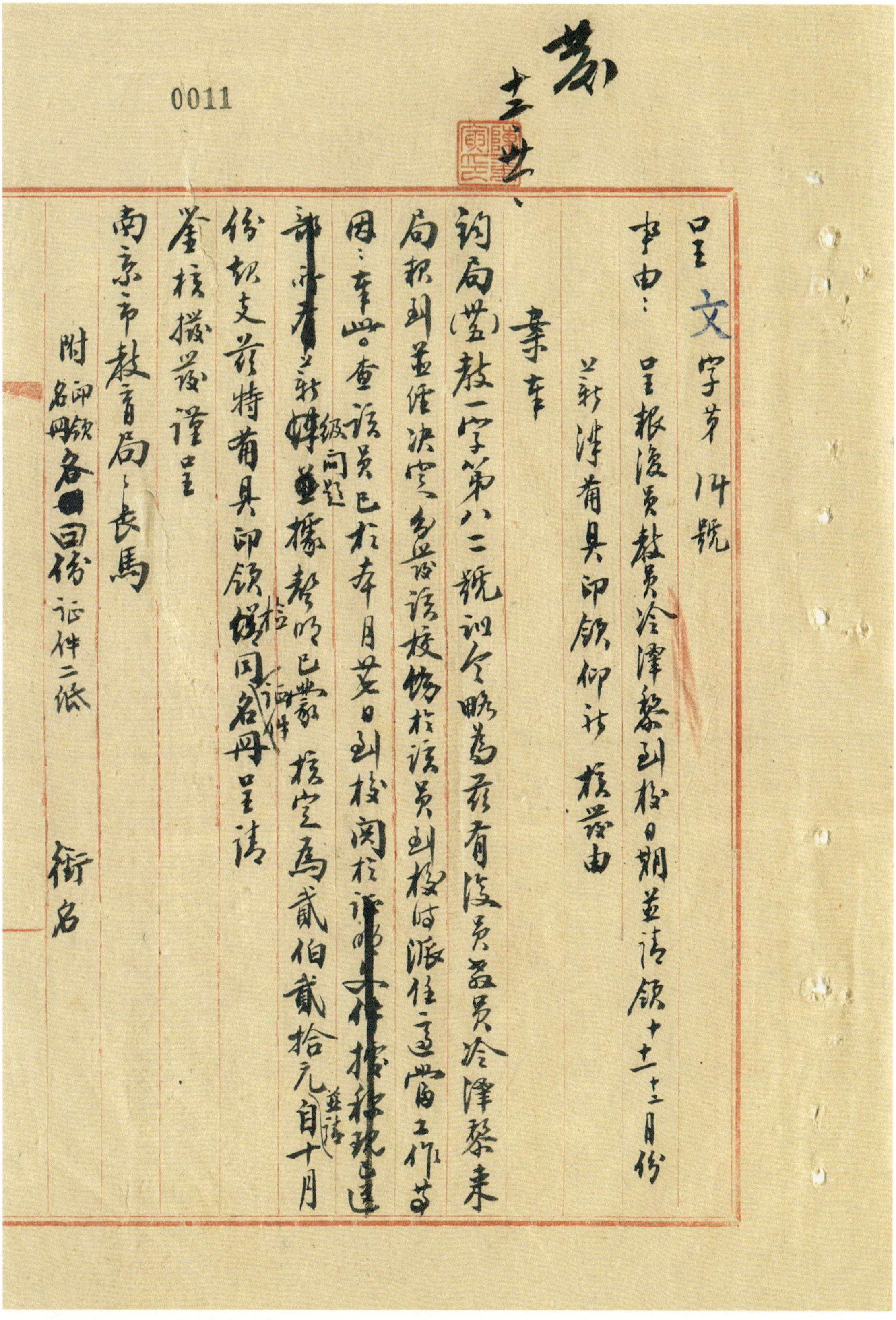

0011

十二、卅

呈文 字第 件號

事由：呈報復員教員冷澤黎到校日期並請領十、十一、十二月份薪津備具印領仰祈 核發由

案奉

鈞局（卅五）教一字第八二號訓令略爲茲有復員教員冷澤黎來局報到並經決定分發該校飭於該員到校時派任適當工作等因；奉此查該員已於本年月廿日到校，關於薪級問題，據稱已蒙部令核定爲貳佰貳拾元，並請自十月份起支薪，特備具印領，連同名冊呈請

鑒核撥發。謹呈

南京市教育局局長馬

附印領名冊各三份 證件二紙

銜名

南京市立第一中學爲報復員教員冷澤黎到校日期并請領十、十一、十二月份薪津給市教育局的呈文

（一九四六年十二月三十一日）

檔號：1009-1-14

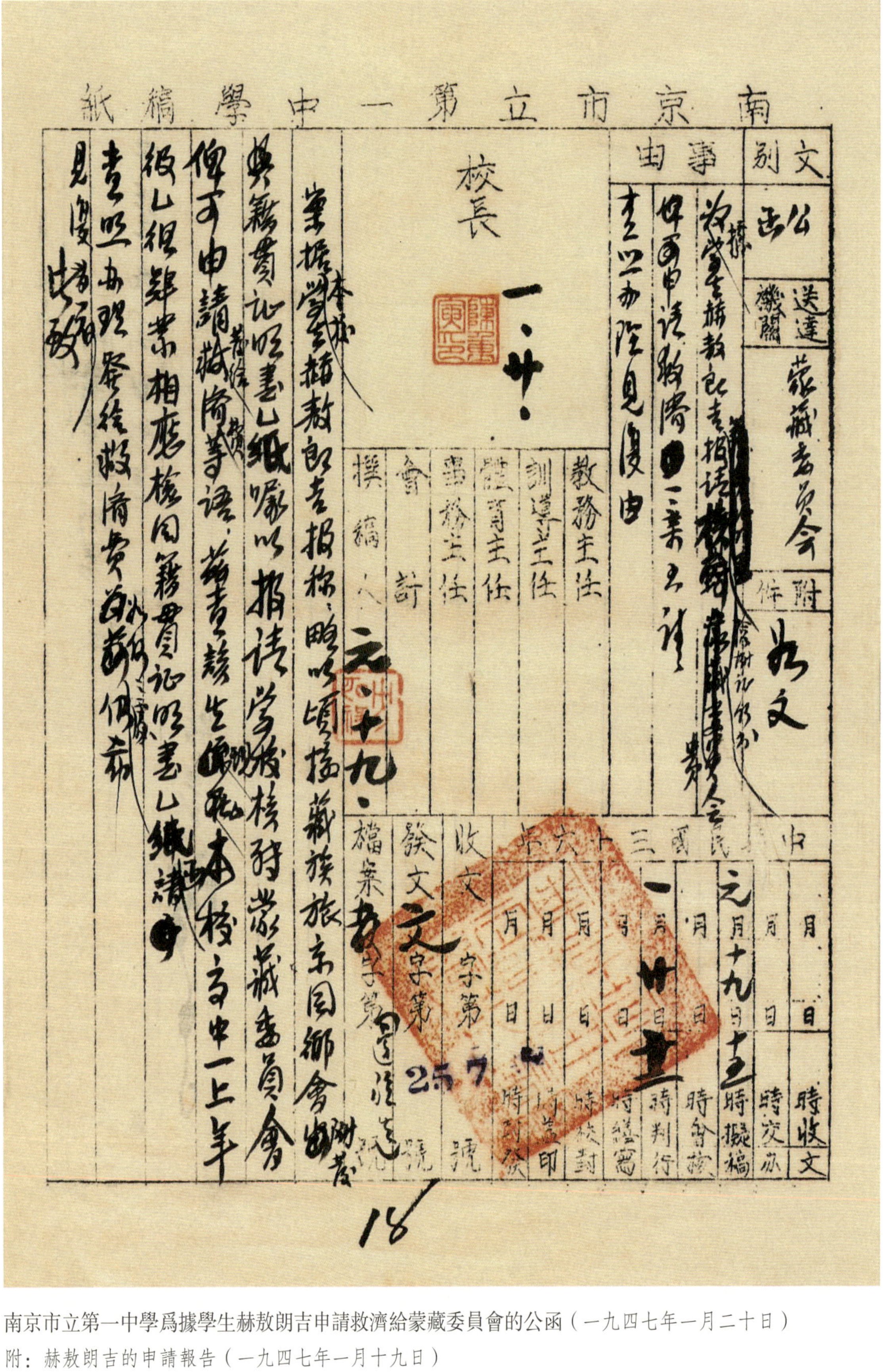

南京市立第一中學爲據學生赫敖朗吉申請救濟給蒙藏委員會的公函（一九四七年一月二十日）

附：赫敖朗吉的申請報告（一九四七年一月十九日）

常务委员会

附学生籍贯证明书一纸

中华民国卅七年一月　日

校长陈□□

報告　一月十九日

竊生赫敖朗吉頃得藏族旅京同鄉會轉蒙藏委員會公函一件謂生等補助費須由校方將生之籍貫證件具函蒙藏委員會申請特請具文呈報

謹呈

訓導主任　涂、劉監證

生　赫敖朗吉

（附籍貫證明書一份）

請交文書組辦理　鋒　一、十九

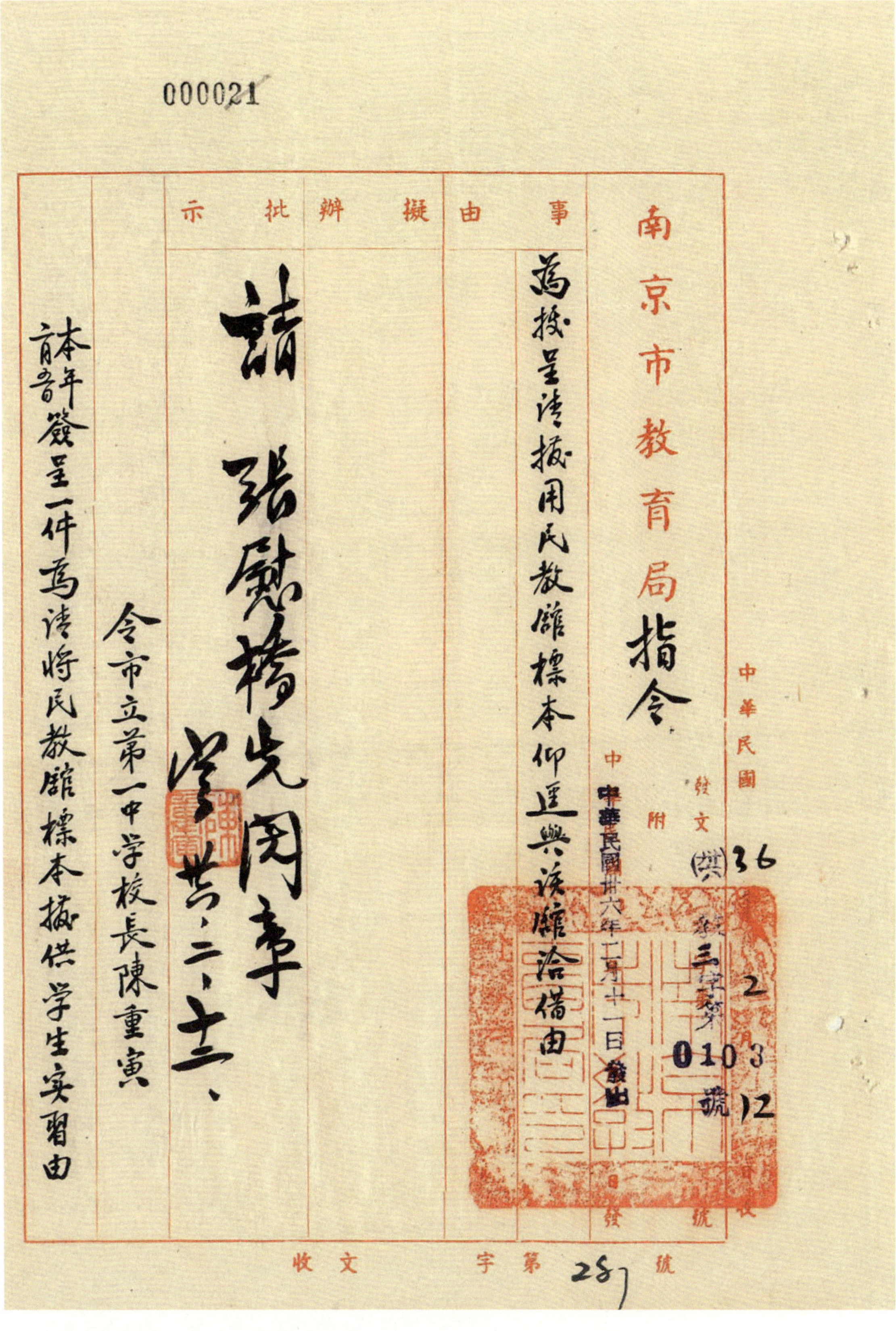
000021

南京市教育局指令

事由：為據呈請撥用民教館標本仰逕與該館洽借由

擬辦　批示：請張尉樁先閱事　卅六、二、十二、

令市立第一中學校長陳重寅

本年育發呈一件為請將民教館標本撥供學生實習由

中華民國卅六年二月十一日發出

發文(教)三字第0103號

收文　字第281號

南京市教育局據呈請撥用民教館標本仰逕與該館洽借給市立第一中學的指令

（一九四七年二月十一日）

簽呈悉 查民教館礦物標本爲數甚少且經整理陳列以供民衆觀覽如該校需用是項標本可逕向該民教館洽借

此令

兼局長 馬元放

監印 華韻清
校對 諸韻軒

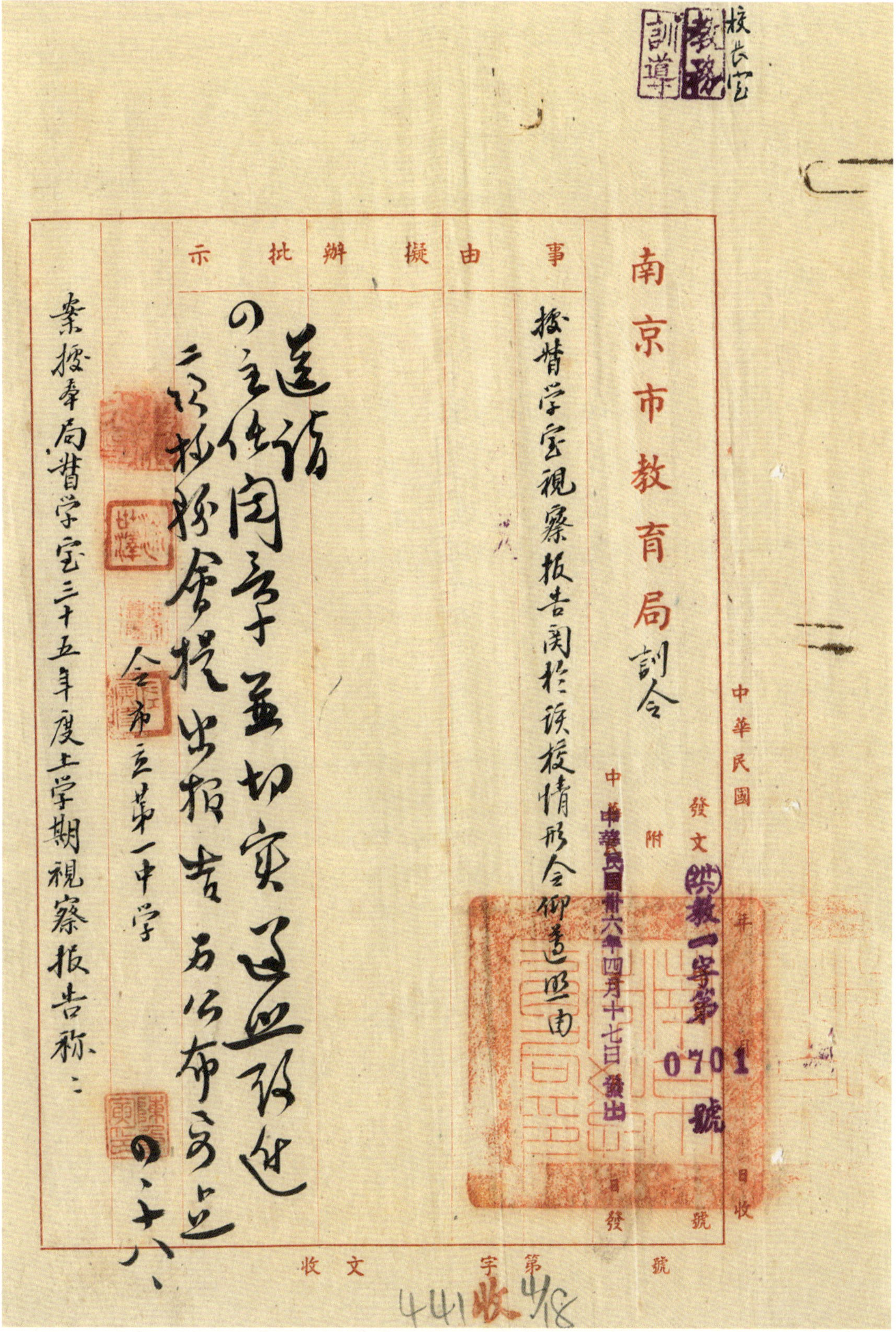

南京市教育局據督學室關于學校情形的視察報告給市立第一中學的訓令（一九四七年四月十七日）

檔號：1009-1-11

（一）学校環境：該校設府西街與憲兵学校及府西街中心校相比為鄰校舍尚称寬敞建有和平博愛勵青明德崇文康樂等六院充作教室及办公之用禮堂係用蘆棚搭成約有仟伍百人之容量該校本期設高中九班初中十五班有学生壹千叁百零玖人教職員六十八人該校紀念週或其他集會尚可容納餘如操場宿舍飯堂廁所等因陋就簡勉可敷用学生課桌椅尚齊全特種教室僅有音樂教室係單獨設立者圖書館則徒有虛名蓋藏書不滿仟冊報章雜誌亦寥寥無幾理化生物等設備殊形簡陋学生無直接实驗機會实為重大缺陷学生宿舍太少住校生僅及全体數百分之七訓教管理自难臻理想至学生浴室及医療設備為团体生活所必不可少者該校尚付缺如将来

監印
校對

春夏二季殊感需要下期急應添設学校環境大体尚称整潔校方當發動勞働服務以整理環境尚見收效

(二)学校行政：該校行政尚能按照規定实施如以教務訓導事務以及学生之学習風纪課外活動等所構成之一般学校生活而論進行尚属正常若嚴格言之則機構殊形鬆弛肢体缺乏活力該校校長陳重寅有办学經驗亦能熱心服務力求改革該校當以實行民主集中為口號經常設有校政意見箱学期終結时且製發校政檢討調查表一種搜獲員生建議甚多校方尚能尊重此種建議並分別採納此對改進校務与啟發学生民主思想均有裨益似有提倡之價值惟以該校接收未久敵偽時期之舊的血液未有完全廓清学校員生有為原在陷區者有為後方各

地復員來京者環境不同習慣互異其對現行教育之意念自難一致教师间因出身或經歷關係亦不免門户之見学校當局雖能以身作則銳意求進但各部人員多矜持自滿安於舊規致有若干活動雖見諸計劃而扞格難行或虎頭鼠尾行而不能貫澈学校一般措施在学生方面反映尚佳就與学生十餘人個别談話所得僉認学校行政較上期已改進甚多

(三)教務方面：該校教務一般尚能按照規定辦理惟对学生功課之檢查與督促過形疏忽学習空氣不够緊張各科作業本簿多未詳細批閱同科教师亦少聯系缺乏集体進修與互換教学方法之組織学生考試不够嚴格從未舉行抽考或採用混合考試辦法教师素質

一般均屬良好惜精神鬆懈表現太差者頗不乏人学生程度不齊高中部尤甚因過去接收時未經嚴格甄別二三年級大半極低如入考試補救將來參加會考實為一嚴重問題

(四)訓導方面之該校對導師制之運用似甚重視導師待遇鐘点定為六小時較本市一般学校為多窺其原意似在減少導師之授課時間俾能致力於訓導活動但同時又有一矛盾現象即主持訓導人員(訓導主任謝良德)兼課多至十七小時(高中兩班英文)精力有限致对各項訓導活動之領導与策劃難期周密各導師除批閱学生週記外並無特殊表現此種分配办法似有重新調整之必要学生之服裝整潔禮貌秩序等均屬平常学生有自治會之組織各班有班會成績均

不見佳競賽活動甚少政治訓練与時事教育除紀念週稍有講述外亦未認真实行

(五)改進意見

(甲)學校行政方面：1、該校教務訓導兩主任不用宜予更調教師呂育和成績甚差張杏園舉動粗暴(曾踢打学生)應解聘數学教師涂世澤服務努力教学有方擬請嘉奬2、該校圖書儀器均待充实3、該校各班教室及辦公室宜利用寒假全部粉刷一次4、該校宜添設浴室及醫藥設備

(乙)教務方面：1、教務處應切實督促学生之功課最好每週小考不預示可杜教師預示考試範圍及学生臨時準備之弊2、考試務求嚴格月考

及学期考試應採用混合考試辦法3.教務處應常抽查学生各科簿本及批閱情形並予加蓋抽查印章以明責任4.校長及教務主任應常察看各教師上課情形5.各教師請假所缺之課必須補上6.高中二三年级学生程度須設法提高務求符合一般水準

(丙)訓導方面：1.学生自治會組織尚待加強2.各级班會班導師務須出席指導3.各班應定期出刊壁報4.應利用各種競賽或測驗方式以加強学生政治訓練與時事教育5.整飭学生儀容如服裝之整潔頭髮之規定禮貌之注意等

等情據此合行令仰遵照改進意見分别辦理具報為要至教師呂育和張杏園應予解聘數学教学教師徐世澤服務努力教学有方殊堪嘉尚併仰知照

此令

兼局長 馬元放

監印 華韻清

校對 諸韻軒

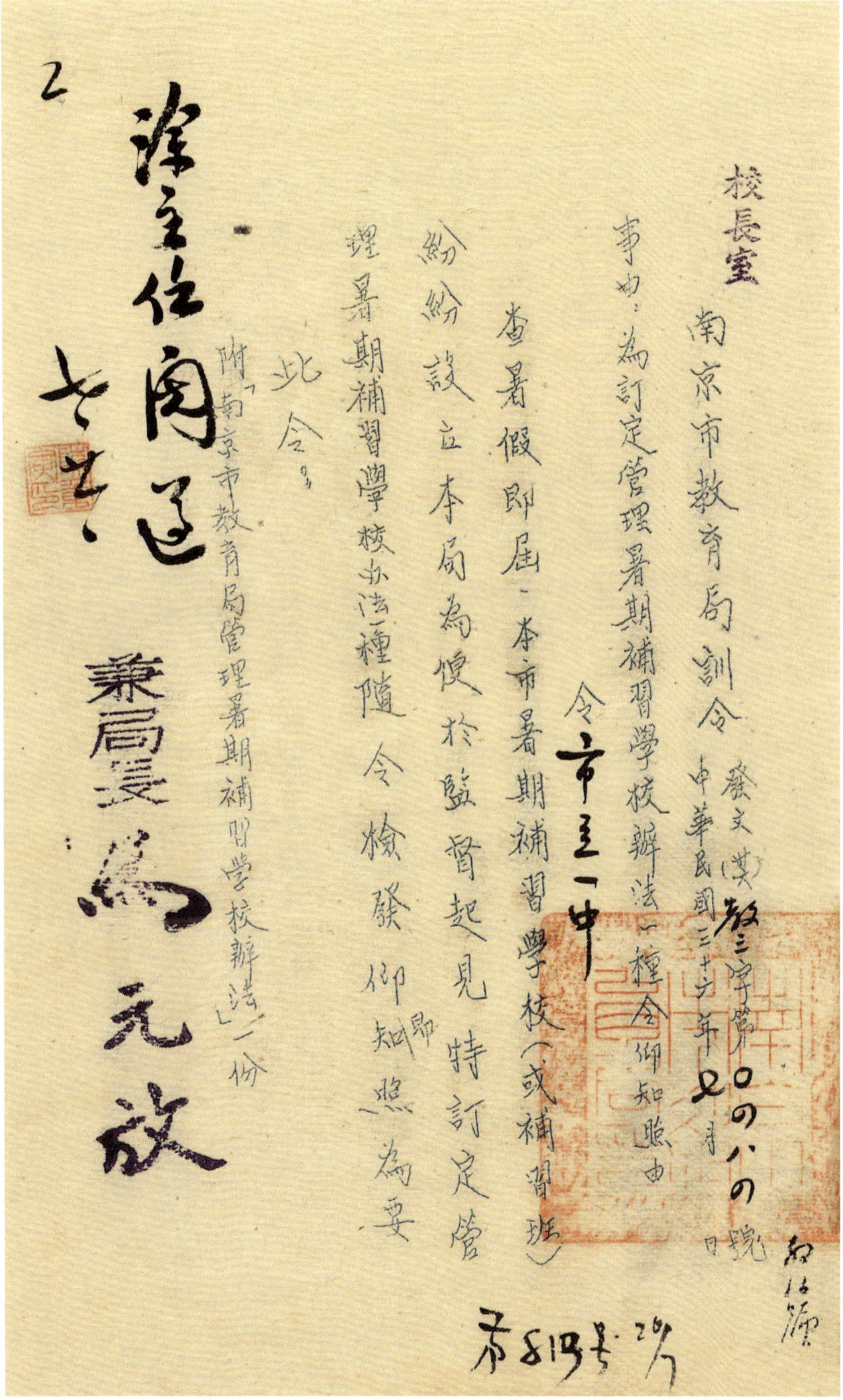

校長室

南京市教育局訓令　發文（卅六）教三字第10八0號

中華民國三十六年七月　日

事由：為訂定管理暑期補習學校辦法一種令仰知照由

令市立一中

查暑假即屆，本市暑期補習學校（或補習班）紛紛設立，本局為便於監督起見，特訂定管理暑期補習學校辦法一種，隨令檢發，仰即知照為要。

此令。

附「南京市教育局管理暑期補習學校辦法」一份

兼局長　馬元放

洽主任閱　七七

南京市教育局爲訂定管理暑期補習學校辦法給市立第一中學的訓令（一九四七年七月）

附：南京市教育局管理暑期補習學校辦法

南京市教育局管理暑期補習學校辦法

一、凡私人團体及公私立學校欲辦理暑期補習學校（或補習班）者均須事先呈奉本局核准後方得開辦（市立各級國民學校經本局令知開辦者不在此限）

二、暑期補習學校於呈請開辦時應呈報左列各項、

1、設立人姓名籍貫住址職業及詳細履歷

2、贊助人三人至五人及其姓名籍貫住址職業與詳細履歷

3、學校校址及設備

4、擬設科目收費及上課時間

5、各項章則辦法

三、設立人贊助人須有正當職業如該校或其設立人有濫收費用教學不認真等情事贊助人負有賠償費用及督促教學之責任

四、凡經核准開辦之學校應於開學後一週内將教職員履歷學生名冊及課程表等呈報備核

五、暑期補習學校(或補習班)暫定學費標準如左：

(一)小學程度者(包括為高小畢業生補習之初中預備班在內)：

1.每月每日上課一小時者學費一〇、〇〇〇元每日上課二小時者學費一五、〇〇〇元每日上課三小時以上者學費二〇、〇〇〇元

2.凡上課滿足二月者得比照右列規定加倍收費

(二)初中程度者(包括為初中畢業生補習之高中預備班在內)：

1.每月每日上課一小時者學費二〇、〇〇〇元每日上課二小時者學費二五、〇〇〇元每日上課三小時以上者學費三〇、〇〇〇元

2.凡上課滿足二月者得比照右列規定加倍收費

(三)高中程度者(包括為高中畢業生補習之大學預備班在內)：

1.每月每日上課一小時者學費二五、〇〇〇元每日上課二小時者學費三〇、〇〇〇元每日上課三小時以上者學費四〇、〇〇〇元。

2.凡上課滿足二月者得比照右列規定加倍收費。

(四)除學費外得酌收雜費每人每月不得超過一〇〇〇〇元。

(五)本市市立學校及已立案之私立中小學如辦理暑期補習班者
其收費標準亦同此項規定。

(六)如有不遵上項規定濫收費用或未經本局核准擅自開學者即予
停閉或追還所收各費如情節嚴重者對各校設立人及贊助人得
移送法院究辦

(七)各機關團體(已備案者)如舉辦義務暑期補習學校不收學費者
可向市立學校暫時借用教室惟須商得該校校長同意並呈經
本局批准後方得開辦所借桌椅等如有損壞應由該暑期
補習學校負責賠償。

(八)本辦法由南京市教育局公佈施行。

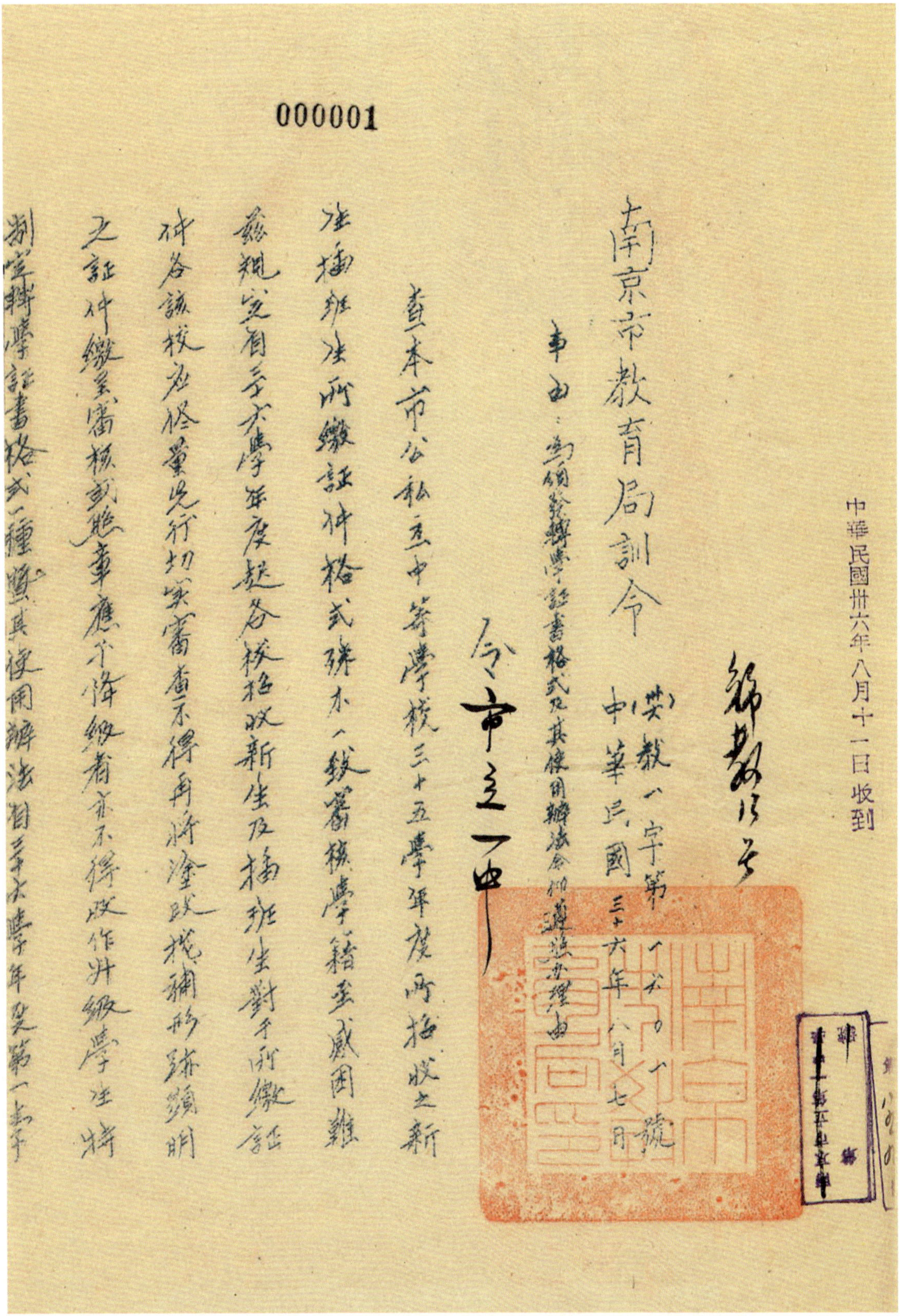
000001

中華民國卅六年八月十一日收到

南京市教育局訓令　教一字第一六〇一號

中華民國三十六年八月七日

事由：爲頒發轉學證書格式及其使用辦法令仰遵照辦理由

令市立一中

查本市公私立中等學校三十五學年度所招收之新生插班生所繳證件格式殊不一致，審核學籍每感困難，茲規定自本學年度起各校招收新生及插班生對于所繳證件各該校應於登錄先行切實審查，不得再將塗改挖補形跡顯明之證件繳呈審核，或照章應予降級者亦不得改作升級學生。特制定轉學證書格式一種暨其使用辦法，自本學年度第一學

南京市教育局爲頒發轉學證書格式及其使用辦法給市立第一中學的訓令（一九四七年八月七日）

附：轉學證書發給及使用辦法

期整，凡本市各市私立中等學校轉學各生如再持用他校證件者，一律無效，除分令各省市教育廳局存查及呈報外，合行檢發該項轉學證書格式及其使用辦法各一份，令仰該校切實遵照辦理為要。

此令。

附發轉學證書格式及使用辦法各一份

兼局長　馬元放

教務處詳閱遵辦
八、十一

轉學證書發給及使用辦法

一、此項證書依據修正中學規程第七十三條、修正師範學校規程第七十九條之規定發給之

二、此項證書須用毛筆楷書繕寫，加蓋校鈐於年月之上，並須經校長簽名蓋章，方為有效

三、學業成績須填寫某科分數，不得用甲乙丙丁或及格不及格等笼統字樣，其成績不及格或未修完者亦須於備註欄內註明

四、未經核准學籍或已開除學籍之學生，不得發給此項證書

五、師範學校轉學生證明書之發給，除根據以上各條規定外，並須依據修正師範學校規程第八十八條之規定辦理之

六、此項證書僅可用於轉入性質相同之學校及銜接之學級，不合此種規定轉學者，各校不予受理

七、此項證書如填寫不完全或格式不符者，各校得拒絕受理

八、各校呈報轉學生學籍時，須將此項證書附繳備核

九、未完成立案手續之私立學校，不得填發此項證書

十、師範學校得高中或初中改為簡易師範、幼稚師範等

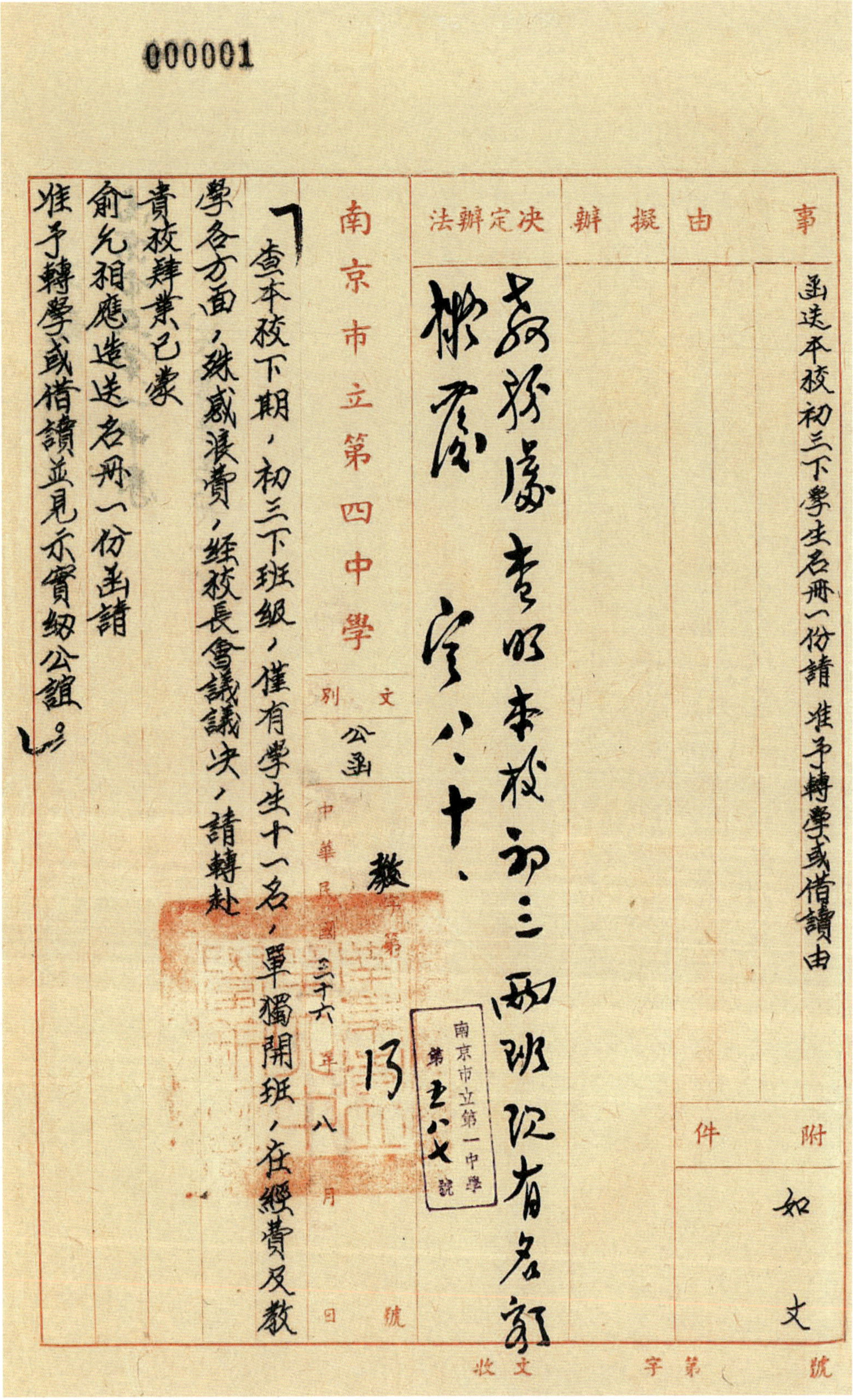
000001

事由：函送本校初三下學生名冊一份請 准予轉學或借讀由

擬辦

決定辦法：教務處 查明本校初三兩班收有名額

南京市立第四中學

「查本校下期，初三下班級，僅有學生十一名，單獨開班，在經費及教學各方面，殊感浪費，經校長會議議決，請轉赴
貴校肄業，已蒙
俞允相應造送名冊一份函請
准予轉學或借讀並見示實級公誼」

文別：公函

中華民國三十六年八月 日 發 字第 號

南京市立第一中學 第 號

附件：如文

收文 字第 號

爲送本校初三下學生名册請準予轉學或借讀事由的往來公函

南京市立第四中學給市立第一中學的公函（一九四七年八月）

附：南京市立第四中學初三下學生名册

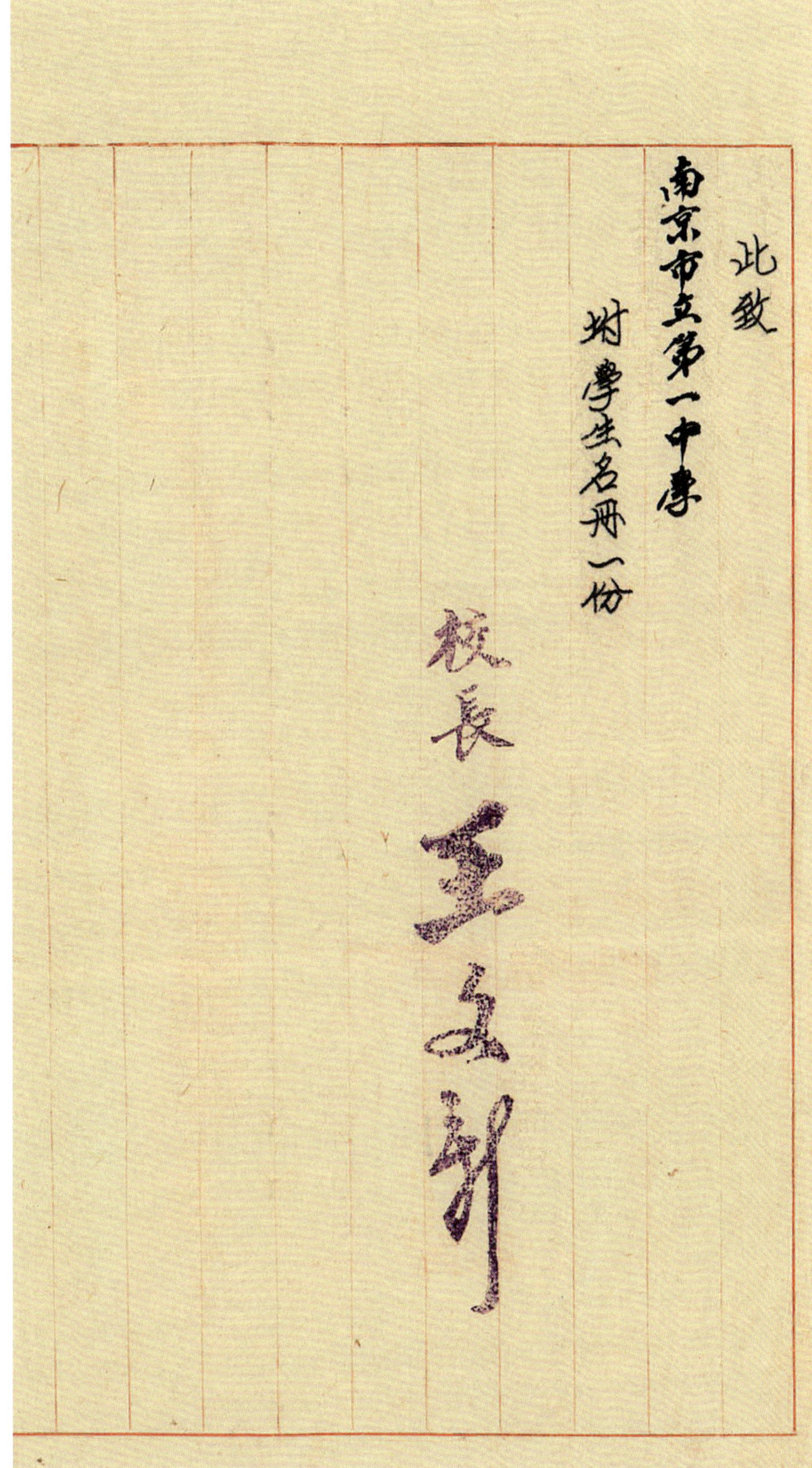

此致

南京市立第一中學

附學生名冊一份

校長 王[illegible]

南京市立第四中學初三下學生名冊

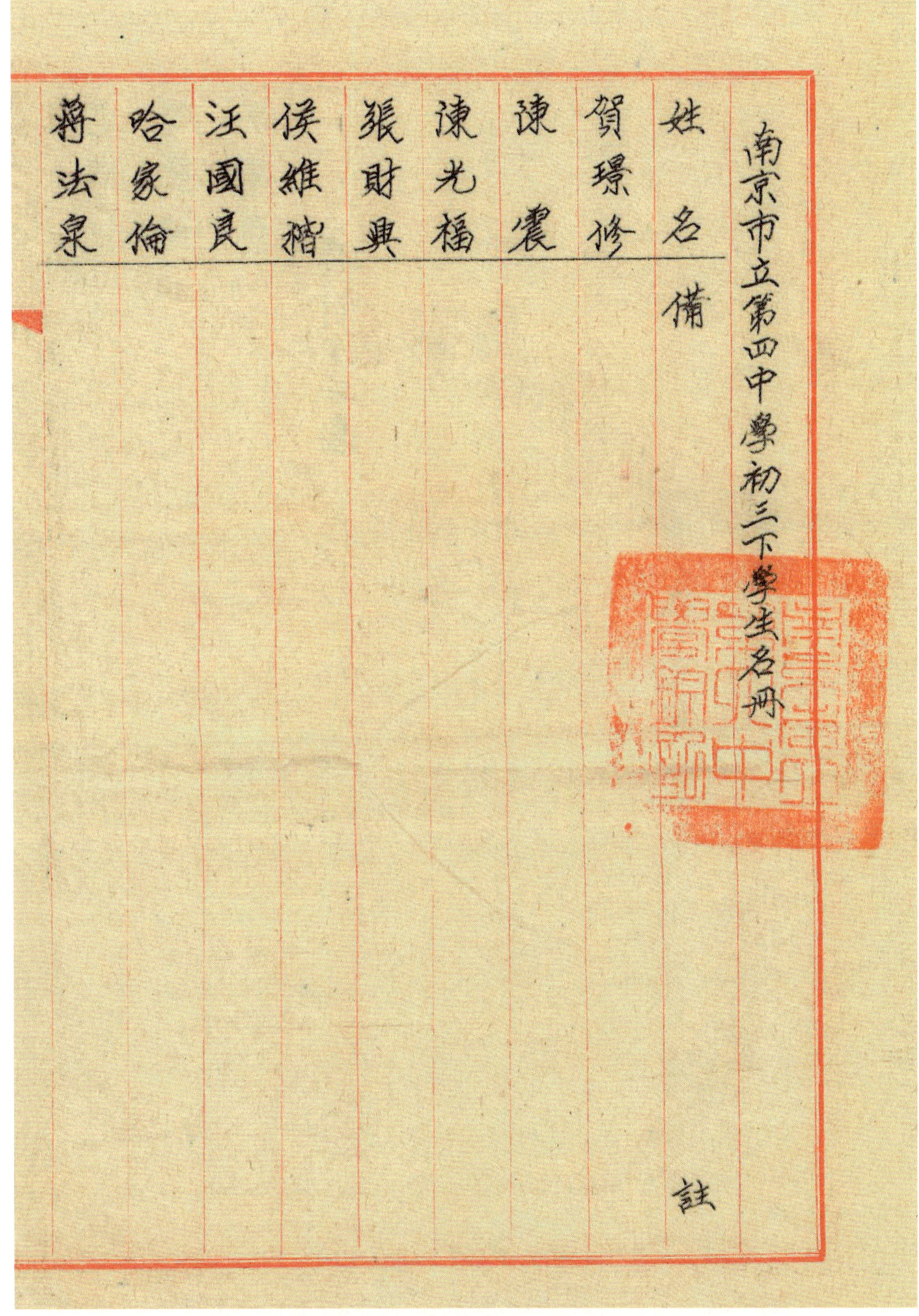

南京市立第四中學初三下學生名冊

姓名	備註
賀璟修	
陳震	
陳光福	
張財興	
侯維禮	
汪國良	
哈家倫	
蔣法泉	

周維柱
周榮潮
洪茂雲

共計十一名

南京市立第四中學校長王文新

中華民國三十六年八月　日

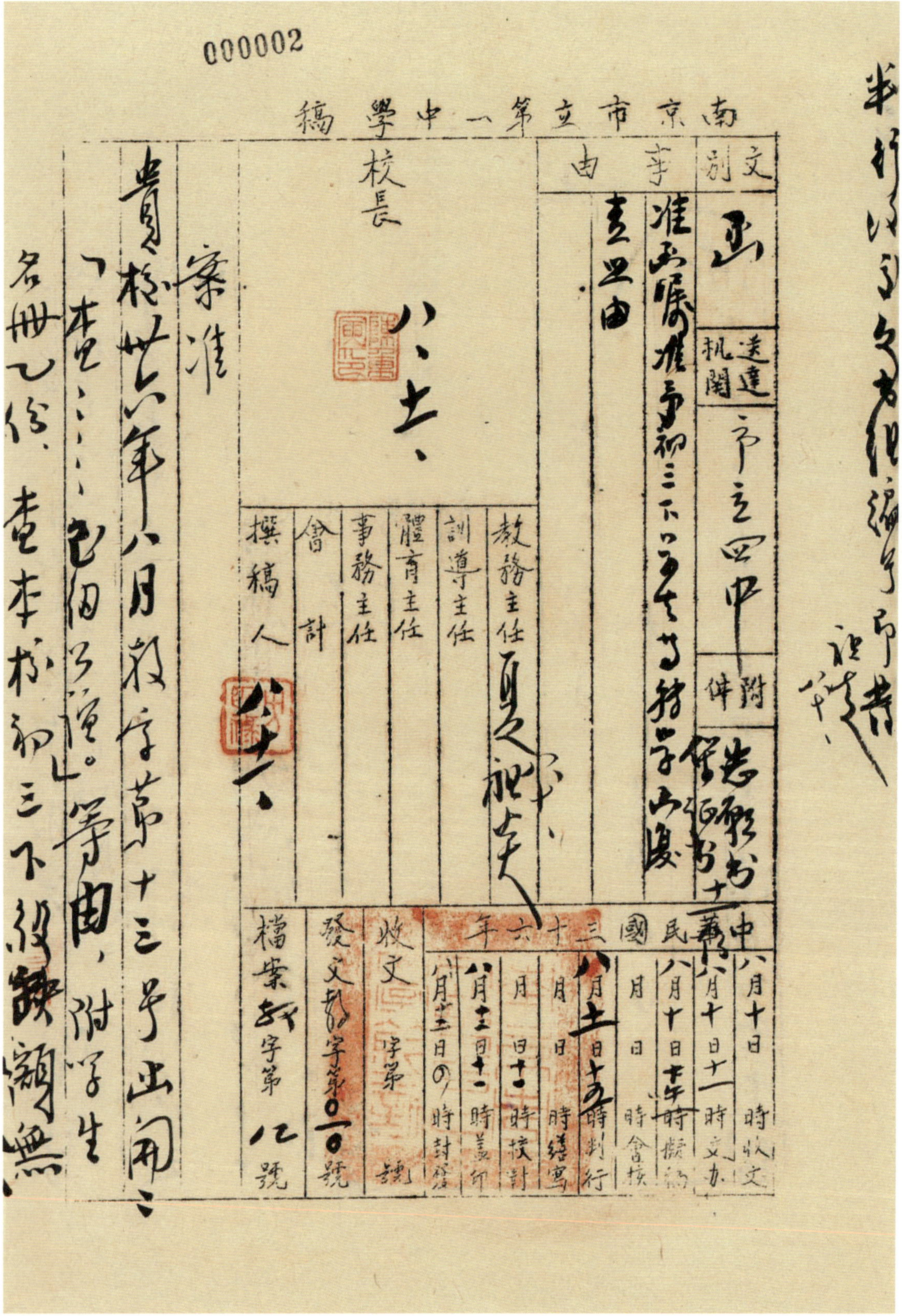
000002

南京市立第一中學稿

文別：函

事由：准函屬准予初三下學期生□□等轉學由

查照由

送達機關：市立四中

附件：

校長 八、十六

教務主任 夏□□

訓導主任

體育主任

事務主任

會計

撰稿人 八、十六

案准

貴校卅六年八月教字第十三號函開：「查……已回□□。」等由，附學生名冊乙份。查本校初三下級缺額無……

中華民國三十六年

八月十日 時收文

八月十日十一時交辦

八月十日十一時擬稿

月 日 時會核

月 日 時繕寫

八月十二日十二時判行

月 日十二時校對

八月十二日十一時蓋印

八月十二日の時封發

收文 字第 號

發文 教字第〇一〇號

檔案 教字第 八〇 號

南京市立第一中學給市立第四中學的公函（一九四七年八月十二日）

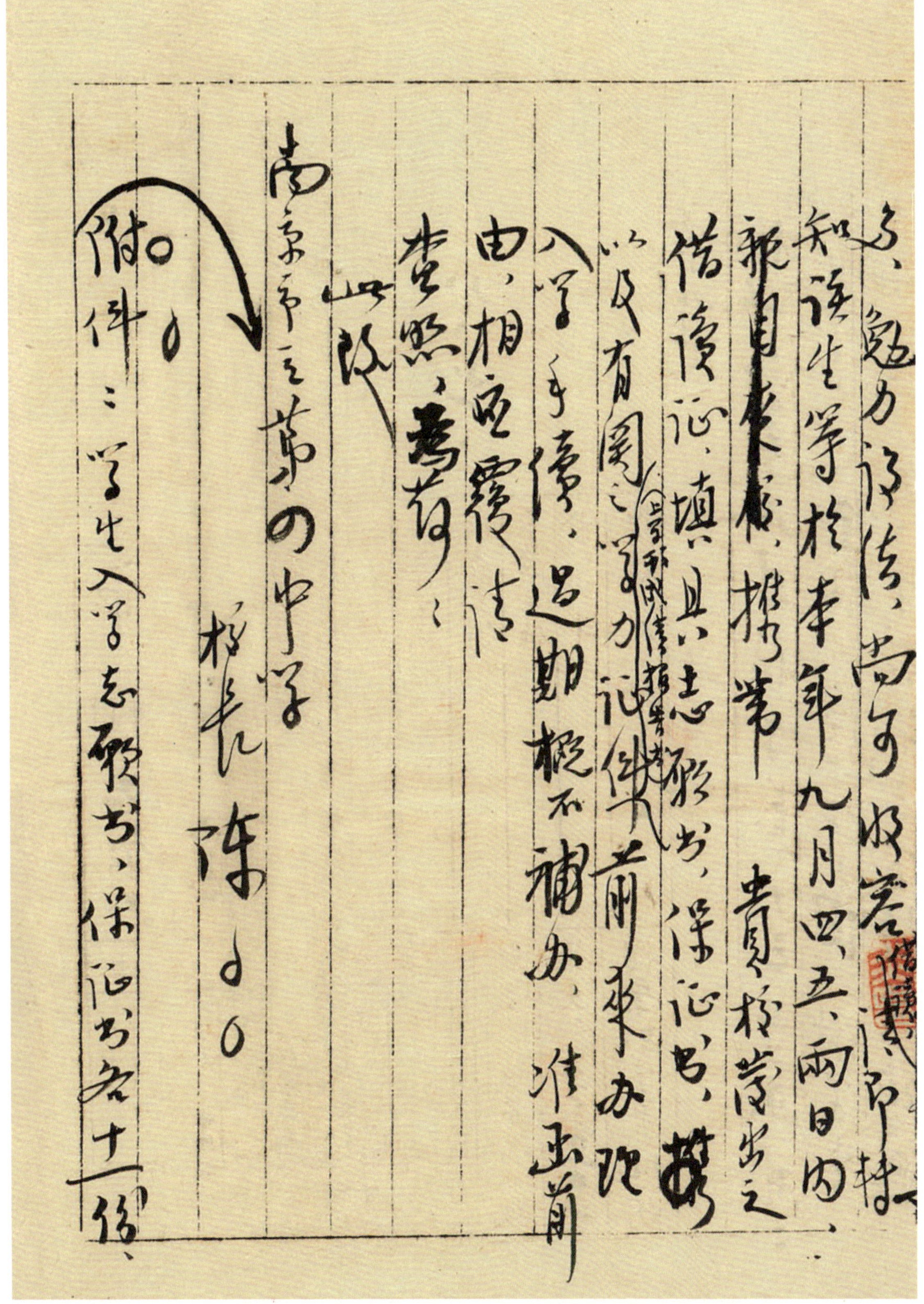

為，勉力設法，尚可收容借讀，即特

知該生等於本年九月四、五兩日內

親自來校，携帶 貴校發出之

借讀證、填具志願書、保證書，携

以及有關之學力證件（如上學期成績報告單等）前來辦理

入學手續，逾期概不補辦，准函前

由，相應函覆，請

查照，為荷。

此致

南京市立第四中學

校長 陳〇〇

附件：學生入學志願書、保證書各十一張、

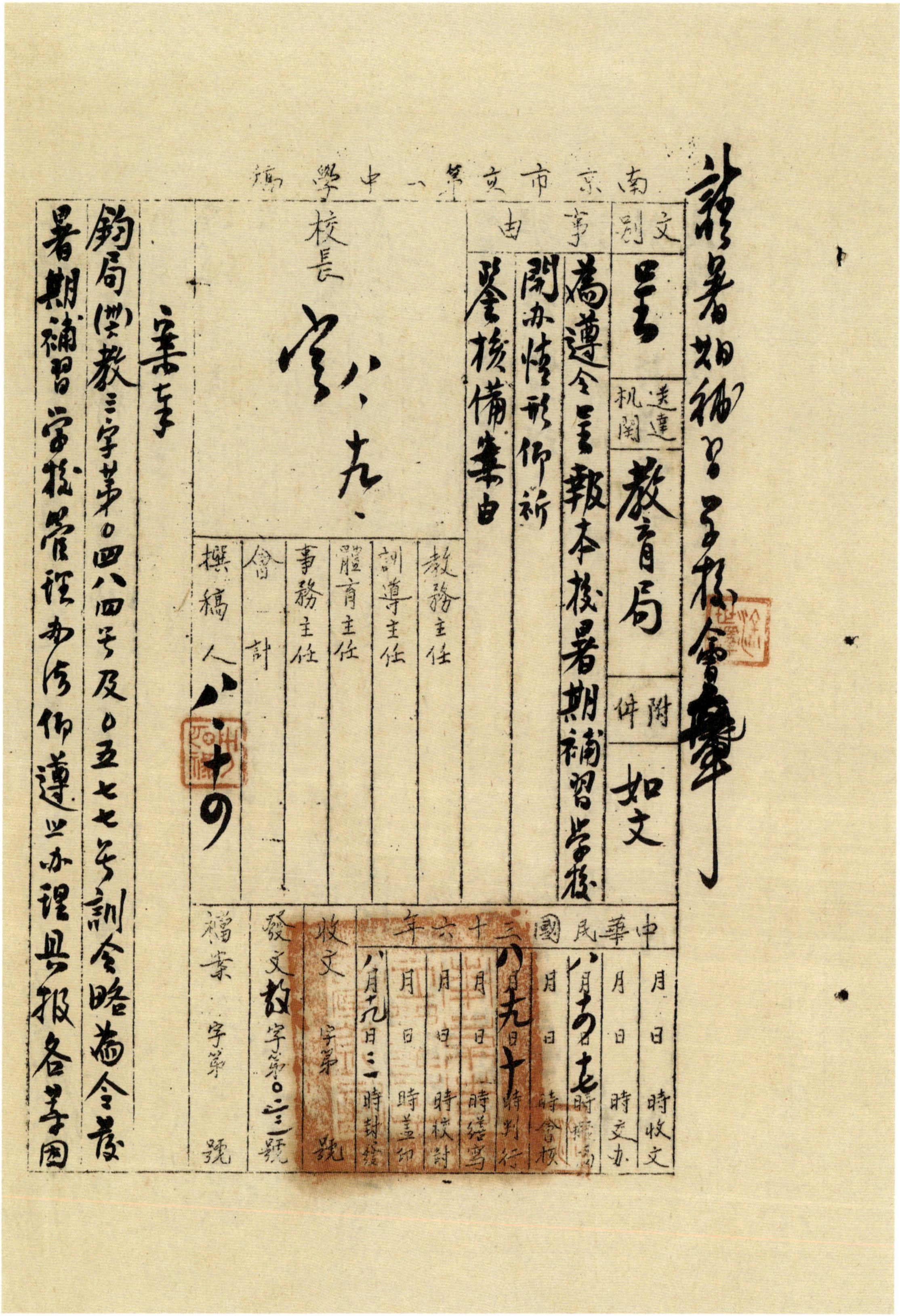

南京市立第一中學稿

文別：呈

送達機關：教育局

附件：如文

事由：爲遵令呈報本校暑期補習學校開办情形仰祈鑒核備案由

校長

教務主任　訓導主任　體育主任　事務主任　會計　撰稿人

中華民國三十六年

收文	交办	擬稿	會核	判行	繕寫	校對	蓋印	封發
月 日 時	月 日 時	八月十七日 時	月 日 時	八月十九日 時	月 日 時	月 日 時	月 日 時	八月十九日 時

收文 字第 號　發文 教字第〇三三一號　檔案 字第 號

案奉

鈞局(36)教三字第〇四八四四号及〇五七七号訓令略爲令發暑期補習學校管理办法仰遵照办理具報各等因

南京市立第一中學爲遵令呈報本校暑期補習學校開辦情形給市教育局的呈文及附件

（一九四七年八月十九日）

并將各件事先自應遵办。查本校前因為使校內外學生利用暑期補習學業起見，曾經本校教職員全体大会决定設立暑期補習學校，當即推舉徐無譯、謝良佐、周本淳、胡是純、吳正儀等五人為籌備暑期補習學校校務委員，旋成立校務委員會負責主办該校一切事宜。旋由該會聘請夏祖焱為顧問，江蘭人等為教師，商借本校办公室一間、教室十餘間為校址，各項設備均經先後籌備就緒，遂於七月一日開始招生報名，七月七日正式開學授課。茲查該校分設升學預備班五班、分科補習班十班，共為十五班，學生共有六百四十四名，訂定上課期間為一個半月，經按照預定教學計劃施行，授課情形甚為良好。奉令前因，理合檢同該校各項表冊，呈祈覆核呈該校收費情形為初中程度每科（每日授課一小時）收費叁萬元（課費講義費在內）高中程度每科（每日授課一小時）收費四萬元（課費講義費在內）本校貧寒子女及清寒學生并予免費優待其補習二科者初中減收壹萬元高中程度每科減收弍萬元以上收費情形似已符合鈞局所頒收費標準當否之處理合一併陳明仰祈

鑒核備案

謹呈

南京市教育局局長馬

附呈各補習學校教職員履歷冊暨本年學生名冊暨本年請核表各乙本

（銜名）陳○○

中國青年服務協會
南京市立第一中學
中國國民就業協進會

合辦暑期補習學校招生簡章

一、宗旨　本校以輔導青年升學補充青年學力為宗旨。

二、班次　(1)升學預備班(男女兼收)
(2)分科補習班(男女兼收)

三、名額　暫定十六組每組至少二十人。

四、程度　(1)升學預備班
(甲)初級組(小學畢業或具有同等學力者)
(乙)中級組(初中畢業或具有同等學力者)
(2)分科補習班(高初中肄業或具有同等學力者)

五、補習　(1)升學預備班
(甲)初級組　國文、算術、常識、
(乙)中級組　國文、英語、數學、理化、史地、博物、
(2)分科補習班
(甲)國文
(子)初級組　注重辭句分析、文法講解、
(丑)中級組　注重文章作法、文字欣賞、國學常識。
(乙)英語

附(一)中國青年服務協會/南京市立第一中學/中國國民就業協進會合辦暑期補習學校招生簡章

(子)初級組　注重基本練習(拼音讀法 口語)
(丑)中級組　注重文法造句翻譯。
(丙)數學
(子)初級組　分祘術、代數、幾何。
(丑)中級組　分三角、幾何、大代数。
各班授課以授足六星期為限。

六、補習時間　三十六年七月一日至十二日每日上午八時至十二時下午二時至六時。

七、報名日期

八、報名地点　府西街十四號本校。

九、報名手續　填寫報名單繳納各費領取上課証。

十、開學日期　七月七日

十一、納費

(1)升学預備班　一次繳足初級組八萬元、中級組十萬元。

(2)分科補習班　按科目計算學、一科者初級三萬元中級四萬元、三科以上者減收一萬元。

十二、附註

(1)凡已繳費註册學生除不能開班外概不退費。

(2)本校概不收寄宿生。

南京市立第一中學暑期補習學校教職員名册

附（二）南京市立第一中學暑期補習學校教職員名册（一九四七年七月）

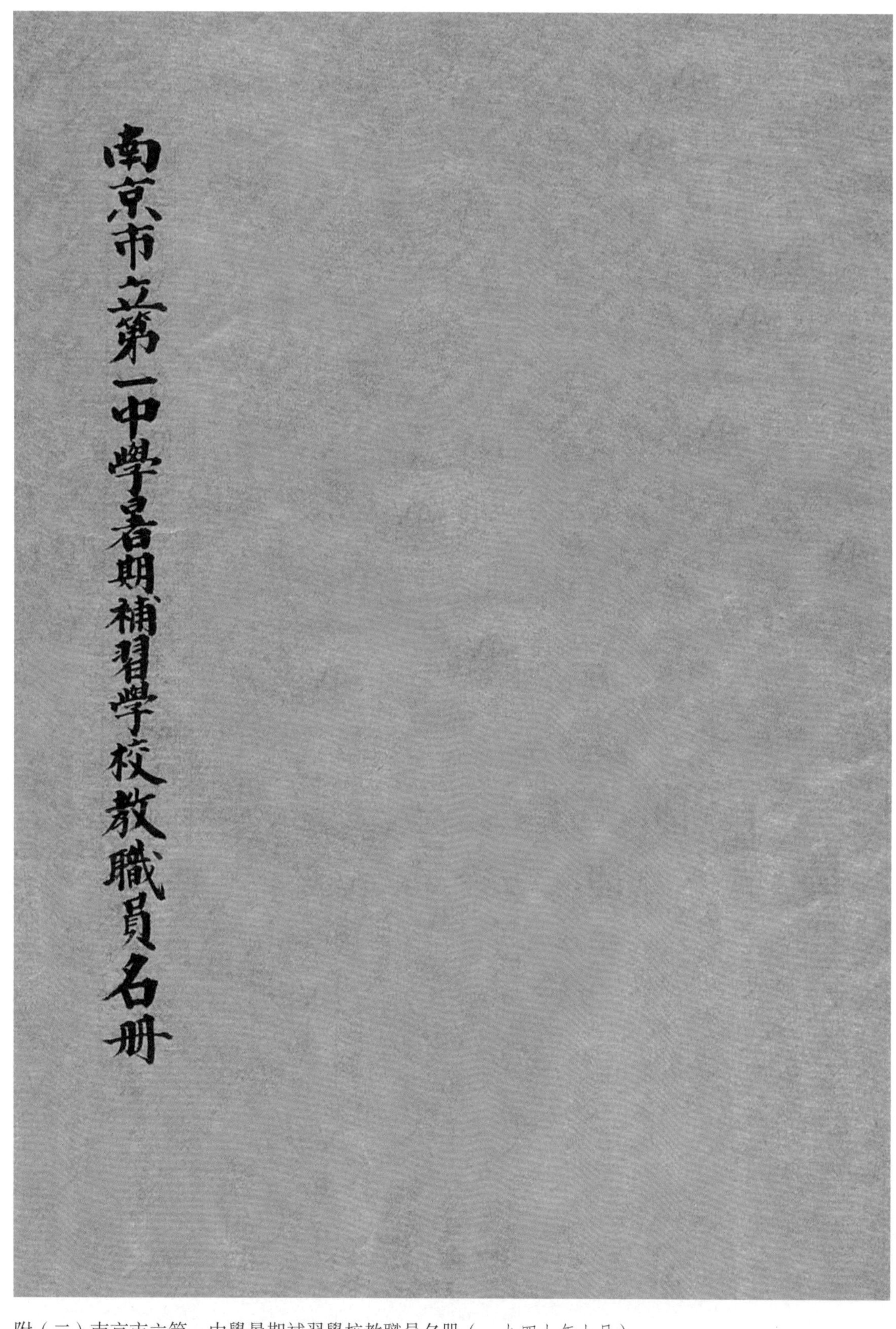

姓名	性別	年齡	籍貫	職務	學歷	經歷
涂世澤	男	34	南京	主任	中央大學畢業	歷任國立九中及教育部特設第一中山班江津縣立女中等校教員十二年
謝良德	〃	45	〃	教員	金陵大學文科畢業	貴州省教育廳荐任督學及黄平縣立中學校長等職
江菊人	〃	46	〃	〃	中央大學理學士	歷任京市一中初中部主任九年雲南教廳督學及省立雲端中學校長
程彤齋	〃	59	〃	〃	江南高等師範畢業	江蘇省立九中工專京市一中等校教員
吳正維	〃	53	江蘇	〃	中央大學畢業	江蘇安徽等省立諸校教員
夏祖炎	〃	30	〃	〃	四川省立教育學院社教系畢業	私立萃文立人及國立高農教員京市師範輔導主任等
陶樂之	〃	44	南京	〃	中央大學畢業	國立四川中學、三中及中大附中等校教員
左寅宣	〃	36	湖南	〃	金陵大學畢業	經濟部工礦調整處組員貴州銅仁沿河縣立中學教員及軍政部化學製藥廠總務主任
魏頌予	〃	46	〃	〃	交通大學工學士	江蘇省立揚州中學等校教員

孫堯臣	男	54	上海	教員	聖約翰書院畢業	南京私立安徽中學及京市一中教員
蔣翔聲	〃	40	江蘇	〃	東吳大學畢業	復旦附中京市一中等校教員
周本淳	〃	27	安徽	〃	浙江大學畢業	貴州省立遵義中學等教員
吳家鰲	〃	33	〃	〃	國立暨南大學畢業	東方中學及京市一中等校教員
王勤義	〃	27	南京	〃	國立重慶大學畢業	國立女子師範附中等校教員
胡恩純	〃	47	〃	〃	北平高等師範畢業	溧水縣教育局督學及進德中學等教員
蘇祥燊	〃	46	南京	職員	鍾英中學畢業	歷任京市一中職員
江維炎	〃	27	〃	〃	京市一中畢業	〃
聶起遠	〃	20	湖南澧縣	〃	京市一中畢業	
郭東方	〃	22	山西右玉	〃	京市一中畢業	

中華民國三十六年七月

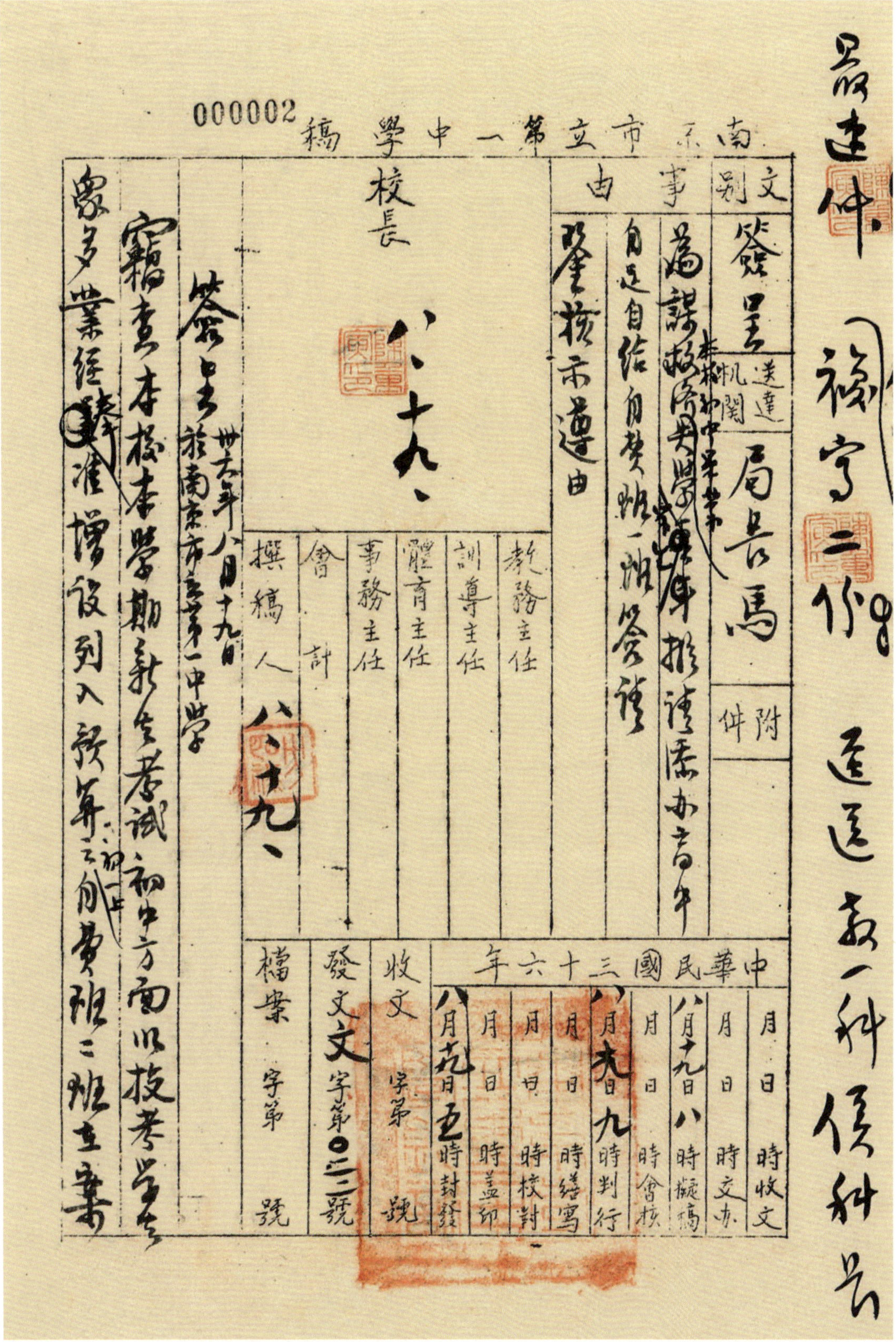

爲添辦高中自費班事由的一組文件

南京市立第一中學給市教育局的簽呈（一九四七年八月十九日）

本校初中畢業投考本校高中未經錄取者亦[redacted]有數十人之多，近聞各請求援去年成例

最近十四年方面亦有同樣情形，本校說錄取高中學生一百一十餘名，未經錄取者為數極多，[redacted]

[redacted]今有陸續要求增設高中自足自給之自費班一班，俾收容投考[redacted]而免失學[redacted]

[redacted]據查所述確屬實情，前擬請添設高中自給自足之自費班一班，每名學生收繳學（依照目前所估計）雜設備等費約十萬元之譜，可開辦，可否之處，理合簽請

鑒核示遵

謹呈

局長馬

職陳○○謹簽

各院
開文

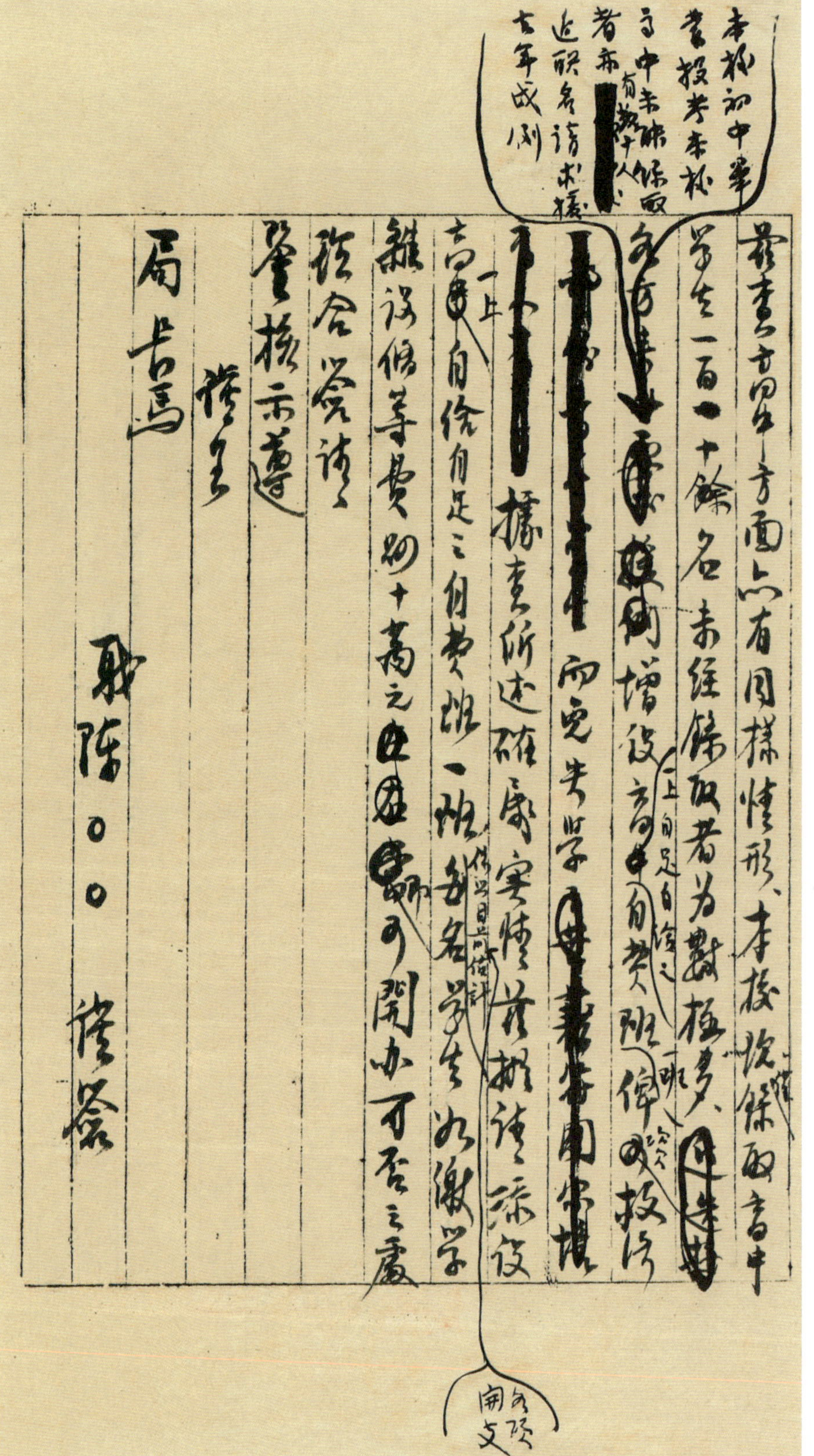

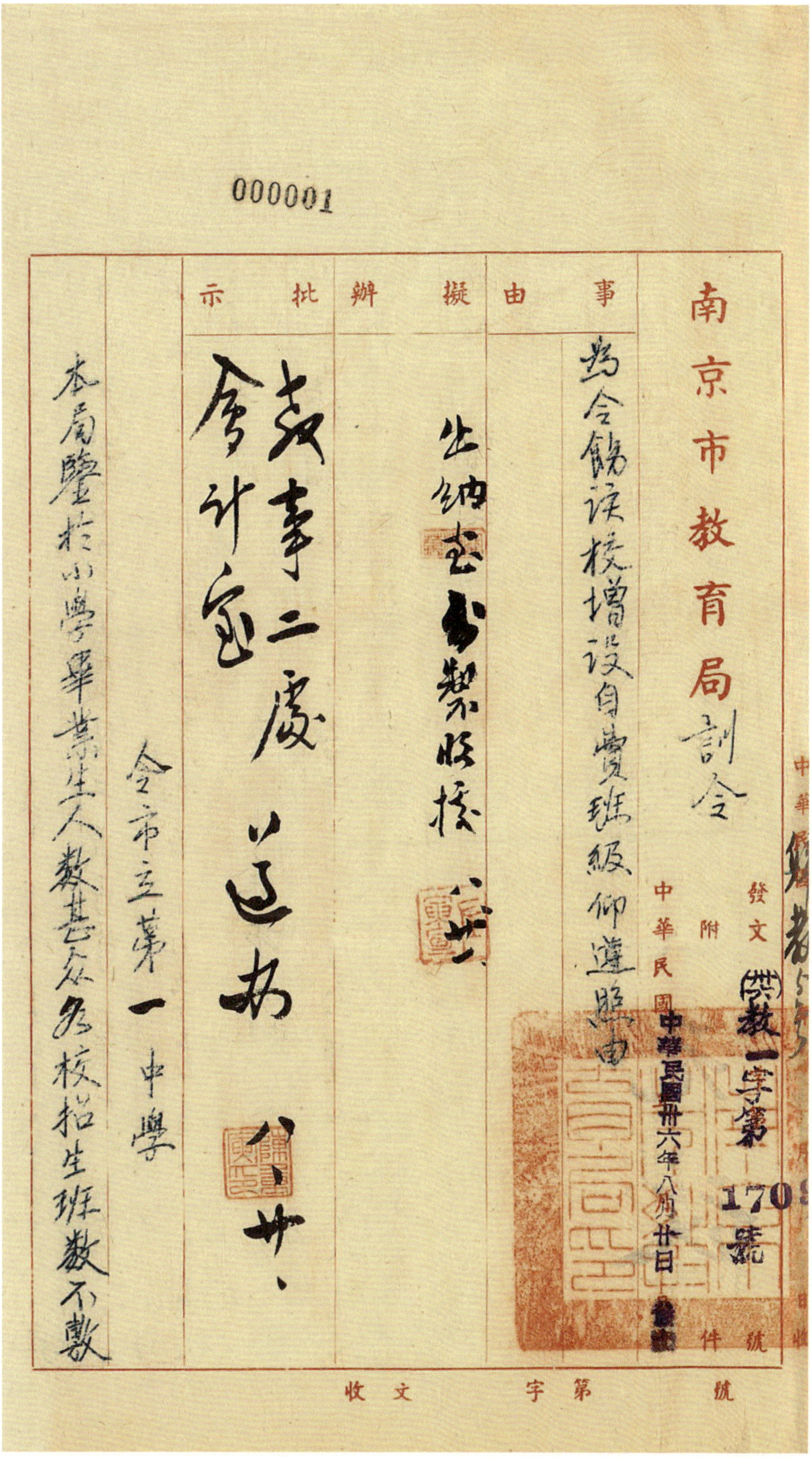
000001

南京市教育局訓令

發文 (卅六)教一字第1709號

附件

中華民國卅六年八月廿日

事由：為令飭該校增設自費班級仰遵照由

擬辦：出納書□繁照核 八、廿、

批示：教事二處 以送核 八、廿、 會計室

令市立第一中學

本局鑒於小學畢業生人數甚衆各校招生班數不敷

收文　字第　號

南京市教育局給市立第一中學的訓令（一九四七年八月二十日）

容納為減少失学人數起見茲經決定三十六年度第一学期該校增設初一自費班二班所有任課教員除先以該校復員教師支配工友亦不另增加学生每人收學襍及設備等費共貳拾萬元其中除市府規定收入仍照規定手續辦理外其餘由各校自收并應將收入總數列表呈局備核經呈准後充該校補充設備之用仰即遵照辦理具報為要

此令

兼局長 馬元放

南京市立第一中學卅五年度第二學期畢業學生家長談話會紀要：

南京爲國都所在，人口密集，學生人數衆多，惟公立中學爲數甚少，不敷收容，即以本年暑期而論，初中畢業生因受學校人數限制而受失學之痛苦者爲數頗多，同人等之子弟均係市立一中初中畢業學生，此次在一中高中入學考試成績較次，未能取録，承　傅參議員正平先生應同人等之請，經與市教育當局洽商，僉認添办高中自費班確屬需要，惟局方以經費困难，無力負擔，學校房屋不敷，興建修改在在需款，如家長願捐款修建教室，並負擔教師薪津，可准辦理，同人等爰於八月二十九日上午十時借市立一中集議，並決定下列數事：

一、同人等以子弟失學堪虞，申請市立一中添辦高一自費學生一班，以六十人爲足額。

高一上自費班，以收容本校初中畢業學生之未考取公立中學者爲原則。

南京市立第一中學一九四六年度第二學期畢業學生家長爲添辦高一上自費班談話會紀要
（一九四七年八月二十九日）

三、高中自費班，除應繳政府規定費用（二十四萬元）外，並應平均分攤修建教室及教師之薪津等費用，每生家長暫定捐法幣肆拾萬元，家境寬裕者歡迎樂捐。

四、本自費班教室之修建，全由學生家長經收，完全捐獻予市立一中。

五、本學期近，修建工程亟待開始，所有市立一中本年初中畢業學生家長其子弟入此種自費班者，統於八月廿日起至九月三日止，每日上午八時至十二時，下午二時至四時，親來本中和平院教員休息室繳付款項（依照繳款次序收滿六十人為限），以便定額。

六、本自費班，聞教育局下學期或可改為公費班，或改為不負擔教師待遇之自費班，惟此事須視下學期市庫之財力，以及教育經費之預算，方可決定。

七、以上各項辦法擬組織籌委會辦理，並推薦家長傅亞平、楊受之、陳更光、孫炳卿、侯業儉等五人會同學生代表豈家驊、陳　智、陶緒光、穆克宏等共同組織之，如荷贊同，請簽名蓋章於後，以便開始辦理。

市立一中初三丙畢業班家長談話會啟

本人對於上述辦法極表贊同，並願捐獻修理費　　萬元

家長簽名　　蓋章

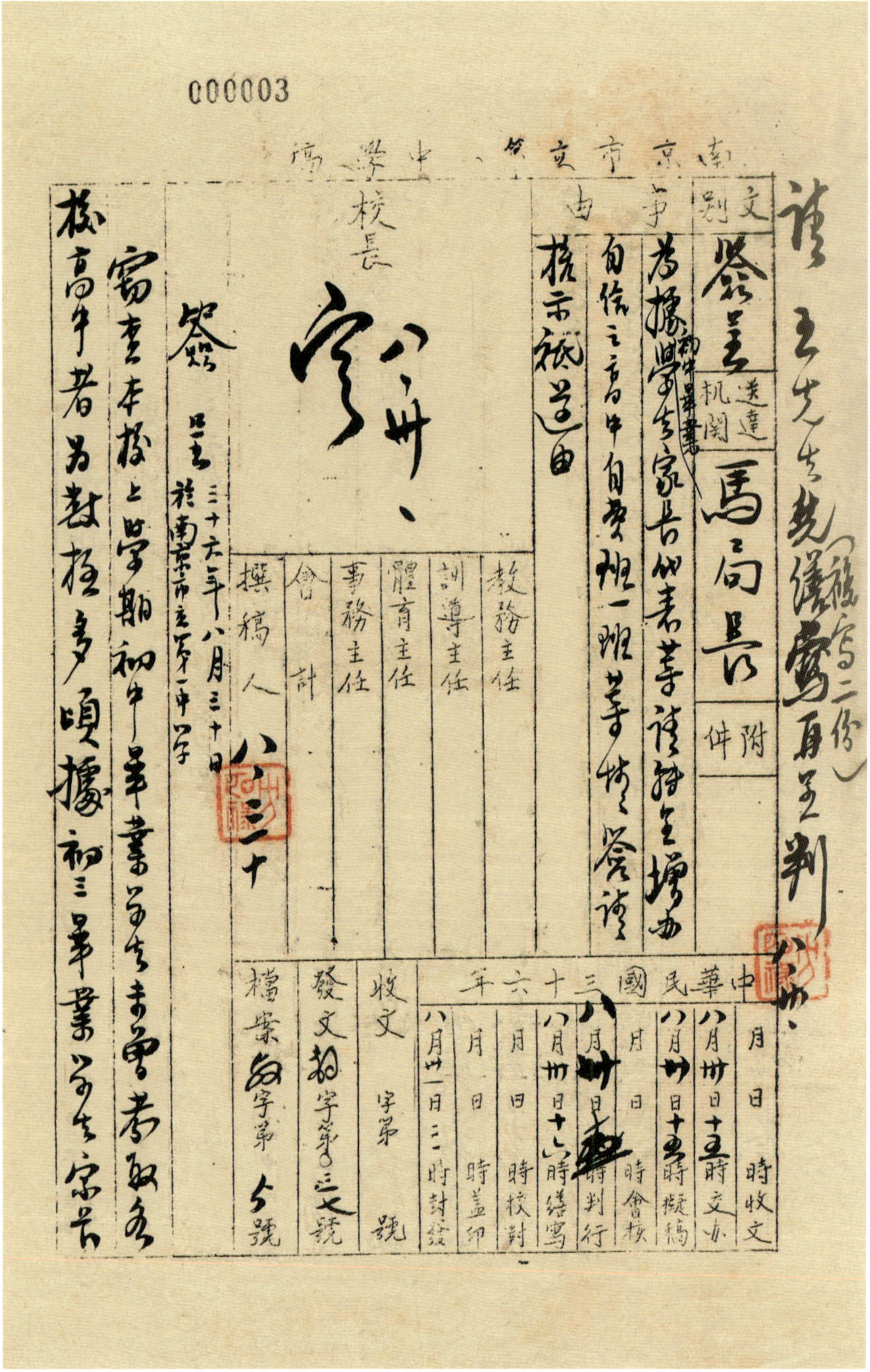
000003

南京市立第一中學稿

請王先生先擬繕寫二份 簽呈判 八卅

文別：簽呈

送達機關：馬局長

附件

事由：為據初中畢業學生家長鄧貴等請轉呈增設自信之高中自費班一班等情簽請核示祇遵由

校長 八、卅

簽呈 三十六年八月三十日 於南京市立第一中學

竊查本校上學期初中畢業學生未曾考取各校高中者為數極多，頃據初三畢業學生宗長

教務主任	訓導主任	體育主任	事務主任	會計	撰稿人
					八、三十

中華民國三十六年

收文	文办	擬稿	會核	判行	繕寫	校對	蓋印	封發
月日時	八月卅日十五時	八月卅日十五時	月日時	八月卅日時	八月卅日十六時	月日時	月日時	八月卅一日三時

收文 字第 號　發文 字第三七號　檔案 字第 號

南京市立第一中學給市教育局的簽呈（一九四七年八月三十一日）

代表傅(?)平先生等来校，请转呈准予增办高
自给之高一自费班一班，俾资救济而免失学等语。
[illegible]并拟具
增办自给之高一自费班简单办法二点：以每生除缴
纳学杂讲义等费廿四万元外，各自认捐四十万元，
以之建筑教室一所及供给两位专任教师六个月
薪俸之用；（二）所增办之自费班专为救济本校初
中毕业未考取各校高中者，倘有余额再招
收非本校初中毕业生，[illegible]之意。该单
业家长等所称确系实情，且系救济本校
初中毕业学生尤属必要，[illegible]是否
[illegible]可行，仰祈钧核会签请
核示祇遵。

职 陈□□ 谨签

如所拟办 [illegible]

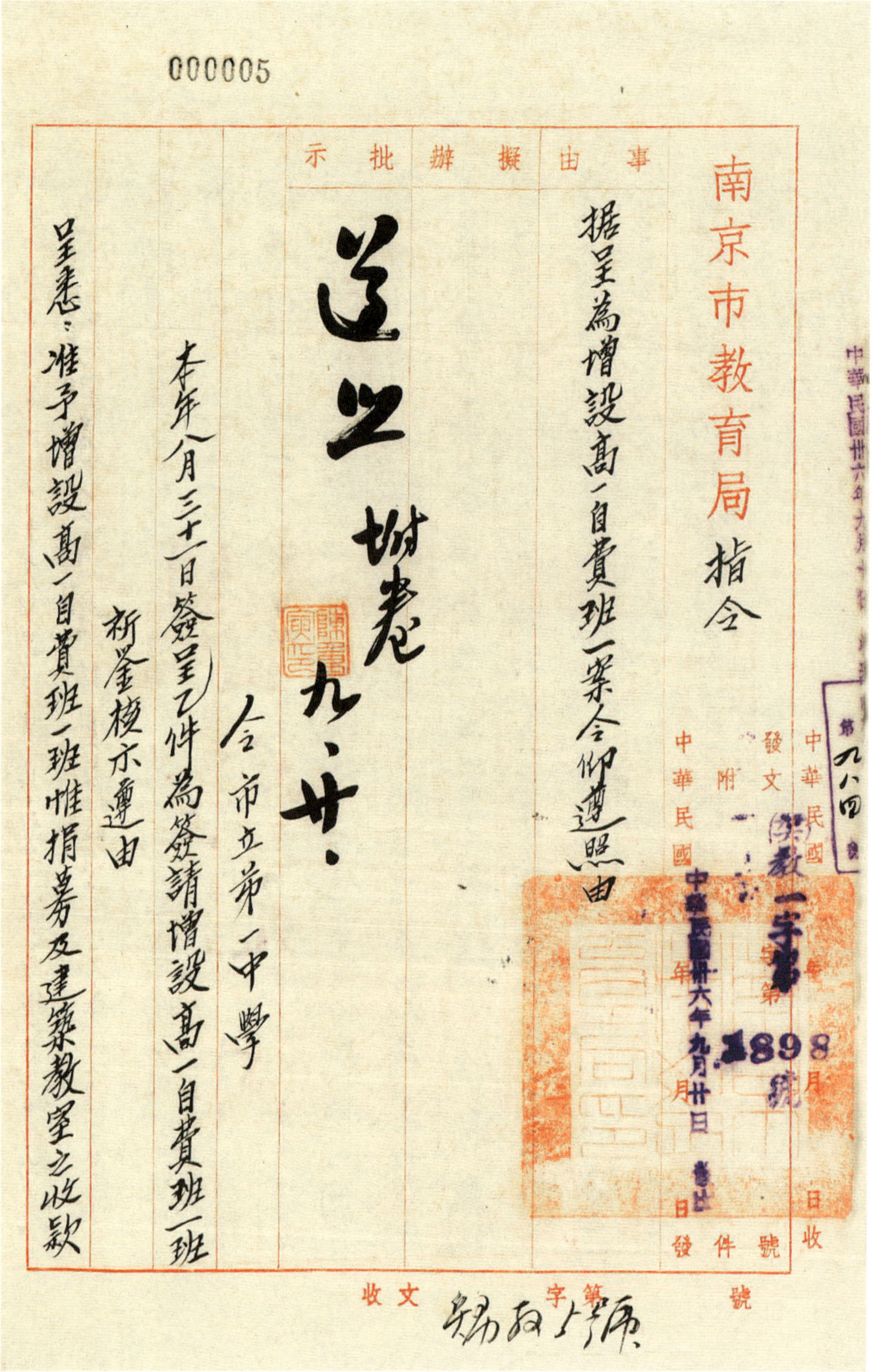

000005
南京市教育局指令
事由
据呈為增設高一自費班一案令仰遵照由
擬辦
批示
送出
樹菴
九、廿
令市立第一中學
本年八月三十一日簽呈乙件為簽請增設高一自費班一班祈鑒核示遵由
呈悉。准予增設高一自費班一班惟捐募及建築教室之收款
中華民國　年　月　日收
發文　字第　號
附件
中華民國　年　月　日發
教一字第1898號
中華民國卅六年九月廿日
收文　字第　號

南京市教育局給市立第一中學的指令（一九四七年九月二十日）

招工承包付款等事項均应由學生家長組織委員會自行處理學

校概不得經手仰即切实遵照办理具報為要

此令

兼局長　戊元政

監印　华衡清

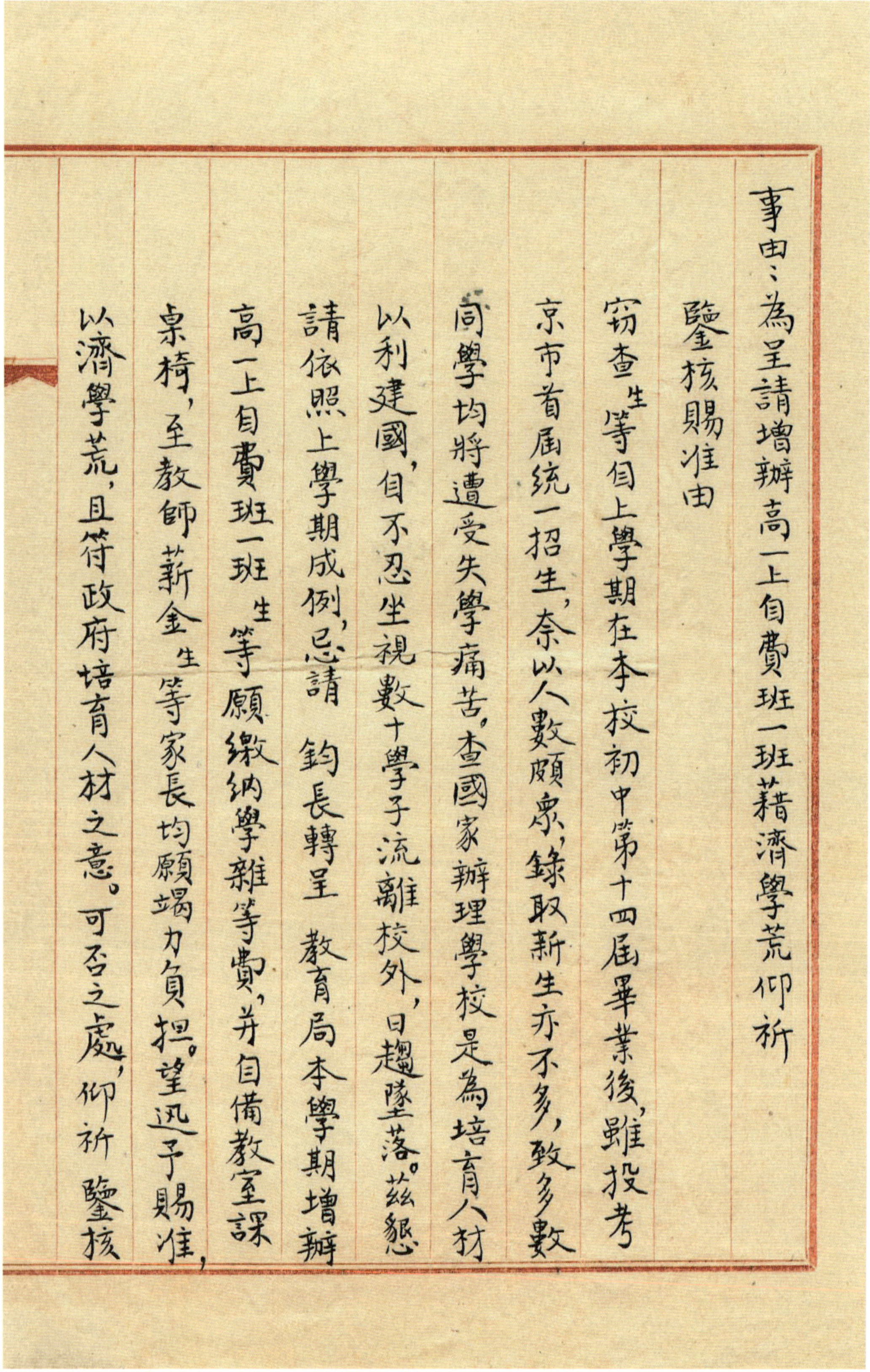
事由：為呈請增辦高一上自費班一班藉濟學荒仰祈
鑒核賜准由
竊查生等自上學期在本校初中第十四屆畢業後，雖投考
京市首屆統一招生，奈以人數頗衆，錄取新生亦不多，致多數
同學均將遭受失學痛苦。查國家辦理學校是為培育人材
以利建國，自不忍坐視數十學子流離校外，日趨墮落。茲懇
請依照上學期成例，懇請 鈞長轉呈 教育局本學期增辦
高一上自費班一班，生等願繳納學雜等費，并自備教室課
桌椅，至教師薪金，生等家長均願竭力負担，望迅予賜准，
以濟學荒，且符政府培育人材之意。可否之處，仰祈 鑒核

郝履恭等六十三人給南京市立第一中學陳重寅校長的呈文（一九四八年九月六日）

示遵。生等全體同學并恭請 傅丘平先生做指導

謹呈

校長陳 轉呈

教育局長馬

南京市立一中初中第十四屆畢業學生

石玉成 胡守經 李思華
唐一清 王知廣 龔正權
彭本敏 魏守餘 王宏達
成建民 鄭流荃 陳富海
陶肅瑋 黃竟成 高壽熙

年

局長面諭 會議室

可以准予

九、八

夏國棟　吳永年　曹國维
王兆臣　郝履恭　徐　傑
胡光國　王福榮　吳祖義
韋　武　梁有福　黃建南
宋彥儒　王幼芳　凌　赤
王植清　傅必嘉　柳克勳
周家騮　吳安琳　魏仲才
謝寶金　郭希鴻　施順基
張兆鵬　歐嘉澍　卜治平
薛禮華　王正炘　俞從浩

葉慶桐　余正華　李明昭
毛永祿　徐紹琪　金家庚
郭乃康　陳志葛　馬步琨
吳祖彭　王松霖　潘耀庭
陳德華　莊申庚　楊朝儀
王宗岱　宗家昌　王學民

共計六十三人

中華民國三十七年九月六日

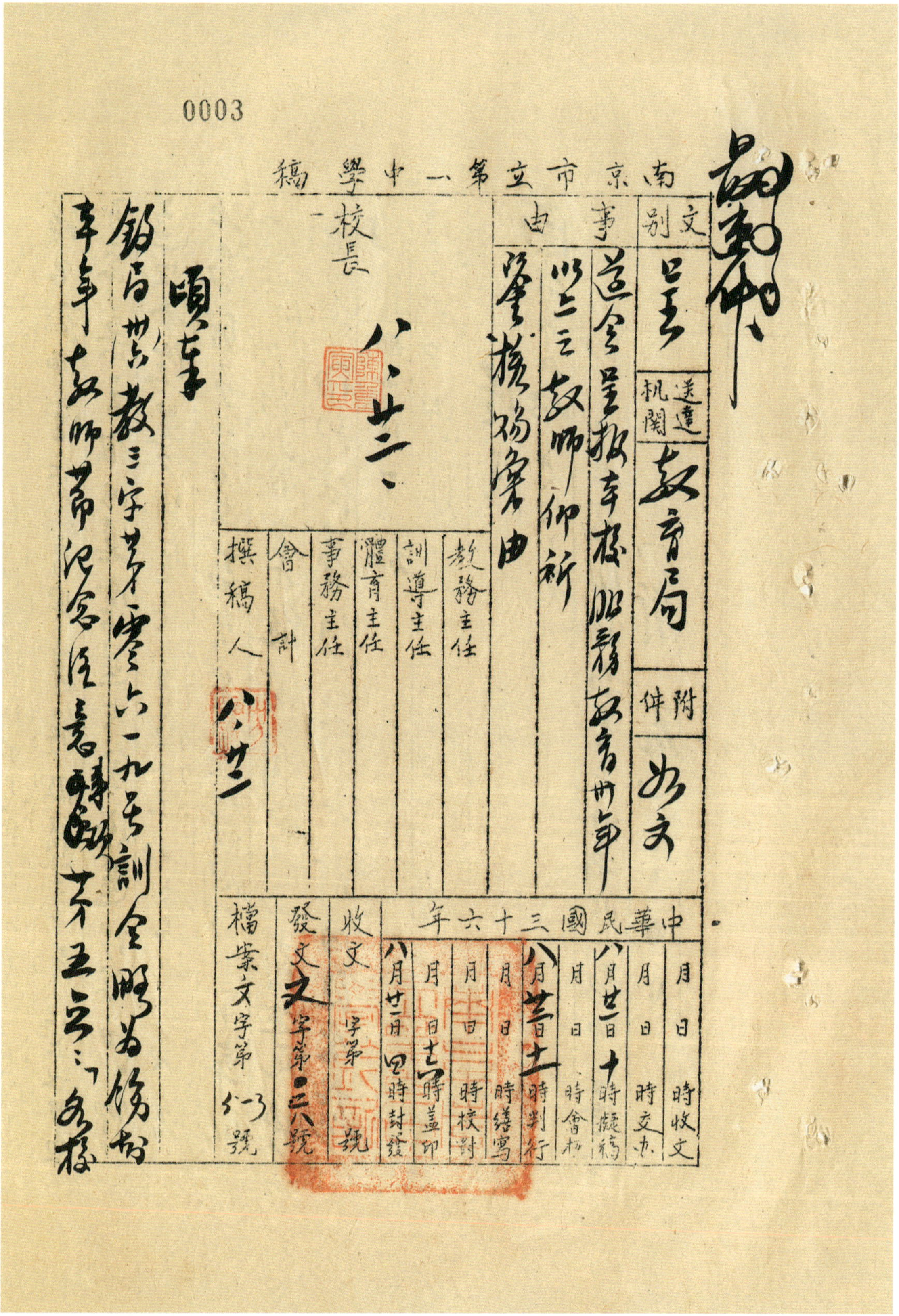

0003

南京市立第一中學稿

文別	呈
送達機關	教育局
附件	如文
事由	遵令呈報本校服務教育卅年以上之教師仰祈鑒核備案由

校長 八、廿二

教務主任　訓導主任　體育主任　事務主任　會計　撰稿人 八、廿二

中華民國三十六年　月日時收文　月日時交辦　八月廿二日十時擬稿　月日時會稿　八月廿二日十一時判行　月日時繕寫　月日時校對　月日十一時蓋印　八月廿二日四時封發

收文　字第　號　發文　文字第〇二八號　檔案文字第　號

頃奉
鈞局世教三字第零六一九號訓令，飭將本年教師節紀念注意事項第五六二條……

南京市立第一中學爲遵令呈報本校服務教育三十年以上之教師給市教育局的呈文

（一九四七年八月二十二日）

附：服務教育界三十年以上教職員名册

檔號：1009-1-15

優良教師曾在教育界連續服務三十年以上者應
即專案呈報以憑彙案送交會頒發紀念品以資
遵照以昭激勸等因奉此自應遵辦查本校現
任教職員曾在教育界連續服務三十年以
上者經查有李維周劉雲谷劉述庭陳
敘彝柏邦仕等伍人奉令前因理合檢
附名冊一份呈祈
鑒核備案
謹呈
南京市教育局局長馬
附呈本校服務教育界卅年以上教師名冊一份
（銜名）陳○○

全衔）教职员服务教育界二十年以上教职员名册

职别	姓名	性别	年龄	籍贯	服务年月	年数	备注
教员	李继周	男	六十三	山东	清光绪廿三年起	四十年	
〃〃	刘云谷	〃	六四	广东	民元前二年起	廿八年	
〃〃	刘述尧	〃	五五	〃〃	民元年十月起	廿五年	
〃〃	時叔穀	〃	六一	〃〃	民国六年八月起	廿年	
职员	胡邦仕	〃	五二	安徽	民国六年起	廿年	

合

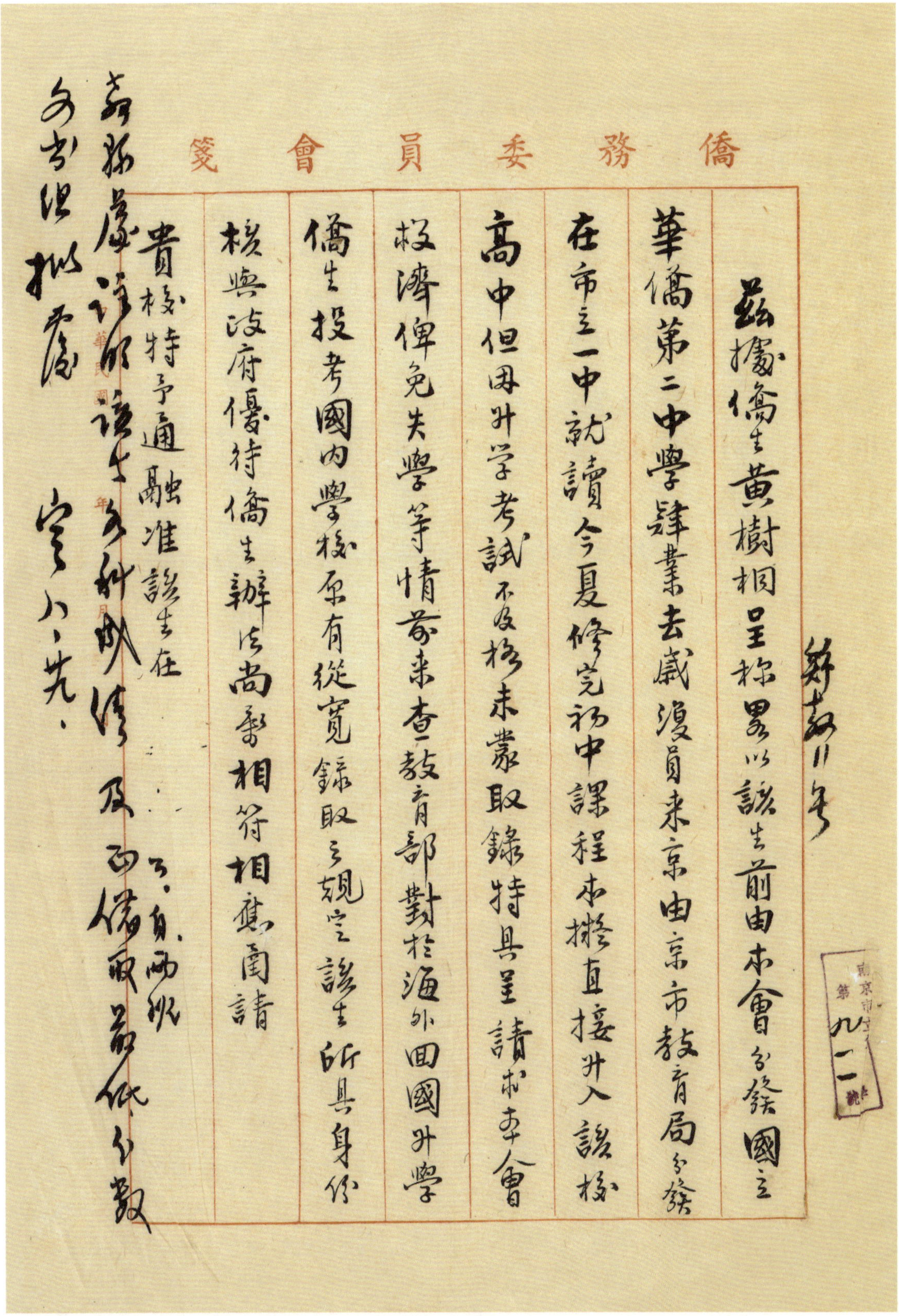

僑務委員會箋

茲據僑生黃樹桐呈稱略以該生前由本會分發國立華僑第二中學肄業去歲復員來京由京市教育局分發在市立一中就讀今夏修完初中課程未撥直接升入該校高中但因升學考試不及格未蒙取錄特具呈請求本會校濟俾免失學等情前來查教育部對於海外回國升學僑生投考國內學校原有從寬錄取之規定該生所具身份核與政府優待僑生辦法尚屬相符相應函請

貴校特予通融准該生在

爲僑生黄樹桐編入高中自費班就讀事由的往來公函

僑務委員會僑民教育處給南京市立第一中學的公函（一九四七年八月二十六日）

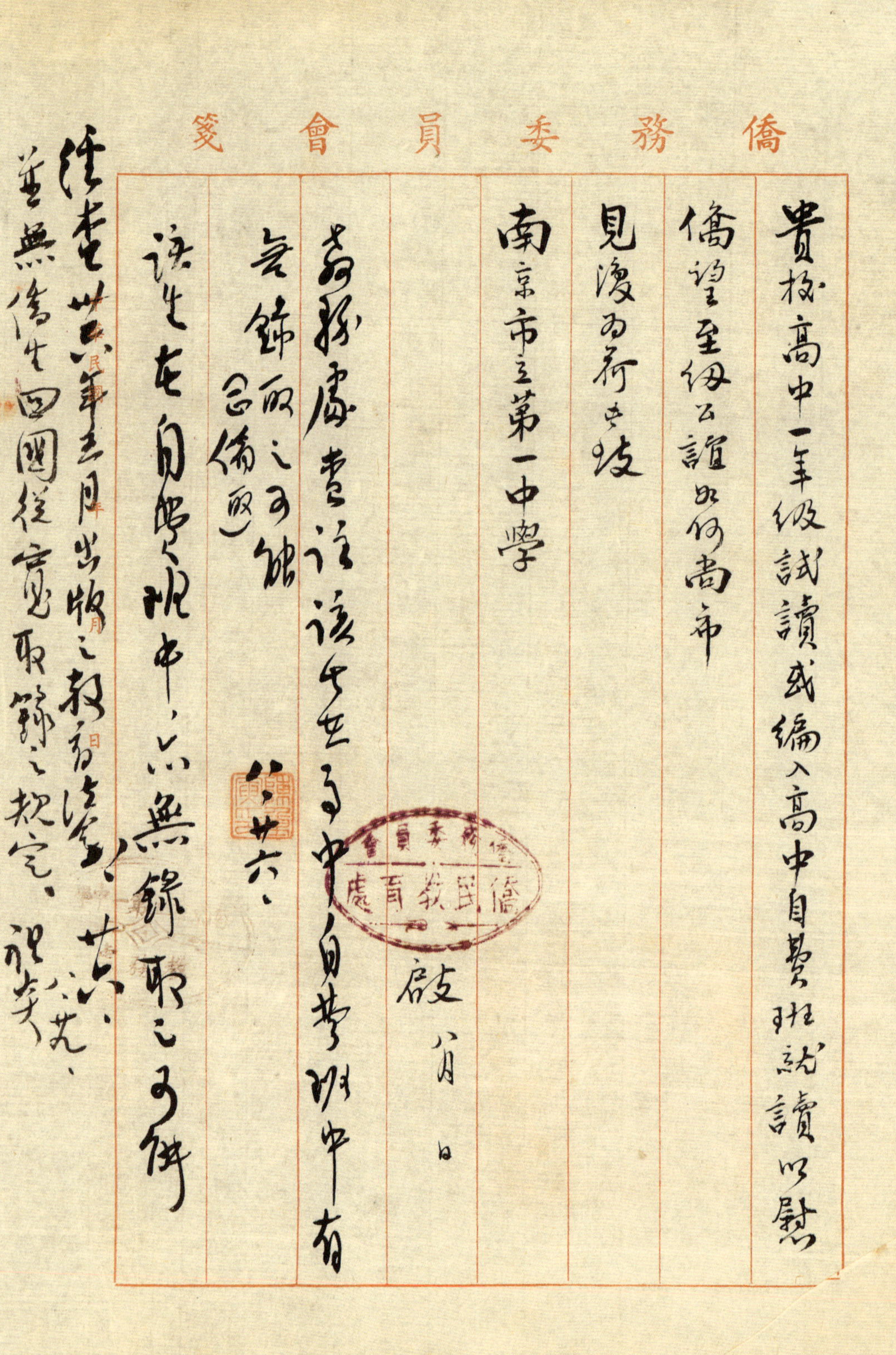

僑務委員會箋

貴校高中一年級試讀或編入高中自費班試讀以慰

僑望至紉公誼並仰希

見復為荷此致

南京市立第一中學

僑務委員會僑民教育處

啟　八月　日

部務處請查詢該生在高中自費班中有無錄取之可能（已備取）

八廿六

該生在自費班中亦無錄取之可能

復查廿六年十月出版之教育法令，並無僑生回國從寬取錄之規定、

祖英　八廿六、

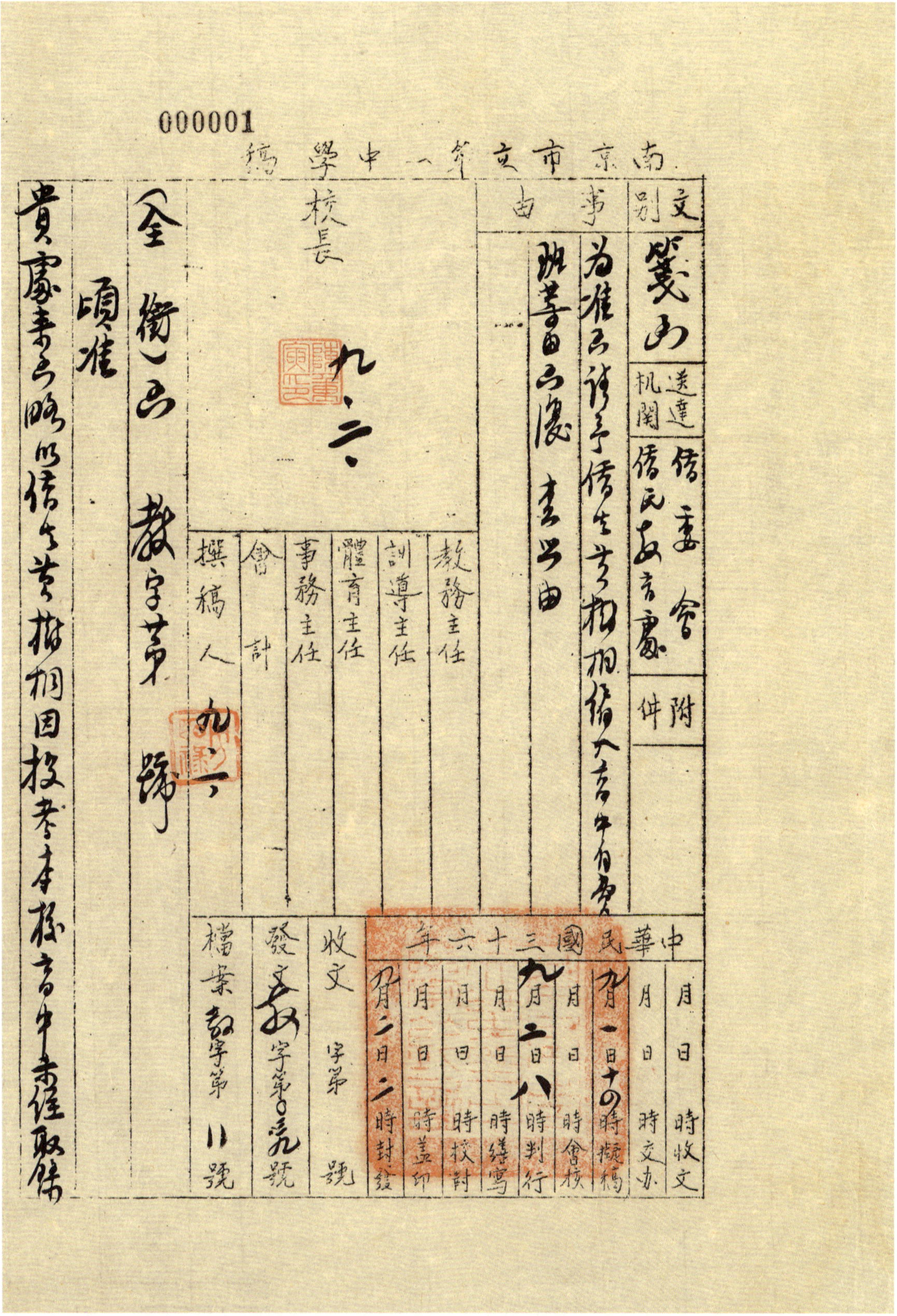

000001

南京市立第一中學稿

文別	箋函
送達機關	僑委會僑民教育處
附件	
事由	為准函請予僑生黃栩栩編入高中自費班等因函復查照由

校長　九、二

教務主任	訓導主任	體育主任	事務主任	會計	撰稿人
					九、一

中華民國三十六年

月日時收文	月日時文办	九月一日十〇時擬稿	月日時會核	九月二日八時判行	月日時繕寫	月日時校對	月日時蓋印	九月二日二時封發

收文　字第　號

發文　教字第九號

檔案　教字第11號

（全銜）函　教字第　號

頃准

貴處來函略以僑生黃栩栩因投考本校高中未經取錄

南京市立第一中學給僑務委員會僑民教育處的公函（一九四七年九月二日）

據該校呈教育部視察對於返國僑生從寬錄取一節，將該生編入
高中自費班就讀等由。查本校此次新生考試錄取標準早
經確定，據查該生考試成績國文科為十八分，數學科零分，英文
科四分，史地科二十三分，理化科九分，合計總分僅五十四分，該生雖
屬僑生，但因考試成績太差，故未能取錄。惟本校初中畢業學生未
曾考取外校高中者為數甚多，現已由學生家長聯名呈准
教育局增設自費班一班（商准教育局，係為本校初中畢業生未經考取……之），學額六十名，由各生陸續繳納學雜設備等
費廿四萬元外，並須由各生家長認捐教室修建及教師薪俸等四十
萬元，所有一切收費及修建工程事項，概由學生家長代表所組織之
委員會辦理，本校並不過問。該生係本校初中畢業生，自
可要求入學在案，准予前由加應已復
查照，並希即轉知該生，就本校返向初三畢業班借書閱讀

黄家驊君

為荷。此致
僑務委員會僑民教育處

啓
月 日

16

市立一中三十六年度第一學期招考新生職員表

職別	本校試區	鍾英試區
試區主任	陳重寅 朱寅宣	夏祖炎 涂世澤
事務幹事	方明祿 萬泳容 蘇祥燊 盧東湘 邱建成（茶水） 江維炎 王井養	施則樹（膳食） 宋廷椽 王冶平（茶水）
收發試卷	張文寬 方海法	胡慕蘭 周肅
問詢處	蔣善友 丁傳紀	呂興華
維持秩序	武可鎮 俞肇邦	鄒寶鑑 張寶山
聯絡工作	俞鴻年	潘紅球
巡迴救護	孫燧 林樹培 許元琪	

南京市立第一中學一九四七年度第一學期招考新生職員表（一九四七年）

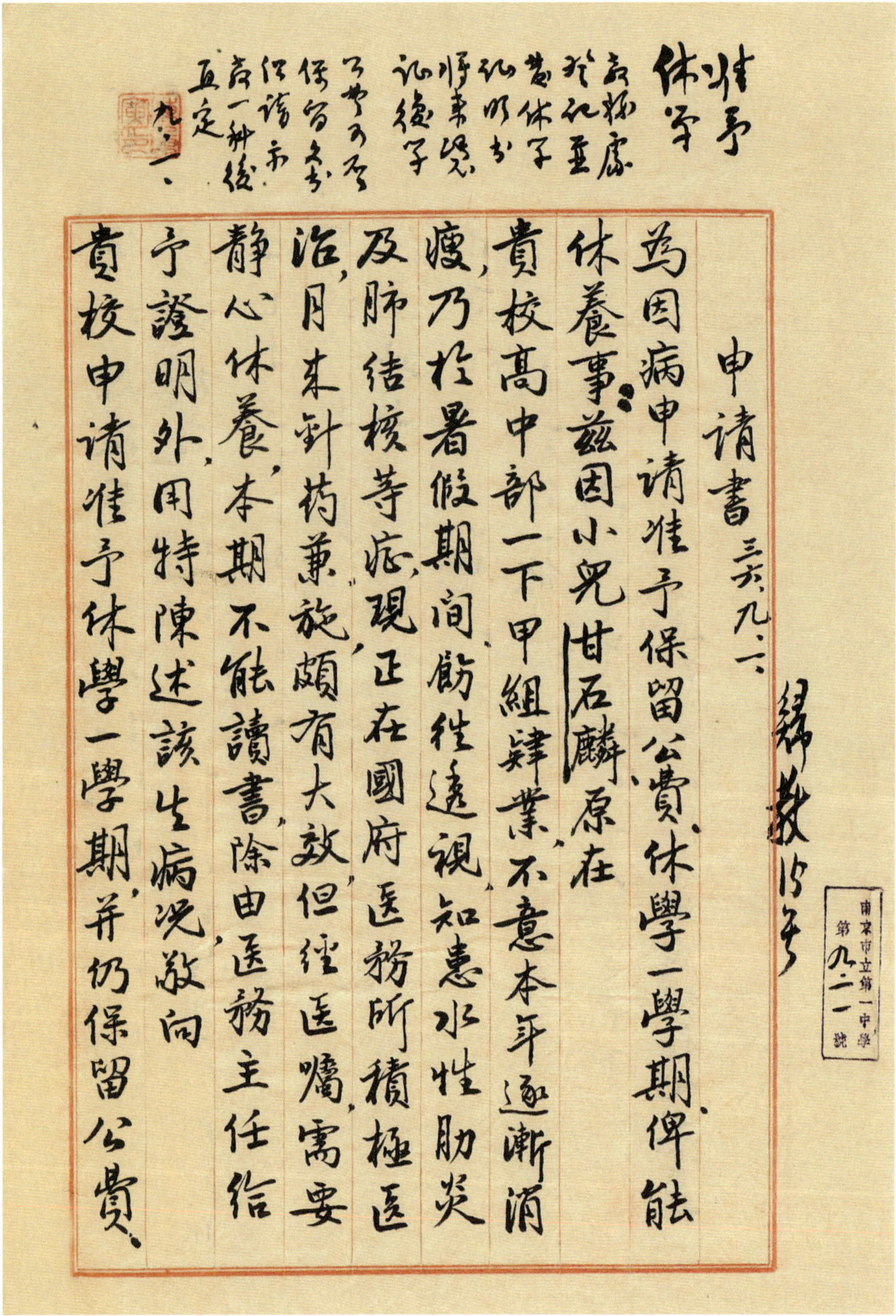
准予休學

申請書 三六、九、一

為因病申請准予保留公費休學一學期俾能休養事：茲因小兒甘石麟原在貴校高中部一下甲組肄業，不意本年逐漸消瘦，乃於暑假期間赴往透視，知患水性肋炎及肺結核等症，現正在國府医務所積極医治，月來針药兼施，頗有大效，但經医囑需要静心休養，本期不能讀書，除由医務主任給予證明外，用特陳述該生病況，敬向貴校申請准予休學一學期，并仍保留公費，

南京市立第一中學 第九二一號

爲學生甘石麟因病休學事由的一組文件

甘石麟家長甘憩棠提交的休學申請書（一九四七年九月一日）

休學證明書需轉呈照片一張，請函知照繳，以備發證。
蔺 九、六

俾於愈後可以繼續求學，而免荒廢。又祈早賜核准發給許可證書，庶該生安心靜養。附上醫務主任證件一紙，敬請

察核惠照為感。

此上

南京市立第一中學校

附證件一紙

高中一下甲組學生甘石麟家長甘憩棠（印）

通訊處：國府參軍處總務局文書科

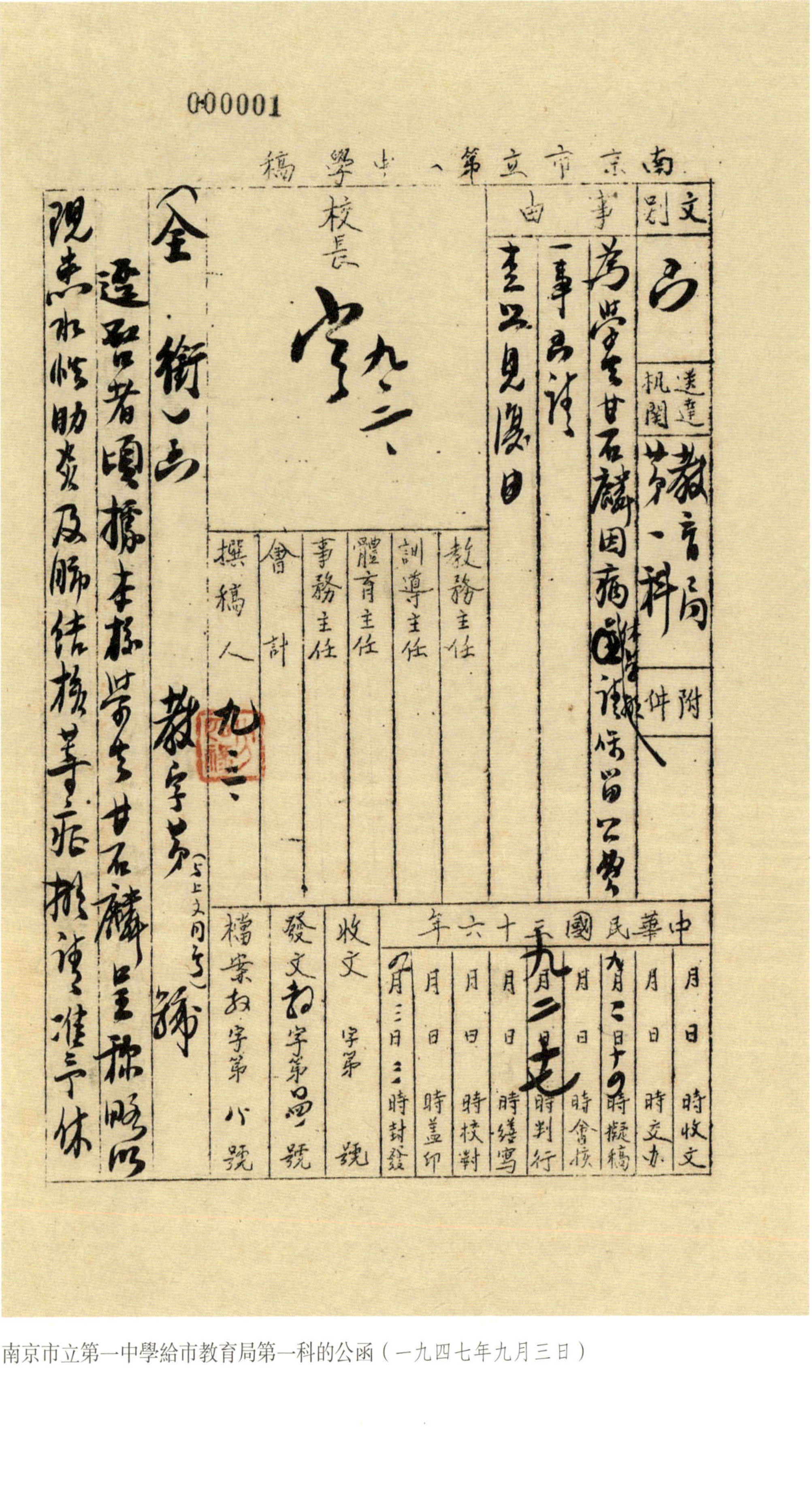
000001

南京市立第一中學稿

文別：函

送達機關：教育局第一科

事由：為學生甘石麟因病擬休學請保留學籍一事函請查照見復由

附件：

校長 九六

教務主任　訓導主任　體育主任　事務主任　會計　撰稿人 九二

中華民國三十六年 收文 月 日 時；交辦 月 日 時；擬稿 九月二日十時；會核 月 日 時；判行 九月二日 時；繕寫 月 日 時；校對 月 日 時；蓋印 月 日 時；封發 九月三日 二時

收文 字第 號　發文 教字第四一號　檔案 教字第八號

（全銜）函 教字第 號（5上文同字）

逕啟者：頃據本校學生甘石麟呈稱：現患水腫肋炎及肺結核等症，擬請准予休

南京市立第一中學給市教育局第一科的公函（一九四七年九月三日）

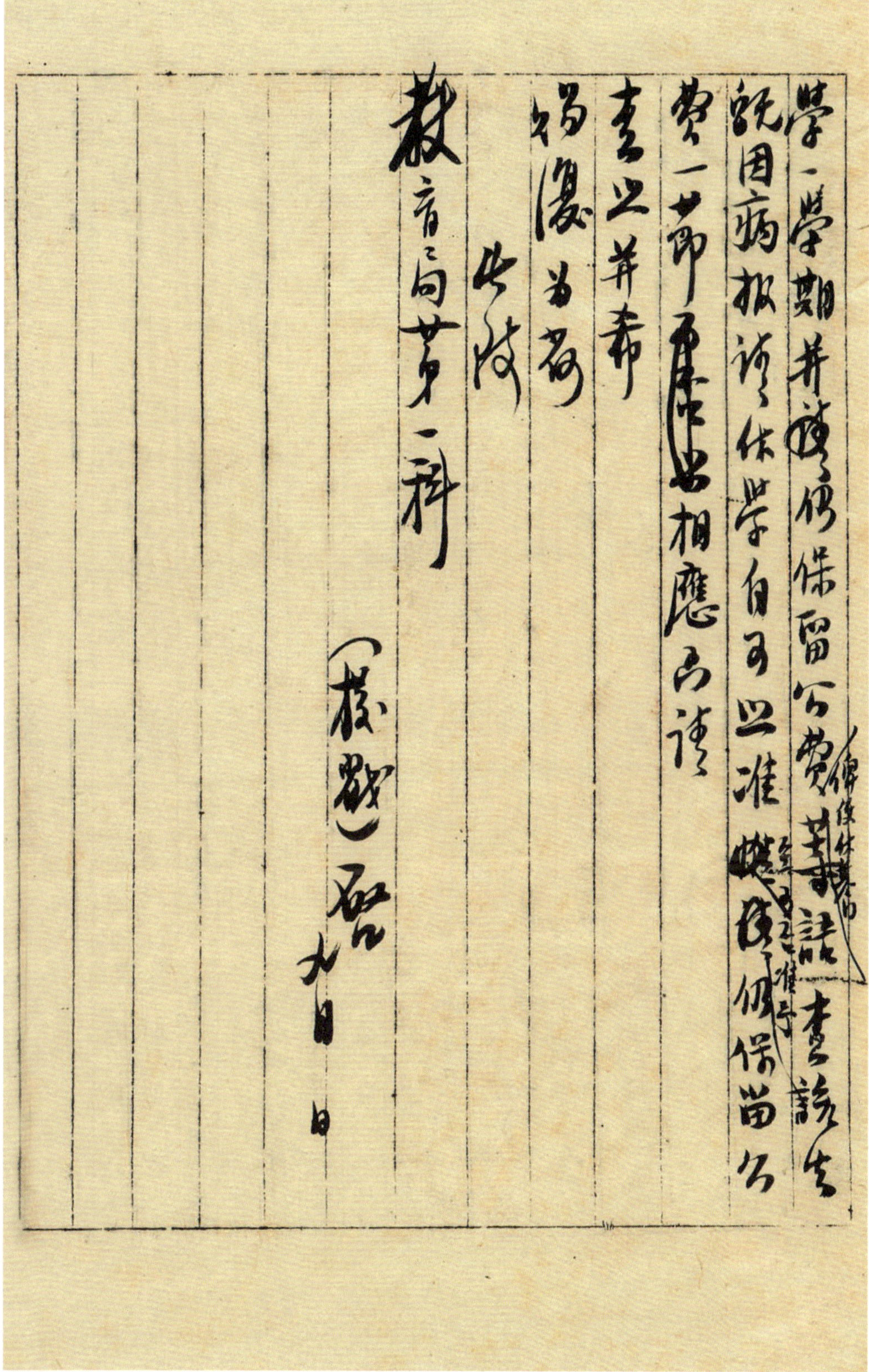

學一學期并請仍保留公費請查該生
既因病擬請休學自可照准其仍保留公
費一節相應函請
查照并希
轉復為荷
此致
教育局第一科
（校教）啓
九月　日

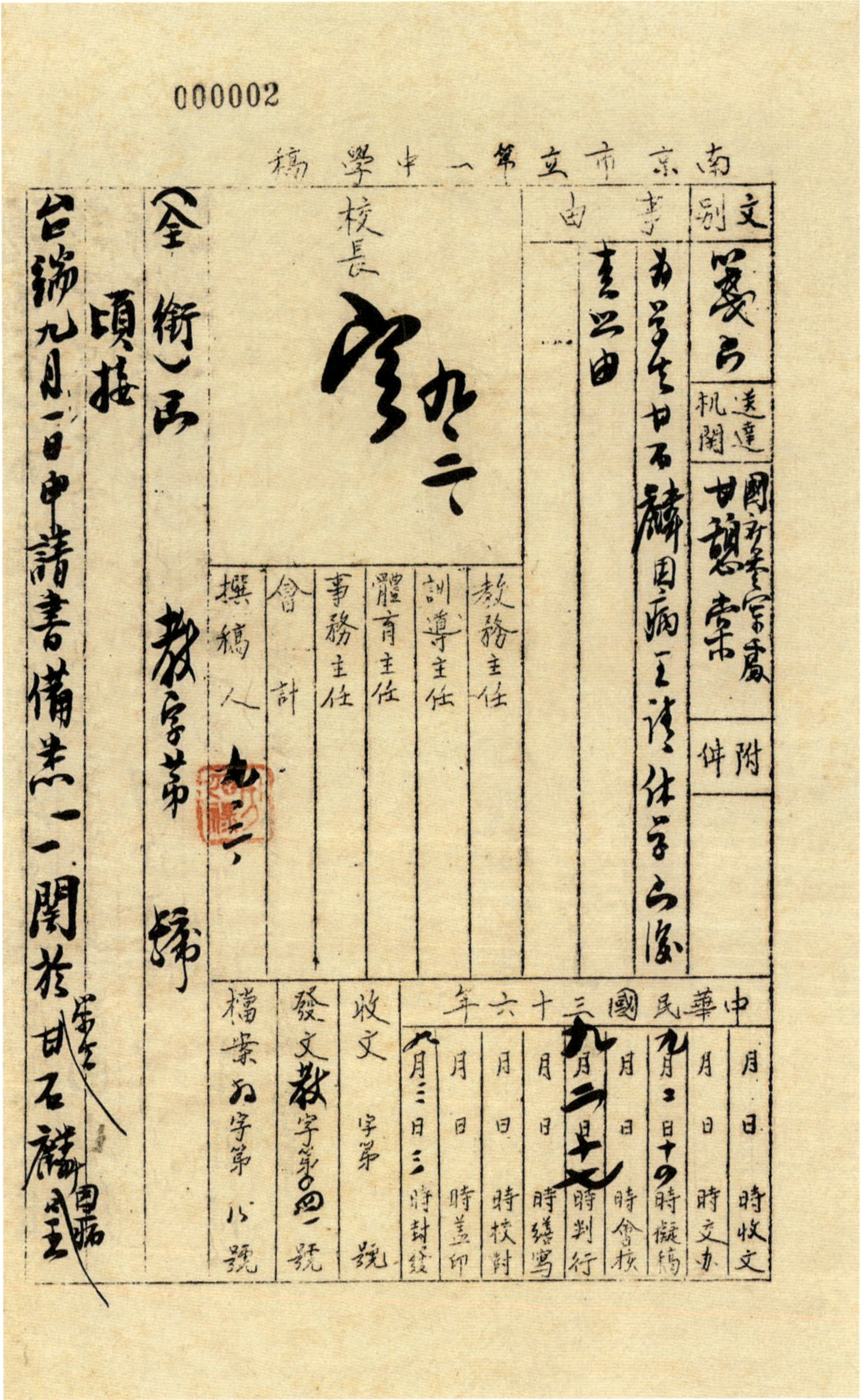
000002

南京市立第一中學稿

文別	箋函
送達機關	國立編譯館 甘憩棠
事由	為學生甘石麟因病已請休學函復查照由
附件	

校長 九、二

教務主任	訓導主任	體育主任	事務主任	會計	撰稿人
					九、二

(全銜)函 教字第 號

頃接

台端九月一日申請書備悉一一。關於甘石麟因病

中華民國三十六年

月日時收文	九月二日十時擬稿	月日時會核	九月二日時判行	月日時繕寫	月日時校對	月日時蓋印	九月三日三時封發

收文	發文	檔案
字第 號	教字第四一號	類字第 號

南京市立第一中學給甘憩棠的箋函（一九四七年九月三日）

請休學一節，經查吉之係自費讀，自應照准。
諒即寄下。該生最近二年來身體虛弱，
俾便填發休學證明書，關係於德語申請
德學。至可否保留公費一節，須俟本校討
示教，方可照覆，再行奉告，特予函覆，即希
查照為荷。
此致
甘聰常先生

（校戳）啓
九月　日

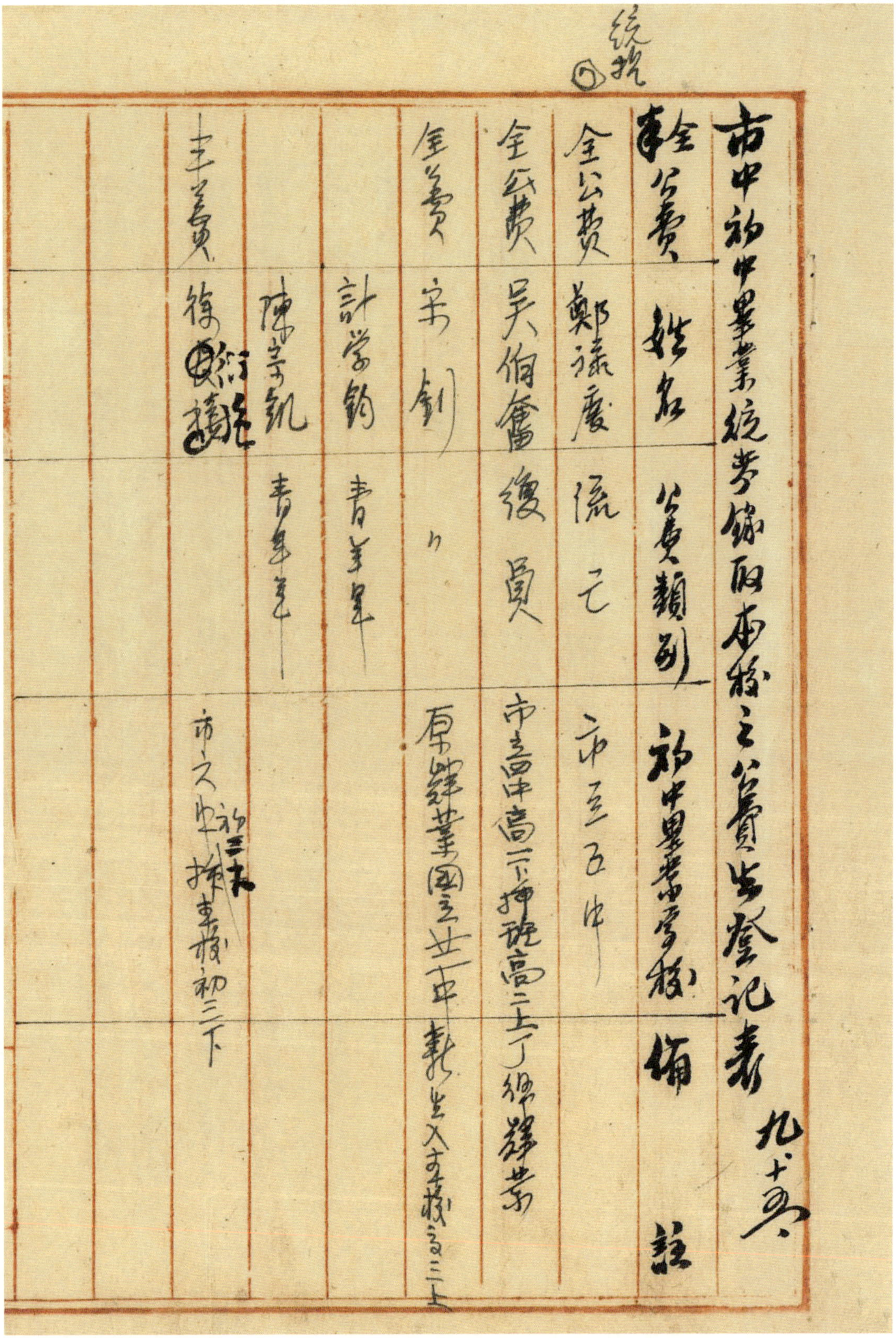

統考

市中初中畢業統考録取本校之公費生登記表　九、十五

全半公費	姓名	公費類別	備註
全公費	鄭孫慶	陣亡	市立五中
全公費	吴佾奮	復員	市立高中高一下插班高二上丁組肄業
全公費	宋釗	〃	原肄業國立廿一中暫在本校高二上
	計學鈞	青年軍	
	陳景凱	青年軍	
半公費	徐[illegible]		市立五中初三上插班本校初三下

市中初中畢業統考録取本校之公費生登記表（一九四七年九月十五日）

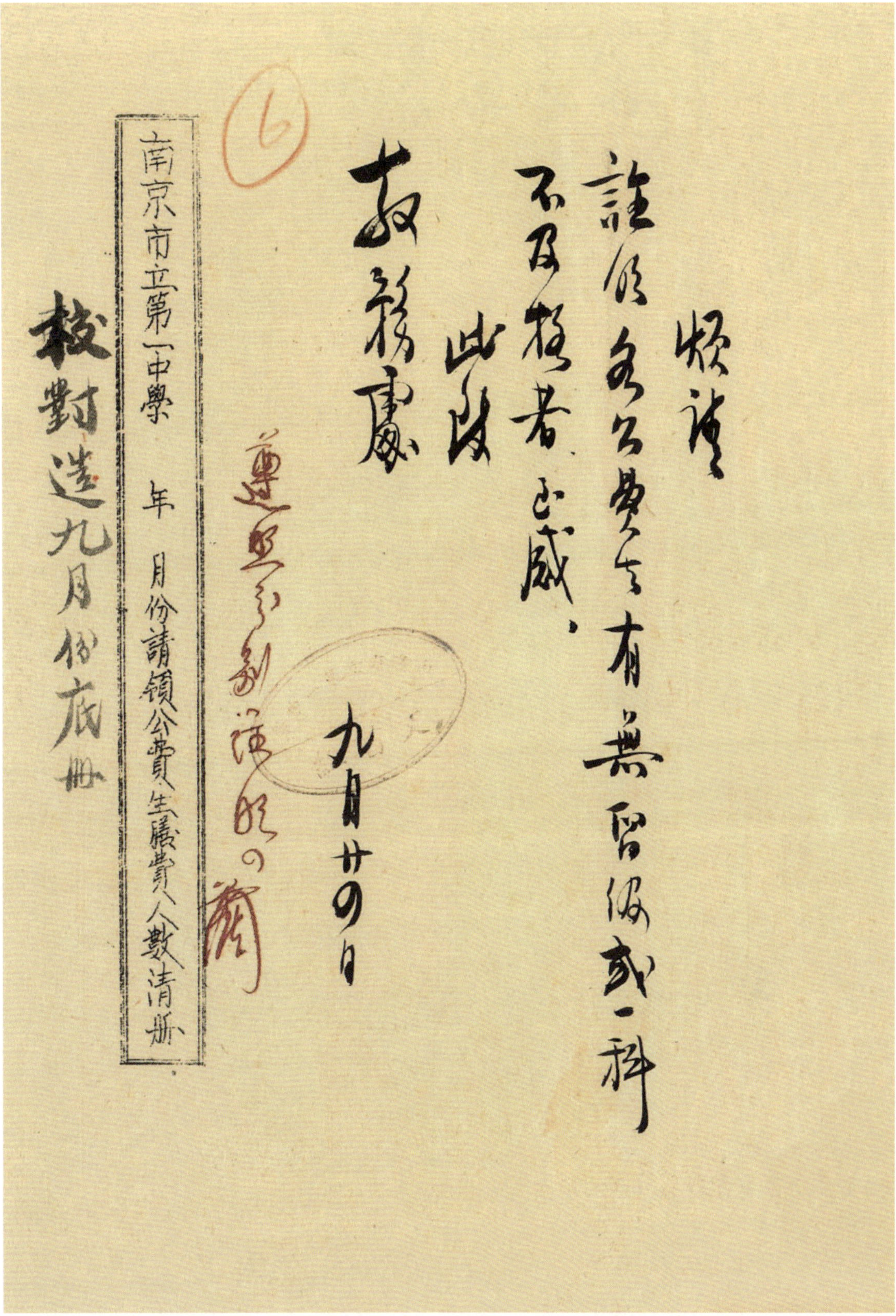
煩請
註明各公費生有無留級或一科
不及格者、並戳
出後
教務處
九月廿四日

南京市立第一中學 年 月份請領公費生膳費人數清冊

校對 造九月份底冊

南京市立第一中學一九四七年九月份請領公費生膳費人數清冊（一九四七年九月二十四日）

畢業　畢業　畢業　又〇　畢業

南京市立第一中學　年　月份請領公費生膳費人數清冊

全公 / 半公　生　名每名應給膳費　元

學號	姓名	公費類別	原肄業學校	備註
5096	陳玉虎	全公費	國立湟川中學	高三甲
5049	王世澤	〃	國立二中	〃
5048	王宗璟	〃	國立十四中	〃
5045	顧篤紡	〃	江蘇省立旅川臨時中學	〃
5095	郭東方	〃	國立湟川中學	高三乙
5244	孫福根	〃	國立十四中	高三甲
5249	涂李鈞	〃	國立二中	〃

5243	李建功	〃	國立二中	〃	
5259	俞鴻年	〃	國立中大師附中	〃	
5252	陸邦福	〃	國立中央工業學校	〃	
5256	劉至中	〃	國立二中	〃	
5246	曹寿江	〃	國立九中	〃	
5264	林祖義	〃	國立三中	〃	
5208	劉大慶	〃	國立八中	〃	休学
5223	薛坊	〃	國立九中	〃	
5255	沈丕良	〃	國立中央工業學校	〃	
5227	韋仲禹	〃	國立十二中		转学

5237	王庭杰	〃	國立浙大附中	〃
5253	黄紀青	〃	國立九中	〃
5132	董國春	〃	國立十四中	〃
5225	夏祖煒	〃	國立二中	〃
5231	郁文俊	〃	國立十六中	〃
5241	張铁龄	〃	〃	〃
5263	聶起遠	〃	國立十二中	〃
5261	黄新鋭	〃	國立二中	高三上乙
5250	宋玉嶽	〃	國立九中	〃
5254	趙允鑫	〃	〃	〃

七

退

轉學

5239	許聖生	〃	國立十六中	〃
5229	王遠鴻	〃	〃	〃
5230	唐起雲	〃	〃	〃
5235	杜培宗	〃	〃	〃
5232	陳國綱	〃	國立二中	〃
5258	王昌黎	〃	國立九中	〃
5242	孫習之	〃	〃	〃
5226	周伯鏘	〃	國立中央工業學校	〃
5228	劉平杜	〃	國立二中	〃
[illegible]	夏德仁	〃	國立八中	〃

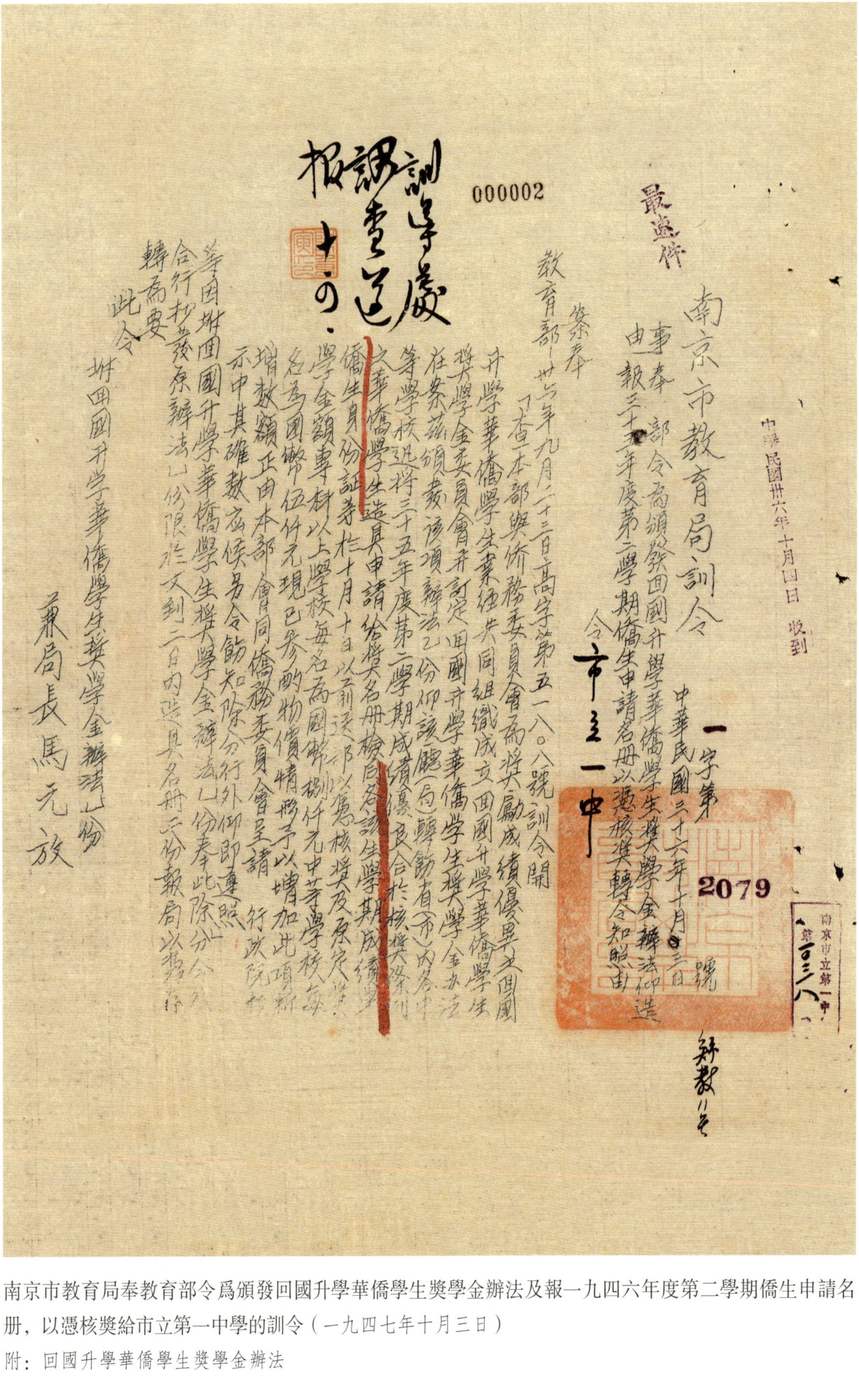
最速件

南京市教育局訓令

事由：奉部令爲頒發回國升學華僑學生獎學金辦法仰遵報三十五年度第二學期僑生申請名冊以憑核獎轉令知照由

中華民國三十六年十月三日 一字第2079號

令市立一中

中華民國卅六年十月四日收到

案奉

教育部卅六年九月二十三日高字第五一八〇八號訓令開：

「查本部與僑務委員會爲獎勵成績優異之回國升學華僑學生，業經共同組織成立回國升學華僑學生獎學金委員會，并訂定回國升學華僑學生獎學金辦法在案。茲頒發該項辦法乙份，仰該廳（局）轉飭省（市）內各中等學校，迅將三十五年度第二學期成績優良合於核獎條例之華僑學生造具申請給獎名冊，檢同各該生學期成績及僑生身份證件，於十月十日以前送部，以憑核獎。及原定獎學金額專科以上學校每名爲國幣捌仟元，中等學校每名爲國幣伍仟元，現已參酌物價情形予以增加，此項新增數額正由本部會同僑務委員會呈請行政院核示中，其確數應俟另令飭知。除分行外，仰即遵照。」

等因；附回國升學華僑學生獎學金辦法乙份。奉此，除分令外，合行抄發原辦法乙份，限於文到二日內造具名冊二份報局，以憑轉爲要。

此令

附回國升學華僑學生獎學金辦法乙份

兼局長 馬元放

南京市教育局奉教育部令爲頒發回國升學華僑學生獎學金辦法及報一九四六年度第二學期僑生申請名冊，以憑核獎給市立第一中學的訓令（一九四七年十月三日）

附：回國升學華僑學生獎學金辦法

回國升學華僑學生獎學金辦法

第一條：教育部與僑務委員會（以下簡稱本部會）為獎勵成績優異之回國升學華僑學生（以下簡稱僑生）籍使僑生精研學業起見特設置僑生獎學金

第二條：關於僑生獎學金之保管支配核發等事項由本部會組織回國升學華僑學生獎學金委員會（以下簡稱獎委會）辦理其組織章程另訂之

第三條：僑生獎學金名額定為五十名每學期核給一次其分配比率如下：

專科以上學校僑生獎學金佔百分之四十

中等學校僑生獎學金佔百分之六十

第四條：僑生獎學金金額規定如下：

專科以上學校每名八千元

中等學校每名五千元

第五條、凡在國內公立或曾經立案之私立中等以上學校肄業之華僑學生其學期成績各科均及格體育及操行成績均在乙等以上并具下列條件者得請求給獎

甲、中學生國文歷史地理物理化學公民數學外國語等主要科之成績有半數以上列入甲等（八十分以上）其餘為乙等（七十分以上）者

乙、師範生國文、歷史、地理、數學、公民自然科學教育學科等科之成績有半數以上列入甲等其餘均為乙等者

丙、專科以上學校學生對於專習科目成績優異或有價值之著作或有特別貢獻能提出證明者

第六條：適合受獎條件之僑生應由所在學校於每學期結束後造具申請給獎名冊並檢附各該生學期成績單及華僑身份証件彙送獎委會核辦申請名冊先應註明本校僑生總數並填明下列各項1、請獎僑生姓名 2、性別 3、年齡 4、籍貫 5、原僑居地 6、肄業科系及年級 7、家庭經濟狀況 8、測驗証件 9、備註等項凡曾經僑委會登記華僑身份或核發僑生有特救金有案者免繳華僑身份証件所繳証件如有須退還者得預先聲明經核核完畢退還之此項請獎學生每校之名額規定如下：

甲、專科以上學校有僑生每十五人以內得選送一人

乙、中等學校有僑生每三十人以內得選送一人餘照推算逾額人成績相同時應儘先擇家境清寒者列送

第七條：僑生每學期申請給獎人數過多獎學金不敷分配時得擇優先獎其餘保留下學期再予審核

第八條：僑生獎學金定於每年三月及十月各核給一次申請過遲

若不予受理

第九條：僑生獎學金經審核決定後，即分別函寄各該受獎人所在學校轉發，各轉發學校取具領獎僑生獎學金領據寄獎委會存查。

第十條：僑生連續受獎四次者，並得由獎委會核給成績卓異之獎狀。

第十一條：受獎人之成績及証件如有冒報假造情弊，一經查確，除追還獎金外，並予以相當處分。

第十二條：本辦法由教育部僑務委員會核定後施行。

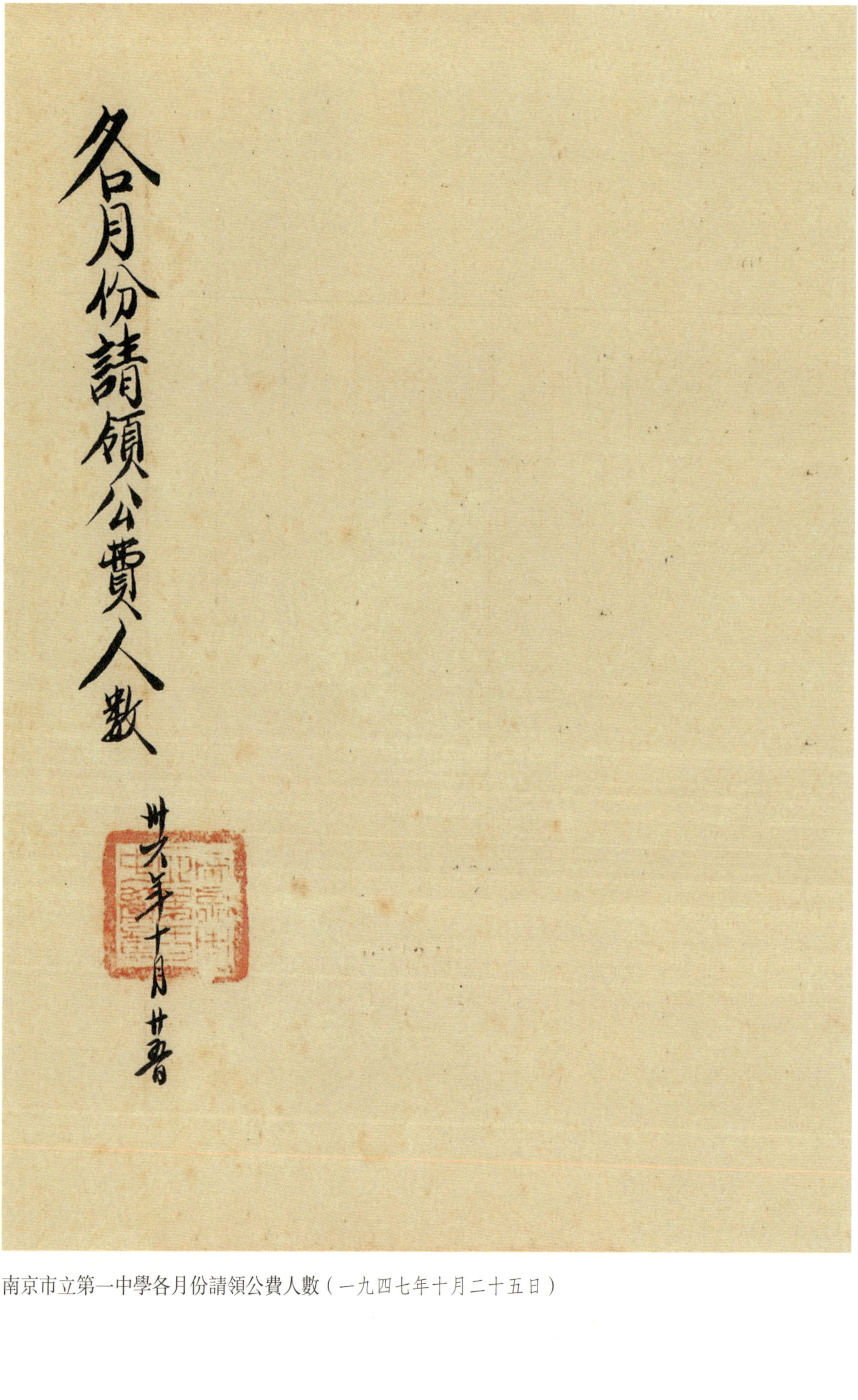

各月份請領公費人數

卅六年十月廿五

南京市立第一中學各月份請領公費人數（一九四七年十月二十五日）

各月份請領公費人數表

卅六、十、廿五

年	月份	總人數	增加數	減少數	實領人數	備註
35	10	163	53		216	
	11	216	/	/	216	
	12	216	/	2	214	
36	1	214	/	/	214	
	2	214	14	33	195	
	3	195	/	/	195	
	4	195	/	/	195	
	5	195	/	15	180	
	6	180	2	4	178	

7	178 ~~144~~	/	(8) (34)	(170) (144)	照本学期理有人数发給，故应給有144人可領。
8.	/	/	/	/	八月份無公費
9	170 (144)	1	41	~~130~~ ~~134~~ 138	增加刘一秀、胡濟寧、刘守实、周三鈞等人、又增何國棠廿五人
10	~~134~~ 138			~~134~~ 138	
11	~~134~~ 138			~~134~~ 138	
12	138			138	
37年 1	138			137	因陈国樹退学故少一名

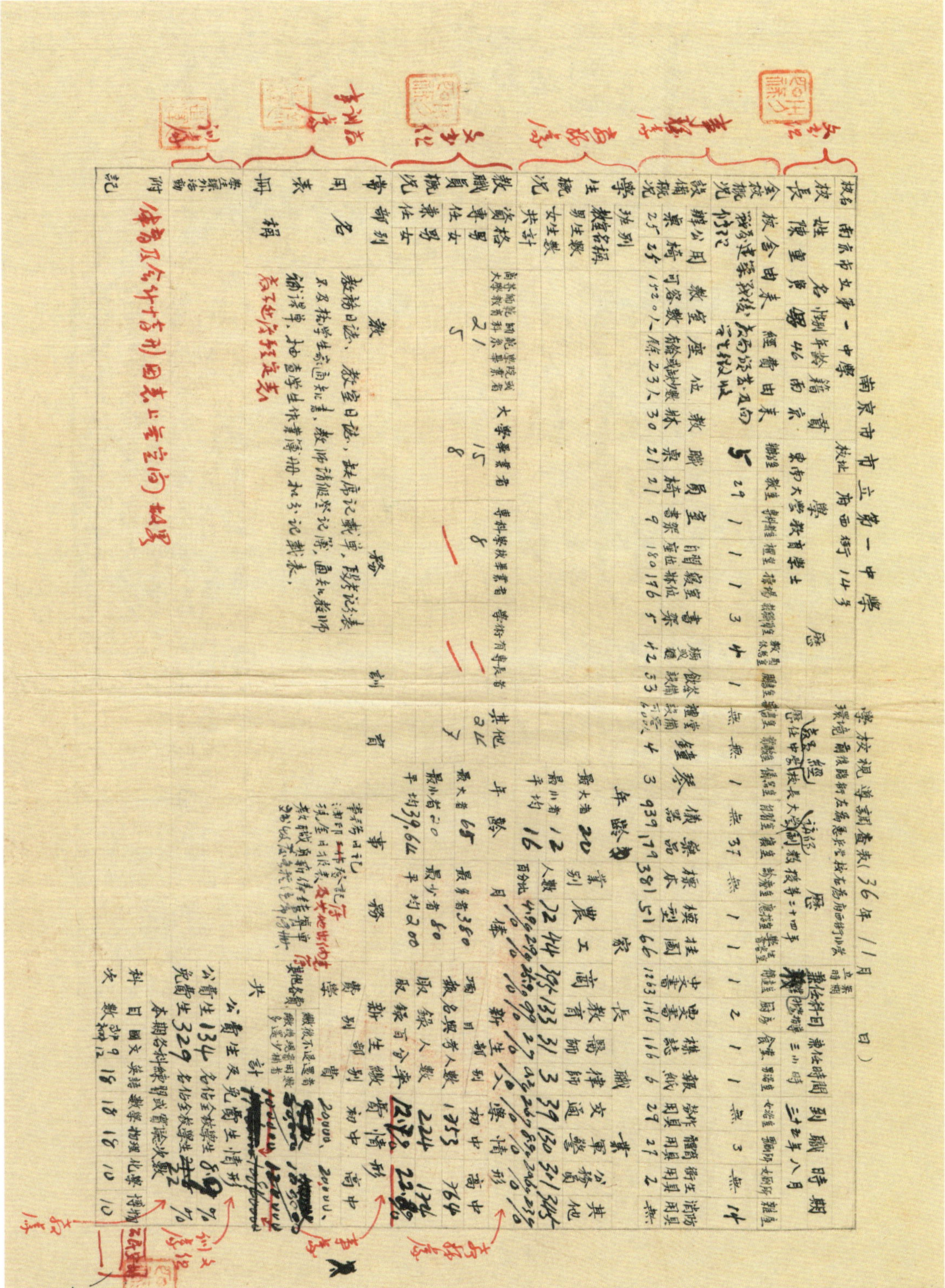

南京市市立第一中學　　學校視導調查表（36年11月　　日）

校名：南京市立第一中學　　校址：府西街14号　　環境：前後路街左為惠民營右為府西街小學

校長

姓名	性別	年齡	籍貫	學歷	經歷	兼任科目	兼任時間	到職時期
陳重賢	男	46	南京	東南大學教育學士	歷任中學校長大學副教授二十四年	教	三小時	三十七年八月

全校概況

校舍由來：戰前遺築戰後修建　　經費由來：省市頒發及向學生征收

教室	專科雜室	禮堂	操場	教職員宿舍	教員休息室	閱覽室	藏書室	實驗室	儀器室	自習室	寢室	診療室	應接室	警衛室	傳達室	廚房	食堂	男浴室	女浴室	男廁所	女廁所	雜座
5	29	1	1	1	3	4	1	無	無	1	無	37	無	1	1	1	2	1	1	無	3	14

設備概況

教室桌	椅	座位可容數	有餘或缺少數	林	職員室桌	椅	書架	自習室座位	寢室林位	書架	櫥或櫃	飲茶設備	禮堂設備	鐘	琴	儀器	藥品	標本	模型	掛圖	中文書	農書	雜誌	報紙	勞作用具	體育用具	衛生用具	消防用具
25	25	1520人	餘23人	30	21	21	9	180	176	5	42	33	可容600人	4	3	939	179	381	51	66	1263	146	166	6	29	27	2	無

學生概況

班別 / 教室名稱 / 男生數 / 女生數 / 共計

年齡：最大者 20　最小者 12　平均 16

家長職業：

別	農	工	商	教育	醫師	律師	交通	軍警	公務員	其他
人數	72	44	395	133	31	3	39	130	30	345
百分	4.9%	2.9%	25.9%	9.9%	2.7%	0.2%	2.6%	8.9%	2.9%	23.9%

教職員概況

資格	高等師範或師範學院或大學教育科系畢業	大學畢業者	專科學校畢業者	學術有專長者	其他
專任 男	21	15	8		2
專任 女	5	8			7
兼任 男					
兼任 女					

年齡：最大者 65　最小者 20　平均 39.64

月俸：最多者 380　最少者 80　平均 200

新生（招生）情形：

部別	初中	高中
報名與考人數	1353	764
取錄人數	224	174
取錄百分率	12.7%	22.8%

新生繳費情形：

費別部別	初中	高中
學費	20000、	20000、
其他各費（繳後不退還者）		
其他各費（繳後墊費用數多還少補者）		
共計		

公費生及免費生情形：

公費生 134 名佔全校學生 8.9%　　免費生 329 名佔全校學生 22%

本期各科練習或實驗次數：

科目	國文	英語	數學	物理	化學	博物
次數	部9／初12	18	18	18	10	10

常用表冊

部別：教務　教務日誌、教室日誌、缺席記載單、段考記分表、不及格學生家通知書、教師請假登記簿、通知教師補課單、抽查學生作業簿冊扣分記載表。尚不全應補定表。

訓育　事務：掌務日記、油印工作登記、現金日報表、教職員薪俸結算單、……存及其他出納表。

學生課外活動

附記：體育及會計十事刑田表上全宣向……

南京市立第一中學學校視導調查表（一九四七年十一月）

檔號：1009-1-9

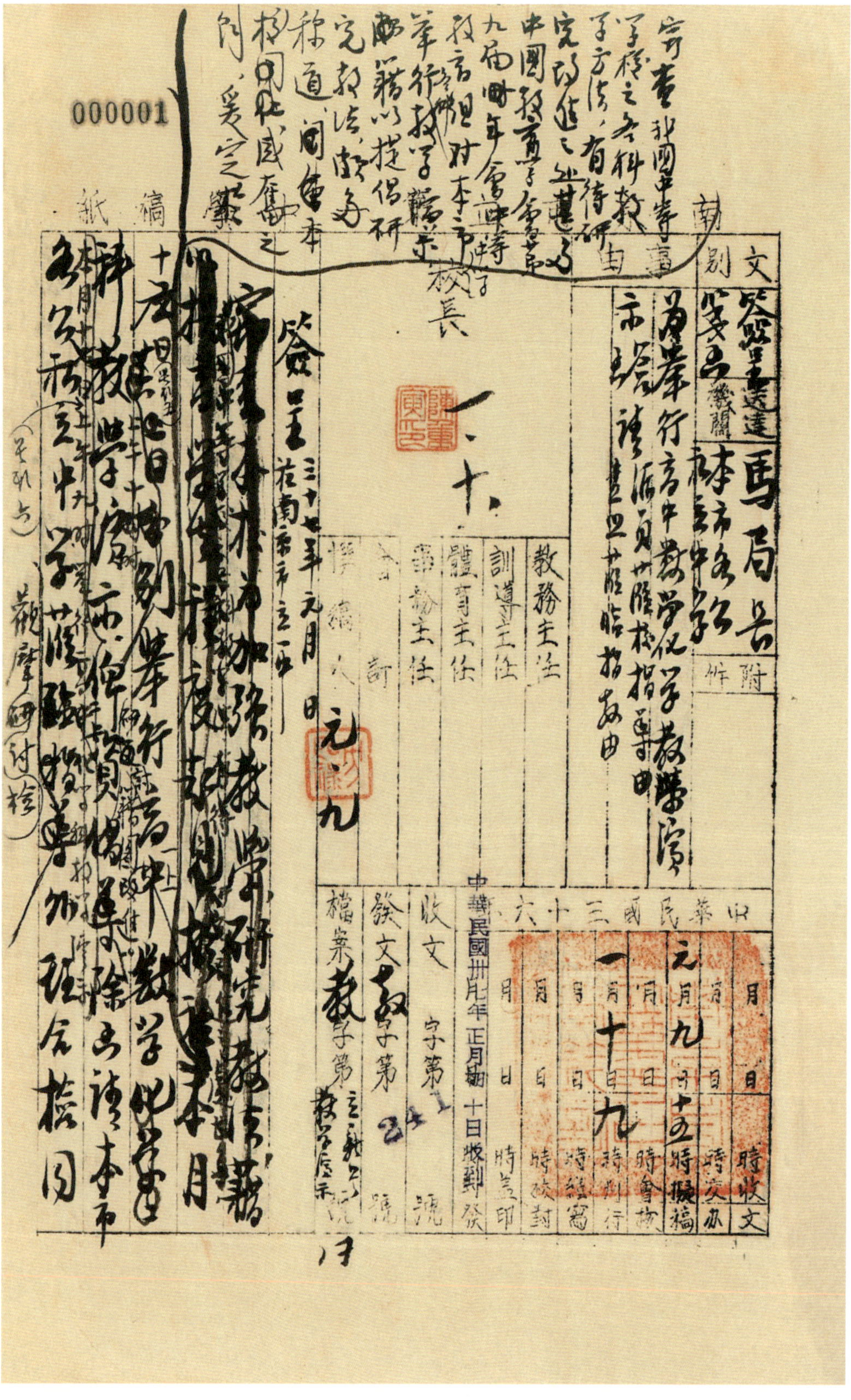

南京市立第一中學爲舉行數學、化學、英語、國文、歷史、體育等各科教學演示請市教育局派員指導的一組呈文（一九四八年一月十日至六月二十三日）

數學化學教學演示會進程表請

鑒核并祈派員屆時蒞校指導實深感禱

謹呈

局長馬

附呈本校數學化學演示進程表乙份

職陳○○謹呈

逕啓者本校為加强教學、研究教法、提高學生程度起見，擬於本月十七日（星期三）上午□時舉行高中數學、化學演示教學，除呈請教育局派員指導外，相應檢附教學演示進程表乙份，敬請貴公并希屆時蒞臨指教為荷，共同研討。

此致

○○中學

附數學演示進程表乙份

南京市市立第一中學校長○○謹啓

元月○日

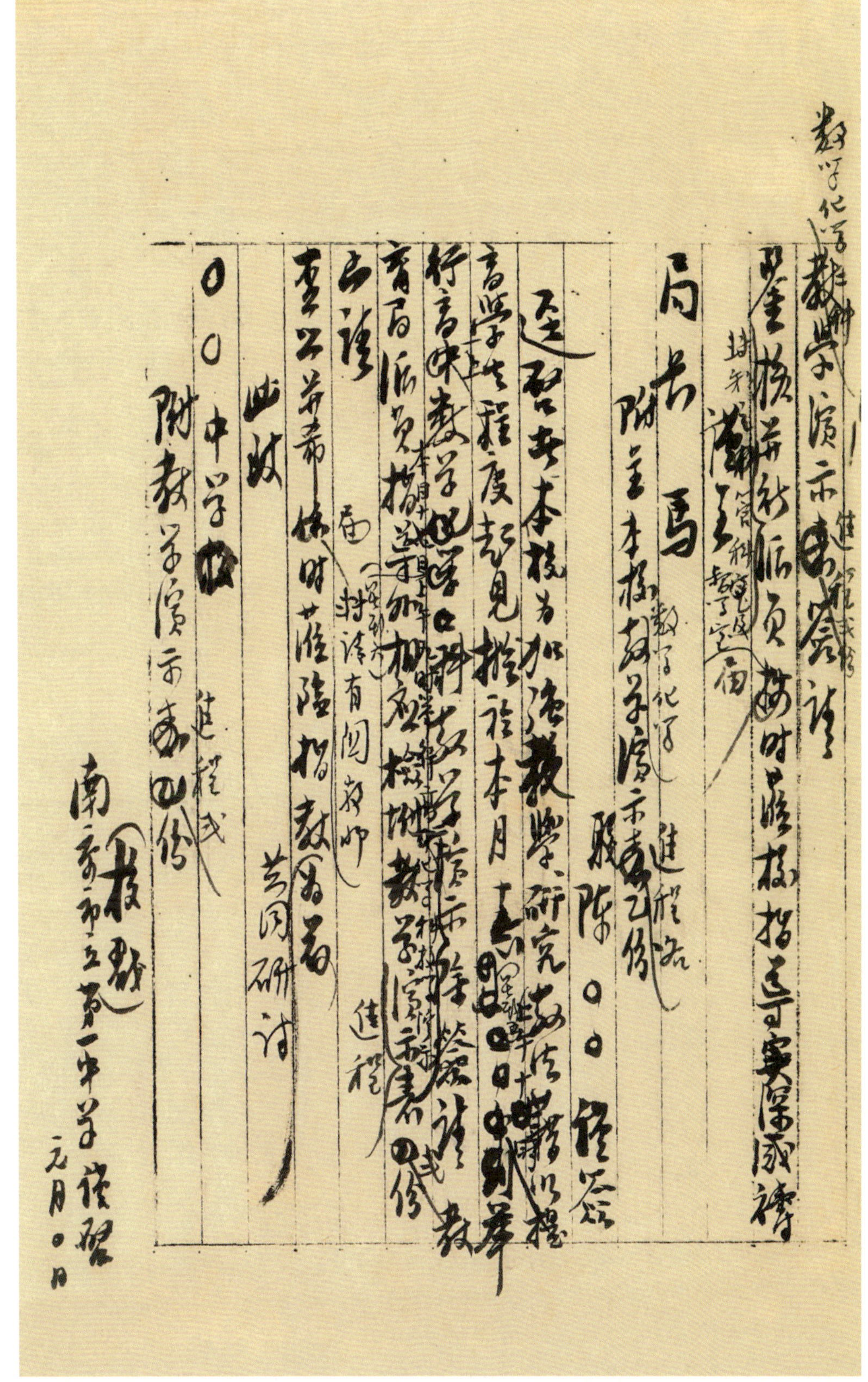

000002

最速件

南京市立第一中學稿紙

文别	簽呈 筆函
送達機關	馬局長 教育部南京市第一中學
附件	如文
事由	為舉行高中英語科教學演示簽請派員蒞校指導由

呈文以最速件送局長室 四、三、

校長（印）

教務主任 夏□□ 四、六、

訓導主任

體育主任

事務主任

會計

撰稿人 四、二、（印）

中華民國三十七年 四月二日四時20分擬稿；四月三日八時繕寫

收文　字第　號

發文　教字第 9365 號

檔案　字第　號

簽呈 三十七年四月　日 於南京市立第一中學

查本校曾於三十六年度第一學期舉行高中數學及化學二科教學演示并簽呈鈞局派員蒞校指導，督導有案。查該次教學演示自舉行以來，收效甚巨，成績斐然。本學期爲再求改進教學起見，爰定於本月七日（星期三）上午十時至十時五十

分尊行高三下英语科教学演示，俾资研讨，除分
函本市各公私立中学莅校指导外，理合检同英语科教
学演示进程表备文签请
鉴核，并祈转知第一科及视导督学届时莅校指导，实
深感祷

谨呈

局长马

附呈教学演示进程表一份

职陈○○谨签

迳启者，本校曾于上学期尊行数学及化学二科教
学演示，函请
贵校莅校指导，首乘本学期为更求改进教学方法，以宏教
果起见，拟定于本月七日（星期三）上午十时至十二时尊行高三
下英语科教学演示，除签请教育局派员指导外，相应检附
教学演示进程表一份，函达
查照，并希届时转知有关教师莅临指教，共同研讨为荷

此致

中学

附教学演示进程表一份

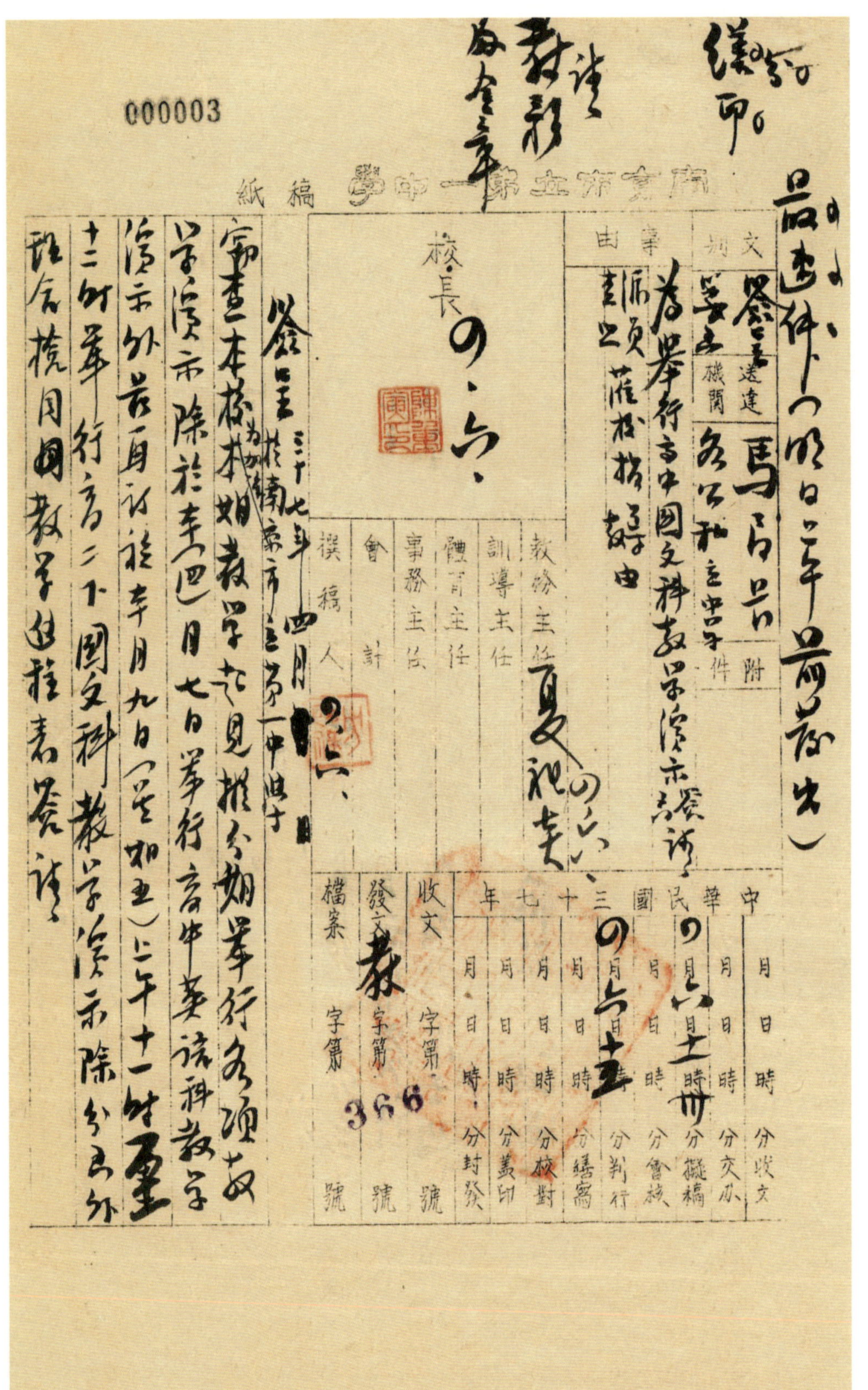

000003

南京市立第一中學稿紙

文別	簽呈
送達機關	馬局長
附件	
事由	為舉行高中國文科教學演示簽請派員蒞校指導由

最速件（明日上午最前發出）

校長 四、六

教務主任 夏祖□ 四、六

訓導主任

體育主任

事務主任

會計

撰稿人 四、六

中華民國三十七年									
月日時分收文	月日時分交辦	四月六日十一時卅分擬稿	月日時分會核	四月六日時分判行	四月六日時分繕寫	月日時分校對	月日時分蓋印	月日時分封發	

收文 字第 號

發文 教字第 366 號

檔案 字第 號

簽呈 三十七年四月□日 於南京市立第一中學

竊查本校為加強本期教學效果，擬分期舉行各項教學演示，除於本（四）月七日舉行高中英語科教學演示外，茲再訂於本月九日（星期五）上午十一時至十二時舉行高二下國文科教學演示，除分函外，理合檢同國文教學進程表簽請

呈核并祈转知第二科及社会事业各股时派员莅校指导实深感祷

谨呈

局长马

附呈教学演示进程表叁份

职陈〇〇谨签

迳启者：兹订于本（四）月九日上午十一时至十二时举行高中国文科教学演示，除呈请教育局派员指导外，相应检附教学演示进程表，函达

查照，并希届时转知有关教师莅临指导并共同研讨为荷。

此致

市私立各中小学

（校戳）启　四月五日

000004

本月廿三日發出

南京市立第一中學稿紙

文別	簽呈
發出	市立中學
送達機關	馬局長
附件	如文
事由	為舉行高中歷史科教學演示簽請鑒核並請蒞校指導由

教務處會辦

校長 四、廿二

教務主任

訓導主任

體育主任

事務主任

會計

撰稿人 四廿一

中華民國三十七年	
月日時分收文	
月日時分交辦	
四月廿二日十時〇分擬稿	
月日時分會核	
月日時分判行	
四月廿三日時分繕寫	
月日時分校對	
月日時分蓋印	
月日時分封發	

收文 字第 號

發文 教字第 403 號

檔案 教字第 用 號

簽呈 三十七年四月廿一日 於南京市立第一中學

竊查本校為加強本期教學演示起見，分期舉行各科教學演示，除於本期業經分別舉行高中英語科及國文科教學演示外，茲再訂於本年四月廿九日（星期四）上午九時舉行高三甲歷史教學演示，除函分南京市各公私立[illegible]

鑒核并祈飭知第一科及視導室屆時派員蒞校指導
實深感禱

謹呈

局長馬

附呈教學演示進程表叁份

職陳[illegible]謹簽

逕啓者本校訂於本年四月廿日上午九時至十時舉行高
中歷史科教學演示除簽請
教育局派員指導外相應檢附教學演示進程表函達
查照並希屆時轉知有關教師蒞臨指教共同研討為荷

此致

公私立中學

附教學演示進程表　份

南京市立第一中學謹啓

最速件

000005

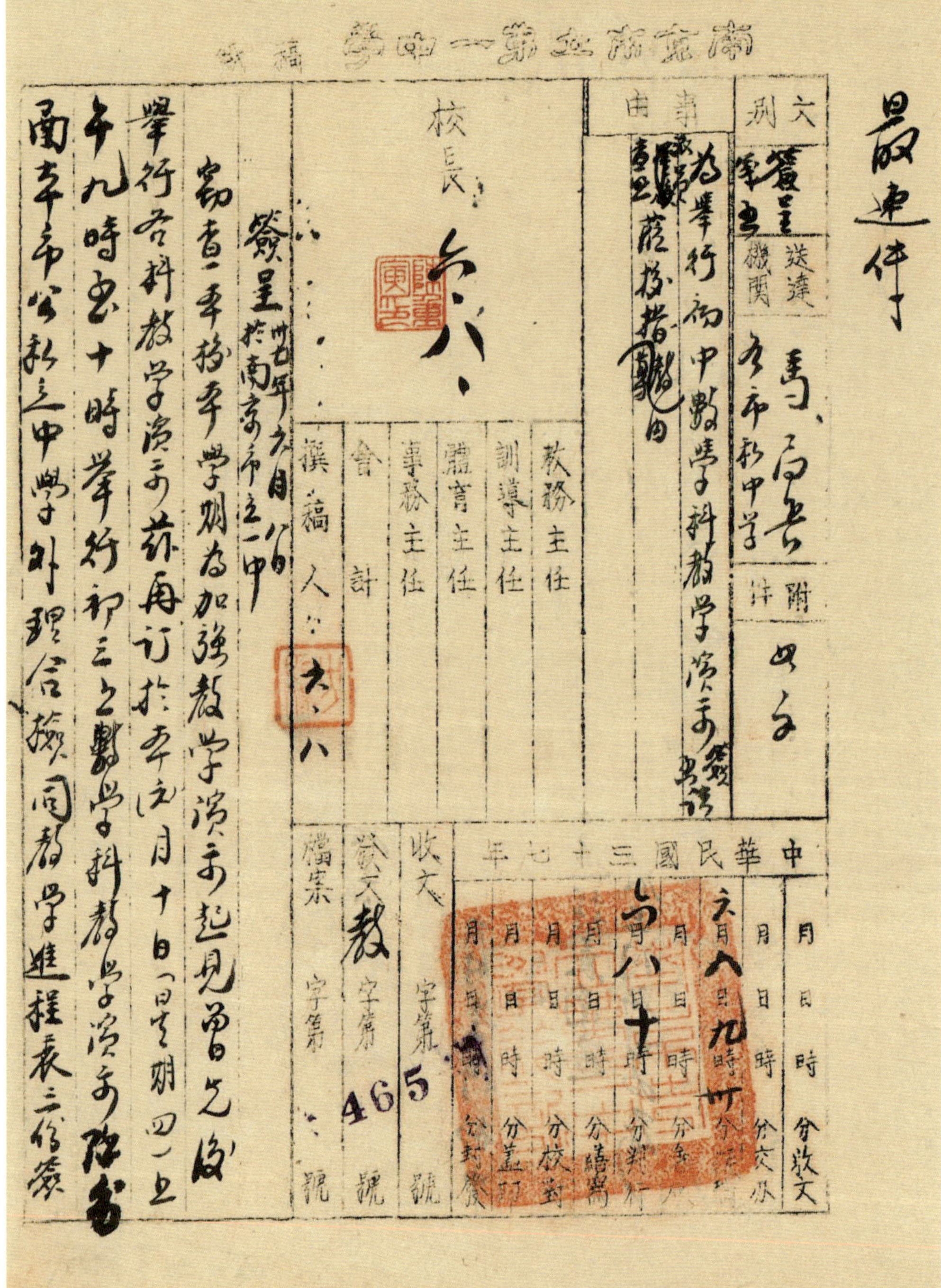

南京市立第一中學 稿簽

文別：簽呈

送達機關：馬局長、市公教中學

事由：為舉行初中數學科教學演示簽請鑒核並懇派員蒞校指導由

附件：如文

校長：六、八

教務主任

訓導主任

體育主任

事務主任

會計

撰稿人：六、八

中華民國三十七年

發文	交辦	擬稿	判行	繕寫	校對	蓋打	封發
月日時分	月日時分	六月八日九時卅分	六月八日十時分	月日時分	月日時分	月日時分	月日時分

收文 字第465號

發文 教字第 號

檔案 字第 號

簽呈 卅七年六月八日於南京市立一中

竊查本學期為加強教學演示起見，曾先後舉行各科教學演示，茲再訂於本六月十日（星期四）上午九時至十時舉行初三之數學科教學演示，除函南京市公教之中學外，理合檢同教學進程表二份簽

請
鑒核并祈隨時知照主管科及視導室隨時派員蒞校
指導爲荷，實深感禱。
謹呈
局長馬
附呈教學進程表三份
職陳○○謹簽

進程者茲訂於本六月十日上午九時至十一時舉行初中
農學科教學演習，除簽請
教育局派員指導外，相應檢附教學進程表函達
貴校，并希隨時知照有關教師蒞臨指教，共同研討爲荷。
此致
市鄉立中學
附教學演習進程表一份

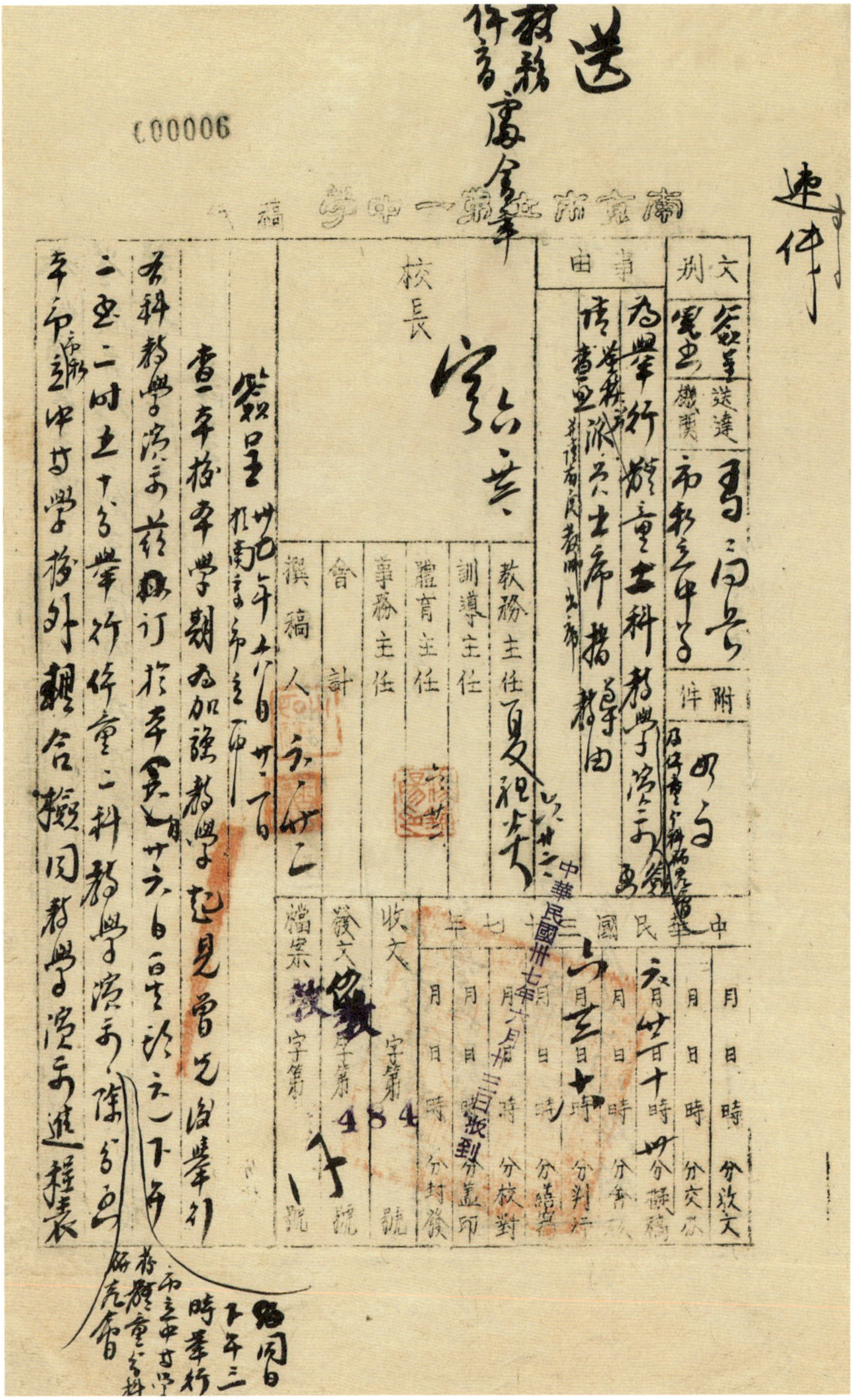

速件

送教務處會辦

C00006

南京市立第一中學稿

文別	簽呈
送達	市教育局
事由	為舉行體育七科教學演示會請准予派員出席指導由
附件	體育七科教學演示會程序一份
校長	劉〔簽〕
教務主任	夏祖〔簽〕
訓導主任	
體育主任	
事務主任	
會計	
撰稿人	六月廿二

中華民國三十七年

六月廿日十時卅分	擬稿
月日時分	交核
六月廿五日十時分	判行
月日時分	繕寫
月日時分	校對
月日時分	蓋印
月日時分	封發
月日時分	收文

收文 字第 號

發文 字第 484 號

檔案 字第 號

中華民國卅七年六月廿三日收到

簽呈 卅七年六月廿二日於南京市立一中

查本校本學期為加強教學起見，曾先後舉行各科教學演示，茲擬訂於本（六）月廿六日（星期六）下午二至四時在本校舉行體育七科教學演示，除分函本市各中等學校外，理合擬同教學演示程序表……

參代備文呈請
鑒核並祈轉知主管科及視導室屆時派員蒞校
指導並資深感禱
謹呈
局長馬

附呈教學演示進程表叁份

職陳　　謹簽

逕啓者本校為加強教學起見茲訂於本月
廿六日（星期六）下午二時至二時五十分舉行體育二科
教學演示除簽請
教育局派員蒞校指導外相應函達
查照並希轉知有關教師屆時出席共同研討
為荷
此致
誠之中學

附教學演示進程表乙份

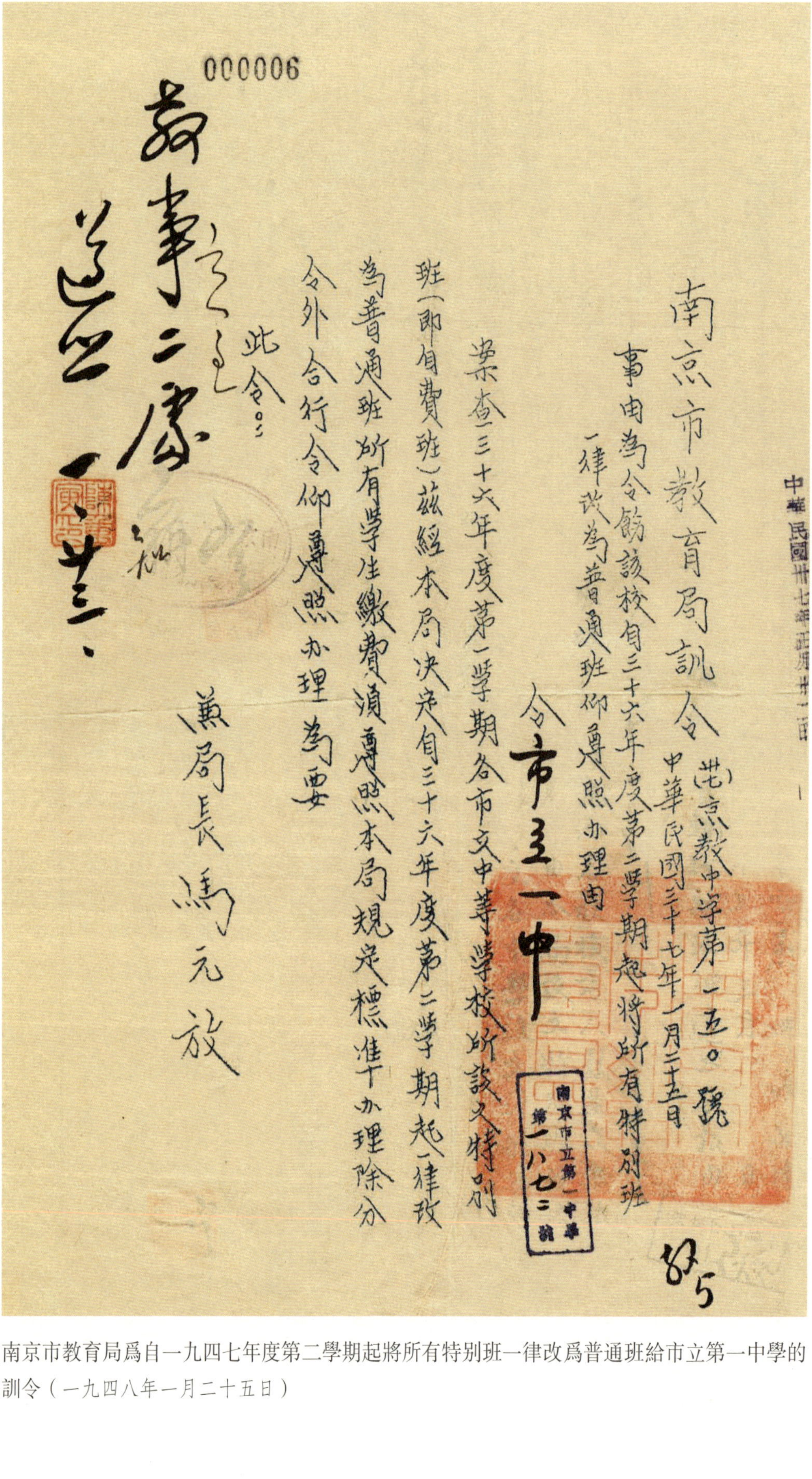
000006

中華民國卅七年正月廿一日

南京市教育局訓令

（卅七）京教中字第一五〇號

中華民國三十七年一月二十五日

事由：為令飭該校自三十六年度第二學期起將所有特別班一律改為普通班仰遵照辦理由

令市立一中

案查三十六年度第二學期各市立中等學校所設之特別班（即自費班）茲經本局決定自三十六年度第二學期起一律改為普通班所有學生繳費須遵照本局規定標準辦理除分令外合行令仰遵照辦理為要

此令。

兼局長 馬元放

南京市立第一中學 第一八七二號

南京近代教育檔案

南京市教育局爲自一九四七年度第二學期起將所有特別班一律改爲普通班給市立第一中學的訓令（一九四八年一月二十五日）

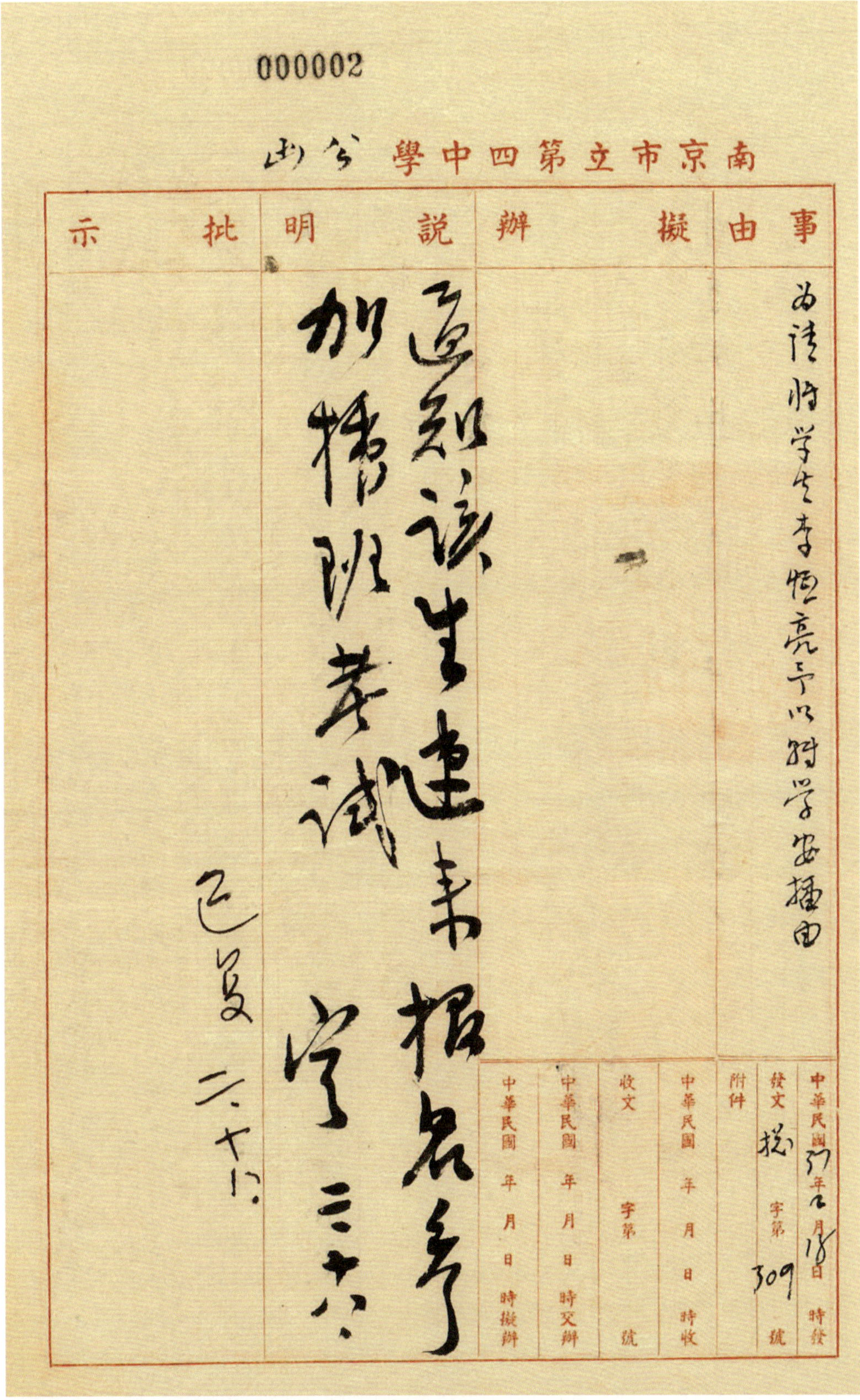
000002

南京市立第四中學公函

事由	擬辦	說明	批示
為請將學生李恒亮予以轉學安插由		逕知該生速來報名參加插班考試 寧 二、廿六	已復 二、廿八

中華民國37年2月18日時發　發文擬字第309號　附件　中華民國年月日時收　收文字第號　中華民國年月日時交辦　中華民國年月日時擬辦

爲學生李恒亮予以轉學安插事由的一組文件

南京市立第四中學給市立第一中學的公函（一九四八年二月十八日）

顷接初一学生李恒亮报告略以住家距离学校过远每日到校至为困难尤以食宿方面极感不便请予转学市立第一中学就近读书以免奔往跋涉之苦等情据查该生平日学行俱佳据报各节均属实在除发给转学证书外相应函请

贵校察照核准予以安插为荷

此致

南京市立第一中学

校长王文新

中华民国三十七年二月十八日

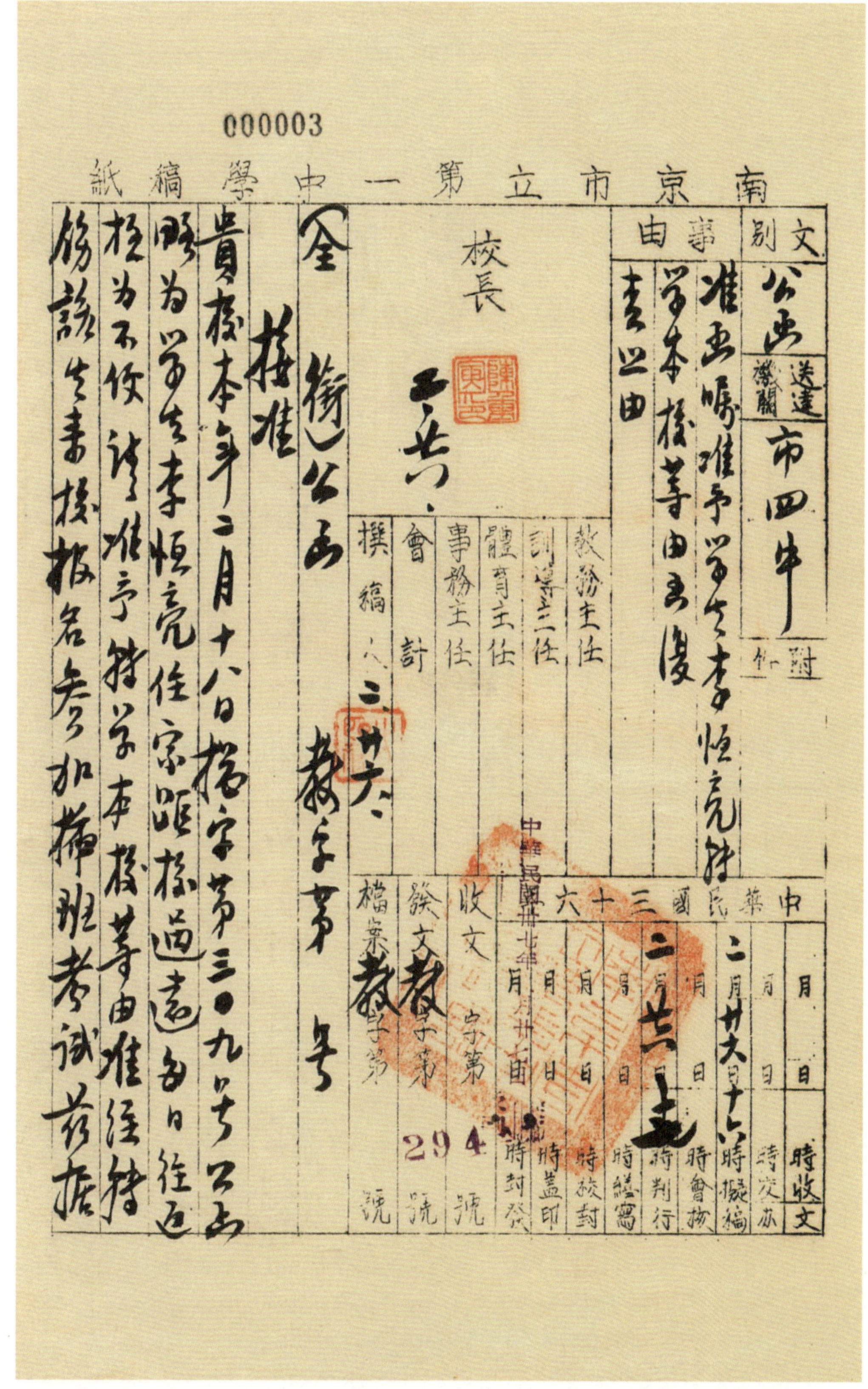

000003

南京市立第一中學稿紙

文別	公函	
送達機關	市四中	
附件		
事由	准函囑准予學生李恒亮轉學本校等由函復查照由	

校長 陳重寅（印） 二六

教務主任	訓導主任	體育主任	事務主任	會計	撰稿人
					二、廿六

中華民國三十六（七）年 月 日

收文	交辦	擬稿	會擬	判行	繕寫	校封	蓋印	封發
月 日 時	月 日 時	二月廿六日十六時	月 日 時	月 日 時	月 日 時	月 日 時	月 日 時	二月廿七日 時

收文 字第 號
發文 教字第 294 號
檔案 教字第 號

全銜公函 教字第 號

接准

貴校本年二月十八日指字第三〇九號公函略為學生李恒亮住家距校過遠每日往返極為不便請准予轉學本校等由准經轉飭該生來校報名參加插班考試前據

南京市立第一中學給市立第四中學的公函及附件（一九四八年二月二十七日）

該生柏稱因為手患濕毒不能赴校參加考試擬請准予補考等語查本校新生考試經招生委員會決議招考一次決不再考所請自難照准除飭知該生知照外相應函復

查照並希准予該生本期仍在貴校攻讀為荷

此致

南京市立第四中學

校長陳

函代轉回四中不能允准 洽 二廿六

為呈請恩准事 竊生 恒亮曾讀於市立第四中學近因家庭居住離校過遠每日往来乘車又為經濟之所限五里之距離若步行時間耽悞太長往返實為不便尤以食宿問題深感困難 生 即向四中校長王老師請求轉學 蒙允准並賜轉學証及公函各一件承蒙

陳校長老師核准奈因手患瘡疾不能執筆故將考期耽悞曾向

校長老師報告恩准緩期於二十五日補考因手續不合未能補考 生 深感悲觀失望返回四中又為轉

附（一）李恒亮的轉學申請書（一九四八年二月）

學託之所限進退維谷且困難不但未曾解決而反增加生惟恐失學不得已再懇請

校長老師提念下情恩准入校試讀俾資求進不勝感戴之至　謹呈

校長老師陳

學生李恒亮（印）謹呈

中華民國三十七年二月　日

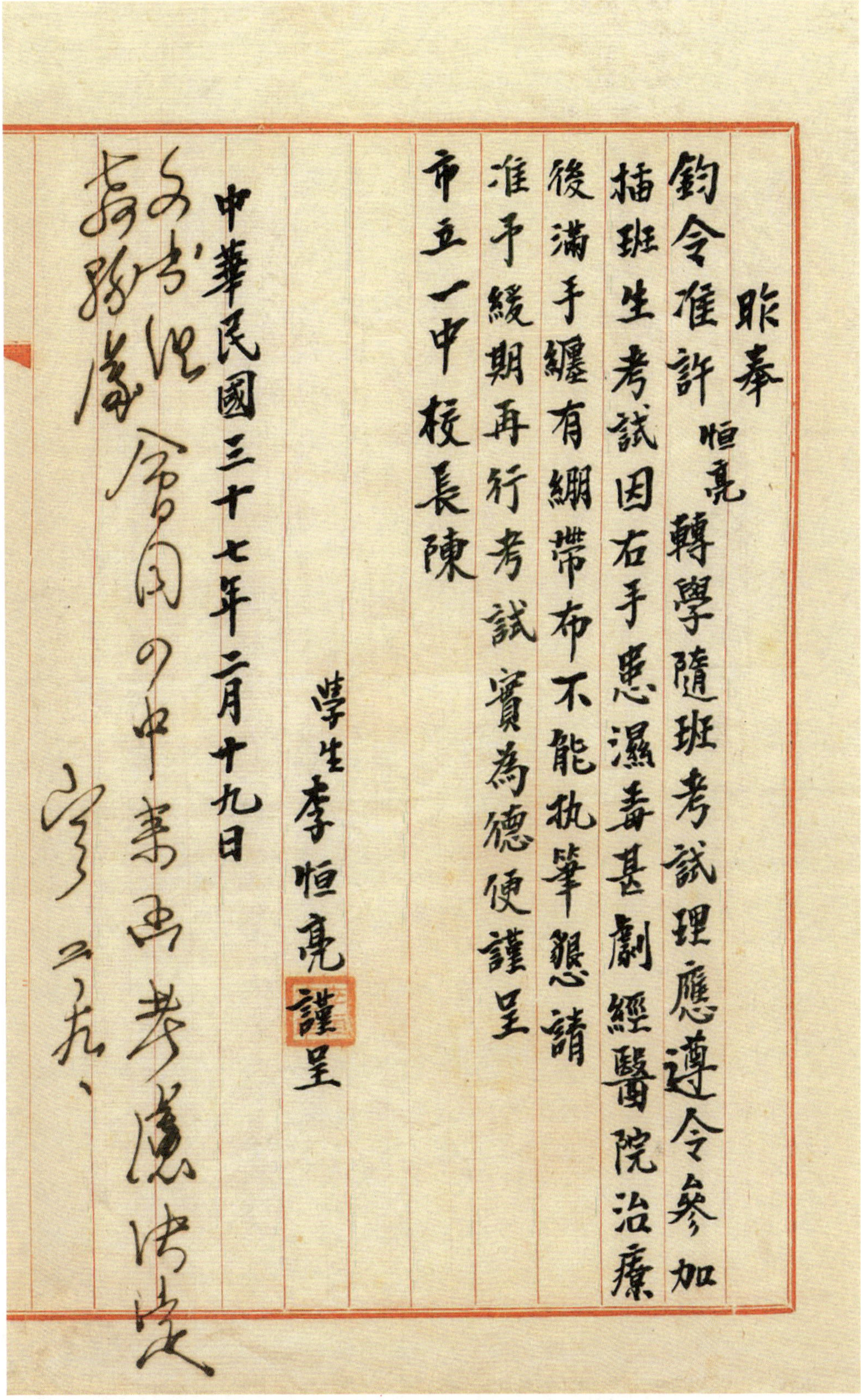

聆奉
鈞令准許恒亮轉學隨班考試理應遵令參加
插班生考試因右手患濕毒甚劇經醫院治療
後滿手纏有綳帶布不能执筆懇請
准予緩期再行考試實為德便謹呈
市五一中校長陳

學生李恒亮謹呈

中華民國三十七年二月十九日

交教務處 [illegible]

[illegible] 二、十九、

附（二）李恒亮的緩期考試申請書（一九四八年二月十九日）

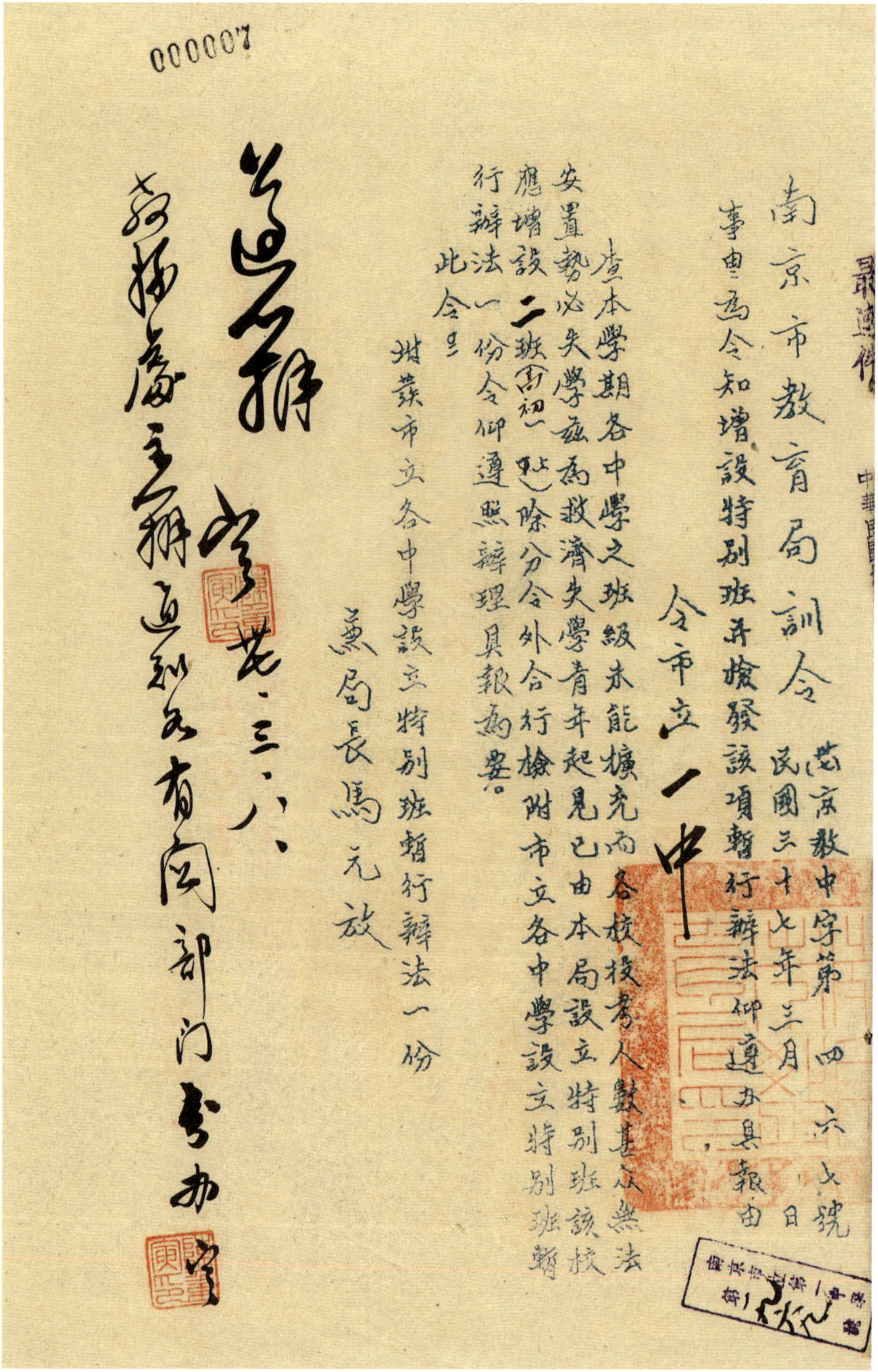
000007

南京市教育局訓令　（卅七）京教中字第四六七號

事由：爲令知增設特別班并檢發該項暫行辦法仰遵辦具報由

民國三十七年三月　日

令市立一中

查本學期各中學之班級未能擴充，而各校投考人數甚衆，無法安置，勢必失學。茲爲救濟失學青年起見，已由本局設立特別班，該校應增設二班（高初一上），除分令外，合行檢附市立各中學設立特別班暫行辦法一份，令仰遵照辦理具報爲要。此令。

附發市立各中學設立特別班暫行辦法一份

兼局長　馬元放

速辦

卅七、三、八

交教務處主辦，速報教育局部門

南京市教育局爲令知增設特別班并檢發該項暫行辦法給市立第一中學的訓令（一九四八年三月）

附：南京市教育局指定各市立中學設立特別班暫行辦法

南京市教育局指定各市立中學設立特別班暫行辦法

一、南京市教育局為救濟失學青年起見指定市立各中學設立特別班特訂定本暫行辦法
二、各市立中學特別班學生繳費除照市立中學學生繳費標準繳費外另徵收補助費壹百弍拾萬元均由各校自收專案繳局由局統籌支配為各校充实設備之用
三、除前條規定繳費數目以外不得另立名目收取任何用費
四、各校特別班每班教員以二人計不設工役
五、各校特別班辦公費及教員薪給生補費由局核發
六、各校特別班免費名額為30%免費項目以補助費為限免費資格依市立各級學校學生免費暫行辦法辦理
七、各校如因教室不敷應用得採用二部制惟須專案報局備查
八、本暫行辦法適用于三十六年度第二學期以後辦法另訂之
九、本暫行辦法呈報市政府備案施行

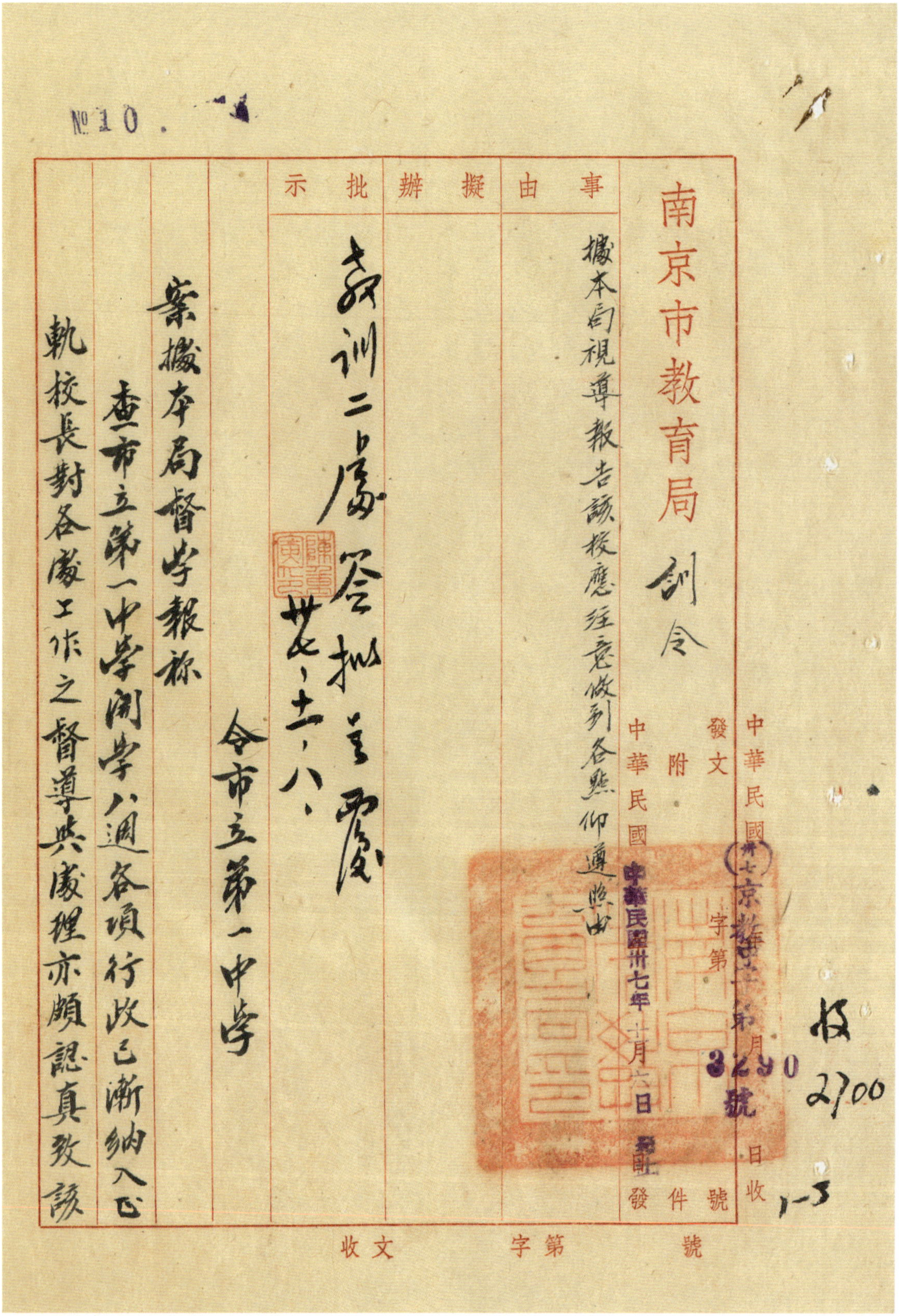

№10.
南京市教育局 訓令
事由
據本局視導報告該校應注意做到各點仰遵照由
擬辦
批示
發訓二處答擬呈閱
卅七、十一、八、
令市立第一中學
案據本局督學報稱
查市立第一中學開學以週各項行政已漸納入正軌校長對各處工作之督導與處理亦頗認真致該
中華民國 年 月 日收
發文 字第 號
附件
中華民國卅七年十一月六日發出
收
2700
收文 字第 號

爲據視導報告學校應注意做到各點事項的一組文件

南京市教育局給市立第一中學的訓令（一九四八年十一月六日）

檔號：1009-1-11

校能有長足之進展惟下列各點均應注意做到之

未能切實做到者

1. 教訓等處各項統計圖表速即更換新圖表

2. 少數教師上課不點名致缺席統計不正確應轉飭各教師遵照

3. 導師未能全部參加訓導會議少數國文英語數学教師亦不參加各科教學研究會應轉飭各教師導師熱烈參加

4. 該校整潔大体尚佳仍有少數学生隨地涕唾拋擲紙屑於該校整潔衛生不無影响應於集訓時特別提出

校方未能注意者

1. 補習班特別班自費班各班開学較遲各課應限期趕上進度

2. 新型中学實驗班課程大体尚無不合惟化学地理兩科未能注意升学之用應有修正之必要

監印

3. 佐導師之職權應與級任導師訓育主任劃分否則職權不明導師、佐導師、訓育主任之間容易發生誤會

4. 該校教務處抽查學生作業時應再注意練習之次數與習題之分量並於學期終了時統計之

5. 八週以來該校尚未舉辦全校性之活動一次

等情據此合行令仰遵照注意辦理為要

此令。

兼局長 馬元放

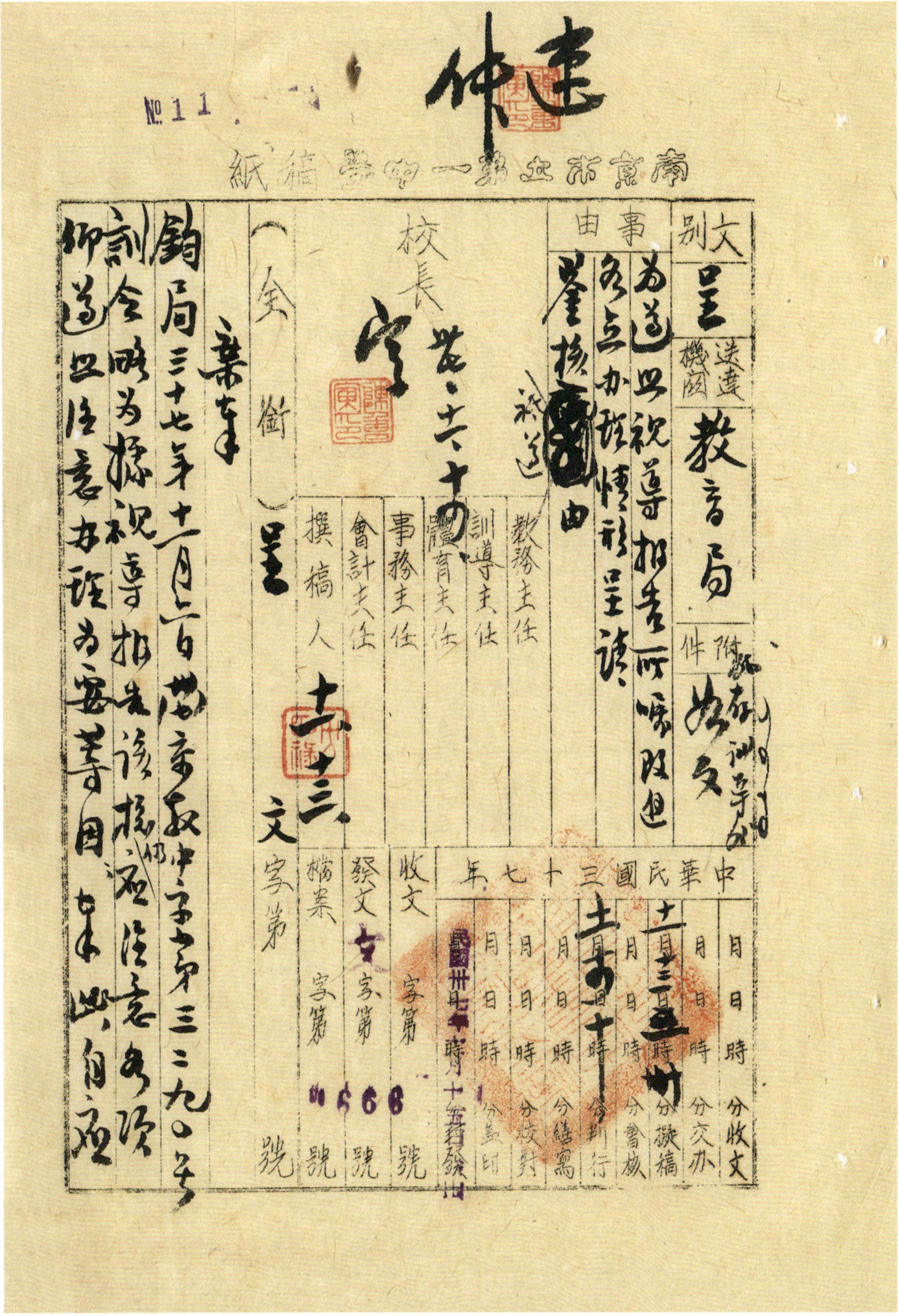

南京市立第一中學給市教育局的呈文（一九四八年十一月十五日）

附：陳明意見及辦理情形

檔號：1009-1-11

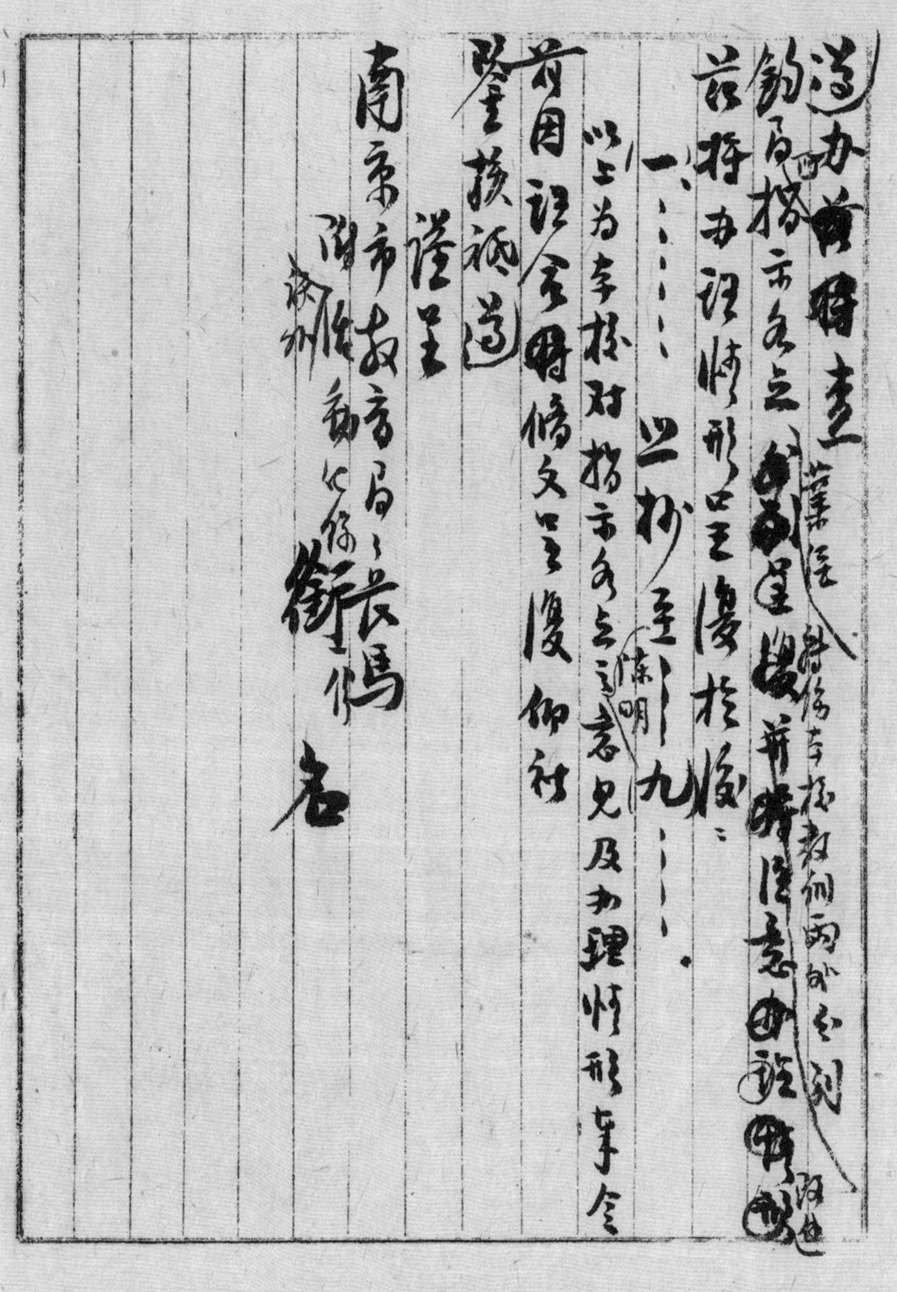

遵办前册。查叶经将该校教职员分别加以训
饬，令（两）校长之意并将注意办理情形
兹将办理情形口呈复于后：
一、……照抄至十九……
以上为李校对校长令之（说明）意见及办理情形等全
前因，理合将册备文呈复，仰祈
鉴核示遵。
谨呈
南京市教育局局长马
附件……
衔名

自以摆起至摆止

奉 钧下市教育局京教中字第三二九〇号训令一件，嘱答具意见呈覆，等因。自应遵办；兹将局方指示各点，分条答具意见於左：

一、关于图教训等处各项统计图表速即更换新图表一节摆各项统计图表，曾便校方指派职员分别统计绘制，惟以本校特别班、补习班、高一上自费班注册稍迟，统计材料无法统计，以致此项工作间始稍迟，注册完全截止之后，不久又继举行普通班次之第一次终考，多数职员均集中力量从事准备终考事宜，以是各项统计图表，仍续制，竟因一

部份未能全部完成，設法加派職員，加夜
班漏夜趕繪製，並已完成是項工作。
二、關於少數教師上課不點名事，已一節，職校對於學生
缺席之統計，務求正確，並逐日公佈缺課
學生姓名，曠課三次者通知家長，三次以上者
每多曠課一次，均照同樣通知學生家長，並嚴戒學生
不得再事曠課，以竟學業，曠課六次者，即予
除名。至於少數教師上課不點名者，確有其事，但僅屬少數，
教務處於每次教務會議時均嘗鄭重提出報
告，校長室亦嘗作書面通知，務請每節課

批已

相辅切实检查人数，记载出缺席，间有少数教师于上课时忘却携带点名簿，教导处於必要时将此项缺席记载名簿着由校役送至各教室，藉以便查，检查出缺席。全校范围既大，教职人数众多，良法美意，务求人人笃守，认切实执行，要亦难能，惟职责所在，自应尽力之所及，以期週详完密耳。

三、关于导师及国、英、算教师未能全部参加导师会议及各科研究会议一点，按职校教职员对于各种会议（除有重大事故及患病者外），均能按照参加，如导师会议廿六人中参加廿四人，「全体」参加，係职校[illegible]之目标，最近並以校长名义通请各位教师，仰体为方之忘旨，遵照参加各种会议矣。

四、關於整潔情形，本部尚佳，但有少數學生隨地涕唾，擲棄紙屑之點。此係實情，職校校舍分散，地面廣大，校工人數過少，整潔之作實不易徹底，至合理想。現惟將事整潔，覺是可影响一校之精神，至為重要，故當發動學生於生活勞作時間，協同在校師指導之下，作有系統之環境整潔，並由訓導人員，分區檢查整潔，並校以本部尚能獲得大部尚佳之結果。至於少數學生隨地涕唾，亂擲紙屑，職校更不僅於集訓時特别提出，且遇有此類學生，當即責令洒掃，俾資警惕，惟新生多係新生入校未久，欲收實效，尚須相當之時日耳。

五、補習班、特别班、自費班，向學校報遣，令暫課，亟限期擬上述各班之補課，業經邀集各該班任課教師，於六日開會，決照所缺時數，一律於十四週以前補足。補課時間，已由教務處排定，通告各教師，依照時間，分別補授，以便趕上進度。

六、四新型中學實驗班課程，大體尚無不合，惟化學地理二科，未能注意升學之用，應有修正之必要。四、關於新型中學實驗班之課程，係參酌部頒課程標準及部頒六年一貫制中學課程標準訂定者，是否合理實用，自有待鈞方詳為指示。惟關於地理化學二科，未能注意升學之用，據指導員面示，係指該二科未能排列在第六學年而言。

按第六學年之課程，除公民、體育、國、英、數、史、生物、物理等科目係中學之基礎課程，而升學則係有「升學之用」者，例如「職業道德」「科學管理」「升學

一、「就業指導」每週二小時，似應在第六學年開列，並移於無守時數

「組選修」之職業課程，只列在第六學年開列六小時，

依照新學制中學實驗職業性質之選修時數，仍六無再減，此與

計算，則第六學年之教學時數，每週業已達

三十七小時，如再加上地理二小時，化學四小時，則為

四十三小時，學生精力，恐有不逮。究應如何修正，

方能使化學地理二科注意到「升學」之用，應請詳

為指示，以便遵循。（按三三制課程部訂化學課六學分，至廿五年止）

一、該校教務處抽查學生作業時，應注意練習之次數，

習題之分量，並於學期結了時統計之。按每聯移時形

學生作業保冊之抽查，意在考查學生注意平時

作業，兼以「暗示教師注意作業之批改及分量」，實施

之初，教師嘖有煩言，但以切解遵海，順利推行，此

中實效，蓋由於所以未能解決者，注意練習之次

數與習題之分量者，實堪引為同仁之郎生意案、亦

已述

若以影响普通借册之制度，现拟查借册制度业已确立，且行之已久，既得教育部训令指示，自应遵照办理。业由材料股润制统计表式，逐日予以记载，以便于学期终了时统计之也。

（八）区导师之职权应与级任导师训育主任划分（一点）（职权）

查本学期所订训导实施纲要对于训导处之组织及分工已经明白规定，载在本校校刊第二十期中（九月一日出版），所以实施以来，因各区均有负责人员实施督导，对于各区秩序整饬诸般事宜均能收到整齐划一之效，并向周举行区导师会报一次，与训导处联系亦颇密切，如有偶发事务纠纷，亦能随时会同解决，因此导师区导师训照办理，業由教務处调製统计表式，通过予以记载，以资於学期终了时统计之用。

（八）区导师之职权应与级任导师训育主任划分，查本学期所订训导实施纲要对於训导处之组织及分工已经明白规定，载在本校校刊第二十期中，以后按施行以来，因各区均有负责人员实施督导，对於各区秩序教室清洁做事宜均能收到整齐画一之效，并每週举行区导师会报一次与训导处联系，亦颇密切，尤有关於学生须执行奖惩时随时会同解决。导师区导师训育主任间自开学迄今感情均甚融洽，奉钧局指示自应更求完密，以期其尽善无遗憾。

（九）八週以来该校尚未举办全校性质之活动一次，查职校开学以来因班次较多学生来源又比较杂，因此纪律不易纳入正轨，对於活动方面不够要求，自是事实，既承钧局指示，当再更求进步，以副钧望。兹将八週以来关於全校性之活动列表随呈，请鉴核。

职 吴正维 谨签 十一月十三日

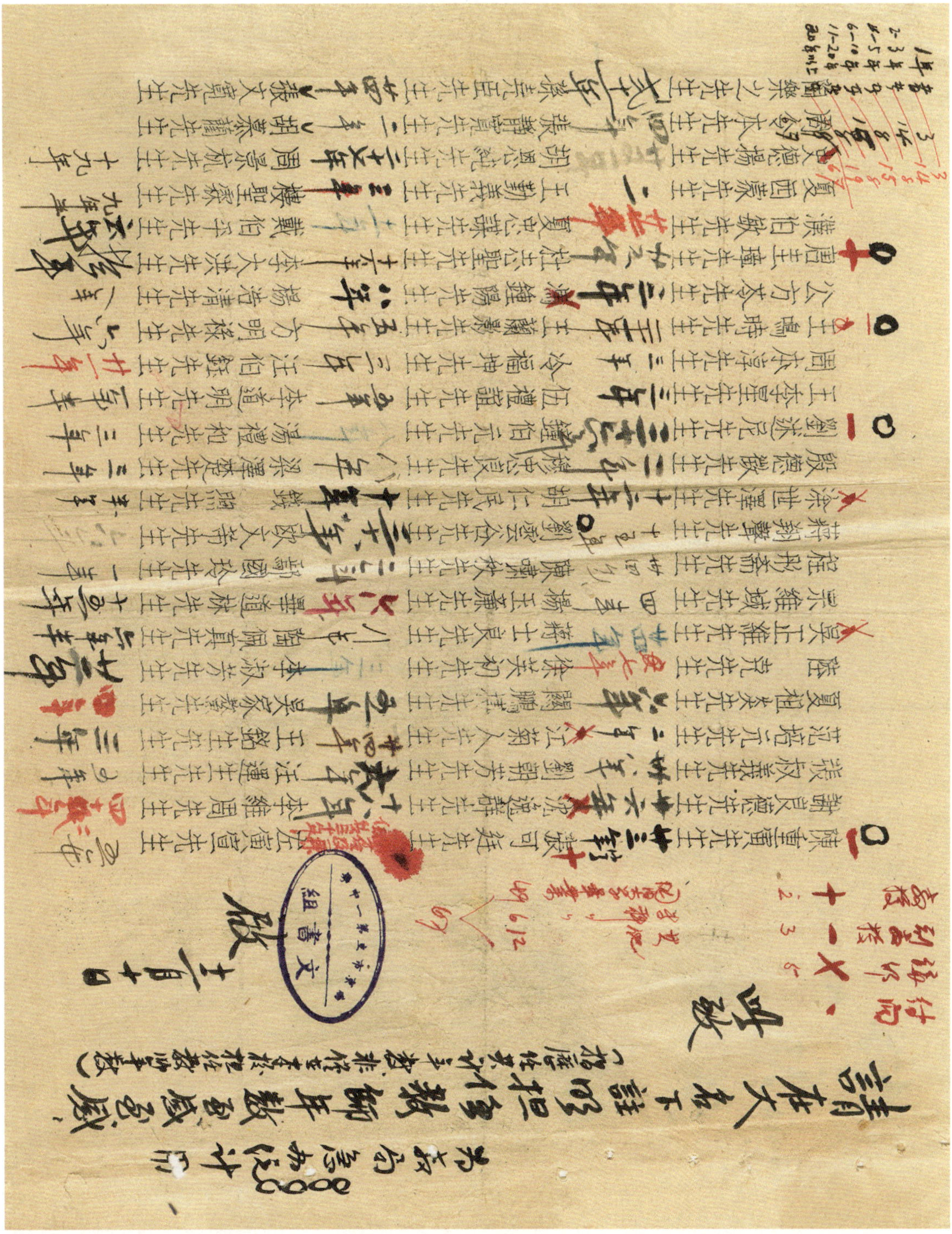

請在大名下註明擔任教師年數並感想感，
（擔歷任其計年數非僅本校擔任教師年數）

為敦局急辦況計另

此致

啟　十二月十日

陳重寅先生　廿三年
謝良德先生　廿六年
張叔義先生　卅八年
范培元先生　二年
夏祖矣先生　六年
陸克克先生　三年
吳正維先生
宗維域先生　四年
程彤齋先生　廿四年
蔣翔聲先生　十五年

左寅宣先生　十六年
沈逸群先生
劉朝芳先生
江菊入先生　廿四年
關鵬甫先生　五年
徐芙初先生　三年
蔣士良先生
楊玉廉先生　七年
陳嘯秋先生　二十二年
劉雲谷先生　三十六年

殷德徽先生　二年
劉述尼先生　三年
王李星先生　三年
周本淳先生　三年
王鳴時先生
公方苓先生　三年
唐主瑋先生　廿五年
漢伯敏先生　二年
夏西蒙先生
史德揚先生　四年
周令本先生　四年
孫樂之先生　廿一年

塗世澤先生　十二年
穆忠良先生　八年
鍾伯元先生
伍禮誼先生
冷福坤先生　三年
王蘭影先生　五年
馮鍾陽先生　八年
杜志聖先生　十六年
夏忠謀先生
王勤義先生　三年
胡恩純先生　三十七年
張靜寬先生　二年

胡仁民先生
梁澤楚先生　三年
湯禮和先生　三年
李道明先生　軍半
汪伯鈺先生　廿一年
方明祿先生　八年
楊浩清先生　一年
李大洪先生
戴伯平先生
樓聖霖先生　三年
周景杭先生　十九年
胡慕蘭先生
張文寬先生

錢照先生　三年
歐文蒂先生　半年
鄒國玲先生　一年
畢道林先生　十五年

1年　　　　　3
2-3年　　　14
4-5年　　　8
6-10年　　15
11-20年　　8　19
20年以上　　67

（文書組印）

南京市立第一中學擔任教師年數統計表（一九四八年十二月十日）

檔號：1009–1–9

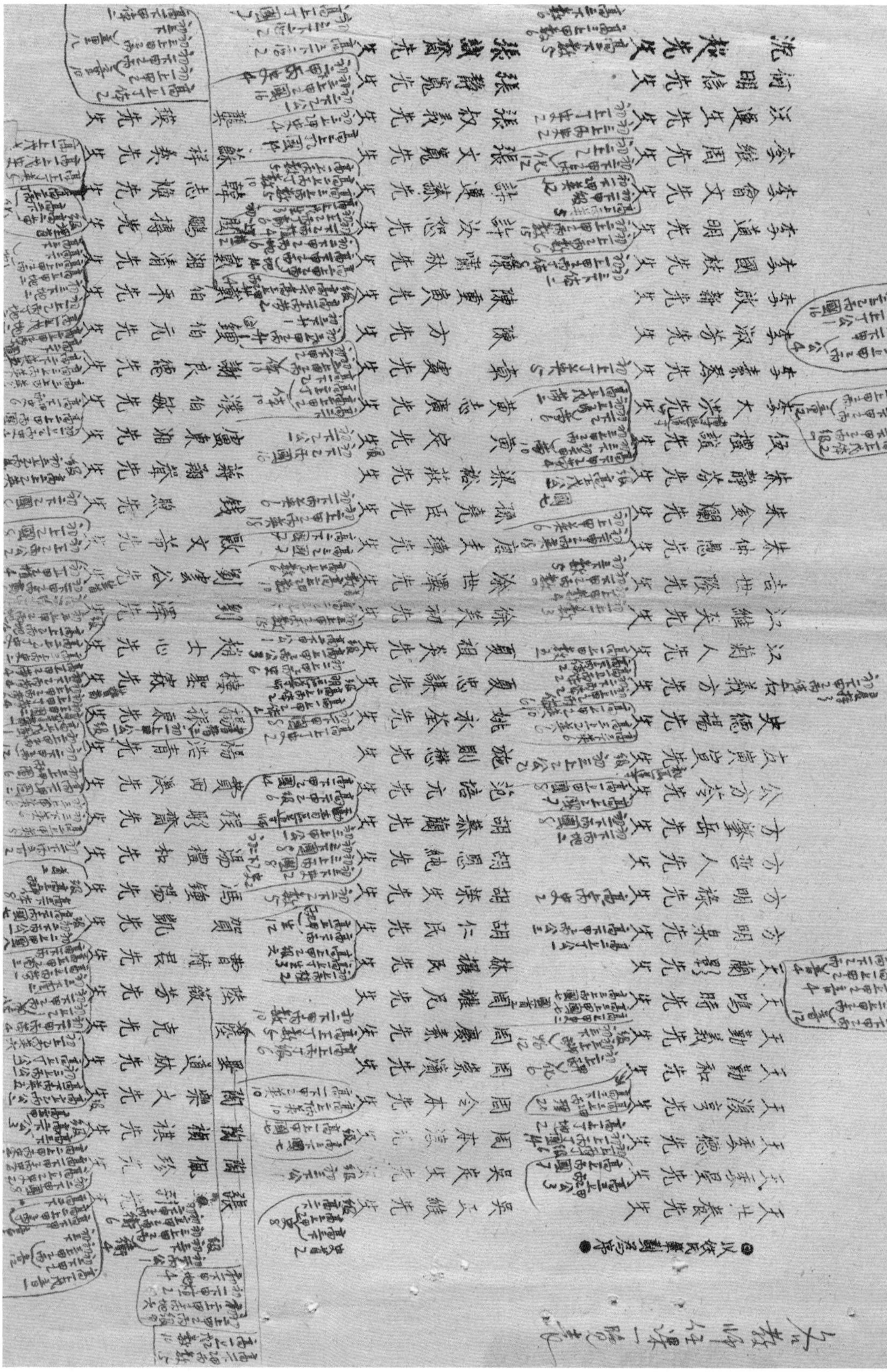

南京市立第一中學各教師任課一覽表（一九四八年十二月）

檔號：1009-1-9

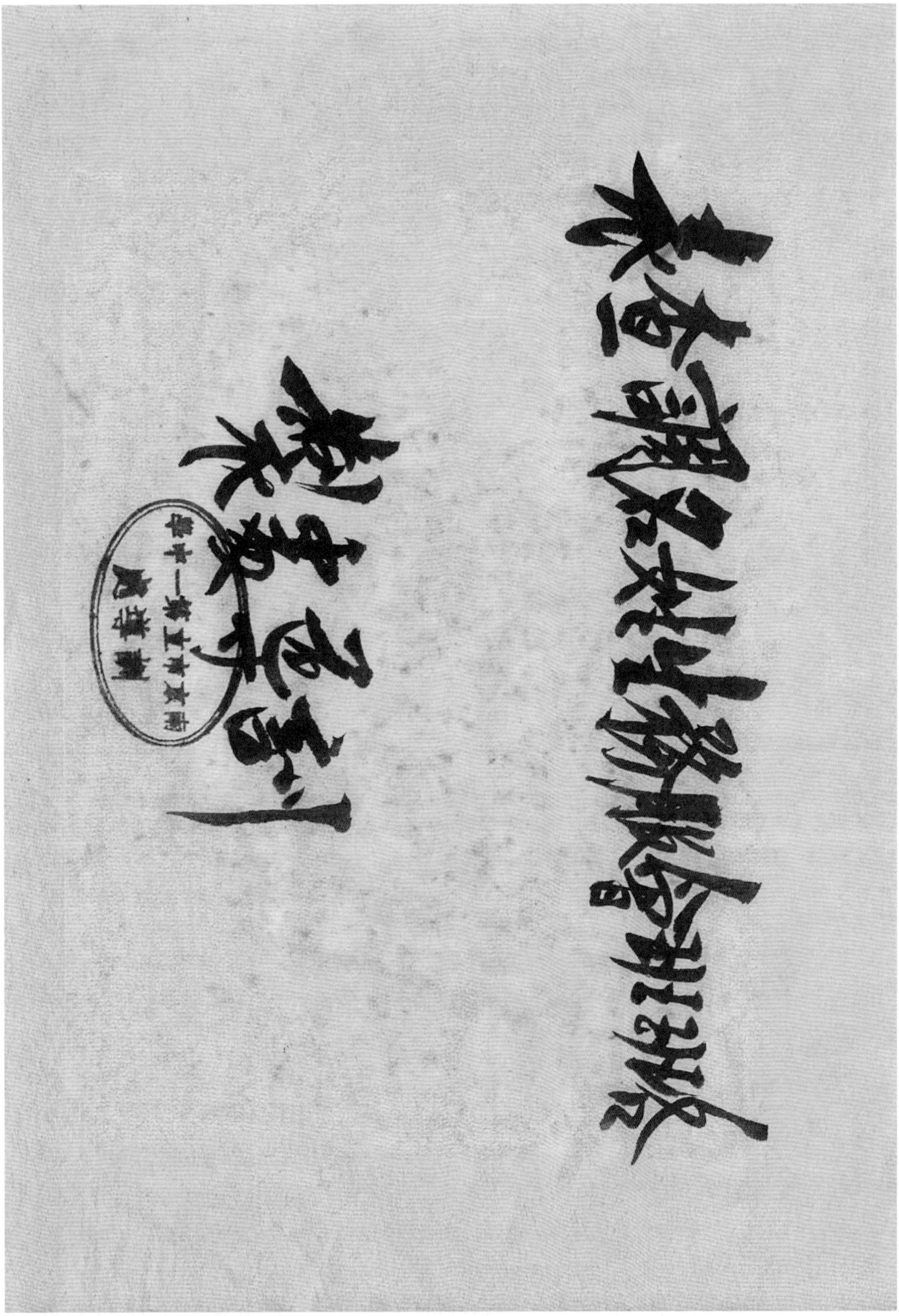
南京市立第一中學各班班會服務生姓名調查表
訓導處製
南京市立第一中學訓導處

南京市立第一中學各班班會服務生姓名調查表（訓導處製）（一九四八年）

各班班會服務生姓名調查表

班會主席		各股股長					
正	蘇昌愈	股別／正副	風紀股	學藝股	康樂股	服務股	事務股
副	倪耕雲	正	葛振洲	查煥章	彭先赣	林樹培	張家烽
各保保長		副	張德驤	滿克撫	李湘	蕭天鐸	蔣振海

各保保長		各保幹事					
第一保	正	保別／職別	風紀幹事	學藝幹事	康樂幹事	服務幹事	事務幹事
	副	第一保					
第二保	正	第二保					
	副	第三保					
第三保	正	第四保					
	副	第五保					
第四保	正	第六保					
	副	備註	因全班人數过少不得已保~~副股長~~				
第五保	正						
	副						
第六保	正						
	副						

高中三下年級 組

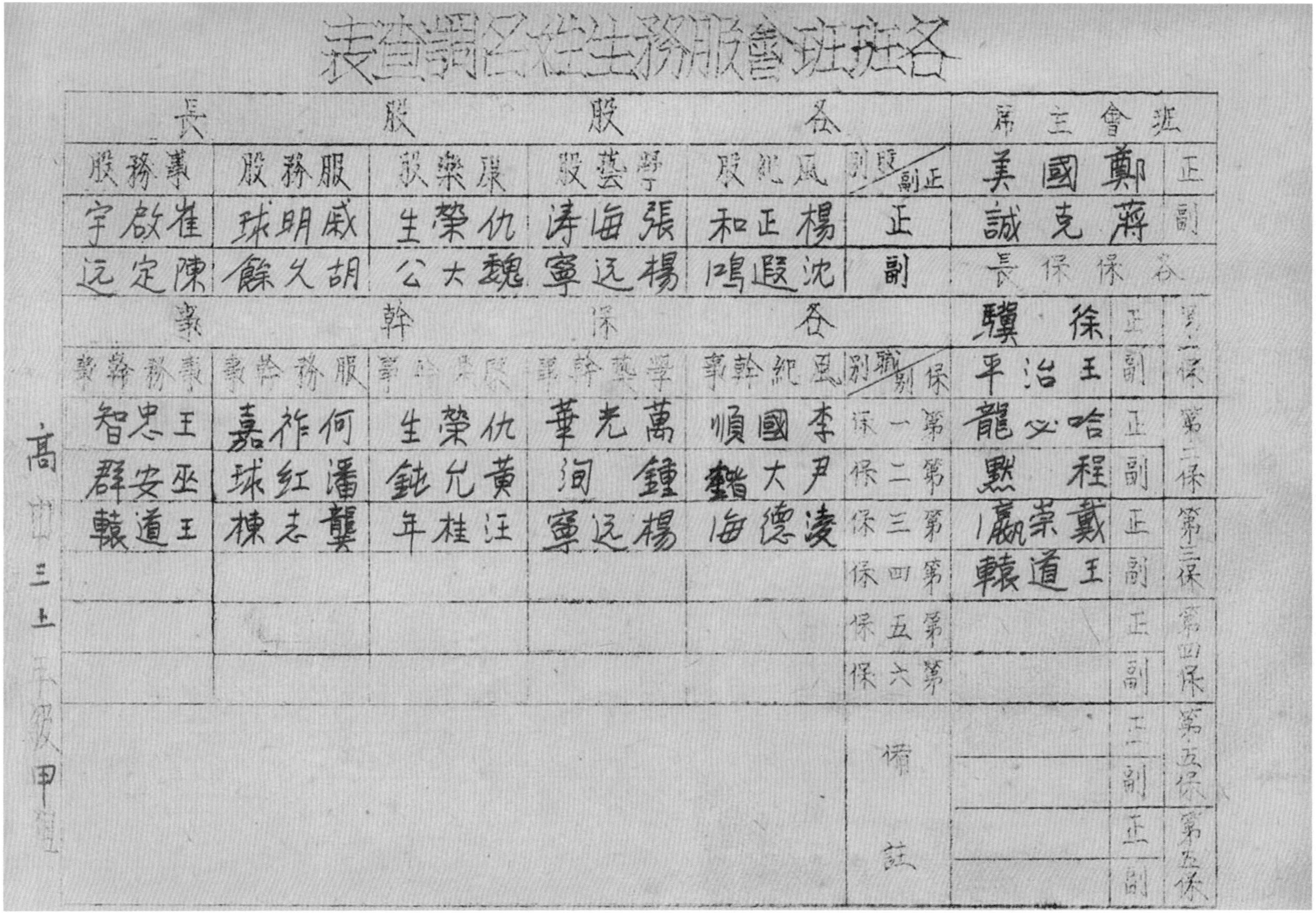

各班班會服務生姓名調查表

班會主席	
正	鄭國美
副	蔣克誠

各股長	風紀股	學藝股	康樂股	服務股	事務股
正	楊正和	張海涛	仇榮生	戚明球	崔啟宇
副	沈嘏鳴	楊远寧	魏大公	胡久餘	陳定远

各保保長	正	副
第一保	徐驥	王治平
第二保	哈必龍	程默
第三保	戴崇瀛	王道韓
第四保		
第五保		
第六保		

各保幹事	風紀幹事	學藝幹事	康樂幹事	服務幹事	事務幹事
第一保	李國順	萬光華	仇榮生	何作嘉	王忠智
第二保	尹大鍇	鍾洵	黃允鈜	潘红球	丞安群
第三保	凌德海	楊远寧	汪桂年	龔志棟	王道韓
第四保					
第五保					
第六保					

備註

高四三上 三年級甲組

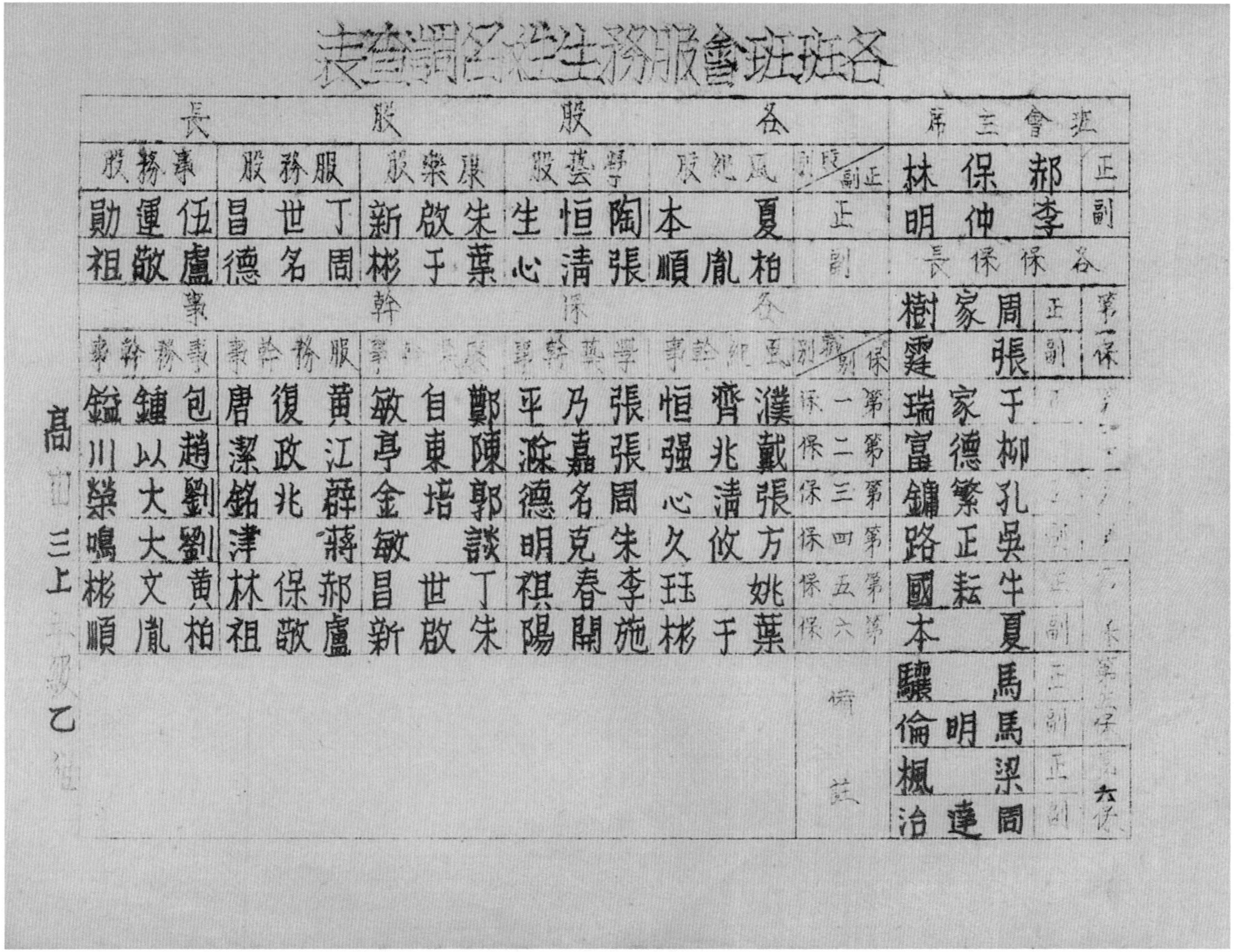

各班班會服務生姓名調查表

高中三上年級乙組

班會主席	
正	郝保林
副	李仲明

各股股長	風紀股	學藝股	康樂股	服務股	事務股
正	夏本	陶恒生	朱啟新	丁世昌	伍運勛
副	柏胤順	張清心	葉于彬	周名德	盧敬祖

各保保長		
第一保	正	周家樹
	副	張霆
第二保	正	于家瑞
	副	柳德富
第三保	正	孔繁鏞
	副	吳正路
第四保	正	牛耘國
	副	夏本
第五保	正	馬驤
	副	馬明倫
第六保	正	梁楓
	副	周達治

各保幹事	風紀幹事	學藝幹事	康樂幹事	服務幹事	事務幹事
第一保	濮齊恒	張乃平	鄭自敏	黃復唐	包鍾鎰
第二保	戴兆強	張嘉淦	陳東亭	江政潔	趙以川
第三保	張清心	周名德	郭堉金	薛兆銘	劉大燊
第四保	方攸久	朱克明	談敏	蔣津	劉大鳴
第五保	姚珏	李春祺	丁世昌	郝保林	黃文彬
第六保	葉于彬	施開陽	朱啟新	盧敬祖	柏胤順

備註

各班班會服務生姓名調查表

高中三年級丙組

各股股長

股別	風紀股	學藝股	康樂股	服務股	事務股
正	楊大生	韓建國	王睿芸	鄭迎煒	咸元生
副	彭志剛	葉心墉	張明德	范嘉	施勳立

各股股幹事

職別	風紀股幹事	學藝股幹事	康樂股幹事	服務股幹事	事務股幹事
正					
副					

班會主席

職別	正	副
姓名	王獻鰲	陳宸宙

各保保長

保別	正	副
第一保	楊樹先	寶家濟
第二保	賀兆麟	顧景汾
第三保	施勳立	張明德
第四保		
第五保		
第六保		

備註：

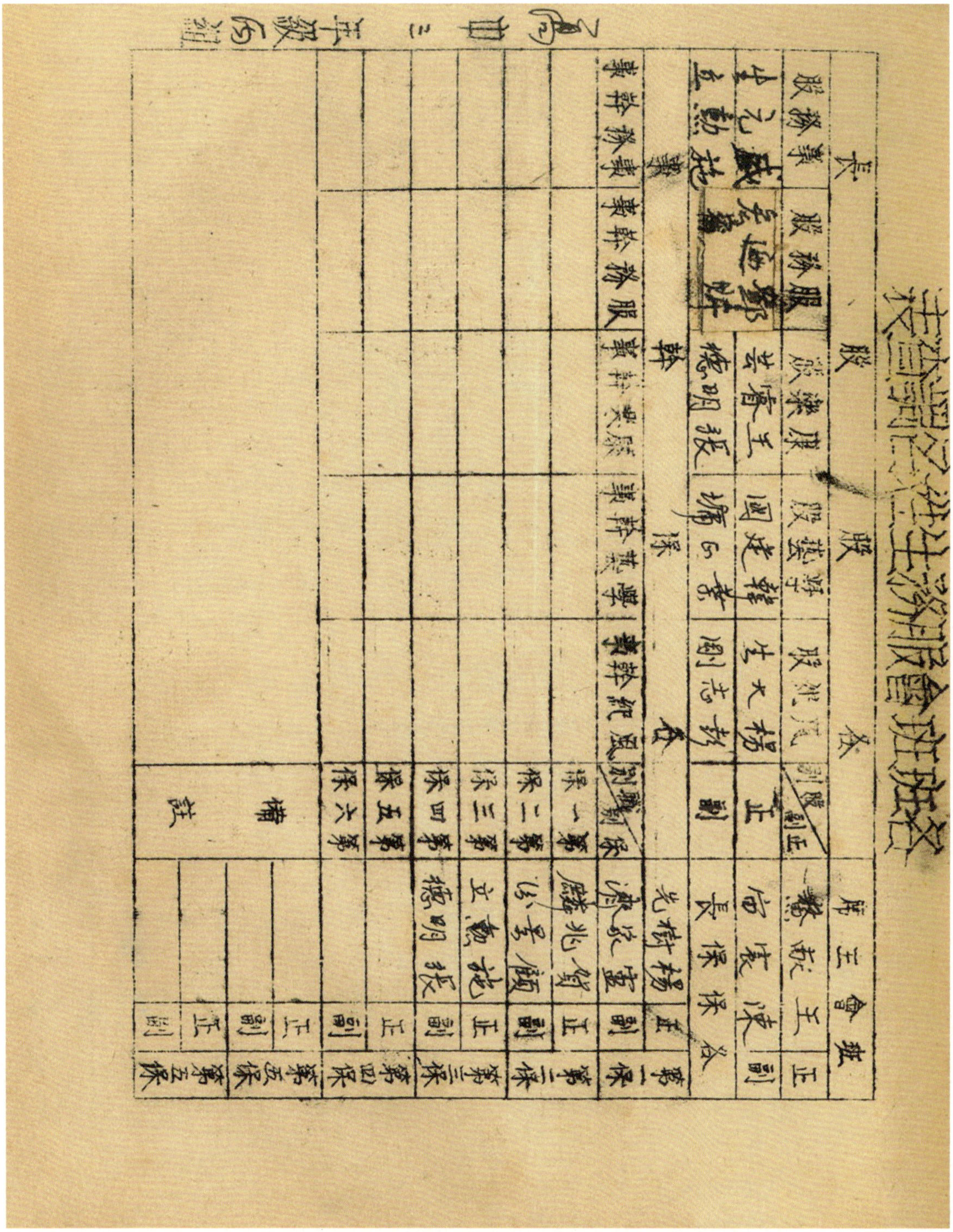

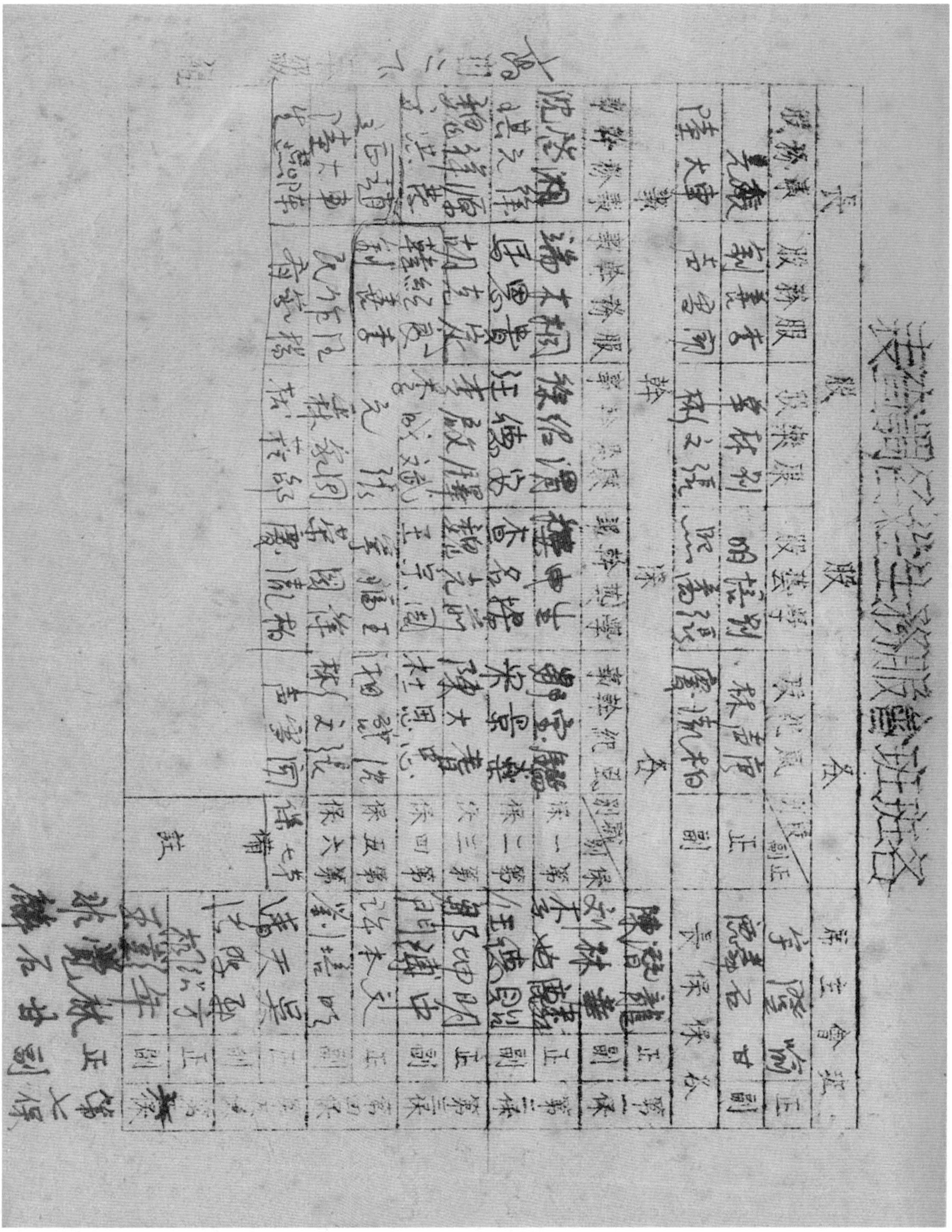
各班班會服務生姓名調查表

各班班會服務生姓名調查表

班會三席	
正	朱雷生
副	何孟民

各股股長	風紀股	學藝股	康樂股	服務股	事務股
正	熊慶南	花為成	曾文戊	鄭雨天	牛求煌
副	馮國治	馬志洪	孔祥煥	楊子江	喻懷中

各保保長	正	副
第一保	朱華生	盧素
第二保	周學堯	楊佑甫
第三保	盧侗	傅定遠
第四保	金明暉	吳昌劭
第五保		
第六保		

各保幹事	風紀幹事	學藝幹事	康樂幹事	服務幹事	事務幹事
第二保	王積祥	孫永庠	陳頌藩	張如鵬	周學堯
第壹保	朱建業	鄧祖仁	李之棠	方建康	周澤君
第三保	范家驥	施能榕	楊宏容	林同文	諸祉煌
第四保	張素謀	方同成	孔祥熯	王欽寶	卜鴻鈞
第五保					
第六保					

備註

高中二上年級甲組

各班班會服務生姓名調查表

高中二年級乙組

班會主席	
正	葉祖鏘
副	王槐

各保保長	正	副
第一保	蘇承康	
第二保	盧秀亭	
第三保	丁連貴	
第四保	姚國驥	
第五保		
第五保		

各股股長 股別／正副	風紀股	學藝股	康樂股	服務股	事務股
正	孟憲淮	徐效慶	楊允時	白克字	張家祥
副	陸滸民	楊作銘	戴宗墳	傅毅成	魏滄洲

各保幹事 保別／職別	風紀幹事	學藝幹事	康樂幹事	服務幹事	事務幹事
第一保					
第二保					
第三保					
第四保					
第五保					
第六保					

備註

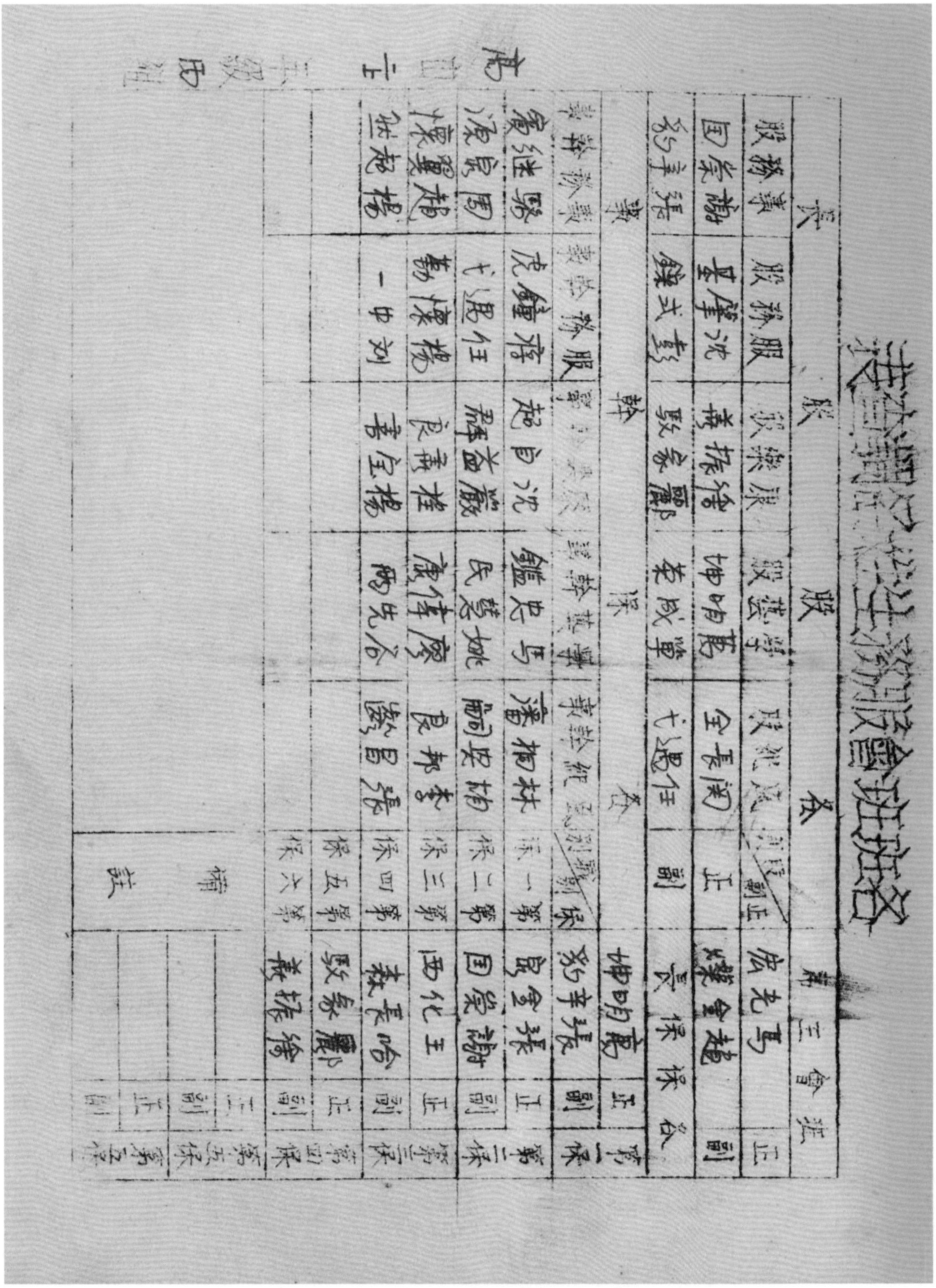

各班班會服務生姓名調查表

第三會班	
正	馬光宏
副	趙金爍

各股股長					
股別／正副	風紀股	學藝股	康樂股	服務股	事務股
正	閔長全	萬明坤	徐振羲	沈肇基	謝榮国
副	任遇弋	單成荣	酈家駿	彭式鎵	張辛豹

各保保長		
第一保	正	萬明坤
	副	張辛豹
第二保	正	張金泉
	副	謝榮国
第三保	正	王化西
	副	哈長森
第四保	正	酈家駿
	副	徐振羲
第五保	正	
	副	
第五保	正	
	副	

各保幹事					
保別／職別	風紀幹事	學藝幹事	康樂幹事	服務幹事	事務幹事
第一保	林桐潘	马忠鑑	沈自超	廖鍾虎	駱継賓
第二保	胡奘嗣	姚慧民	嚴益群	任遇弋	周泉源
第三保	李邦良	廖偉康	桂壽良	楊懷勤	趙翼懷
第四保	張昌齡	谷先兩	楊宝書	刘中一	楊起然
第五保					
第六保					

備註

高中二上　[illegible]級西組

各班班會服務生職名調查表

各股股長 ／ 班會主席

	事務股	服務股	康樂股	學藝股	風紀股	正副	姓名	正副	班別
正	陸質	羅友柏	夏福生	韓家[illegible]	范光東	正	張泳儒	正	班會主席
副	郭柏海	伍志林	周瑞元	程克嵒	劉常和	副		副	

各股幹事 ／ 各保保長

	事務幹事	服務幹事	康樂幹事	學藝幹事	風紀幹事	職別	姓名	正副	保別
							周瓚儲	正	第一保
								副	第二保
							殷保葦	正	第三保
								副	第四保
							王壽泉	正	第五保
								副	第六保
								正	備註
								副	

（中央處手書大字）吳天翰

（左側邊註）高四二十年級丁組

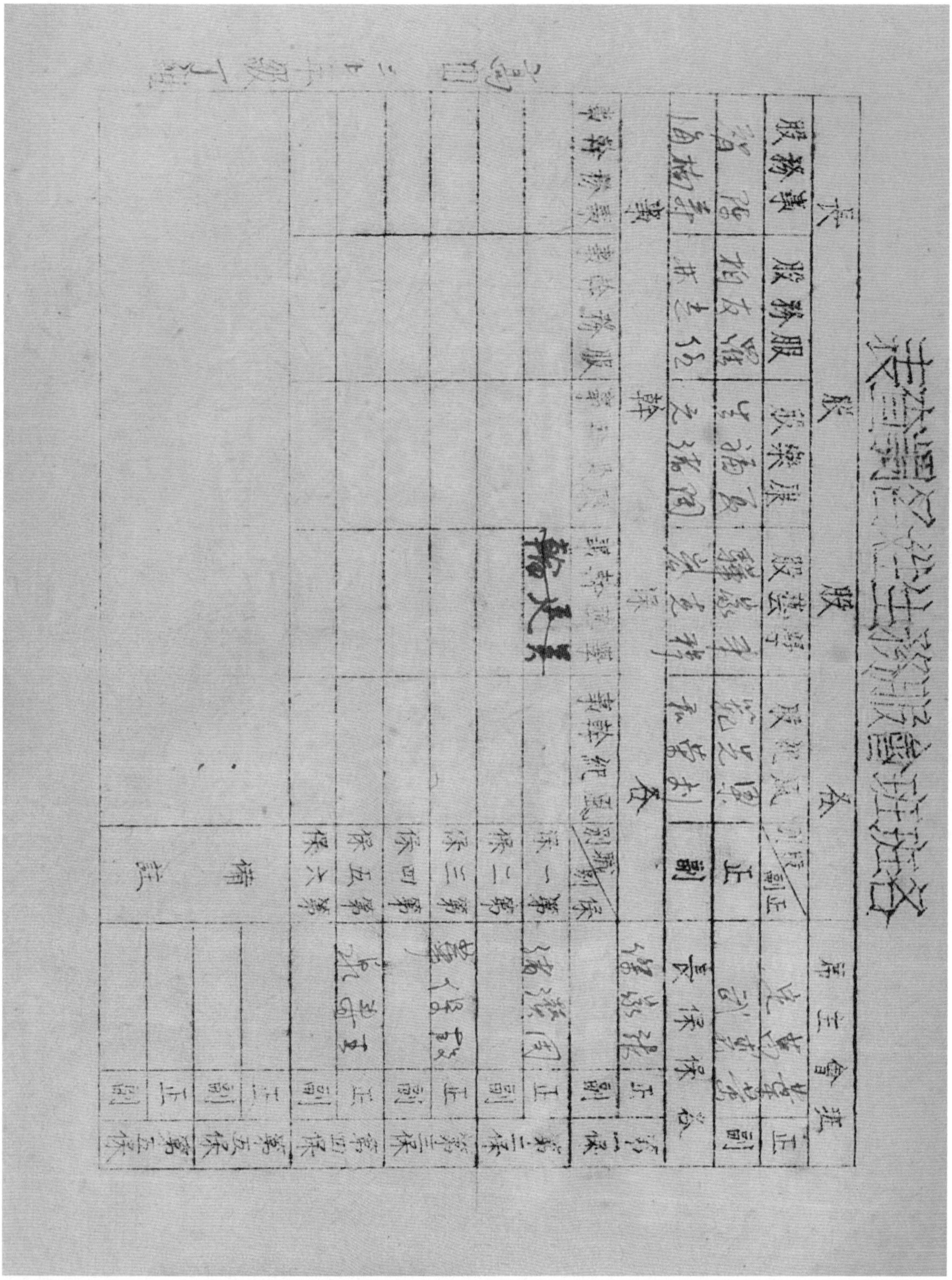

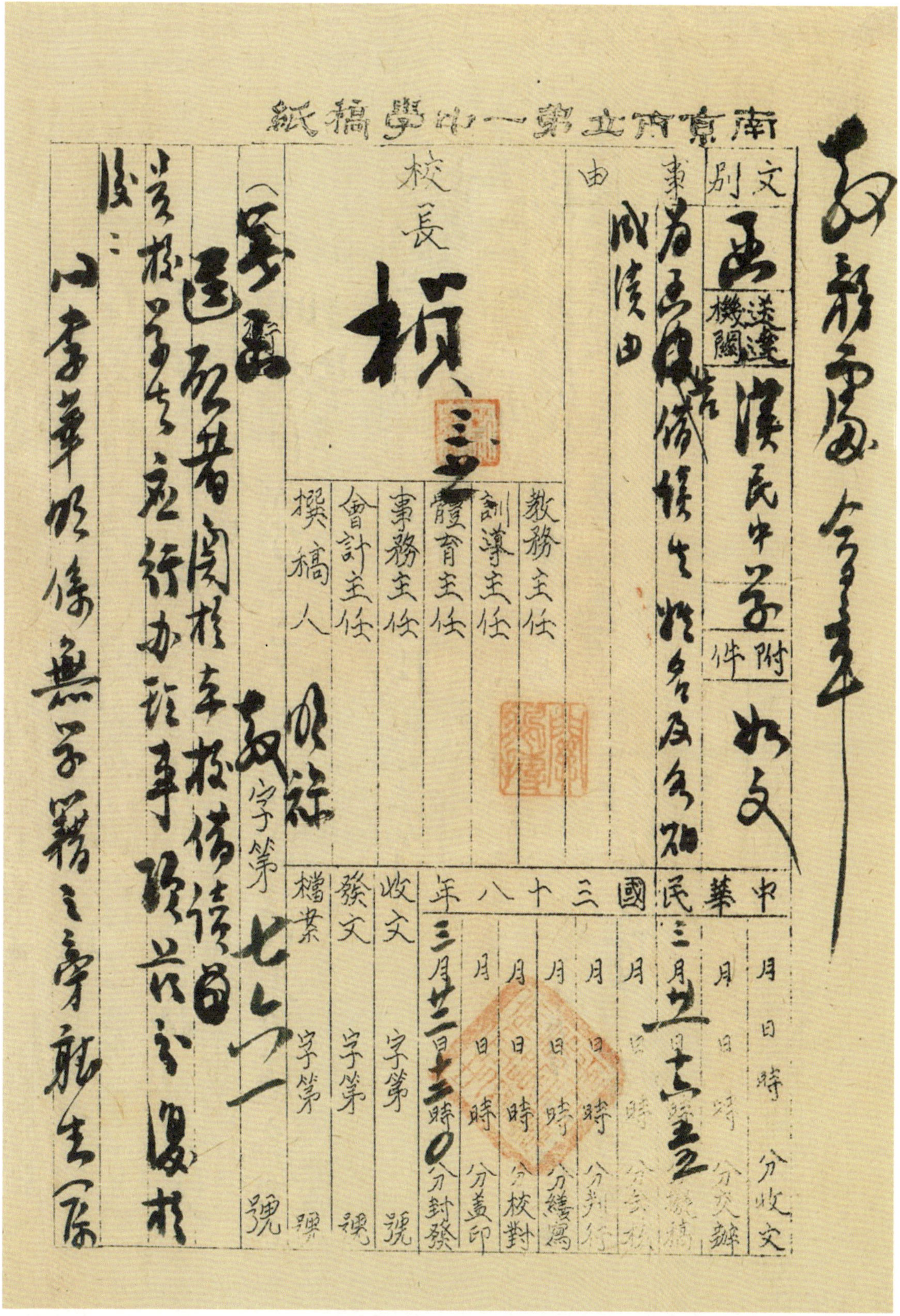

南京市立第一中學爲函告借讀生姓名及各期成績給國立漢民中學的公函（一九四九年三月二十二日）
附：國立漢民中學原函二份

附還）

二、陸宗璘、馬大威、高孟陵三名查無其人（原件附還）

三、補送林蔭文、儲寶璜以上原件，其餘十一名業已由各生領去

四、林蔭文等十一名在校成績素隨函奉上。

以上四項相應函復，即希

查照為荷

此致

國立漢民中學

（全衡）謹啟

三月廿六日

逕啟者：查學生林開文係浙江省平陽縣人，現年壹拾柒歲，原在
貴校高中第弍學年第壹學期肄業。因受戰事影响，現在本校借讀，按照部令，應請原校發給借讀証明書及各學期成績單，以憑辦理，相應函達，即希
查照見覆為荷！此致

國立漢民中學校啟
卅八年三月 日

（請將左列覆函填寫，並附該生各學期成績單寄至本校。）

逕啟者：查學生仇福曾係江蘇省南京市人，現年壹拾陸歲，原在

貴校高中第壹學年第貳學期肄業。因受戰事影響，現在本校借讀，按照部令，應請原校發給借讀証明書及各學期成績單，以憑辦理，相應函達，即希

查照見覆為荷！此致

國立漢民中學校啟 卅八年二月八日

（請將左列覆函填寫，並附該生各學期成績單寄至本校。）

南京市立第一中學

肆 校舍建設

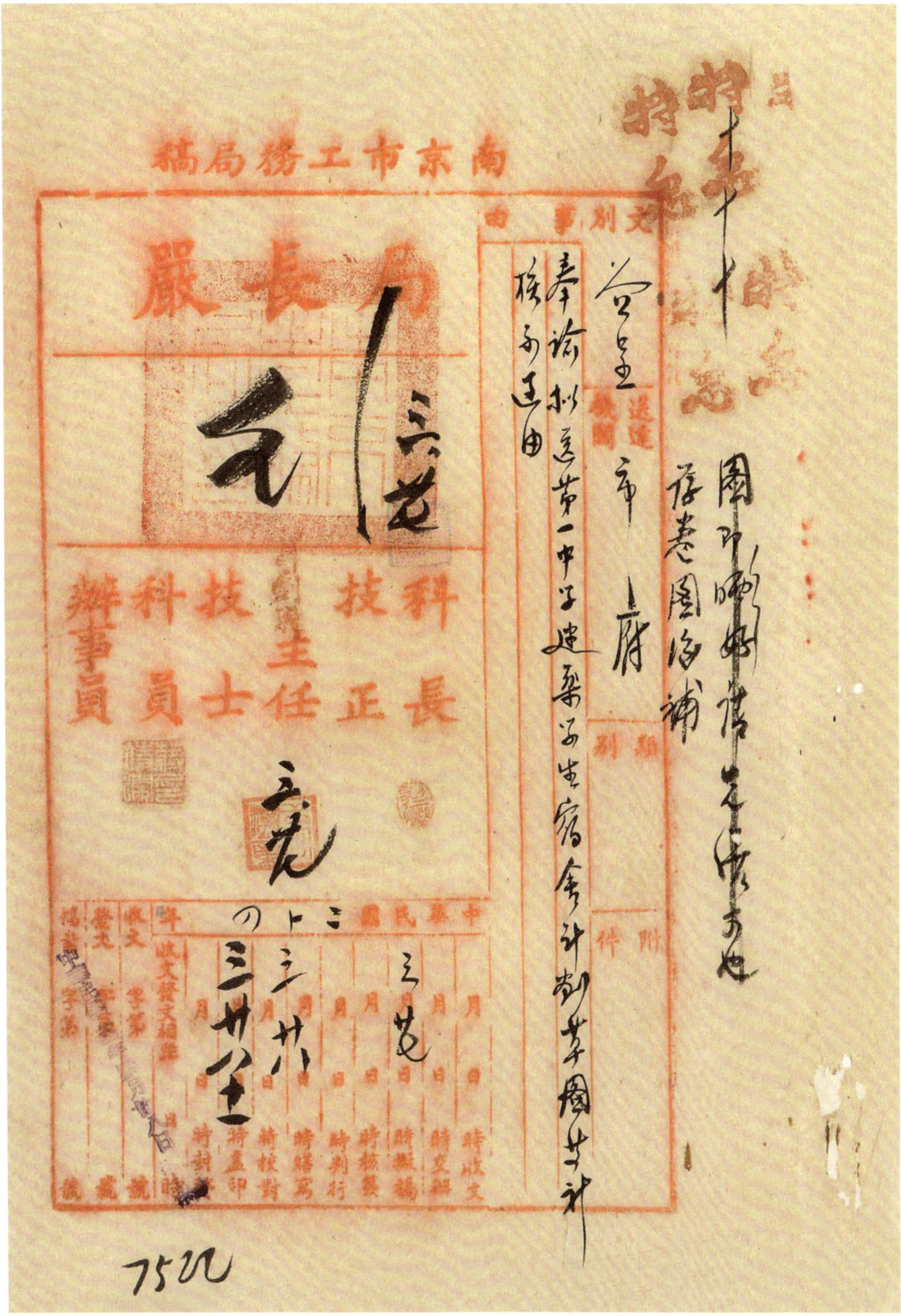

南京市工務局爲奉諭擬送第一中學建築學生宿舍計劃草圖等給市政府的簽呈及附件

（一九三五年三月二十八日）

檔號：1001-3-107

簽呈

案奉

鈞長面諭：「着即設計建築市立第一中學學生宿舍」並同函送，又准社會局送到第一中學學生宿舍建築計劃簡單說明一份，茲遵經飭科依照社會局所擬建築計劃繪就草圖一份，並經約略估其需建築費共洋三萬三千三百四九元一角，另外衛生水電設備並鋪地板等項約計須洋四千元之左右，圖說暨有關理會檢同草圖並具文呈請

鈞長 查核示遵

謹呈

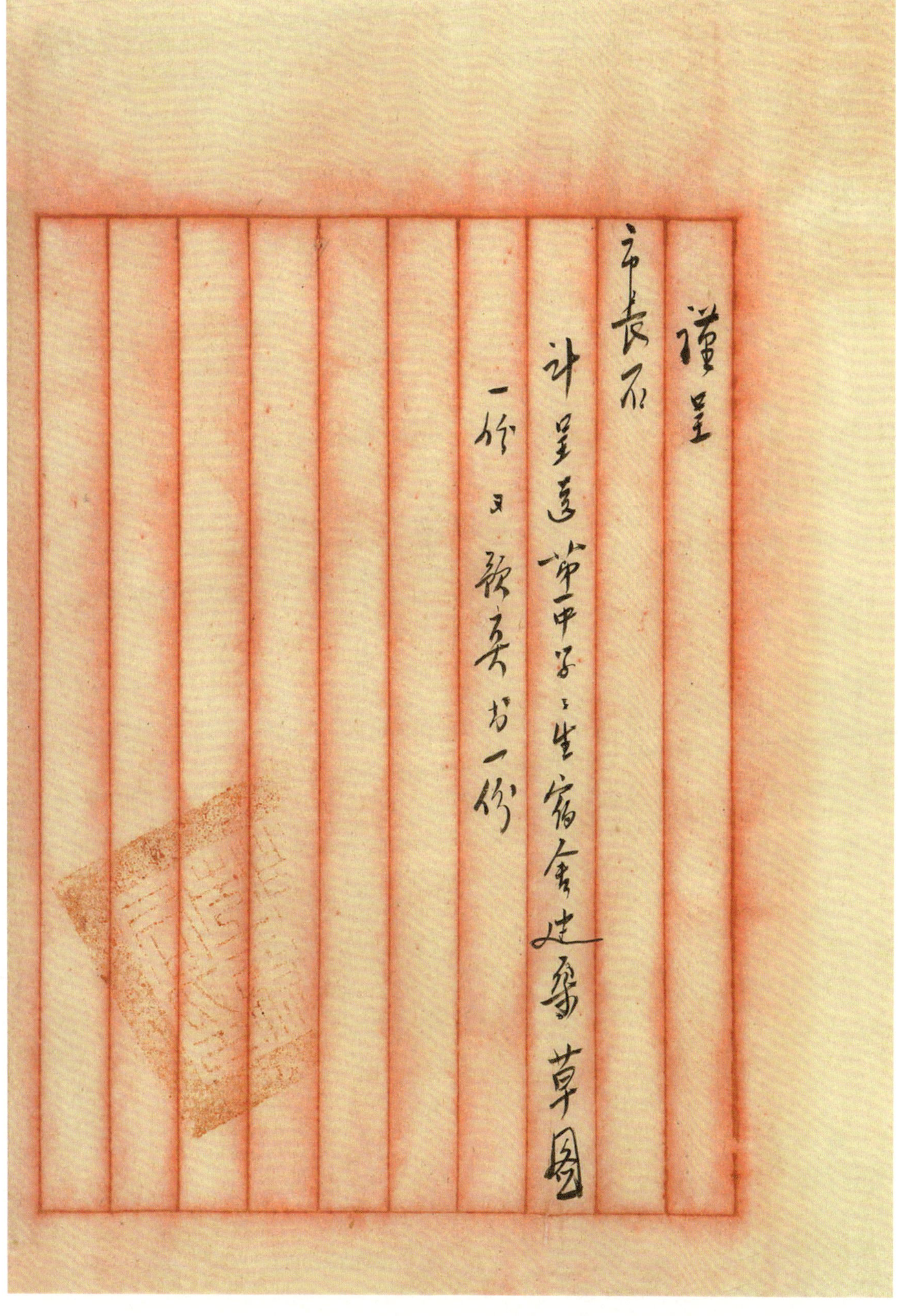

謹呈

市長石

計呈送第一中學學生宿舍建築草圖

一份又預算書一份

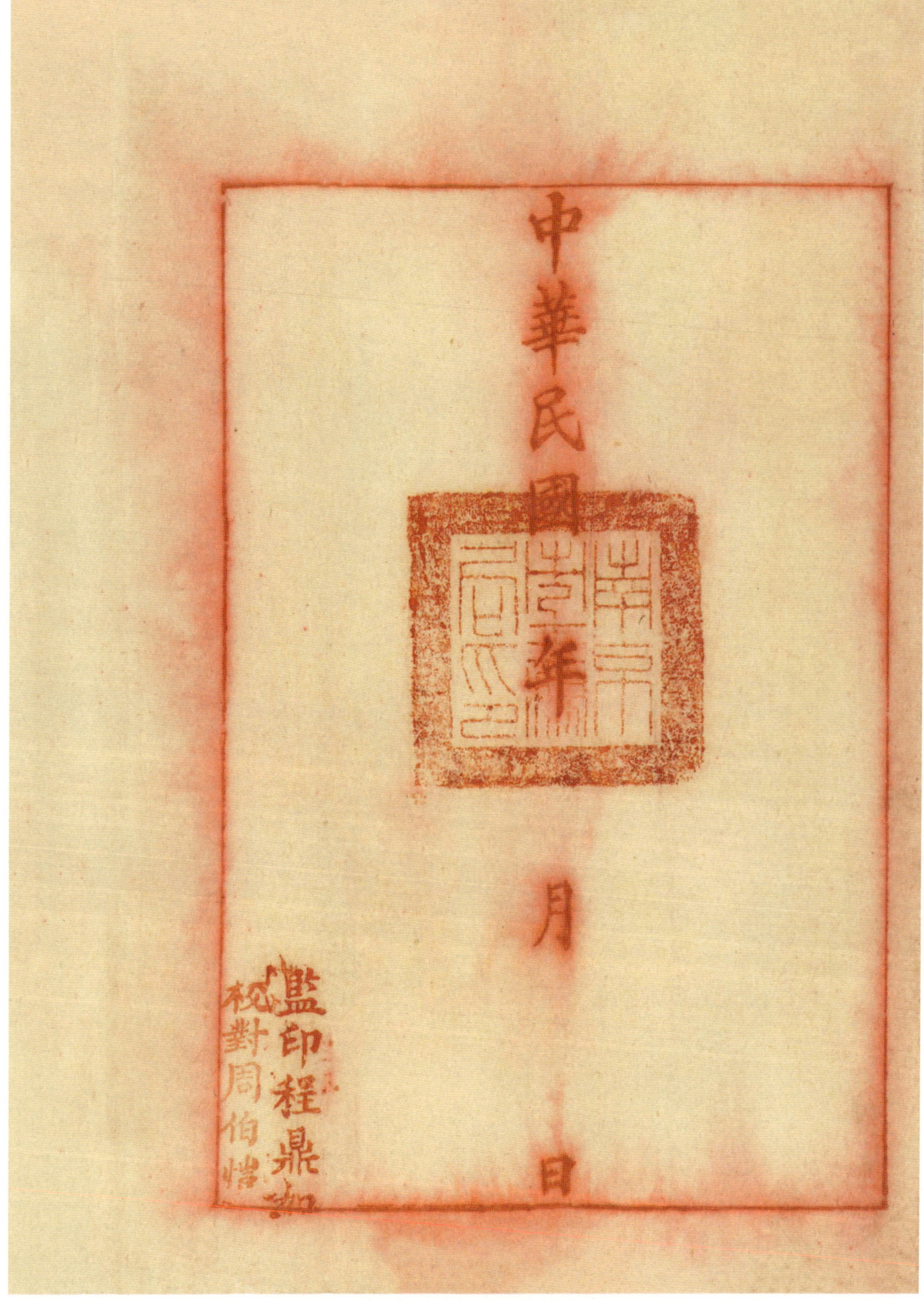

中華民國　年　月　日

監印程鼎鉌

校對周伯愷

南京市立第一中學學生宿舍建築計畫簡單說明

（一）形式　用普通西式房屋形式一字形以堅固樸質為主

（二）容量　普通容弍百四十八人如用疊鋪可容四百八十人學校現有學生六百人可容納五分之二至五分之四

（三）用途分配　第一層作飯堂盥洗室廚房浴室廁所等用第二三層作宿舍用

（四）各部尺寸

1、全屋長一百十八尺寬五十五尺佔地六十四方九分高三十八尺

2、宿舍每室長二十尺寬十尺可放兩排牀鋪每排三鋪中留四尺寬走道

3、其他部分尺寸視圖

（五）工程略述

1、屋頂　用水泥瓦望板油毛氈

2、天花　用木板（粉板条易壞不經用不可取）

附（一）南京市立第一中學學生宿舍建築計劃簡單説明

3.樓板　水泥鋼骨（宿舍為衆多生命所寄托非於火患有特别預防不可木板不可用）

4.墻　清水實砌第一二層大墻十五寸三層十寸横隔墻十寸直隔墻五寸登台二尺

5.樓梯　屋内樓梯用鋼骨水泥屋外避火梯用鉄梯或水泥均可

6.門　各處門均向外開或内外開閉所以防火

7.窗　用上下抽窗式

(六)地址　在本校學校園小山後

(七)附註　如照原式估價過巨一時財力不及可先造二層屋頂改用水泥平頂以備將來經濟寬裕時可加築第三層

(八)附圖

1.第一層平面圖

2.第二三層平面圖

3.全屋正面圖

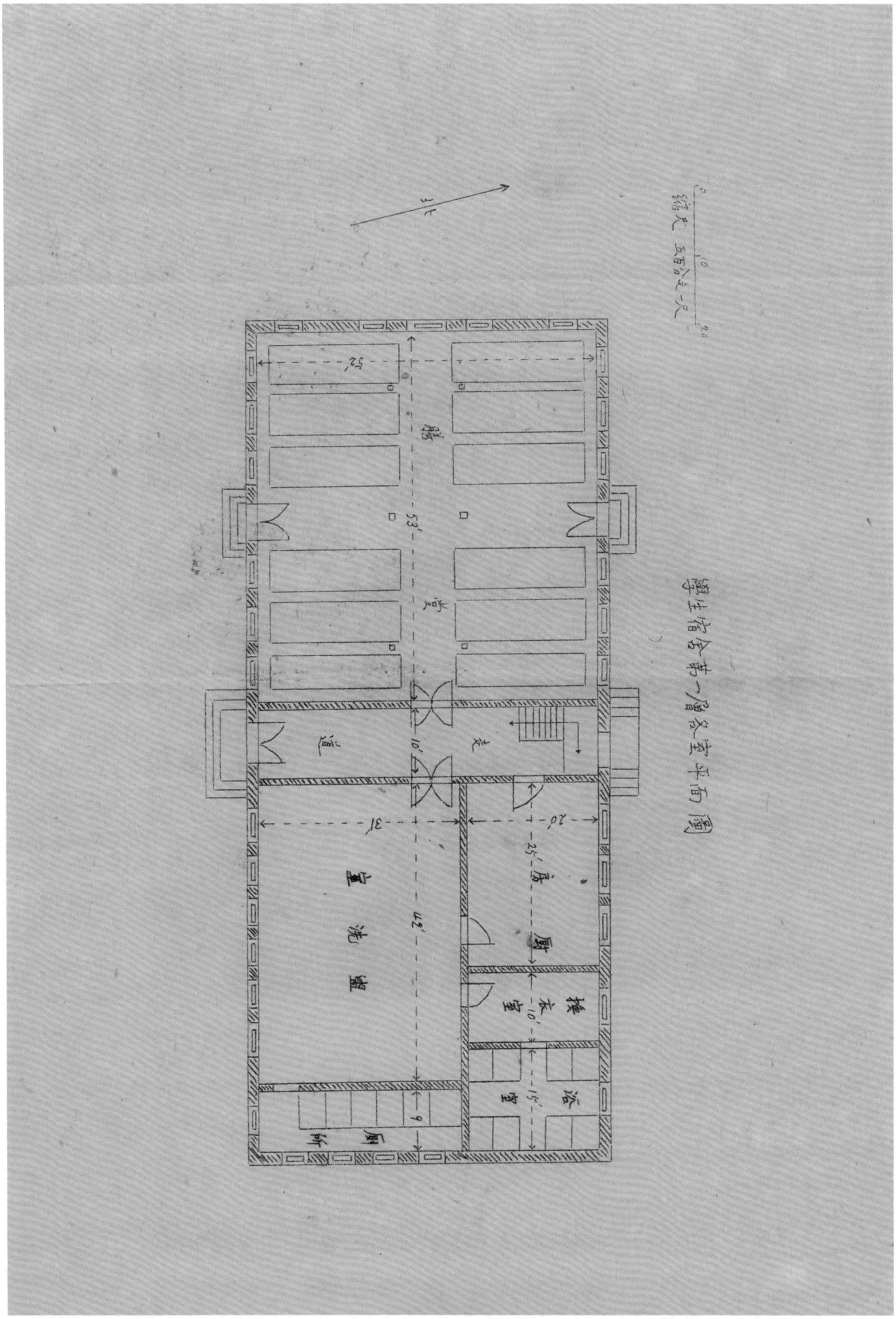
學生宿舍第一層各室平面圖
縮尺
北
膳堂
53'
52'
走道
10'
盥洗室
31'
42'
廚房
20'
25'
換衣室
10'
浴室
15'
廁所
9

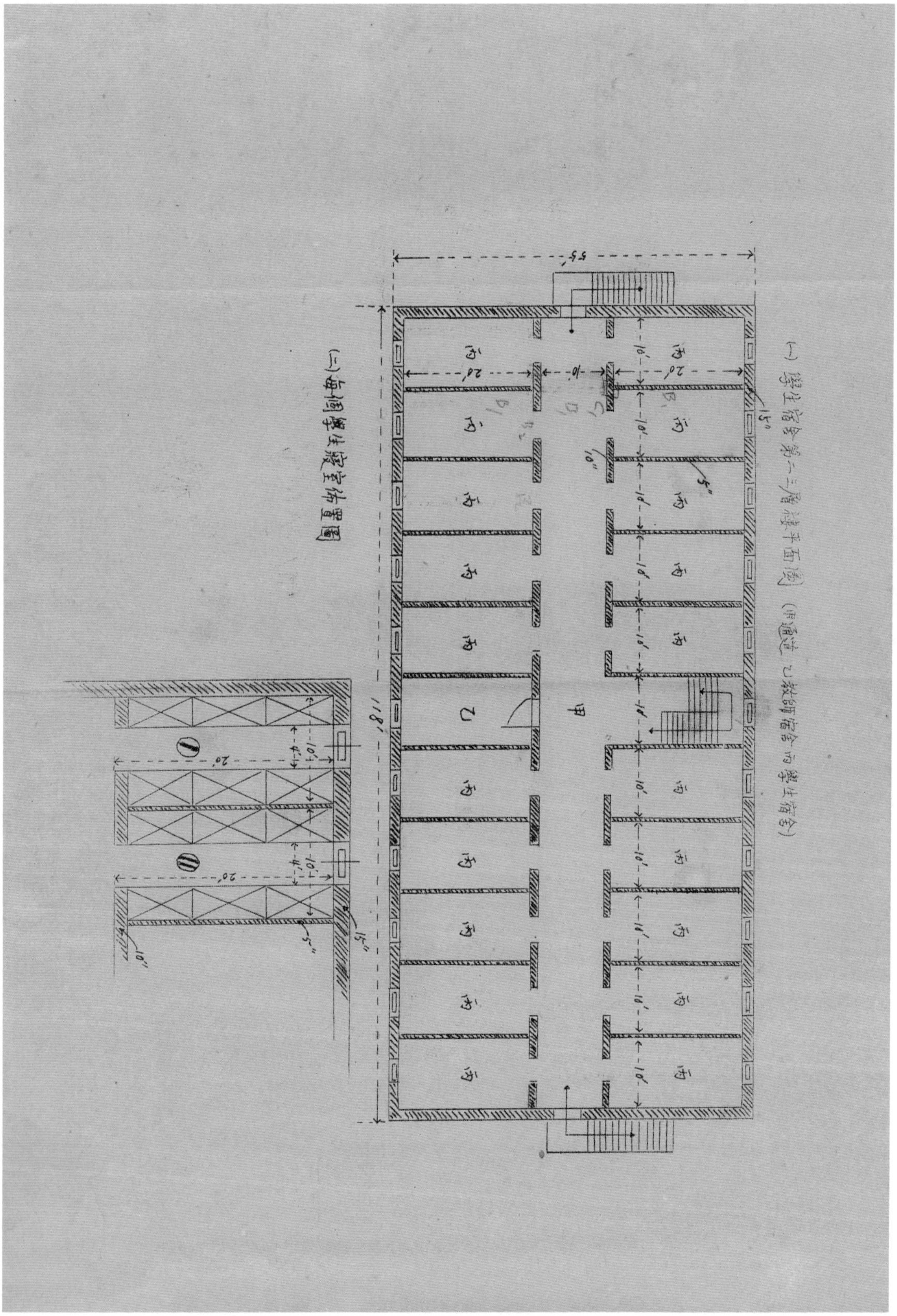
(一)學生宿舍第一二三層樓平面圖 (甲通道 乙教師宿舍 丙學生宿舍)
(二)每個學生寢室佈置圖

南京市立第一中學學生宿舍正面圖

南京市工務局　　　　　　　　工計A-1(甲)

市立第一中學建築宿舍工事預算書（共2頁）

技字第416號　　　　　　　　第1頁

地點	府西街
工程撮要	三層樓宿舍壹座
總價	33309.85元　　平均單價
起案原委及施工方法	奉諭設計
附件	圖壹張

預算詳細表

種類	形狀	單位	數量	單價（元）	總價（元）	備考
灰漿三合土連挖基		立公	191.0	5.00	955.00	房屋打樁視工时决定
0.50勒脚連大放脚		平公	110.0	5.00	550.00	
0.38勒脚連大放脚		平公	75.5	3.90	294.45	
0.38磚牆		平公	705.5	4.80	3386.40	
0.25磚牆		平公	840.0	3.40	2856.00	
0.13磚牆		平公	1080.0	2.00	2160.00	
1:3:6混凝土地邊	填土	平公	548.0	2.00	1096.00	
0.12厚鋼筋混凝土	樓板	平公	1072.0	6.30	6753.60	
灰板平頂連擱柵		平公	595.0	1.00	595.00	
青瓦屋面連屋架桁	條等件	平公	680.0	5.00	3400.00	油毛毡在外
全部鋼筋混凝土樑柱		立公	120.0	53.00	6360.00	將來依詳圖計算
鋼筋混凝土樓梯		座	2	320.00	640.00	
鐵架太平梯		立公	4	260.00	1040.00	
双扇門	2.0×2.9	堂	3	46.00	138.00	五金油漆在內
〃	1.2×2.9	堂	6	28.00	168.00	〃
〃	1.2×2.0	堂	1	19.00	19.00	〃
			接下頁			

24年3月27日　　　　計算 吴振泉　校對　　審核

附（二）南京市立第一中學建築宿舍工事預算書（一九三五年三月二十七日）

南京市工務局

續　字第　號　詳細表

第 2 頁

種類	形狀	單位	數量	單價（元）	總價（元）	備考
			接上頁			
單扇門	1.0×2.9	堂	46	23 00	1058 00	五金油漆在內
玻璃窗	1.2×2.0	堂	70	20 00	1400 00	〃
厠所及浴室木板隔連小門		公尺	72	1 00	72 00	
烟囱尖磚砌		座	1	50 00	50 00	
1:3:6混凝土踏步		座	4	10 00	40 00	
天溝、落水管		公尺	238	0 80	190 40	漆用外貨
水泥明溝		公尺	110	0 80	88 00	
						~~鐵床、衛生設備等不在內~~
						~~衛生設備費約估1,500元~~
						衛生水電床舖等設備費約估4,000元
總計					3330985元	

24年 3 月 27日　計算 吴顯泉　校對　審核

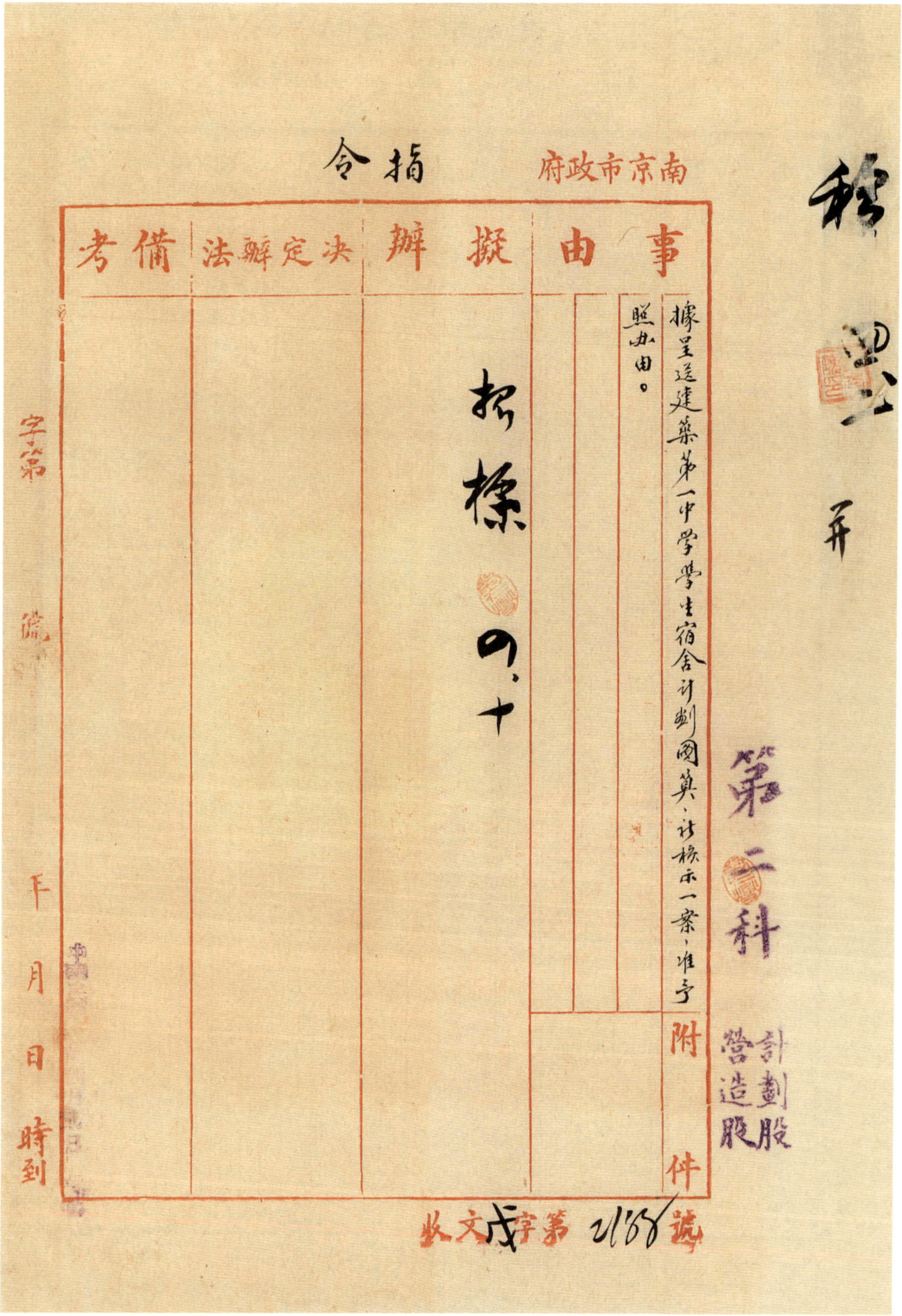
南京市政府 指令

事由	擬辦	決定辦法	備考
據呈送建築第一中學學生宿舍計劃圖算、説、標示一案，准予照辦由。			

附件

第一科 計劃股 營造股

收文戊字第2158號

南京市政府爲據呈送建築第一中學學生宿舍計劃圖算準予照辦給市工務局的指令

（一九三五年四月二日）

檔號：1001-3-107

南京市政府指令　字第03514號

令工務局

簽呈一件，奉諭擬送第一中學建築學生宿舍計劃圖算等件，祈核示由。

呈件均悉。據呈圖算，察核尚屬可行，准予照辦，仰即遵照，件存。此令。

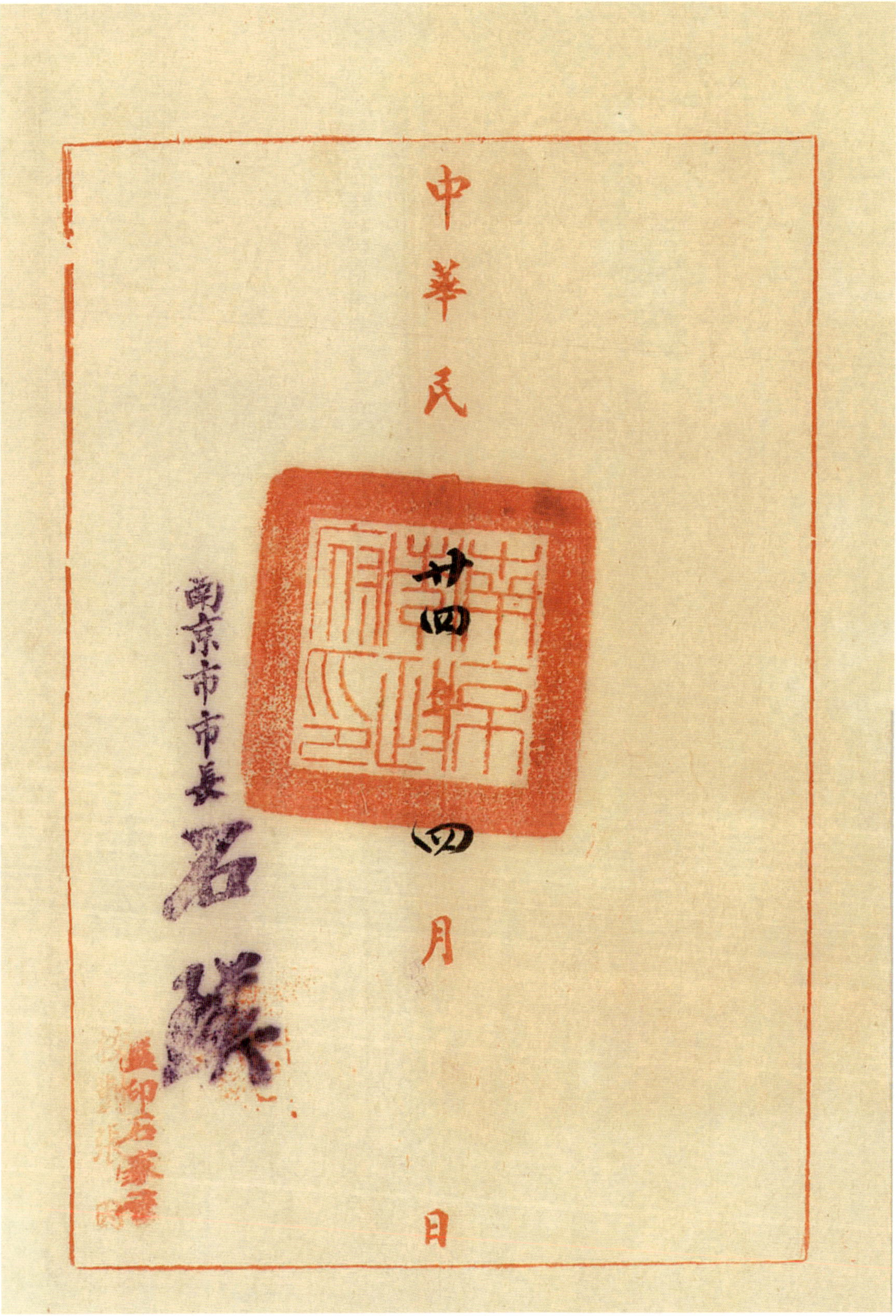
中華民
廿四
四
月
日

南京市市長
石瑛

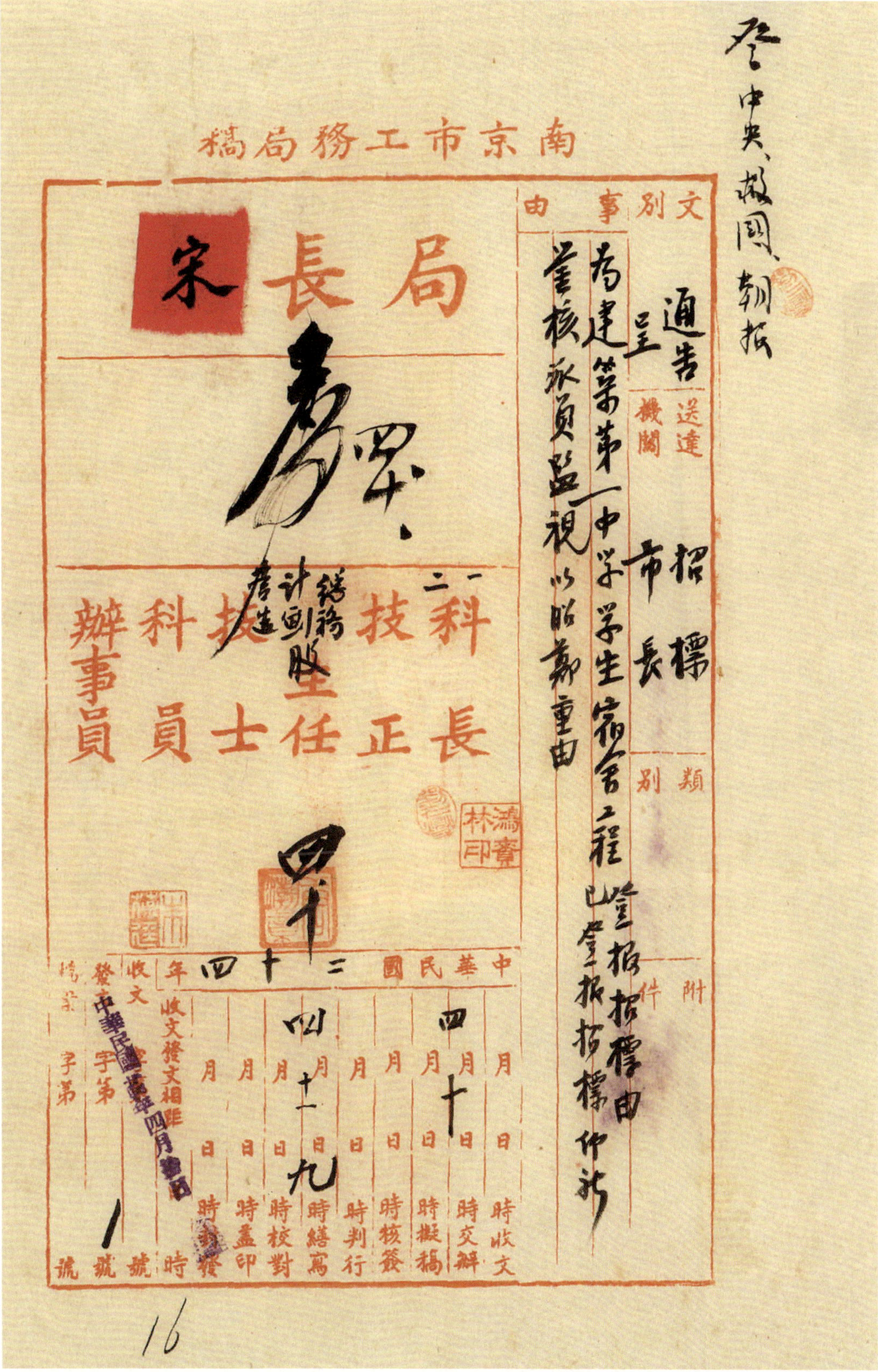

南京市工務局稿

文別	通告 呈
事由	為建築第一中學學生宿舍工程登報招標由 呈請鑒核派員監視以昭鄭重由
送達機關	招標 市長
類別	
附件	已登報招標

登中央、救國、朝報

局長 宋

科長

正

技士

主任

科員

辦事員

中華民國二十四年 四月 十日

收文 字第 號

發文 字第 號

檔案 字第 號

南京市工務局爲建築第一中學學生宿舍工程登報招標的通告及請市政府鑒核派員出席監視的呈文

（一九三五年四月十日）

檔號：1001-3-107

南京市工務局招標 建築第一中學學生宿舍工程 字第 號

工程名稱	工程概要	投標人資格	圖則費	投標保証金（現款）	開標日期地點	備考
建築第一中學學生宿舍	三層樓宿舍全壹座	乙等	二元	五百元	四月廿一日上午十時在本局會議室	四月廿日發售

附註（1）領標時應携帶工程記載表牌号書柬戳及經理人簽章（2）標賬上所蓋之書柬戳及簽章應與工程記載表上之印模相符否則作廢

呈

查接管卷內建築第一中學學生宿舍工程，前經嚴前局長擬具計劃備稿，呈奉鈞府第〇三五一四號指令核准在案。茲經登報招標，定於四月廿二日上午十時在本局會議室開標，理合具文仰祈鑒核，俯賜派員屆時出席監視，以昭鄭重。

謹呈

市長馬。

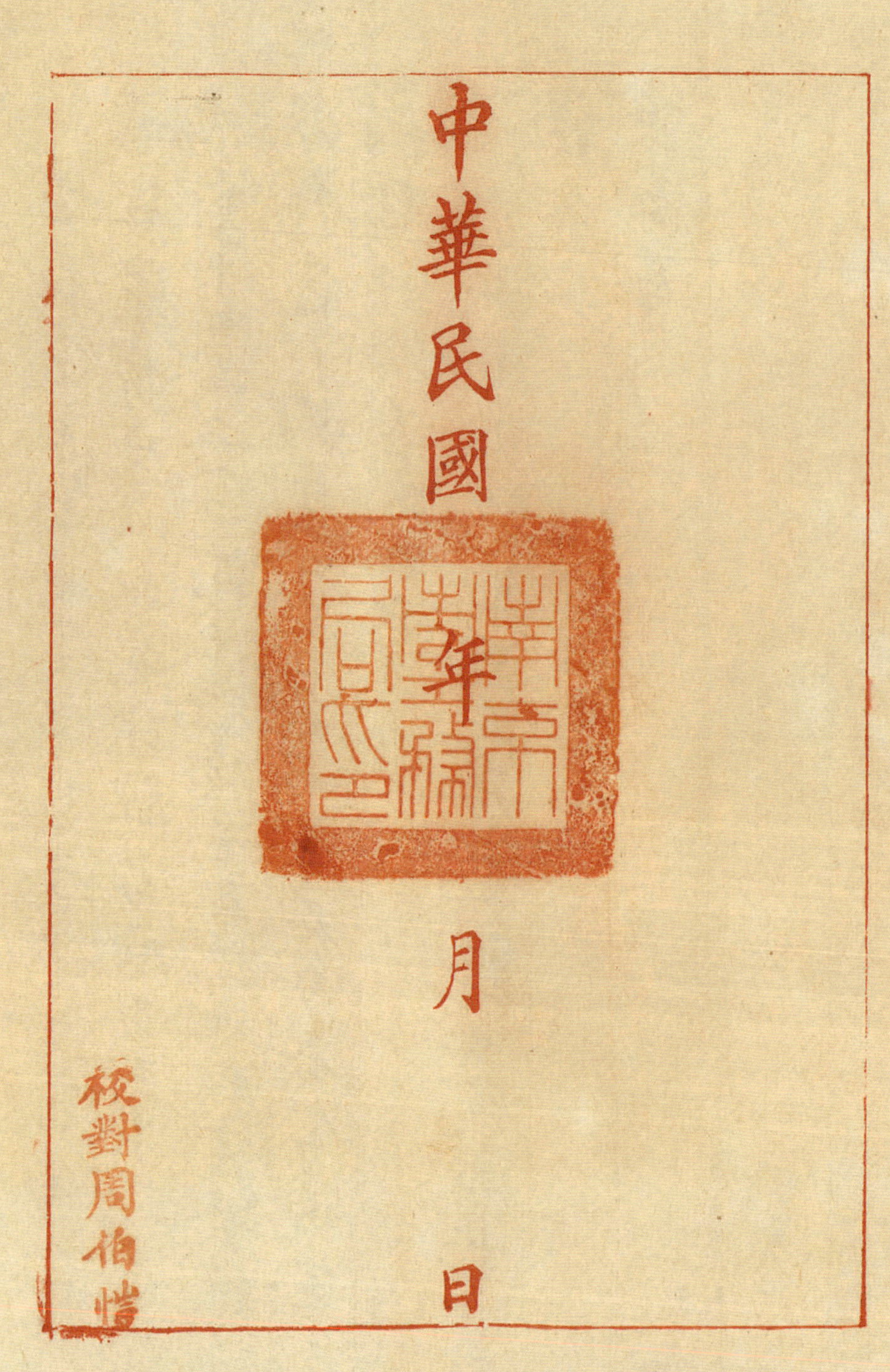

中華民國　　年　　月　　日

校對周伯愷

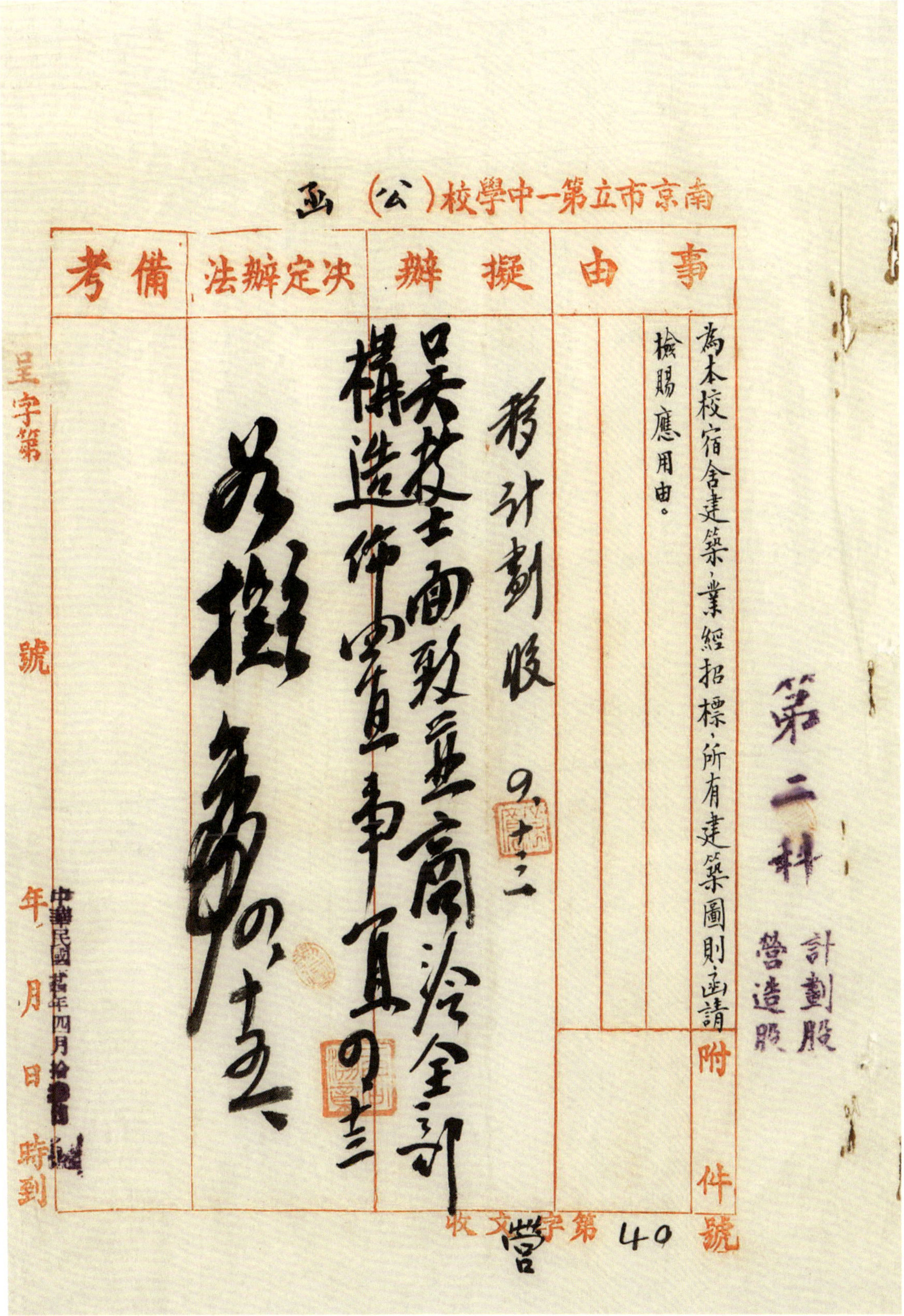
南京市立第一中學校（公）函

事由	擬辦	決定辦法	備考
為本校宿舍建築，業經招標，所有建築圖則函請檢賜應用由。	移計劃股		

附件

呈字第　號

年　月　日　時到

中華民國廿四年四月拾貳日

收文營字第40號

第二科

計劃股

營造股

南京市立第一中學爲本校宿舍建築業經招標，所有建築圖則函請檢賜應用給市工務局的公函

（一九三五年四月十二日）

檔號：1001-3-107

南京市立第一中學校公函字第　號

案查本校宿舍建築，業經呈奉

市府批准興建。項閱報載

貴局業經招工投標。茲爲計畫建築地點起見，擬得是項建築

圖樣以及施工細則等件參攷，懇請

貴局檢賜一份，藉資應用。相應函達，即希

查照見復爲荷！

此致

南京市工務局。

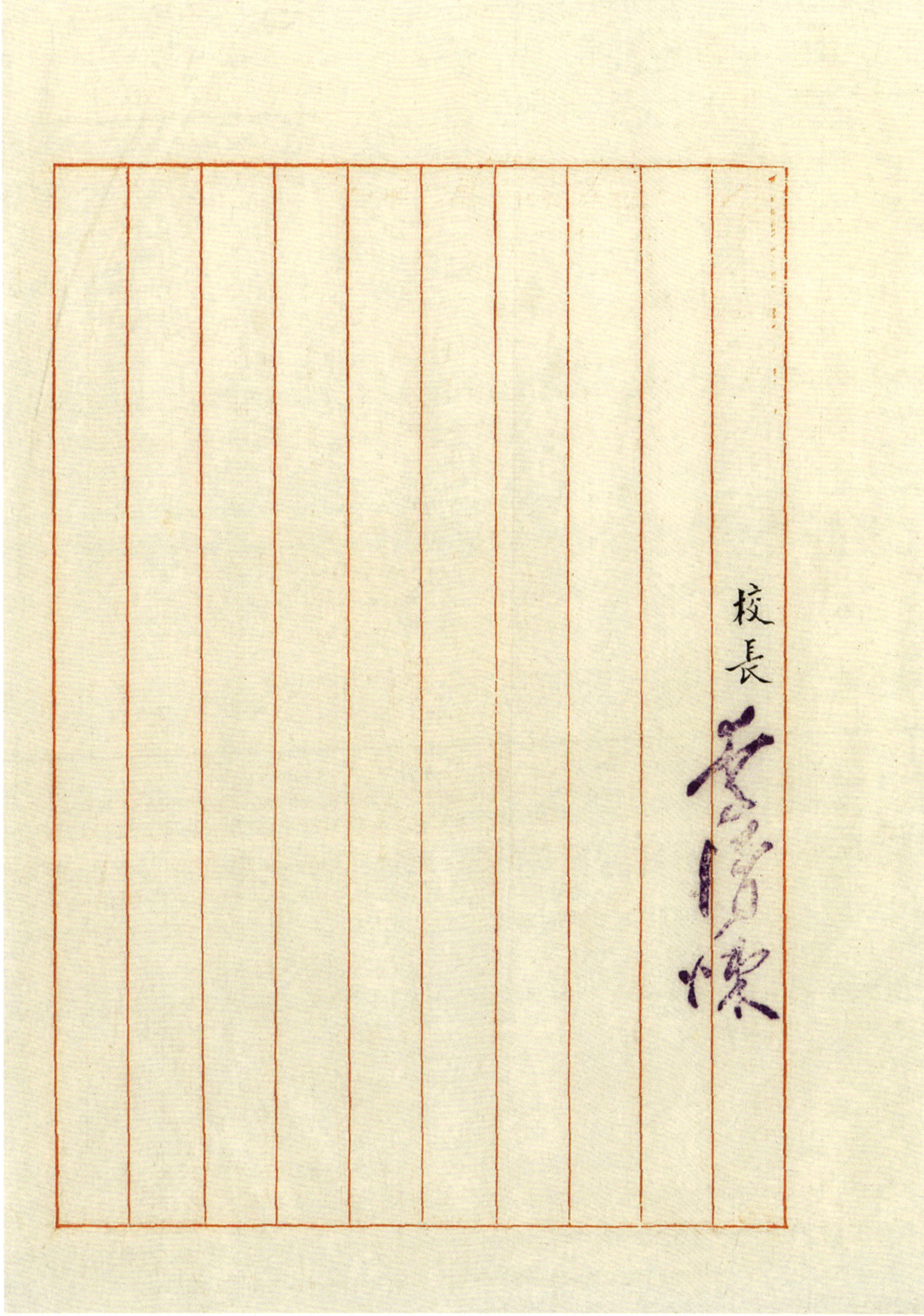

校長

李清悚

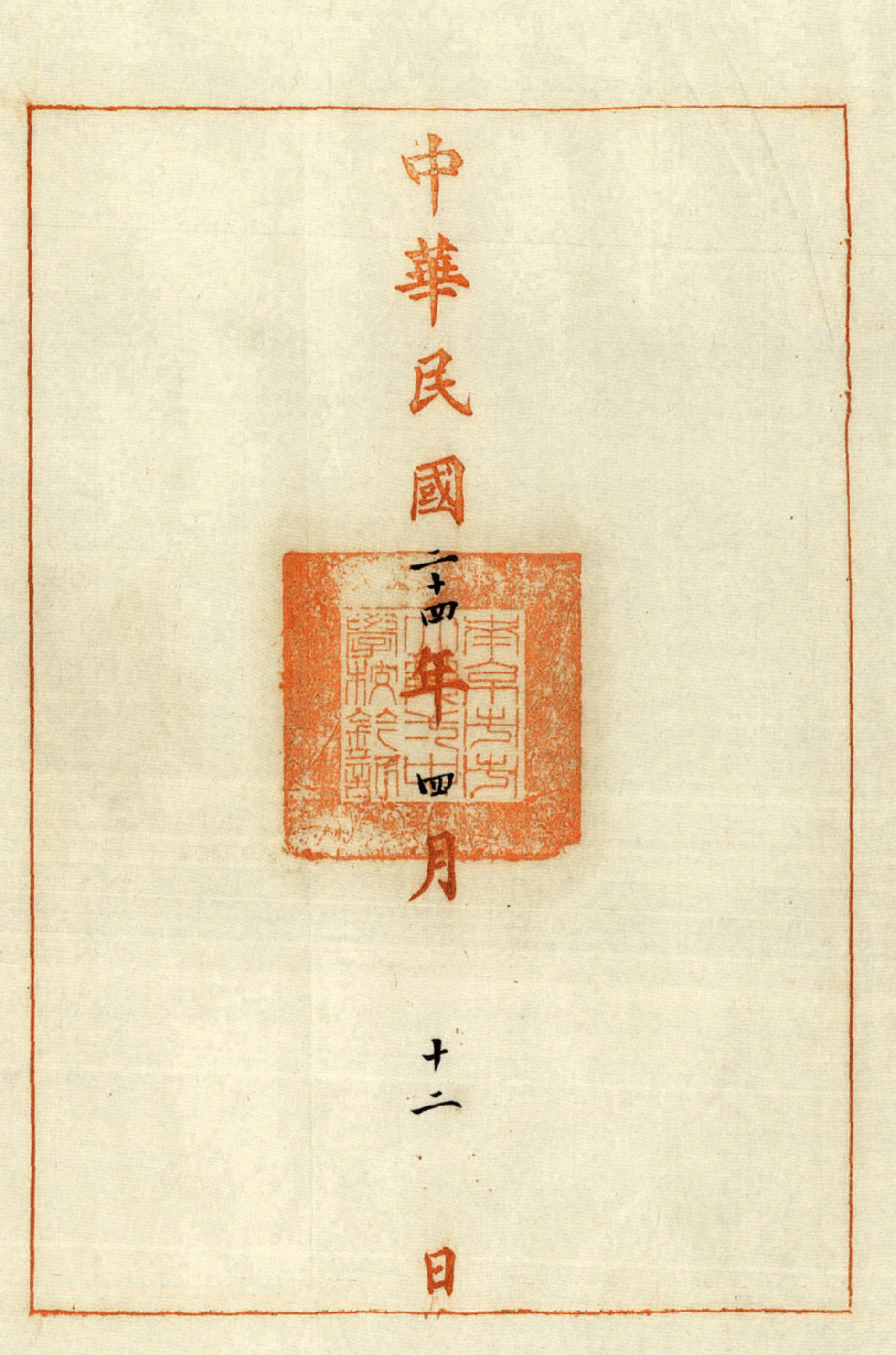

中華民國二十四年四月十二日

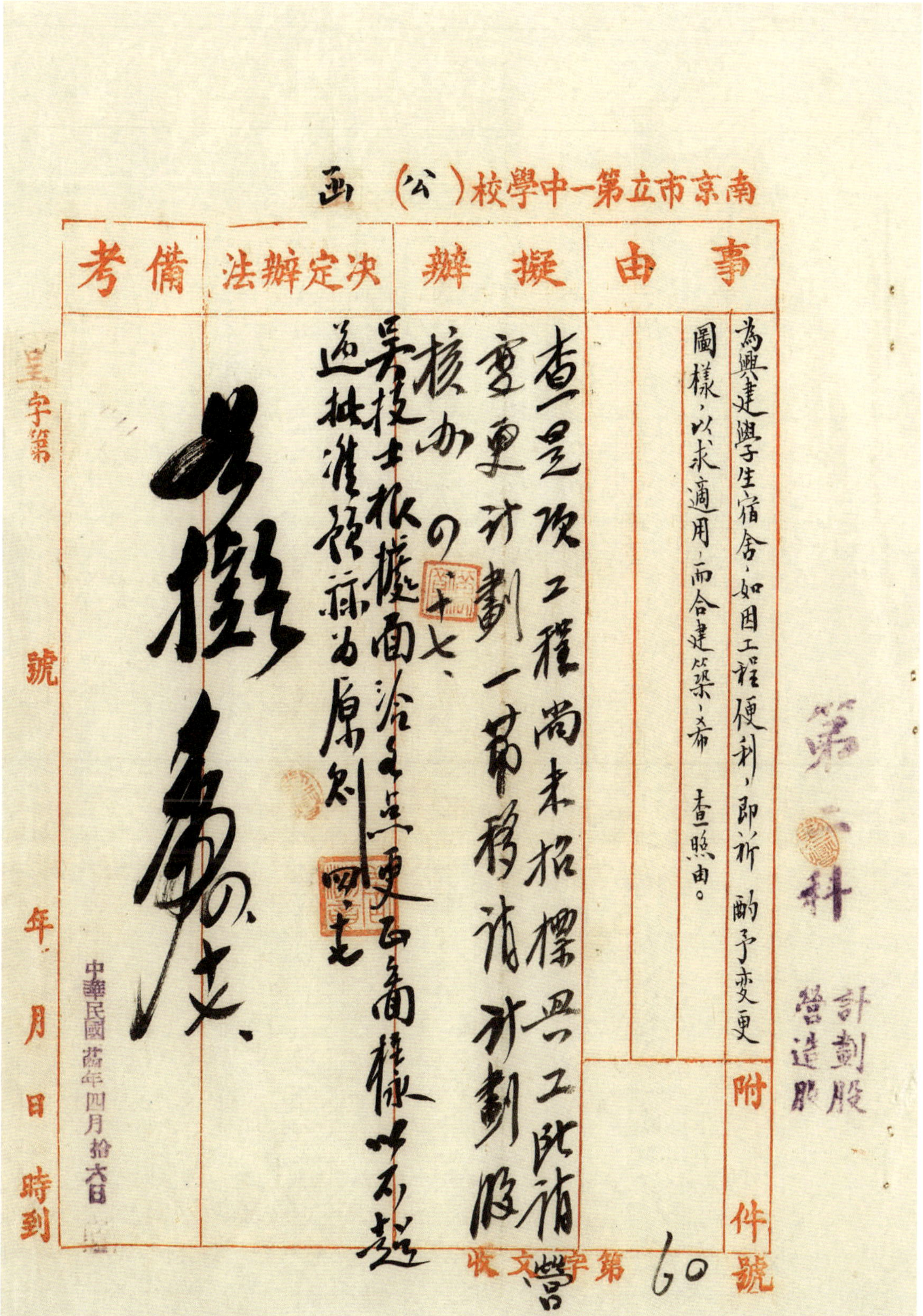

南京市立第一中學爲請變更興建學生宿舍圖樣給市工務局的公函（一九三五年四月十六日）

檔號：1001-3-107

南京市立第一中學校公函字第七六號

查本校興建學生宿舍，奉
石前市長面諭：就目前需要，擬具計畫，當經製定建築
圖樣，呈奉　批准，交由
貴局審勘興工在案。惟是項建築圖樣，奉
令匆促擬具，或有未盡週密之處。除樓上第二第三兩層，
係學生卧室，第一層膳堂，因學校管理設施關係，未便
更改外，其樓下第一層廚房廁所，可以移出。其他因工程上
便利，亦可稍事變更。倘依

貴局計畫，認為有變更之必要者，尚祈酌予變更，以求適用，而合建築。又各層紗窗，在本校所草計畫中，未曾指出，最好同時列入賬目為宜。相應函達，即希查照。所有變更計畫，并盼見復為荷！

此致

南京市工務局。

校長

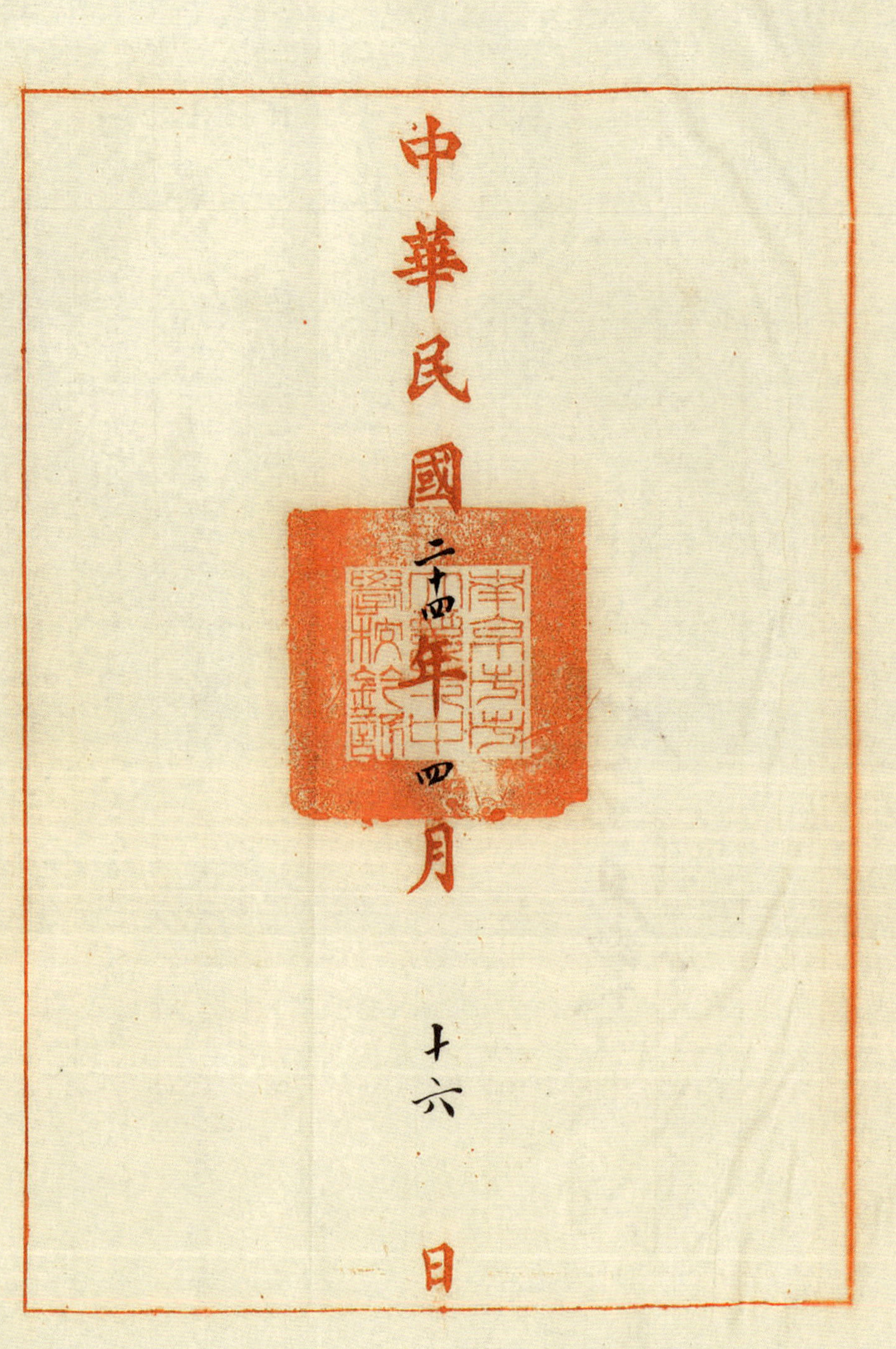

中華民國二十四年四月十六日

建築第一中學學生宿舍工程開標紀錄

地點　本局會議室

時間　四月二十二日

出席者

市政府　周湘

本局

劉仁斐

林修賢

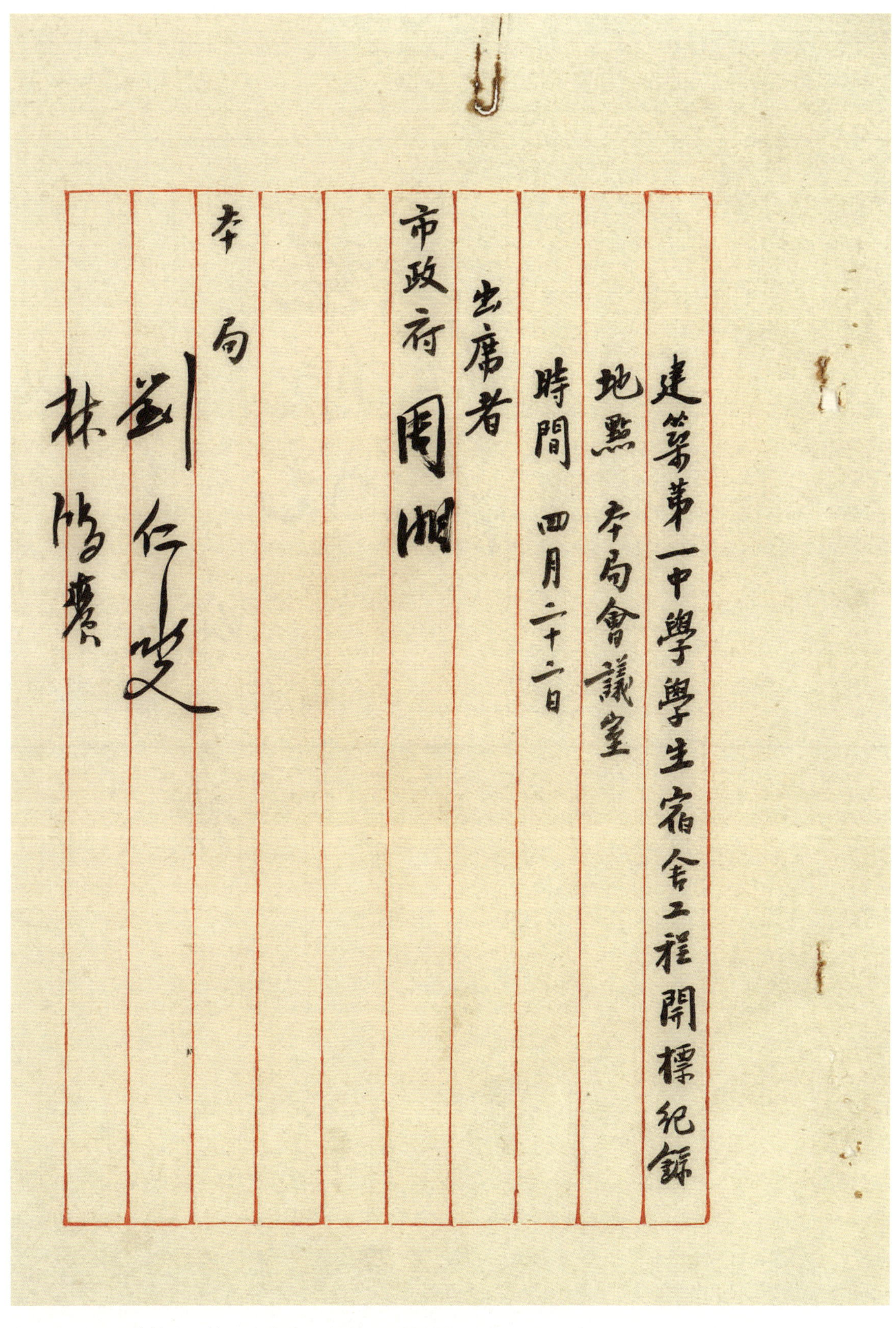

南京市工務局建築市立第一中學學生宿舍工程開標紀録（一九三五年四月二十二日）

檔號：1001-3-107

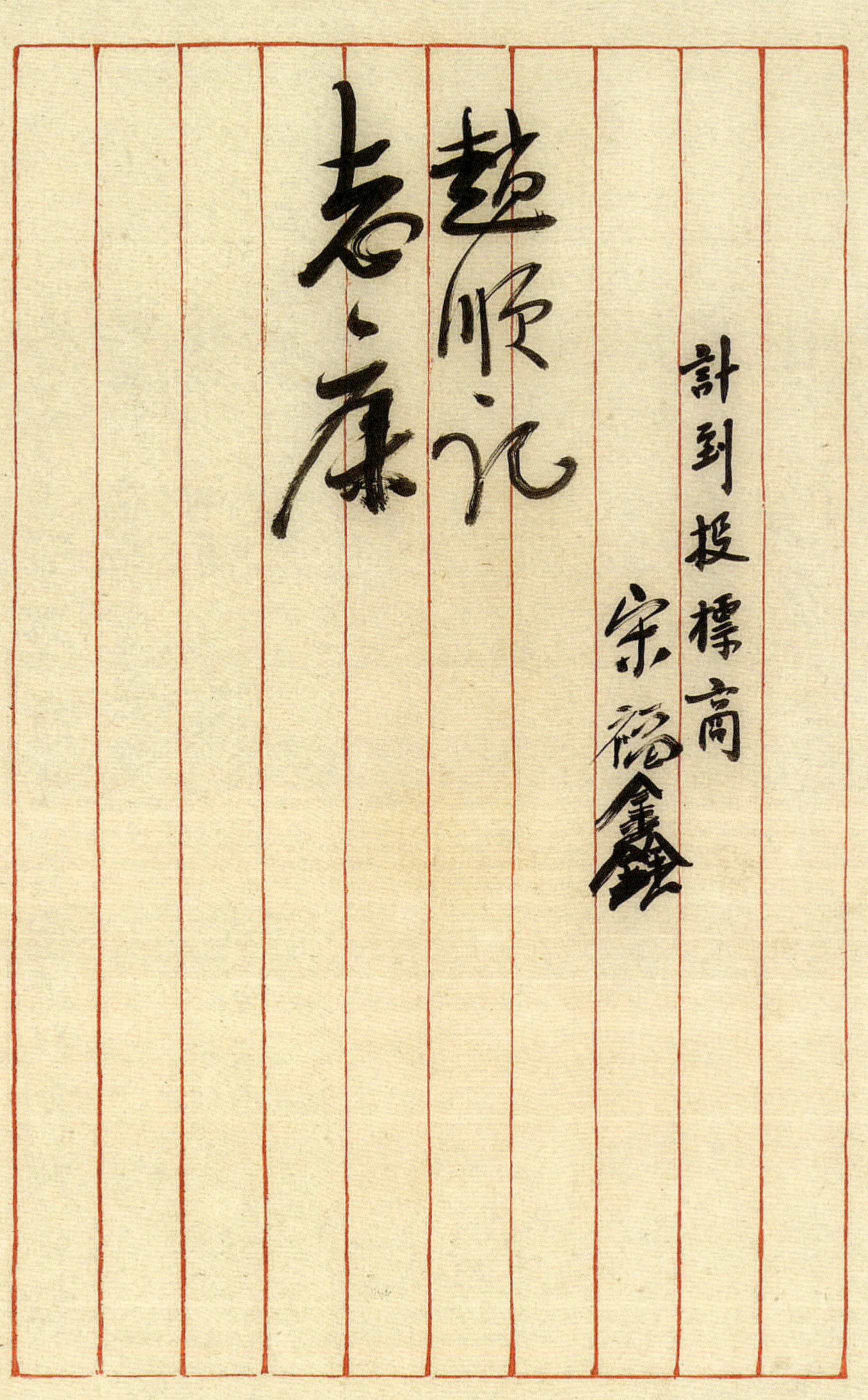

計到投標商

宋福鑫

趙順記

志康

計開

趙照記　三万四千五百六十一元六角　一百五十晴天

宋福鑫　三万三千五百九十八元五角　一百五十晴天

志康　三万三千九百七十一元九角　一百五十晴天

收據

今收到

第一中學校工程宿舍

圖樣　張
標單　份
標封　個
施工細則　份
投標章程　份
合同式樣　份

營造廠公司具

駐京趙順記營造廠
CHAO SHUNG KEE
BUILDING CONTRACTOR

中華民國廿　年四月廿　日

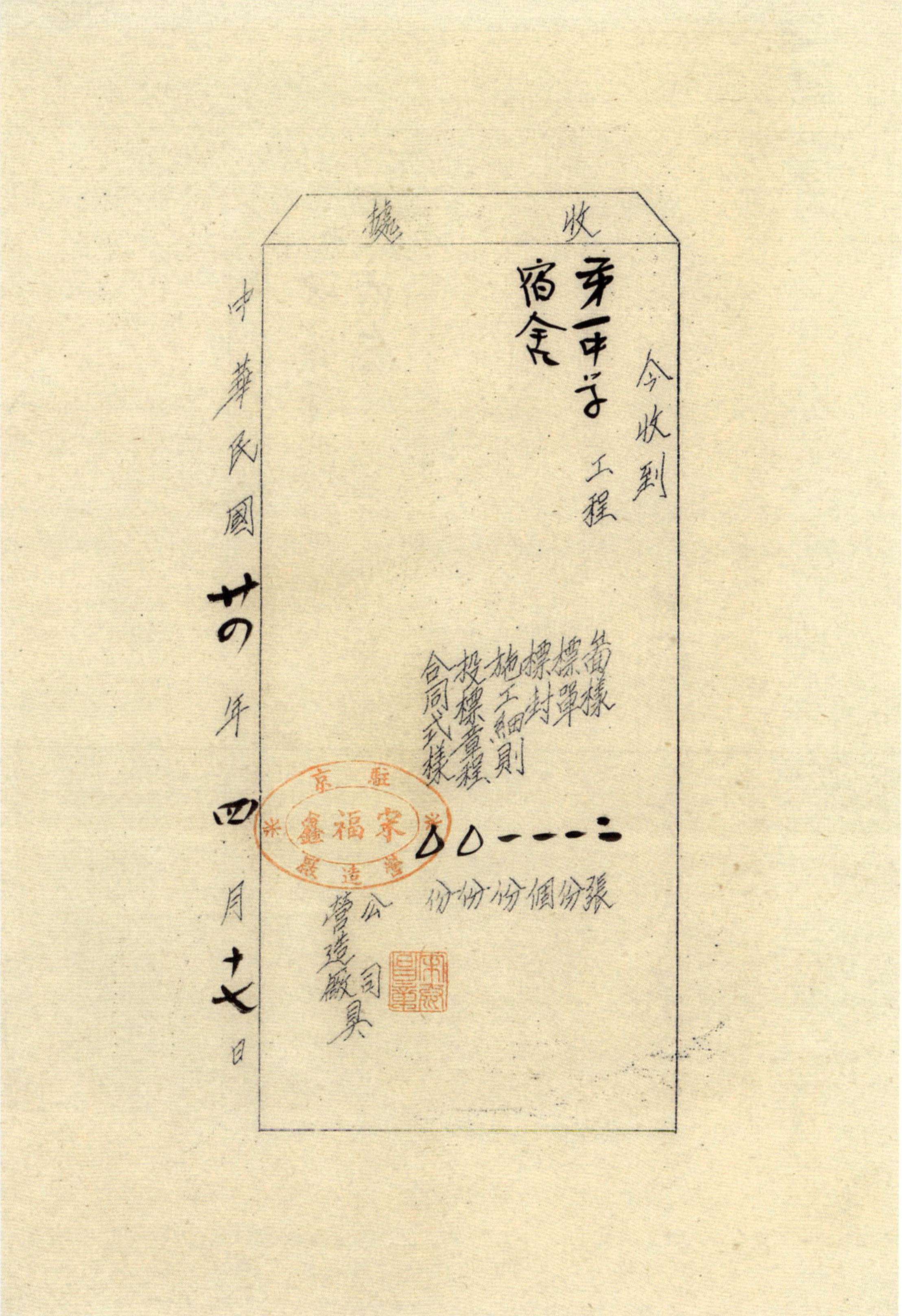

收據

今收到

第一中學宿舍工程

圖樣 二張

標單 一份

標封 一個

施工細則 一份

投標章程 〇份

合同式樣 〇份

公司
營造廠 吳

中華民國廿四年四月十七日

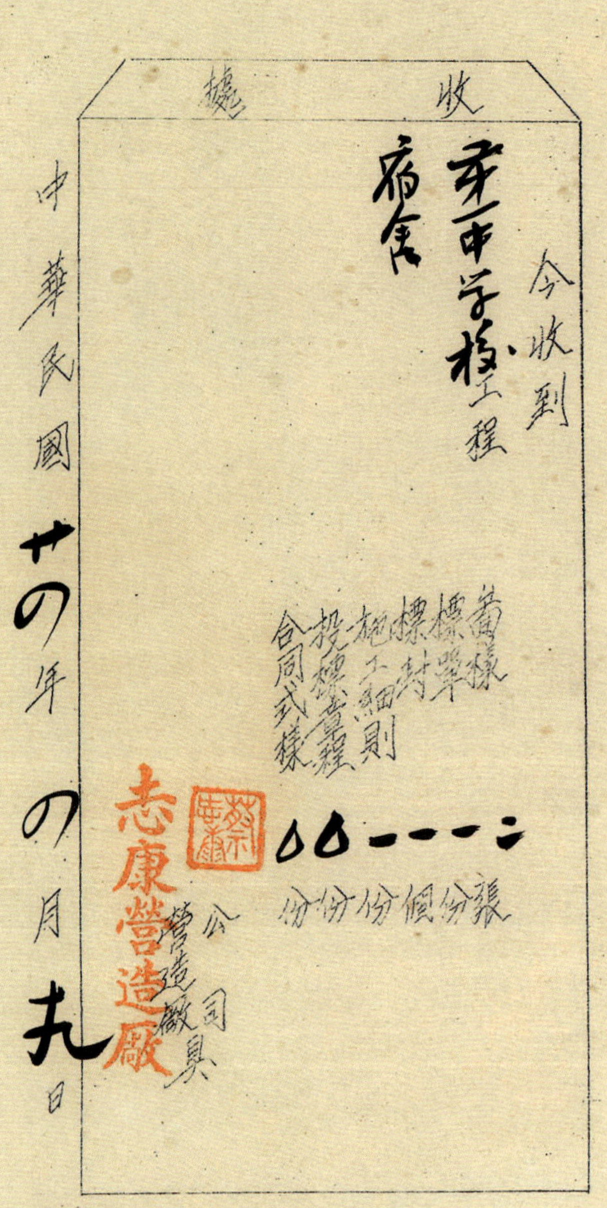

收據

今收到

東南大學校工程宿舍

圖樣 二張
標單 一份
標封 一個
施工細則 一份
投標章程 ○份
合同式樣 ○份

志康營造廠（印）
志康營造廠 公司 具

中華民國 廿四年 四月 九日

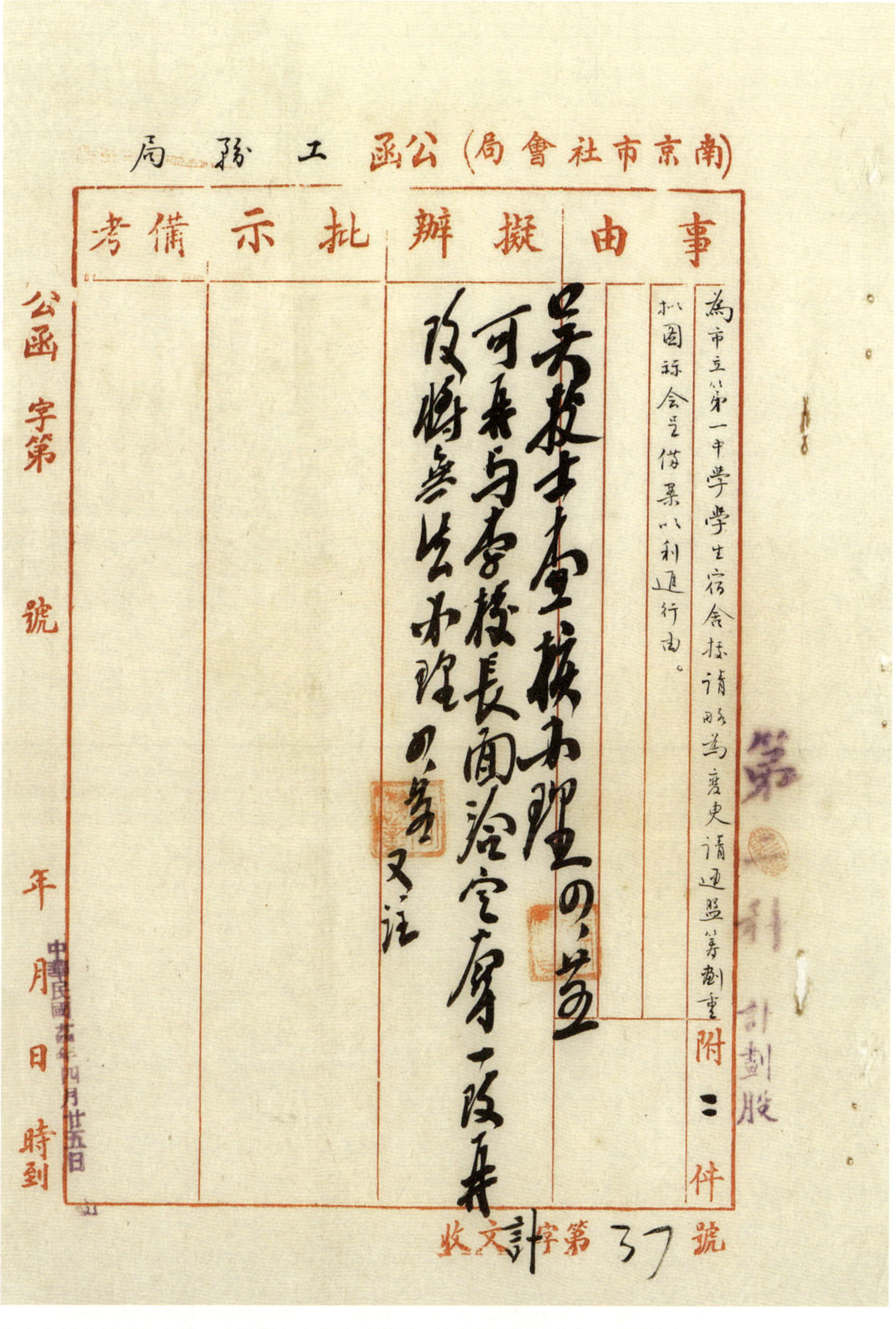
南京市社會局公函 工務局

事由	擬辦	批示	備考
為市立第一中學學生宿舍擬請略為變更請速照另劃重擬圖算以利進行由。			

附二件

公函 字第 號 年 月 日 時到

中華民國廿四年四月廿五日

收文計字第37號

第 利 計劃股

南京市社會局爲市立第一中學學生宿舍略爲變更，請重新擬圖算給市工務局的公函

（一九三五年四月二十四日）

附：建築計劃簡單説明及校舍圖

檔號：1001-3-107

南京市社會局公函

字第九三〇號

案據市立第一中學呈稱：

「案奉鈞局訓令第八十六號內開：『案查接管卷內，該校呈請興建學生宿舍一案，業經本局呈奉前市長石照准，市工務局所擬預算，共洋叁萬柒仟叁百零玖元，飭辦理。仰即知照。此令。』等因，奉此，查興建學生宿舍，為本校之迫切問題，在石前市長任內，曾經呈請，奉　石前市長面諭，就目前需要，擬具計劃。當經呈奉批准，交由工務局察勘，製定建築圖樣，以資興工在案。惟以本校現在校舍校地狀況，該原建築地點，厥以現有圖書館舊址為最宜。此地原係留建學校衛生中心建築之用。前年鈞府第二六一號訓令之該屋另謀場所建築，此址自可作為宿舍建築地址。原以新學生宿舍，依所訂建築計劃，長壹百壹拾捌尺，寬五十五尺，佔地六十五方弱。為現在所有校舍中之最大建築。其所在地址，關係實用美觀各方甚巨。其地至少需合於三種原則：(1)實用原則—便於管理，與現有校舍相聯絡。(2)衛生原則—空氣日光充足，較空曠地方。(3)美觀原則—能增加校景而壯觀瞻。現有圖書館原址，有以下四種優點：

(一)學校適中地點，東與現教師宿舍聯絡，西與現有廚房聯絡。

(二)空氣日光充足，東北有學校園，南面有大草坪，於衛生上極相宜。

（三）与現有办公室教室之地遠近恰當，便於管理，但不混淆。

（四）極壯觀瞻，入校門後，即可見一片草坪上之此巍峨建築。

舍此而外，別無再較此為優者。今以耗市幣巨萬之建築，自以選擇最適宜之地址為當。該屋地址上，現存舊屋九間，五間係遜清同治十二年所建，行將倒塌；四間係遜清末年崇文学校所建，亦不合用。如以此遷建他處，僅須費洋千五百元，可以其中五間代替音樂教室之用，四間作為廚房浴室盥洗間，而以新建築中之廚房浴室盥洗間改為圖書館，一舉兩得，實為最上之策。現當宿舍興工之先，理合具呈意見，并附圖说，伏乞鉴核施行。实为公便。
等情；据此，查该校学生宿舍，前经
贵局拟具图样，呈经
市政府核准兴建。兹按前情，经查核前拟计划似更妥善，且第一
层原拟建设厨房、浴室、盥洗间及厕所，现改为图书馆，于建筑工程，
或亦可略为减省，并以所减工程费，移作还建音乐教室及厨房、浴室、
盥洗间等之用，仍可与原核定建筑费相符，自更便利。相应检同原呈建
筑计划简单说明及校舍图，函请
贵局查照，希即通盘筹划，重拟图样，连稿会呈
市政府备案，以利进行。至纫公谊。

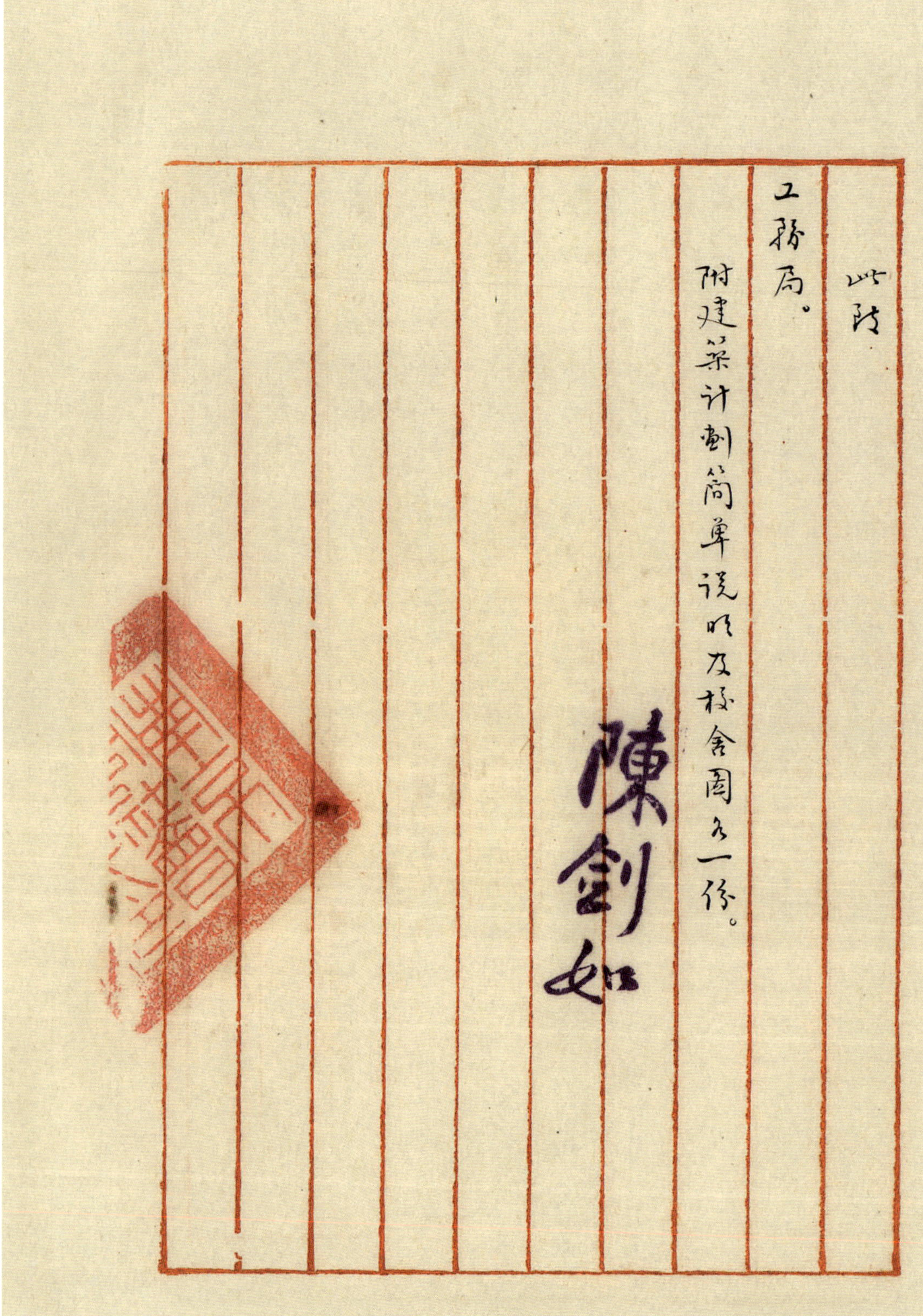

此致

工務局。

附建築計劃簡單説明及校舍圖各一份。

陳劍如

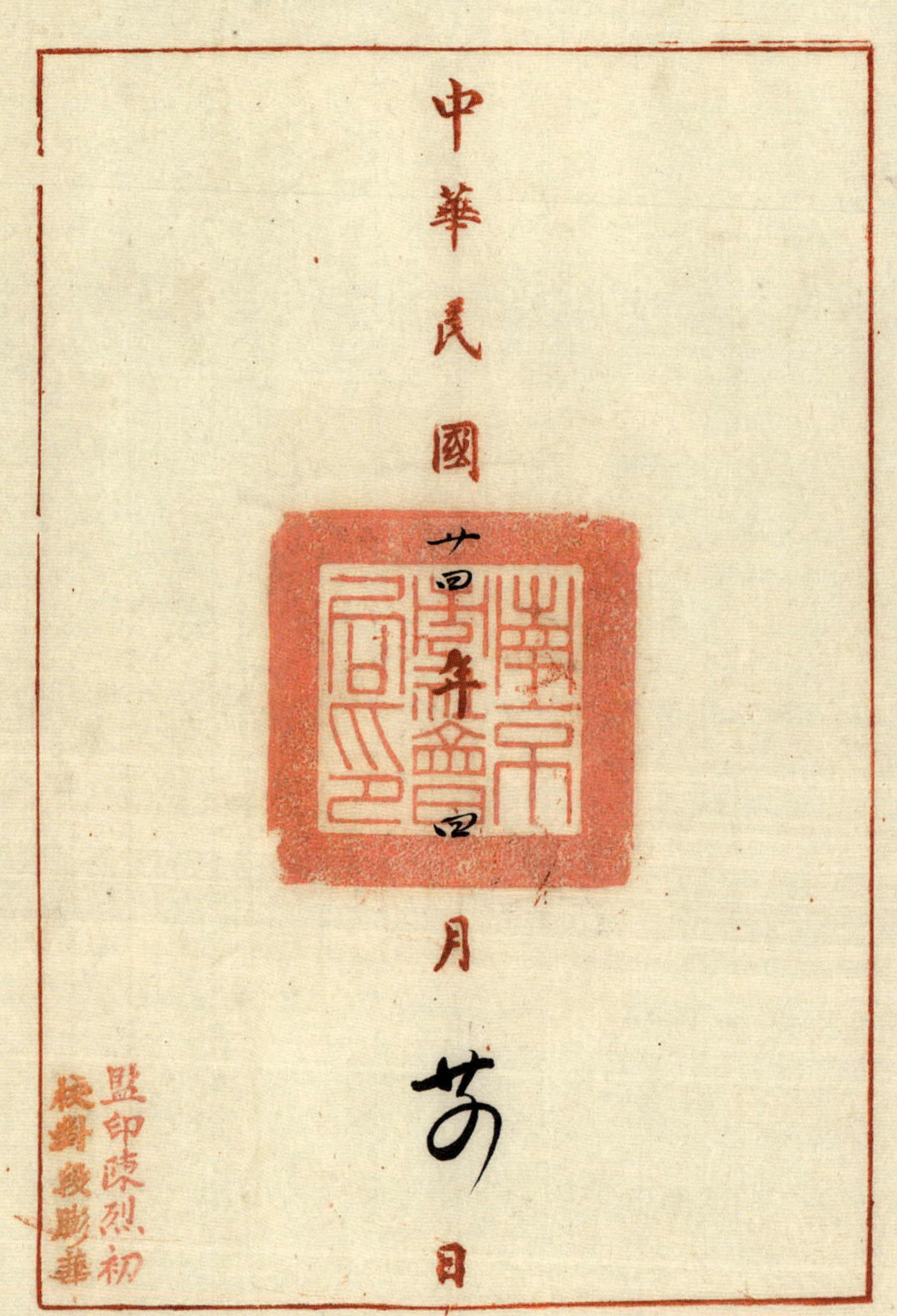

中華民國廿四年四月廿九日

監印陳烈初
校對段彫華

南京市立第一中學學生宿舍建築計畫簡單說明

(一)形式　用普通西式房屋形式一字形以堅固樸質為主

(二)容量　普通容弍百四十八人如用疊鋪可容四百八十人學校現有學生六百人可容納五分之二至五分之四

(三)用途分配　第一層作飯堂盥洗室廚房浴室廁所等用第二三層作宿舍用

(四)各部尺寸

1. 全屋長一百十八尺寬五十五尺佔地六十四方九分高三十八尺
2. 宿舍每室長二十尺寬十尺可放兩排牀鋪每排三鋪中留四尺寬走道
3. 其他部分尺寸視圖

(五)工程略述

1. 屋頂　用水泥瓦望板油毛氈
2. 天花　用木板(粉板條易壞不經用不可取)
3. 樓板　水泥鋼骨(宿舍為衆多生命所寄托非於火患有特別預防不可木板不可用)

4、墻 清水實砌第一二層大墻十五寸三層十寸橫隔墻十寸

直隔墻五寸登台二尺

5、樓梯 屋內樓梯用鋼骨水泥屋外避火梯用鉄梯或水泥均可

6、門 各處門均向外開或內外開閉所以防火

7、窗 用上下抽窗式

(六)地址 在本校學校園小山後

(七)附註 如照原式估價過巨一時財力不及可先造二層屋頂改用水泥平頂以備將來經濟寬裕時可加築第三層

(八)附圖

1、第一層平面圖

2、第二三層平面圖

3、全屋正面圖

[illegible]畫

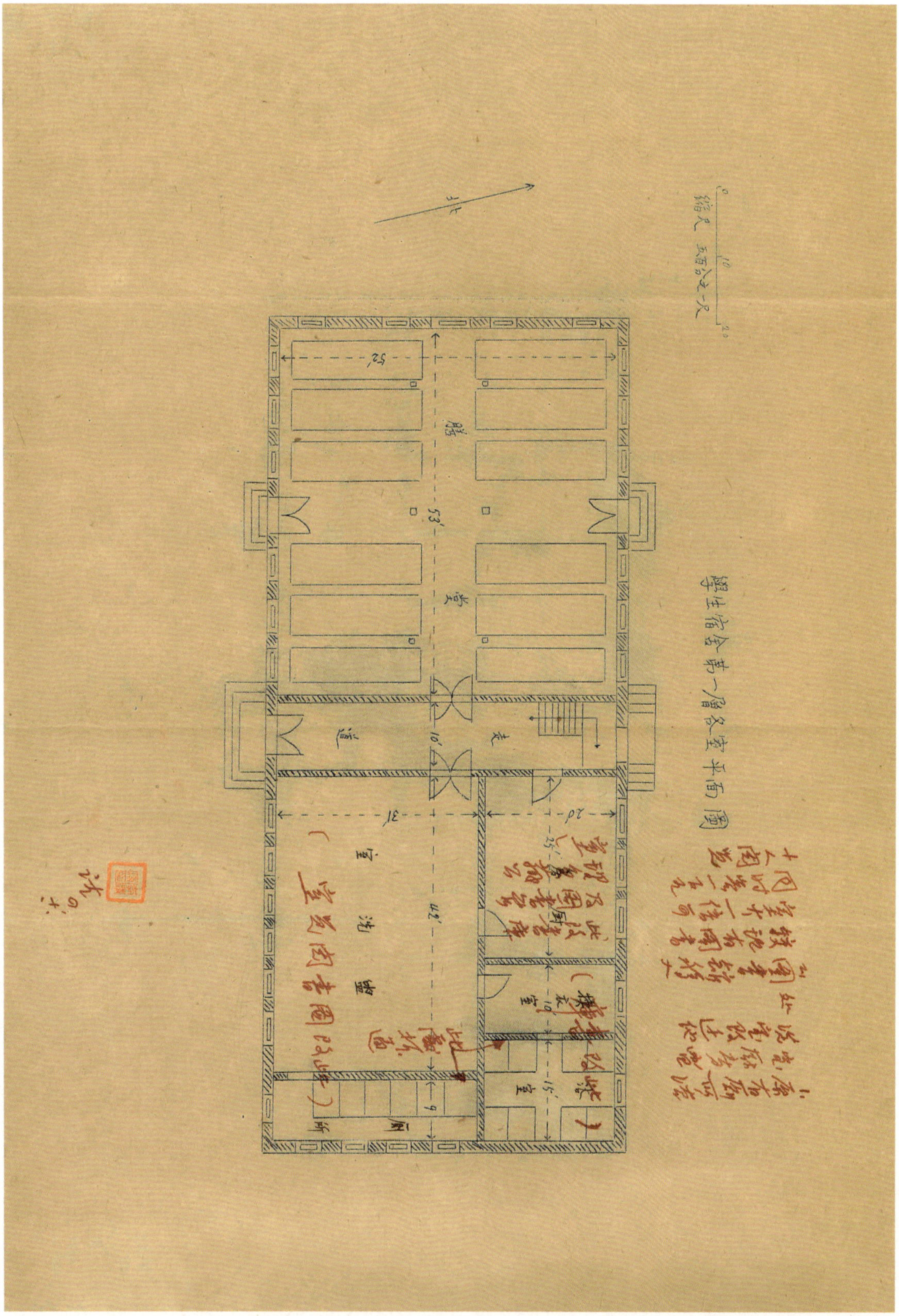
學生宿舍第一層各室平面圖

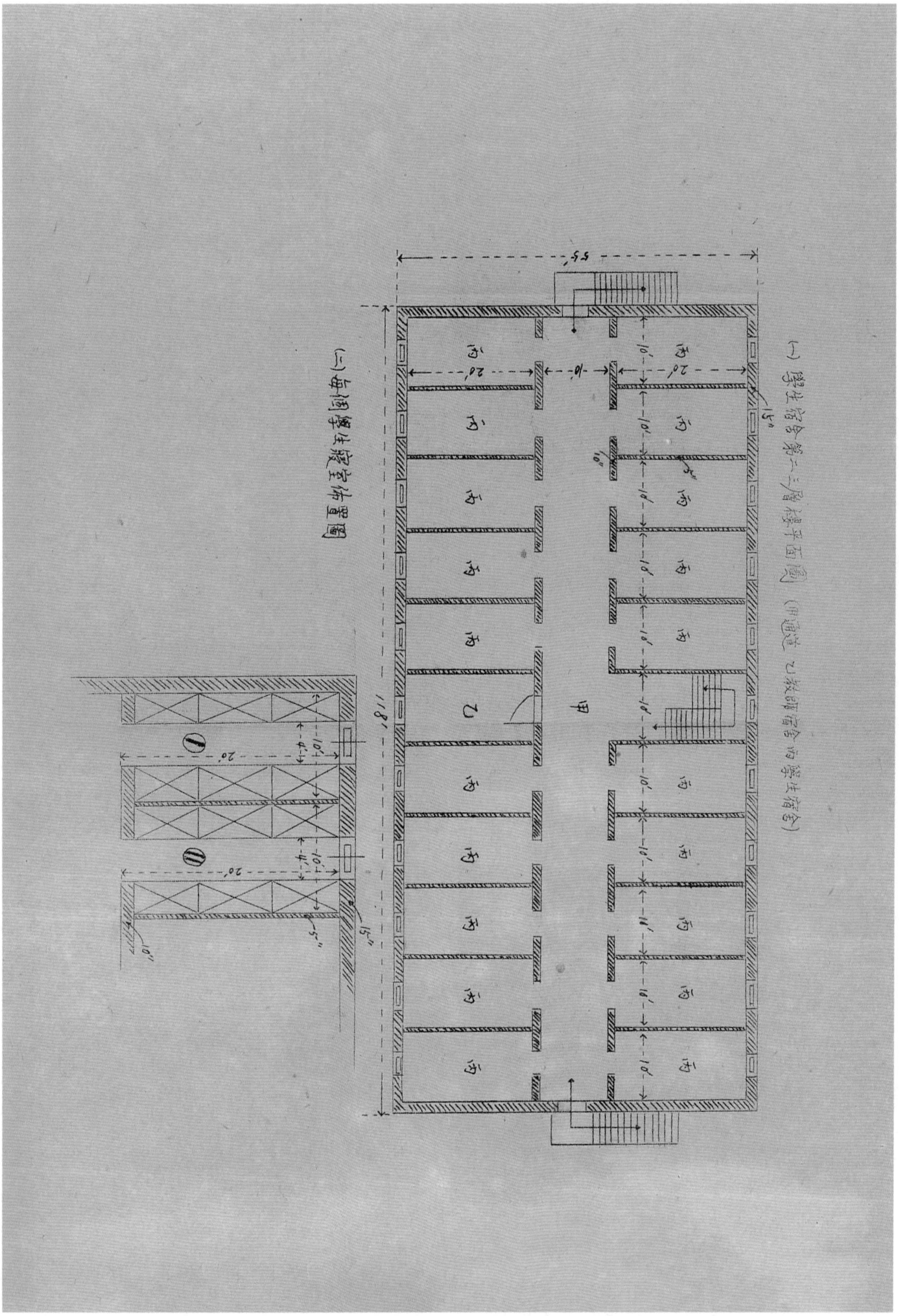
(一)學生宿舍第二三層樓平面圖
(甲通道 乙教師宿舍 丙學生宿舍)
(二)每個學生寢室佈置圖
55'
118'
甲
乙
丙

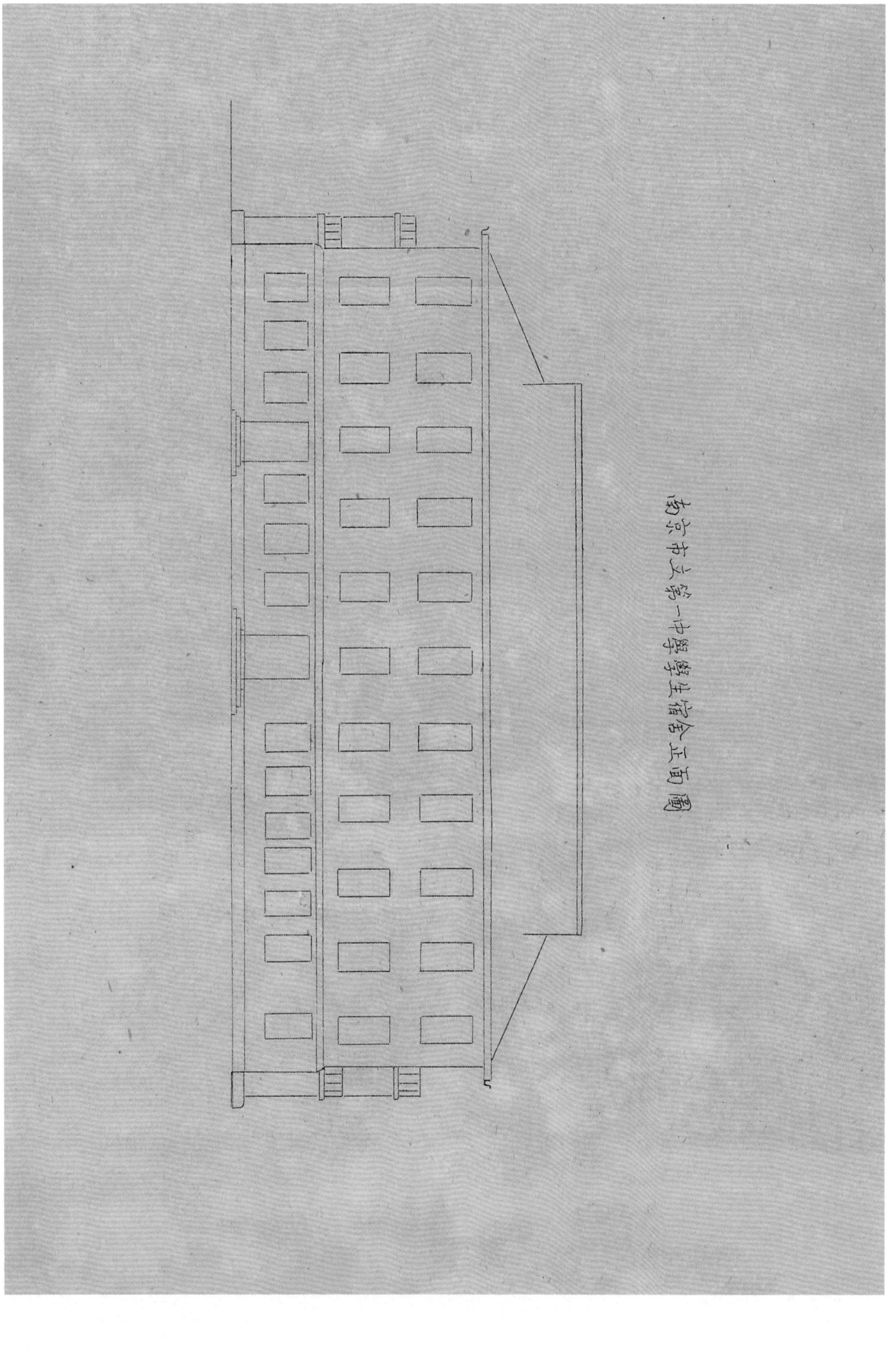
南京市立第一中學學生宿舍正面圖

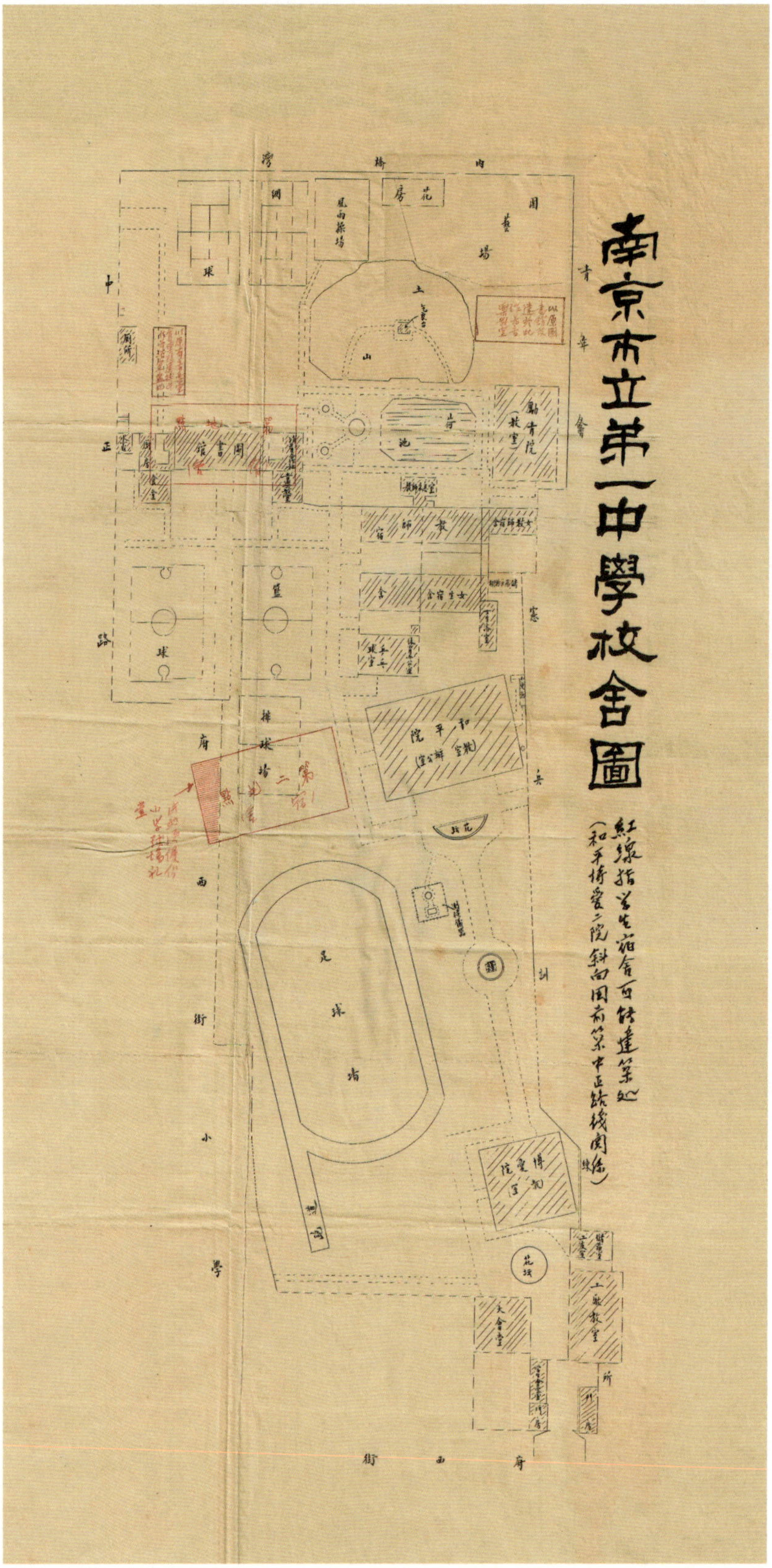
南京市立第一中學校舍圖
紅線指學生宿舍可能建築處
（和平博愛二院斜面因前築中正路綫關係）

查市立第一中學宿舍工程，遵標者計有宋福鑫、趙順記（本工期限……為查局五月十之）及志康營造廠三家，砌商原標條件，分列如左：

（1）宋福鑫　承築臺竹伍佰玖拾捌元住角稜

（2）志康營造廠　承築臺竹玖佰柒拾壹元玖角壹

（3）趙順記　承築疑竹……陸拾壹元陸角稜（其……係四素局佔孫為查鞋玖陸壹……陸壹元）

佰四上列標價，自以宋福鑫為最低，惟上述三家標價，均超過本局原預算臺竹玖佰捌佰元之數，故須另行議，核准由營造服餉會該商等核減再奪，嗣該三家均允遵，兩貼草約別投此，任

詞長派主管科股坐飭碩討，各家核減債第叉下：

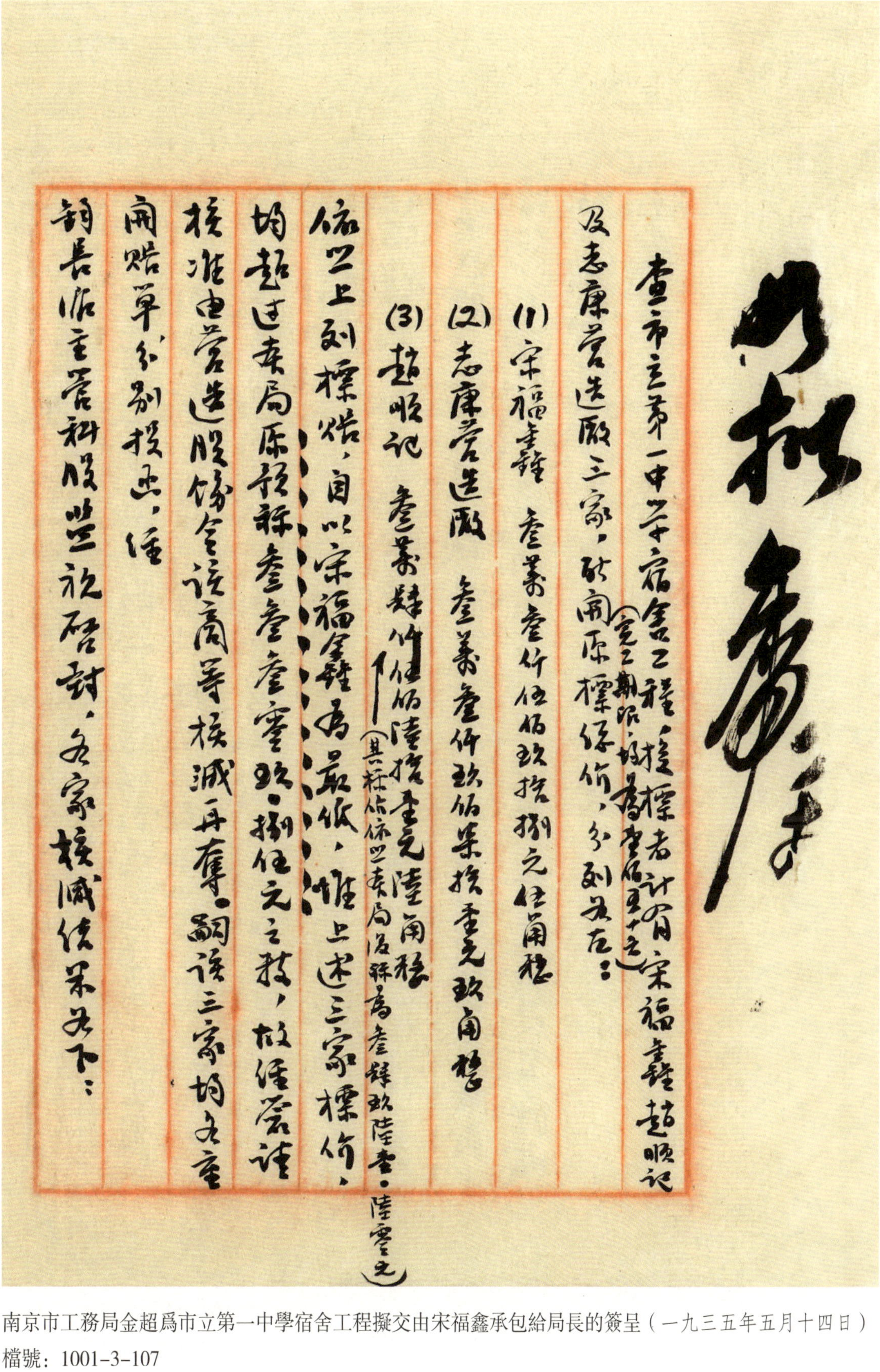

南京市工務局金超爲市立第一中學宿舍工程擬交由宋福鑫承包給局長的簽呈（一九三五年五月十四日）

檔號：1001-3-107

(1) 宋福鍾（就原標總價減去壹仟捌佰元，故核減後之總價為叁萬壹仟柒佰玖拾捌元伍角整）

(2) 志康營造廠——願將總標價改為叁萬叁仟元整

(3) 趙順記（就原標總價減為玖肆折，合大洋叁萬貳仟肆佰捌拾柒元柒角貳分？）（尾數錯誤）

依照各標價核減後之結果，仍以宋福鍾叁萬壹仟柒佰玖拾捌元伍角為最低，且較本局原預算減少壹仟伍佰餘元，似可即由該宋福鍾承包。惟應請呈營科股，再與該商核議，將細賬單價，比照核減後之總價，逐項折算，分別列明，以便將來工程有增減時，有所依據。是否有當，敬祈核示！

職 金超謹簽 五、十、

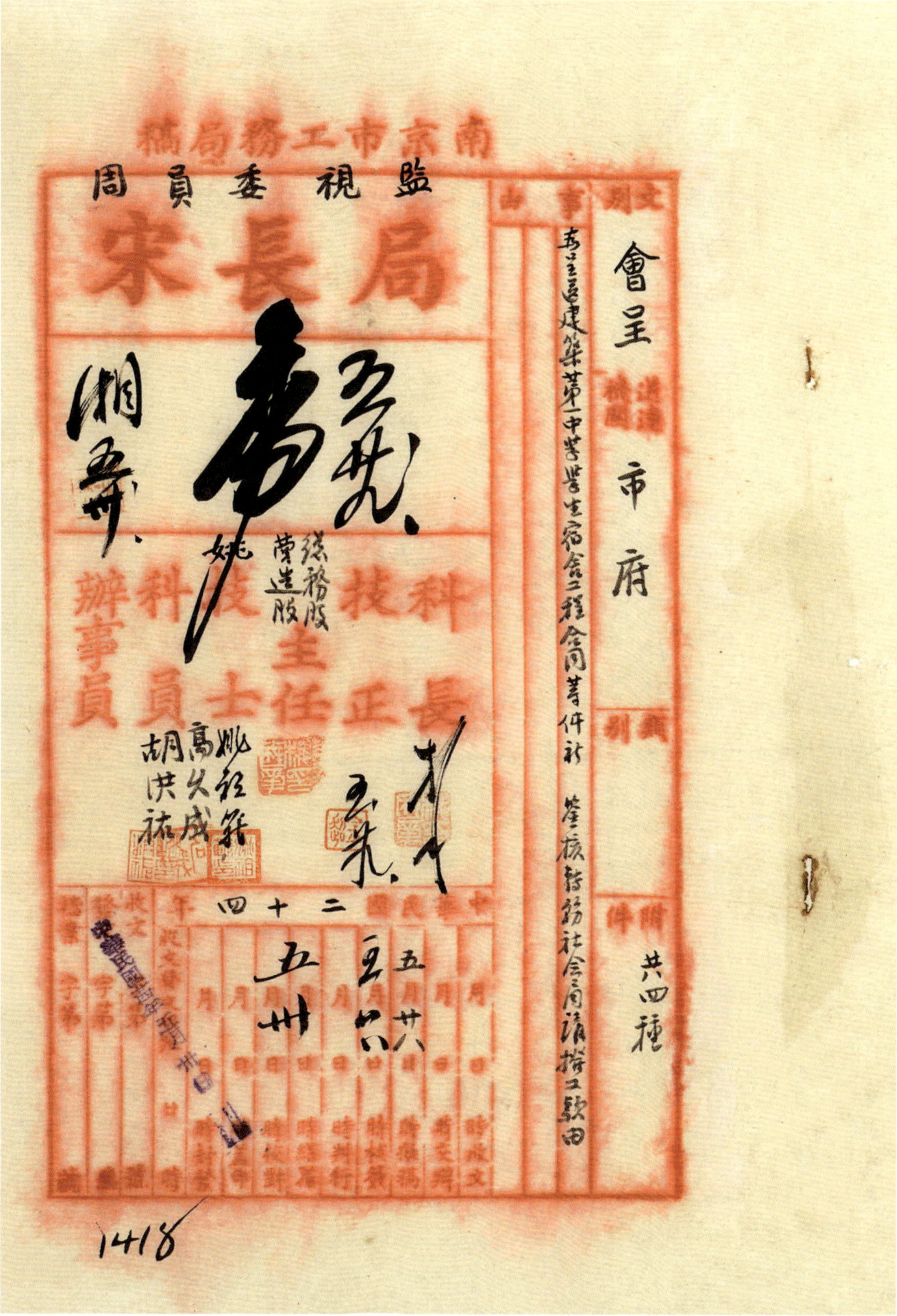

南京市工務局、監視委員周湘爲送建築第一中學學生宿舍工程合同等件，祈鑒核轉飭社會局請撥工款給市政府的會呈（一九三五年五月三十日）

附：第一中學學生宿舍工程標賬比較表（一九三五年四月二十二日）

檔號：1001-3-107

會呈

查建築第一中學學生宿舍工程，已于四月二十二日在本局會議室開標，奉

派職○蒞局監視，計到標商宋福鑫、志康、趙順記三家，以宋福鑫標價三萬三千五百九十八元五角為最低，然超出原預算之數，經職科召該三家商到局當面核減，宋福鑫願在原標總價內減去一千八百元，計為三萬一千七百九十八元五角，現該商家仍為最低，且在原預算之內，复為便將來工程有增減時有所依據起見，將該宋福鑫細賬單價，逐項折算，共應減去一千八百零二元八角五分，總價應為三萬一千七百

九十五元六角五分，當即照核准折扣，以總價交該商承包，並與簽訂合同，分別存執。理合檢同合同、賬單、減價單、比較表一併呈請

鑒核，俯賜轉飭社會局請撥工款，以備支付，謹呈

市長馬

附呈合同一份　賬單三份　減價單三份　比較表一份

（上三項仍乞發還）

（三〇五號）

監視委員周〇

局長宋〇〇

此致　呈府

照轉　指令祗悉

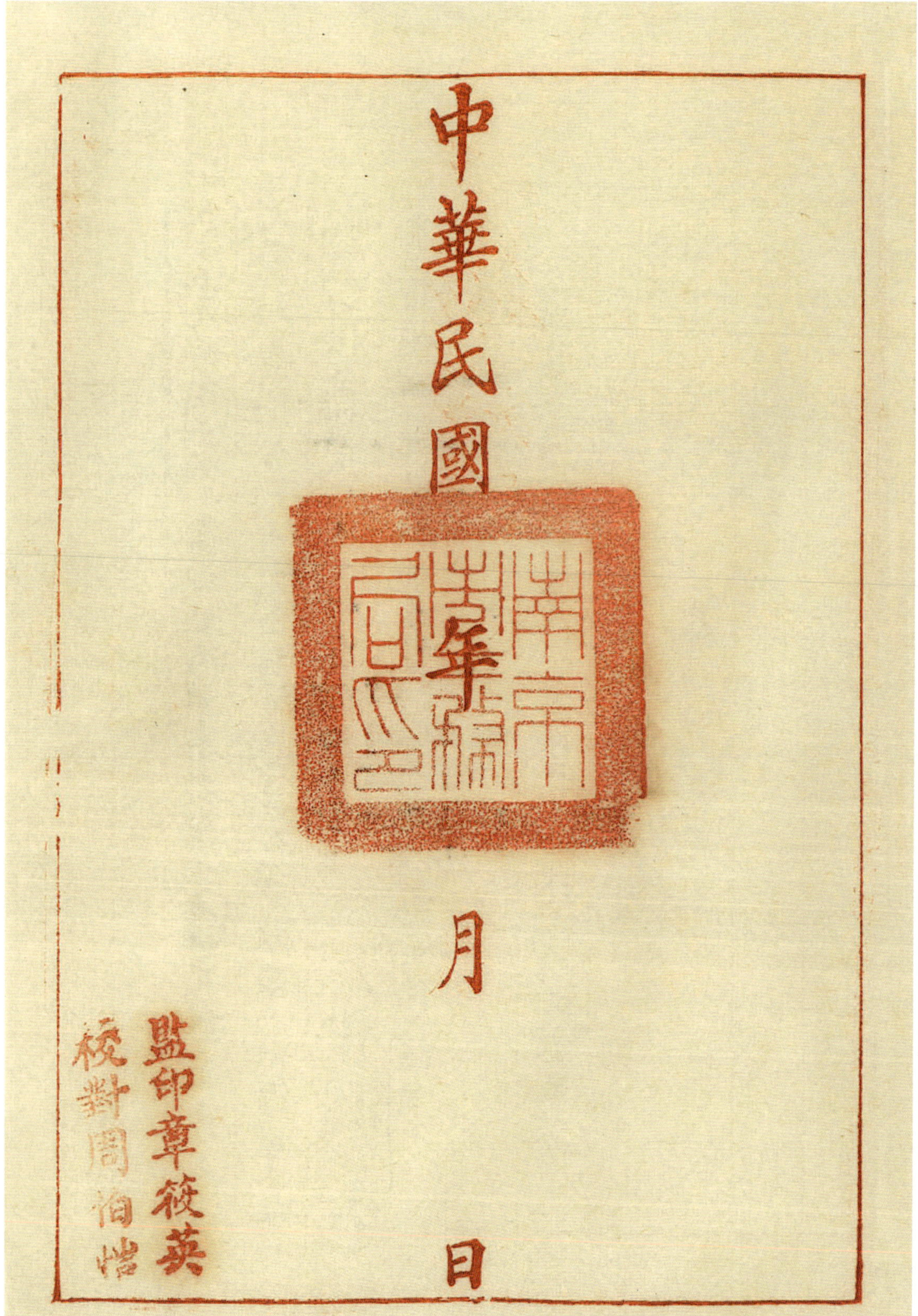

中華民國　年　月　日

監印章筱英

校對周伯愷

第一中學學生宿舍工程標賬比較表

24年4月22日開標

工料種類	說明	單位	數量	預算 單價	預算 總價	宋福鑫 單價	宋福鑫 總價	忠康 單價	忠康 總價	趙順記 單價	趙順記 總價	備註
灰漿三合土	連挖基	立公	191.0	5.00	955.00	5.50	1050.50	4.50	859.50	4.50	859.50	應否打樁施工時決定
0.50勒脚	連大放脚	平公	110.0	5.00	550.00	6.10	671.00	5.80	638.00	7.20	792.00	
0.38〃〃	〃〃〃	〃	75.5	3.90	294.45	4.50	339.75	5.20	392.60	5.80	437.90	
0.38磚牆		〃	705.5	4.80	3386.40	4.50	3174.75	5.20	3668.60	6.00	4233.00	
0.25〃〃		〃	840.0	3.40	2856.00	3.00	2520.00	3.80	3192.00	4.10	3444.00	
0.13〃〃		〃	1080.0	2.00	2160.00	2.10	2268.00	2.40	2592.00	2.40	2592.00	
1:3:6混凝土地	連填土	〃	548.0	2.00	1096.00	2.40	1315.20	2.00	1096.00	2.10	1150.80	
鋼筋混凝土樓板	0.12厚	〃	1072.0	6.30	6753.60	6.50	6968.00	6.00	6432.00	6.00	6432.00	
分板平頂連樹㮰		〃	595.0	1.00	595.00	1.20	714.00	1.00	595.00	1.40	833.00	
青洋瓦屋面連屋架桁条8件		〃	680.0	5.00	3400.00	4.20	2856.00	6.00	4080.00	4.80	3264.00	油毛毡外货
全部鋼筋混凝土樑柱		立公	120.0	53.00	6360.00	65.00	7800.00	45.00	5400.00	56.00	6720.00	將來依詳圖計算
鋼筋混凝土梯子		座	2	320.00	640.00	240.00	480.00	150.00	300.00	350.00	700.00	
鐵架太平梯		立公	4	260.00	1040.00	120.00	480.00	250.00	1000.00	100.00	400.00	
双扇门	20X2.9	堂	3	46.00	138.00	38.00	114.00	60.00	180.00	40.00	120.00	五金油漆在内
〃〃〃	12X2.9	〃	6	28.00	168.00	22.00	132.00	38.00	228.00	30.00	180.00	〃
〃〃〃	12X2.0	〃	1	19.00	19.00	20.00	20.00	40.00	40.00	18.00	18.00	〃
單扇門	10X2.9	〃	46	23.00	1058.00	16.00	736.00	30.00	1380.00	20.00	920.00	〃
玻璃窗	12X2.0	〃	70	20.00	1400.00	18.00	1260.00	17.00	1190.00	17.00	1190.00	〃
廁所及浴室木隔板連小门		公尺	72	1.00	72.00	3.00	216.00	3.00	216.00	4.00	288.00	
烟囱大磚砌		座	1	50.00	50.00	120.00	120.00	70.00	70.00	40.00	40.00	
1:3:6混凝土踏步		〃	4	10.00	40.00	10.00	40.00	30.00	120.00	20.00	80.00	
天溝落水管		公尺	238	0.80	190.40	0.85	202.30	0.90	214.20	.0.80	190.40	推用外货
水泥明溝		〃	110	0.80	88.00	1.10	121.00	0.80	88.00	0.70	77.00	
全部工程總計					33309.85		33598.50		33971.90		34561.60	
覆算總計											34961.60	
完工限期							壹伯五拾天		壹伯伍拾晴天		壹伯伍拾天	
投標人說明									(1)鋼骨混凝土做法因未見詳圖故其數量於做就時量見結算 (2)鐵架太平梯亦未見詳圖做法照標單估計價以四立公為限多則照加少則照除		(1)屋架底大料用橫擋兩付接 (2)全部门窗框料叁寸捻寸(柴材) (3)所有牆壁及鋼筋混凝土數量以後如多出照單位價加如少做亦減	

造表人 查明 23/4/24 校對章壽康

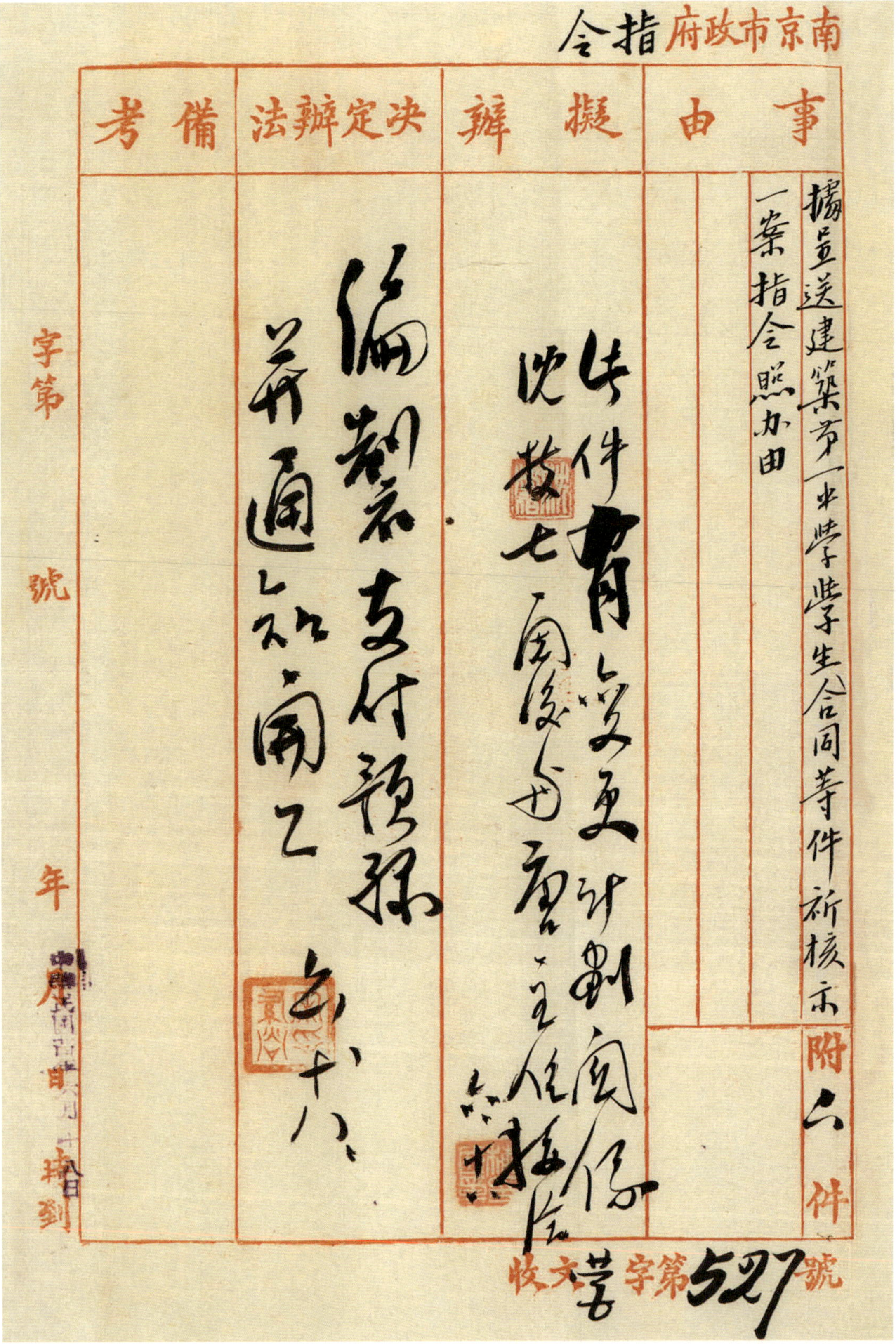

南京市政府指令

事由	擬辦	決定辦法	備考
據呈送建築第一中學學生宿舍等件祈核示一案指令照辦由			

附六件

收文　字第527號

南京市政府爲據呈送建築第一中學學生宿舍等件應準照辦給市工務局的指令（一九三五年六月十七日）

附：賬單及減價單三份

檔號：1001-3-107

南京市政府指令

字第 號

P02661

令工務局

會呈一件。為呈送建築第一中學學生宿舍工程合同等件祈鑒核轉飭請款應用由

呈件均悉。據呈合同等件察核尚無不合，應准照辦，所需工款仰逕向社會局編造支付預算呈侯核撥。賬單及減價單均發還，餘件存此。令

檢發賬單及減價單各三份

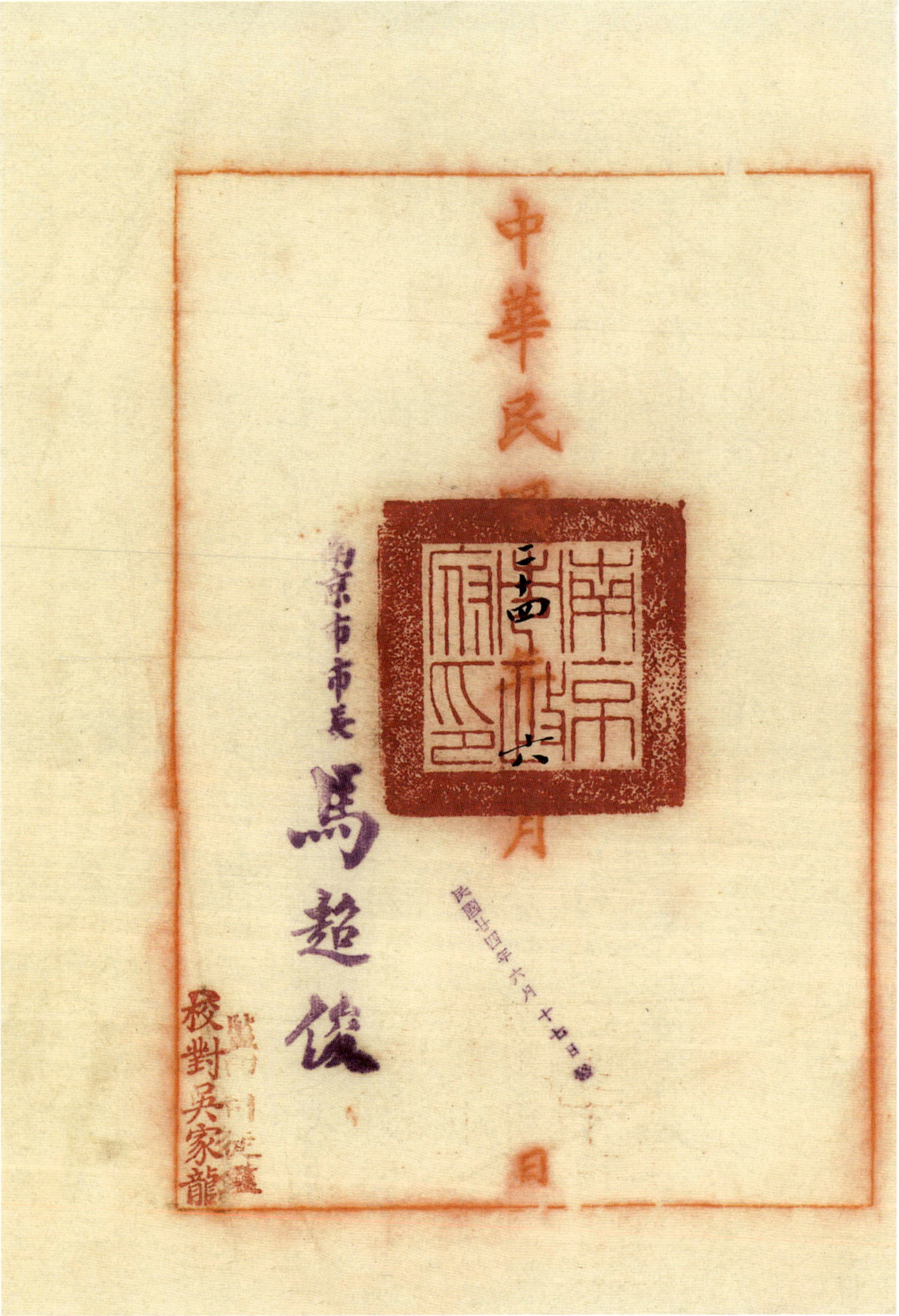

中華民國二十四年六月　日

民國廿四年六月十七日發

南京市市長

馬超俊

校對吳家龍

兹奉

钧局营造股 面谕将第一中学校宿舍工程标价减低查此项工程非普通工作可比如无经验人承包恐难如愿商因就便工作起见愿照原标总价叁万肆仟伍百陆拾壹元六角减为玖四折合大洋叁万贰仟肆佰捌拾柒元七角弍分承包

特此函呈

南京市工务局局长宋

赉

CHAO. SHUNG. KEE
京 赵顺记营造厂 驻
BUILDING CONTRACTOR

工計A-2(甲)

逕啓者前悉
貴局招工承包建築市立第一中学宿舍工程本廠曾領到
第　號圖樣二張施工細則及投標封套標單各一份業經
實地察勘詳細估計願即切實遵照所發各項圖則之規定承包
辦理其工料總價爲貳肆伍陸壹元陸角　分限於壹百五拾天內
完工茲將各項細賬另單開明即希
鑒核爲荷此致
南京市工務局

CHAO. SHUNG. KEE 京趙順記營造廠 BUILDING CONTRACTOR

謹啓　二十四年四月二十二日

中華民國廿四年四月廿貳日開

登記號數　甲字第伍伍號
經理人姓名　趙文瑞
本京通訊處　事務所集慶頭
電話號數　電話二二四一七

各項細賬列后（如有遺漏錯誤概由投標人自行負責）

工料種類	說明	單位（公制）	數量	單位價	總價	備考
灰漿三合土連樁基		立公	191.0	肆元伍角	八五九·五0	應否打樁於施工時決定
0.50勒脚連大放脚		平公	110.0	柒元貳角	七九二.00	
0.38勒脚連大放脚		〃	75.5	伍元捌角	四三七.九0	
0.38磚　墻		〃	705.5	陸　元	四二三三.00	
0.25磚　墻		〃	840.0	肆元壹角	三四四四.00	
0.13磚　墻		〃	1080.0	貳元肆角	二五九二.00	
1:3:6混凝土地 連填土		〃	548.0	貳元壹角	一一五0.八0	
0.12厚鋼筋混凝土樓板		〃	1072.0	陸　元	六四三二.00	
分板平頂連擱柵		〃	595.0	壹元肆角	八三三.00	
青洋瓦屋面連屋架桁條等件		〃	680.0	肆元捌角	三二六四.00	油毛毡外貨
全部鋼筋混凝土樑柱		立公	120.0	伍拾陸元	六七二0.00	將來依詳圖計算

工料種類	說明	單位（公制）	數量	單位價	總價	備考
鋼筋混凝土樓梯		座	2	叁百伍拾元	七00.00	
鉄架太平梯		立公	4	壹百元	四00.00	
双扇門	2.0×2.9	堂	3	肆拾元	一二0.00	五金油漆在內
〃	1.2×2.9	〃	6	叁拾元	一八0.00	〃
〃	1.2×2.0	〃	1	拾捌元	一八.00	〃
單扇門	1.0×2.9	〃	46	贰拾元	九二0.00	〃
玻璃窗	1.2×2.0	〃	70	拾柒元	一一九0.00	〃
廁所及浴室木隔板連小門		公尺	72	肆元	二八八.00	
烟囱火磚砌		座	1	肆拾元	四0.00	
1:3:6混凝土踏步		〃	4	贰拾元	八0.00	
天溝.落水管		公尺	238	捌角	一九0.四0	採用外貨

工計A-2(乙)

水泥明溝 公尺 一一〇 每尺 〤〤.〇〇

共計總價洋 叁萬肆千伍百陸拾柒元陸角

總計為洋三〇九六一、六〇元

曾廣瑛

四、廿三

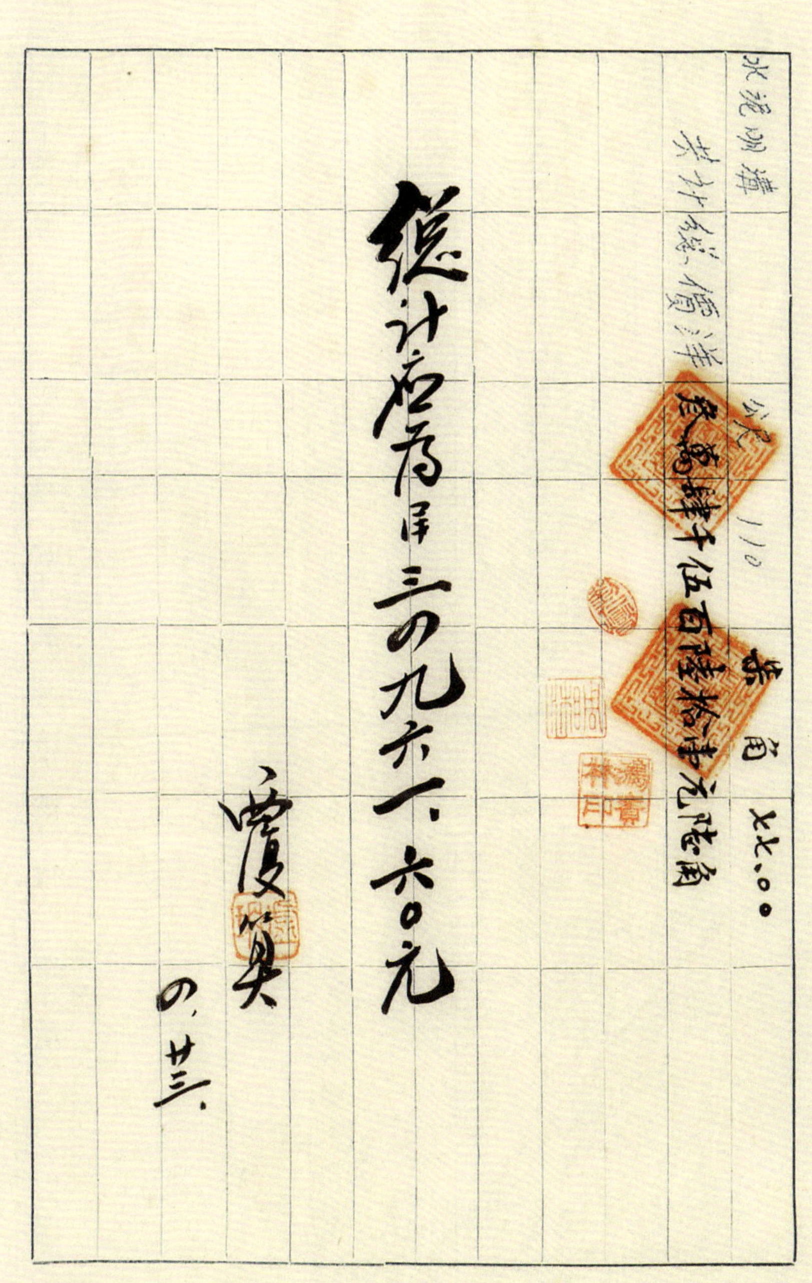

工料種類	說明	單位（公制）	數量	單位價	總價	備考

工務局說明

（1）保固期自工務局驗收無誤之日起以　　年爲期

（2）保固期間所扣存之保固金　　元無息存局

（3）逾期罰款每日爲　　元

（4）付款辦法

工計A-2（丙）

(5)投標人填寫標單之單位價數目字須一律用大寫如有塗改應須蓋章以免取巧

(6)承包房屋者于訂立合同後應即照章呈報申請建築執照

(7)投標人如有其他意見得於後列投標人說明欄中說明之

投標人說明

(1)屋架底大料用螺丝兩对接

(2)全部門窗框料叁寸伍寸（英寸）

(3)所有墻壁及鋼筋混凝土數量以後如多出照單位價加如少做亦減

市立第一中學宿舍工程敝廠願以叁萬叁仟

元正承包謹呈

責

南京市工務局

志康營造廠具

兩、五、一

工計A-2(甲)

逕啓者前悉

貴局招工承包建築市立第一中學宿舍工程本廠曾領到

第　號圖樣一　張施工細則及投標封套標單各一份業經

實地察勘詳細估計願即切實遵照所發各項圖則之規定承包

辦理其工料總價爲叁萬叁仟玖佰柒拾叁元玖角0分限於壹佰伍拾天內

完工茲將各項細賬另單開明即希

鑒核爲荷此致

南京市工務局

志康營造廠謹啓

24年4月22日

登記號數蘇字甲等第弍號

經理人姓名孫志康

本京通訊處鐵管巷五拾七號

電話號數

各項細賬列后（如有遺漏錯誤概由投標人自行負責）

工料種類	說明	單位（公制）	數量	單位價	總價	備考
灰漿三合土連打樁		立公	191.0	$4.5	$859.5	應予打樁施工時決定
0.50動腳連大放腳		平公	110.0	$5.8	$638.0	
0.38動腳連大放腳		"	75.5	$5.2	$392.6	
0.38磚墻		"	705.5	$5.2	$3668.6	
0.25磚墻		"	840.0	$3.8	$3192.0	
0.13磚墻		"	1080.0	$2.4	$2592.0	
1:3:6混凝土地連填土		"	548.0	$2.0	$1096.0	
0.12厚鋼筋混凝土樓板		"	1072.0	$6.0	$6432.0	
分板平頂連擱柵		"	595.0	~~$45.0~~ $1.0	~~$5400.0~~ $595.0	
青洋瓦屋面連屋架椽子等件		"	680.0	~~$6.0~~ $6.0	~~$4080.0~~ $4080.0	由毛氈鉛貨
全部鋼筋混凝土樑柱		立公	120.0	$45.0	$5400.0	鋼條依詳圖計算

工計A-2(乙)

工料種類	說明	單位(公制)	數量	單位價	總價	備考
鋼筋混凝土樓梯		座	2	#150.0	#300.0	
鐵架太平梯		立公	4	#250.0	#1000.0	
双扇門	2.0×2.9	堂	3	#60.0	#180.0	五金油漆在内
〃	1.2×2.9	〃	6	#38.0	#228.0	〃
〃	1.2×2.0	〃	1	#40.0	#40.0	〃
單扇門	1.0×2.9	〃	46	#30.0	#1380.0	〃
玻璃窗	1.2×2.0	〃	70	#17.0	#1190.0	〃
廁所及浴室木隔板連小門		公尺	72	#3.0	#216.0	
烟囪火磚砌		座	1	#70.0	#70.0	
陽台混凝土踏步		〃	4	#30.0	#120.0	
天溝落水管		公尺	238	#.9	#214.2	選用外貨

水泥明溝 公尺 110 #.8 #88.0

共计钱價洋叁萬叁仟玖百柒拾壹元玖角正

覆算

の、萃

鴻賚林印

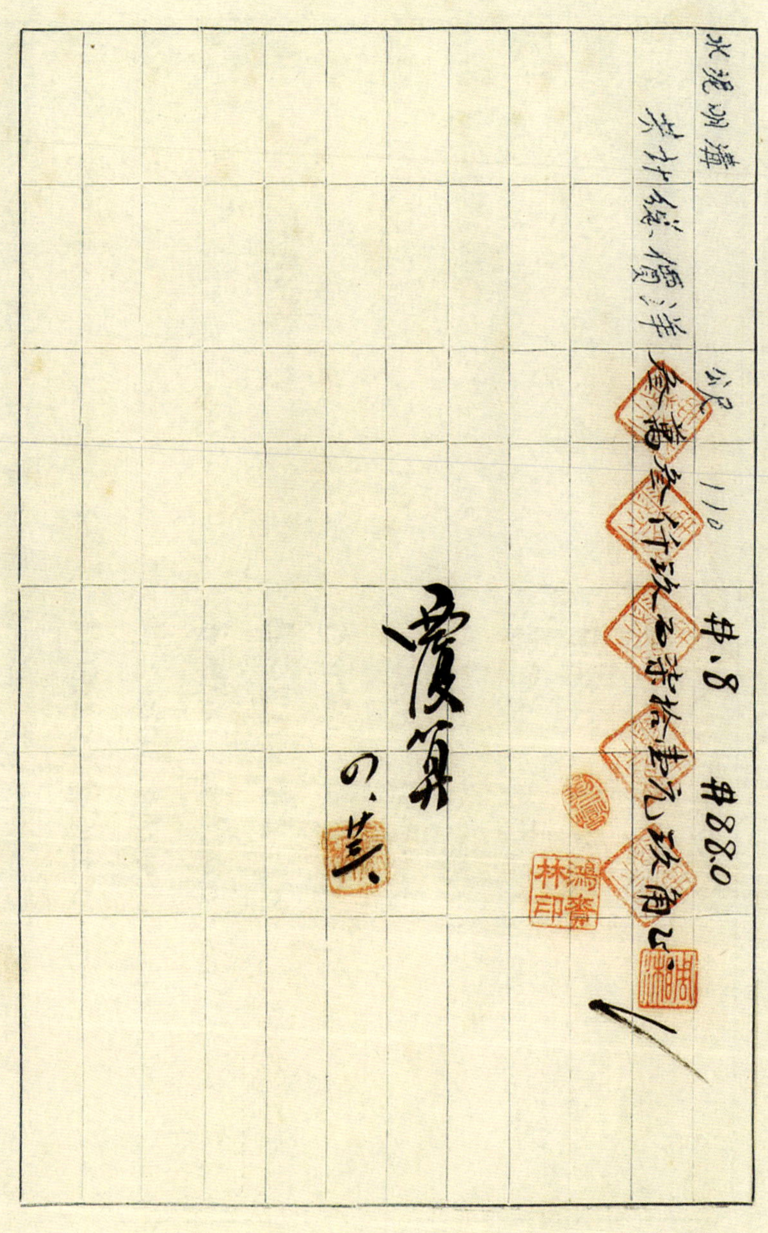

工料種類	說明	單位(公制)	數量	單位價	總價	備考

工務局說明

(1)保固期自工務局驗收無誤之日起以　　年爲期

(2)保固期間所扣存之保固金　　元無息存局

(3)逾期罰款每日爲　　元

(4)付款辦法

工計A-2(丙)

(5)投標人填寫標單之單位價數目字須一律用大寫如有塗改應須蓋章以免取巧

(6)承包房屋者于訂立合同後應即照章呈報申請建築執照

(7)投標人如有其他意見得於後列投標人說明欄中說明之

投標人說明

(一)鋼筋混凝土　敝廠因未見詳圖故其數量於做就時量見結算

(二)鉄架太平梯亦未見詳圖　敝廠照標單估計僅以四立公為限多則照加少則照除

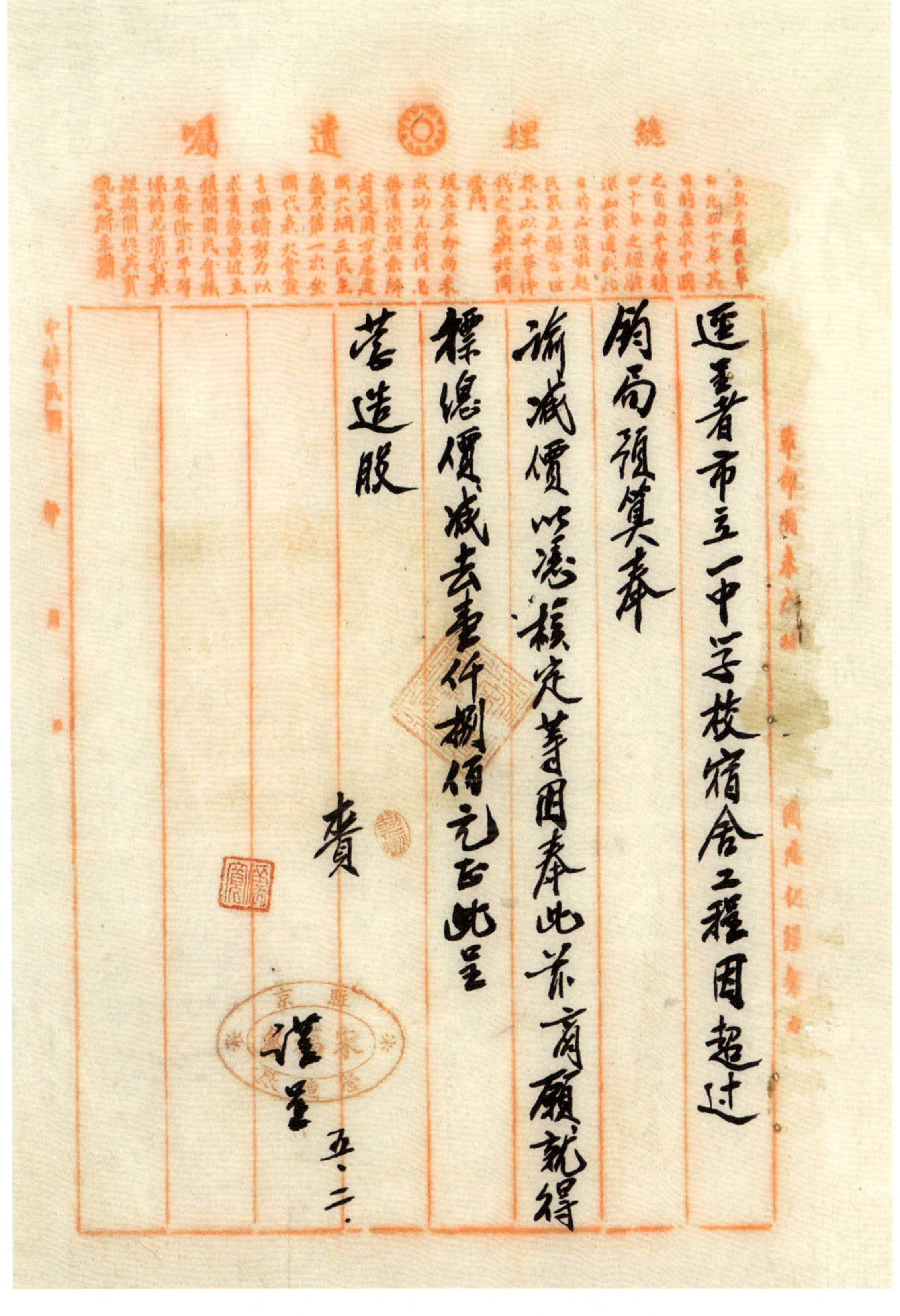

總理遺囑

余致力國民革命凡四十年其目的在求中國之自由平等積四十年之經驗深知欲達到此目的必須喚起民衆及聯合世界上以平等待我之民族共同奮鬥現在革命尚未成功凡我同志務須依照余所著建國方略建國大綱三民主義及第一次全國代表大會宣言繼續努力以求貫徹最近主張開國民會議及廢除不平等條約尤須於最短期間促其實現是所至囑

逕呈者市立一中學校宿舍工程因超過
鈞局預算奉
諭減價以憑核定等因奉此茲商願就得
標總價減去壹仟捌佰元正此呈
營造股

賡

謹呈

五、二

中華民國　　年　　月　　日

工計A-2(甲)

逕啓者前悉

貴局招工承包建築市立第一中学宿舍工程本廠曾領到

第　號圖樣4張施工細則及投標封套標單各一份業經

實地察勘詳細估計願即切實遵照所發各項圖則之規定承包

辦理其工料總價爲叁萬叁仟佰叁拾元伍角整分限於壹佰叁拾天內

完工茲將各項細賬另單開明即希

鑒核爲荷此致

南京市工務局

謹啓二十四年四月二十三日

登記號數乙字第93號

經理人姓名宋泰昌

本京通訊處南京建康路針巷內二號

電話號數

京　宋福記營造廠

各項細賬列后（如有遺漏錯誤概由投標人自行負責）

工料種類	說明	單位（公制）	數量	單位價	總價	備考
灰漿三合土連打基		立公	191.0	伍伍○	壹○伍○伍○	經修核減後全消此項單價改為三元一角○二分，請修應為[illegible]叁元陸角伍分 五、廿 應予打[illegible]工時決定
0.50勒腳連大放腳		平公	110.0	陸壹○	陸柒壹○○	
0.38勒腳連大放腳		〃	75.5	肆伍○	叁叁玖柒伍	
0.38磚　墻		〃	705.5	肆伍○	叁壹柒肆柒伍	
0.25磚　墻		〃	840.0	叁○○	貳伍貳○○○	
0.13磚　墻		〃	1080.0	貳壹○	貳貳陸捌○○	
1:3:6混凝土地邊填土		〃	548.0	貳肆○	壹叁壹伍貳○	
0.12鋼筋混凝土樓板		〃	1072.0	陸伍○	陸玖陸捌○○	經修核減後全消此項單價改為陸元○角，請修應為陸捌貳元○分 五、廿
分板平頂連擱柵		〃	595.0	壹貳○	柒壹肆○○	
青洋瓦屋面連屋架桁椽等件		〃	680.0	肆貳○	貳捌伍陸○○	油毛氈必須[illegible]
全部鋼筋混凝土梁柱		立公	120.0	陸伍○○	柒捌○○○○	經修核減後全消此項單價改為伍拾[illegible]元，請修應為陸陸○○元 五、廿 將來依詳圖計算

工計A-2(乙)

工料種類	說明	單位(公制)	數量	單位價	總價	備考
鋼筋混凝土樓梯		座	2	貳肆〇〇〇	肆捌〇〇〇	
鐵架太平梯		立公	4	~~貳肆〇〇〇~~ 壹貳〇〇〇	肆捌〇〇〇	
双扇門	2.0×2.7	堂	3	叁捌〇〇	壹壹肆〇〇	五金油漆在內
〃	1.2×2.7	〃	6	貳貳〇〇	壹叁貳〇〇	〃
〃	1.2×2.0	〃	1	貳〇〇〇	貳〇〇〇	〃
單扇門	1.0×2.7	〃	46	壹陸〇〇	柒叁陸〇〇	〃
預鋼窗	1.2×2.0	〃	70	壹捌〇〇	壹貳陸〇〇〇	〃
廁所及浴室木隔板連小門		公尺	72	叁〇〇	貳壹陸〇〇	
烟囱火磚砌		座	1	壹貳〇〇〇	壹貳〇〇〇	
1:3:6混凝土踏步		〃	4	壹〇〇〇	肆〇〇〇	
天溝落水管		公尺	238	捌伍	貳〇貳叁〇	採用白鐵皮

水泥明溝　公尺　110　壹壹○　壹貳壹○○

共計銀元價洋叁萬叁仟伍佰玖拾捌元伍角正

（印）鴻賚林印

覆算　の芸

減去一千八百零二元八角五分

總价應為三万一千七百九十五元六角五分

六．廿三．

31795.65

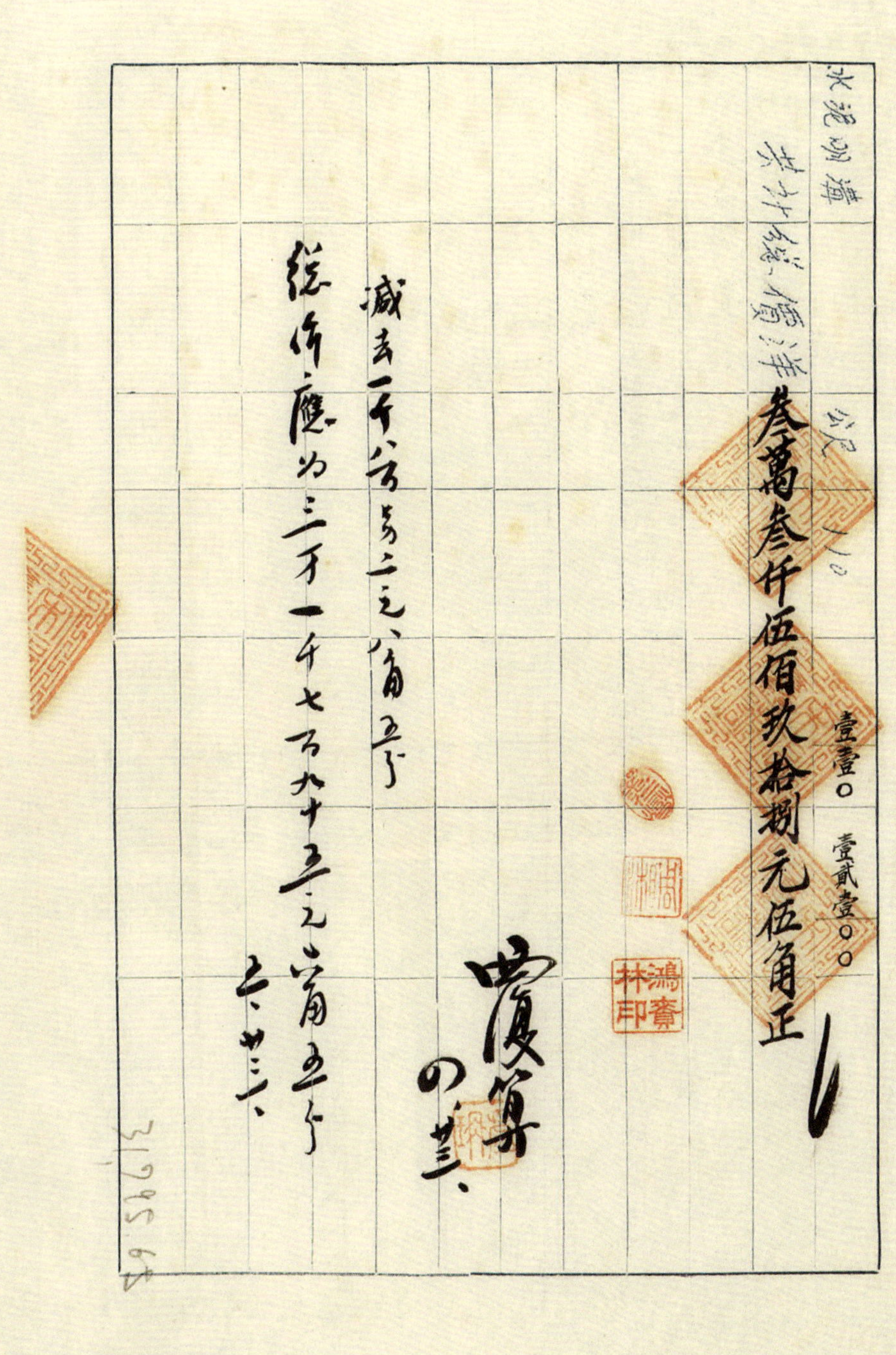

工料種類	說明	單位（公制）	數量	單價	總價	備考

工務局說明

(1)保固期自工務局驗收無誤之日起以　　年爲期

(2)保固期間所扣存之保固金　　元無息存局

(3)逾期罰款每日爲　　元

(4)付款辦法

工計A-2(丙)

(5)投標人塡寫標單之單位價數目字須一律用大寫如有塗改應須蓋章以免取巧
(6)承包房屋者于訂立合同後應即照章呈報申請建築執照
(7)投標人如有其他意見得於後列投標人說明欄中說明之
投標人說明

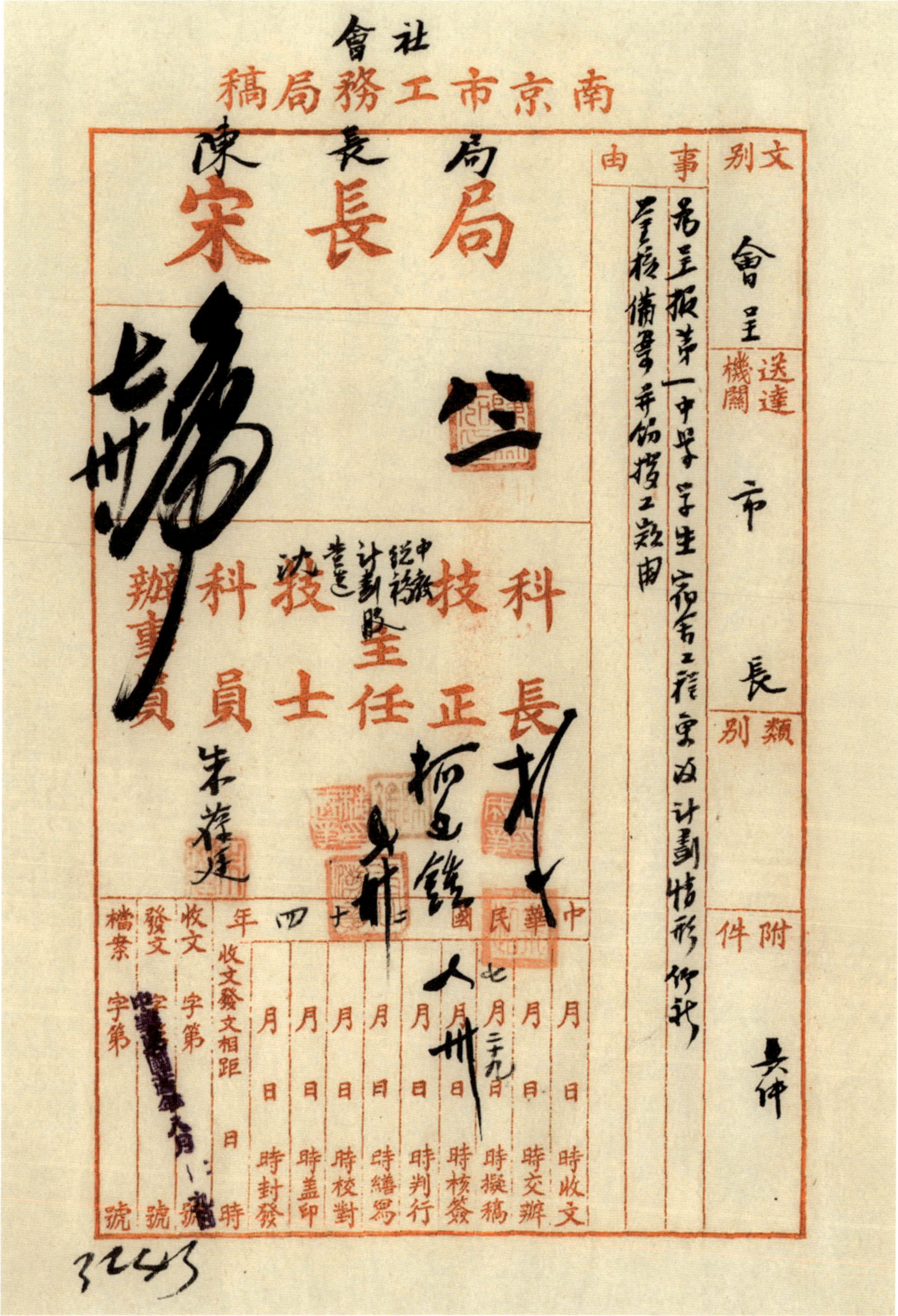
社會
南京市工務局稿
局長 宋
局長 陳
科長
技正
主任
技士
科員
辦事員
文別 會呈
送達機關 市長
事由 爲呈報第一中學學生宿舍工程更改計劃情形仰祈鑒核備案并飭撥工款由
類別
附件
中華民國二十四年 月 日
收文 月 日 時
交辦 月 日 時
擬稿 七月二十九日 時
核簽 月 日 時
判行 月 日 時
繕寫 月 日 時
校對 月 日 時
蓋印 月 日 時
封發 月 日 時
收文發文相距 日 時
收文 字第 號
發文 字第 號
檔案 字第 號

南京市社會局、工務局爲報第一中學學生宿舍工程更改計劃情形，仰祈鑒核備案并飭撥工款由給市政府的會呈及附件（一九三五年八月一日）

檔號：1001-3-107

會呈

查建築第一中學學生宿舍工程，前經本工務局交由
宋福興營造廠承包，並與簽訂合同，呈奉
鈞府第二六六一號指令核准在案。正辦理間，本社會局據
該校呈略稱：
「查興建學生宿舍云云至伏乞鑒核施行」
等情，經查該校前擬計劃，似更妥善，並由本工務局通盤
籌劃，並與該校接洽決定，將原有圖書館改建音樂教室
及原有飯堂改建浴室盥洗室，重擬預算共約需法幣三萬
四千二百七十六元三角一分，較原預算三萬三千三百零九元八角五

分，增多九百二十六元四角六分，此外衛生床鋪等設備約計
須洋四千五百五十八元，一面將更改計劃後各項材料數量，飭據圜
商重行開送前來，共計總價三萬三千三百零七元四角四分五厘，
經詳加審核，除各項工料單價，應照原合同所列者悉照訂定
單價開列外，其餘按鋪地板等項未列之單價過高，經商
得該商同意，逐項核減，計核減後總價為三萬弍千六百〇三
元二角九分五厘，尚屬翔實，且在奉准原預算範圍以內，惟
工程數量既有增加，工款自亦增多，照合同核准價格，計需
追加工款八百八十六元六角四分五厘，是否有當，理合檢同圖樣各
一份，鋪單一份，並付預算書三份，會銜呈祈

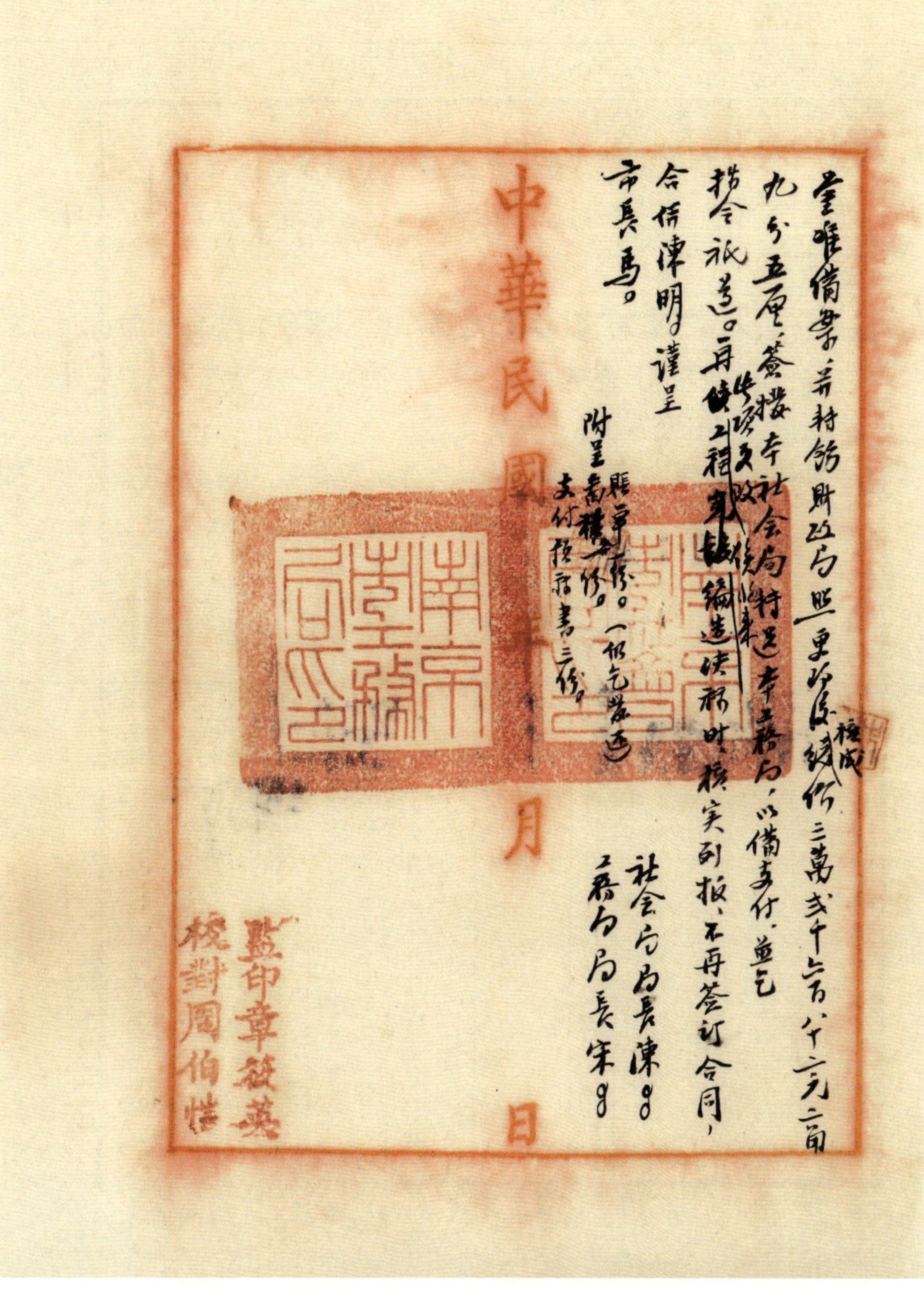

鉴准备案，并拟饬财政局照更正后核减成总价三万贰千六百八十六元二角九分五厘，签拨本社会局转送本工务局，以备支付，并已指令祇遵。再俟该工程将来完竣后，编造决算时，核实列报，不再签订合同，合併陈明，谨呈

市长马。

附呈：账单一份。图样一份。（附原发还）支付预算书三份。

社会局局长陈○

工务局局长宋○

中華民國　年　月　日

監印章毅英

校對周伯愷

南京市工務局　　工計表.1(甲)

更改市立第一中學學生宿舍工事預算書（共4頁）

字第　號　　第1頁

地點	府西街		
工程撮要	新建學生宿舍一座，改建音樂教室及浴室等		
總價	34276.31元	平均單價	
起案原委及施工方法	社會局函請變更市立第一中學學生宿舍圖樣重擬圖樣		
附件	圖五張		

預算詳細表

種類	狀形	單位	數量	單價（元）	總價（元）	備考
新建學生宿舍		座	1		31716.41	
原有[illegible]改建	音樂教室	座	1		1287.00	
原有飯堂改建浴	室及[illegible]室	座	1		1272.90	
						大[illegible]衛生床舖等設備約估4500元
總計					34276.31	

24年6月7日　　計算吳廷[illegible]　校對　　審核

附（一）更改市立第一中學學生宿舍工事預算書（一九三五年六月七日）

南京市工務局

續　字第　號　詳細表

第 2 頁

種類	形狀	單位	數量	單價（元）	總價（元）	備考
新建學生宿舍						
灰漿三合土連挖基		立公	178.3	5.00	891.50	應當打樁施工時決定
0.50勒脚連大放脚		平公	110.0	5.00	550.00	
0.38勒脚連大放脚		平公	57.9	3.90	225.81	
0.38磚墻		平公	705.5	4.80	3386.40	
0.25磚墻		平公	775.0	3.40	2635.00	
0.13磚墻		平公	1080.0	2.00	2160.00	
1:3:6混凝土地坪連墊土		平公	548.0	2.00	1096.00	
0.12厚鋼筋混凝土樓板		平公	1072.0	6.30	6753.60	
分板平頂連擱柵		平公	595.0	1.00	595.00	
青洋瓦屋面連屋架桁條等件		平公	680.0	5.00	3400.00	油毛毡另計
全部鋼筋混凝土梁柱		立公	99.7	53.00	5284.10	照詳細計算
鋼筋混凝土樓梯連欄杆		座	2	320.00	640.00	
鐵質太平梯		座	4	260.00	1040.00	
門	2.0×2.9	樘	3	46.00	138.00	五金油漆在内
門	1.2×2.9	樘	9	28.00	252.00	五金油漆在内
門	1.2×2.1	樘	1	19.00	19.00	五金油漆在内
門	1.0×2.9	樘	42	23.00	966.00	五金油漆在内
玻璃窗	1.2×2.0	樘	75	20.00	1500.00	五金油漆在内
厠所内磨石手池	—	平公	38	1.20	45.60	
厠所内杉木企口搁板連小門		公尺	20	1.00	20.00	
1:3:6混凝土踏步		座	4	10.00	40.00	
天溝、落水管		公尺	238	0.80	190.40	洋鉄外貨
水泥明溝		公尺	110	0.80	88.00	
合計					31916.41	

卅七年六月七日　　計算 吳[signature]　校對　審核

南京市工務局

續　字第　號　詳細表

第 3 頁

種類	形狀	單位	數量	單價（元）	總價（元）	備考
	原有會客室改建音樂室					
灰漿三合土連挖基		立公	38.5	4.00	154.00	磚用拆下舊磚
38勒脚連大放脚		平公	33.7	2.00	67.40	磚用拆下舊磚
25勒脚連大放脚		平公	48.0	1.50	72.00	磚用拆下舊磚
25空斗墻連粉刷		平公	167.0	1.20	200.40	磚用拆下舊磚
13磚墻連粉刷		平公	92.0	1.00	92.00	〃　〃
拆蓋原有小青瓦屋面連整理屋架椽子		平公	260.0	1.00	260.00	
拆鋪原有地板連整理		平公	168.0	0.30	50.40	無須油漆
新做1:3:6混凝土地		平公	32.0	1.50	48.00	
四週明溝		公尺	60.0	0.80	48.00	
天溝、水落管		公尺	56.0	0.80	44.80	准用外貨
原有門窗整理油漆		估			50.00	
合計					1087.00	
	原有飯堂等改建浴室盥洗室					
灰漿三合土連挖基		立公	15.7	4.00	62.80	
38勒脚連大放脚		平公	54.0	2.00	108.00	
25空斗墻連粉刷		平公	259.0	1.50	388.50	
拆蓋原有小青瓦屋面連整理屋架椽子		平公	160.0	1.00	160.00	
新做1:3:6混凝土地		平公	124.0	1.50	186.00	屋內明溝在內
分板平頂連擱柵		平公	124.0	0.70	86.80	一部份原有
天溝、水落管		公尺	65.0	0.80	52.00	准用外貨
屋外四週明溝		公尺	51.0	0.80	40.80	
分板隔板連小門		公尺	60.0	0.80	48.00	
爐灶連烟囱		付	1		40.00	
原有門窗改造		估			100.00	
合計					1272.90	

廿四年　六月　七日　　計算 吴[illegible]　校對　　審核

南京市工務局

續　字第　號　詳細表

第4頁

種類	形狀	單位	數量	單價（元）	總價（元）	備考
學生宿舍應增減各項						
①應增部份						
門	1.2×2.9	樘	3	28.00	84.00	
窗	1.2×2.0	樘	5	20.00	100.00	
廁所內磨石子地		平公	38	1.20	45.60	
合計					229.60	
②應減部份						
全部鋼筋混凝土樑柱		立公	20.3	53.00	1075.90	原估120立公現照詳計算應為99.7
門	1.0×2.9	樘	4	23.00	92.00	
灰漿三合土連牆基		立公	12.7	5.00	63.50	
.38勒腳連大放腳		平公	17.6	3.90	68.64	
.25磚牆		平公	65.0	3.40	221.00	
烟囱火磚砌		座	1	50.00	50.00	
木隔板連小門		公尺	52	1.00	52.00	
合計					1623.04	

②－①＝1,623.04－229.60＝1,393.44元淨減數

舊宿舍預算 33,309.85－1,393.44＝31,916.44元（31,916.41）
（新宿舍預算）

卅7年　7月　七日　計算　吳[illegible]　校對　審核

南京市工務局建築市立第一中學學生宿舍施工細則

（一）普通

一、定線　校房位置及高度由本局派員測定

二、挖掘　開掘底脚泥土須按照其規定尺寸開掘，如有舊脚或樹根均須挖去，溝底有水須用抽水機抽乾，隣近建築物如有坍倒等虞，應用板樁支撐，所有掘出珍貴古物應一概繳歸本局，否則由承包人負責賠償

三、灰漿三合土　灰漿三合土須按照一、三、六成份在預先製就之拌板上拌匀，然後倒置於底脚溝內，每次所舖厚度不得過二十公分，仍用碎磚須清潔整齊，不得雜有泥泥，其大小不得超過五公分（二寸），沙用適中，須清潔無雜物，石灰應用塊灰

四、大方脚　大放脚概用青磚以一、三水泥沙漿窩置砌

附（二）南京市工務局建築市立第一中學學生宿舍施工細則

五、驗基坑填土　俟全屋墻脚完竣，須經監工員驗收得驗後方可將土填還，填還之泥土不得雜有木柴樹根及其他易於腐敗之物質

（二）磚墻

一、磚料　用質地堅實大小一律之青磚，未砌之先須將磚用清水浸透，然後使用

二、灰漿　砌墻用一比三石灰沙漿砌

三、砌墻　砌墻之前須兩面搭架，兩面掛綫，並須將磚縫刮清於米尺之上，依磚縫之標準，磚縫中須灌滿灰漿，抹足墊灰，不得有空隙，乾擺磚時灰縫不得大于六分，每皮磚口須成一直綫，不得參差。每門口窗口均須預先砌入塗有桐油二度之木磚，每塊至少三塊

四、粉飾　一、裏墻面須先抹柴泥一度，再粉紙筋石灰，刷石灰水，以白為度

乙、廚房浴室及廁所內均做水泥台度高一．五公尺

丙、外牆面為清水牆

五、發懸 門窗上面一：三水泥漿砌磚發懸

六七、壓牆 第二層樓板下四週外牆均做二寸八公分寬方壓牆木料

（三）木工

一、材料 木料種類及大小分別另詳本所示尺寸概係小頭品質須堅緻平直不帶有邊心節疤節眼裂縫等弊

二、木工人 屋架接榫方法由本局監工員指示之

三、門窗上所做關單線腳不得另外釘上做工以粗鉋一度細鉋一度為準窗扇做上下滑動全部上做腰頭窗門窗詳圖於施工時發給

四、全部屋面板用洋松板做上下縫

丁、廁所及浴室夾板用杉木企口板

（四）屋面平頂及水泥地面

一、屋面　全部新建房屋面均蓋青綠瓦下鋪一號牛毛毡一層

一、天花板　樓房上下均做分板平頂

一、水泥地面　水泥三合土面上須嵌木条刻成三十公分見方方格

（五）鋼筋混凝土

一、材料　水泥用啟新馬牌灰或中國泰山牌以無潮溼或中國泰山牌以無潮溼或結塊者為合格石子用堅硬青石子砂用黃沙均須洗淨後然後使用成份為一二四鐵筋概用竹節鋼筋并無本國貨方得准予應用外貨

一、應用部位　樓板大料樓梯及柱子等概為鋼筋混凝土

一、紮鐵及澆灌混凝土　鋼筋紮結當于施工時發給紮鐵完畢須經本局查驗合

搗後方准澆灌混凝土澆灌混凝土時務須搗壓堅實

四、拆卸木殼 支架及木殼之拆除須在混凝土搗就後四星期得本局同意後方得拆卸

(六) 油漆

一、靠牆木料 一切木料嵌入牆內者須塗熱桐油二遍

二、門窗 全部門窗及其他裝修物漆上等廣漆二底二度在未油漆之先須將木器之污泥油脂等洗擦淨盡再用砂紙磨光後始得上漆鐵件先塗紅丹一度然後加油顏色

(七) 雜項

一、踏步 做法與水泥地面同

一、水明溝 屋外四週築明溝一道槽底鋪碎磚一層上澆五公分厚一：三：六混凝土並做十五公分徑半圓式明溝坡度臨時規定之

三、天溝水落　四周用二十四號白鐵天溝水落（水落）用國貨，不得准予應用外貨，外刷白油二度

四、門窗鉸鏈　門窗鉸鏈限用二等國貨，用油灰嵌鑲，一切五金件均由承包人供給，但須經監工員同意後方得准予使用

五、變更則例　圖樣及施工細則，本局有變更之權，更改後之各項價格以投標時之單價計算之

六、衛生設備　衛生設備不在本工程內，但承包人於本局裝置該項設備時，須充分予以便利

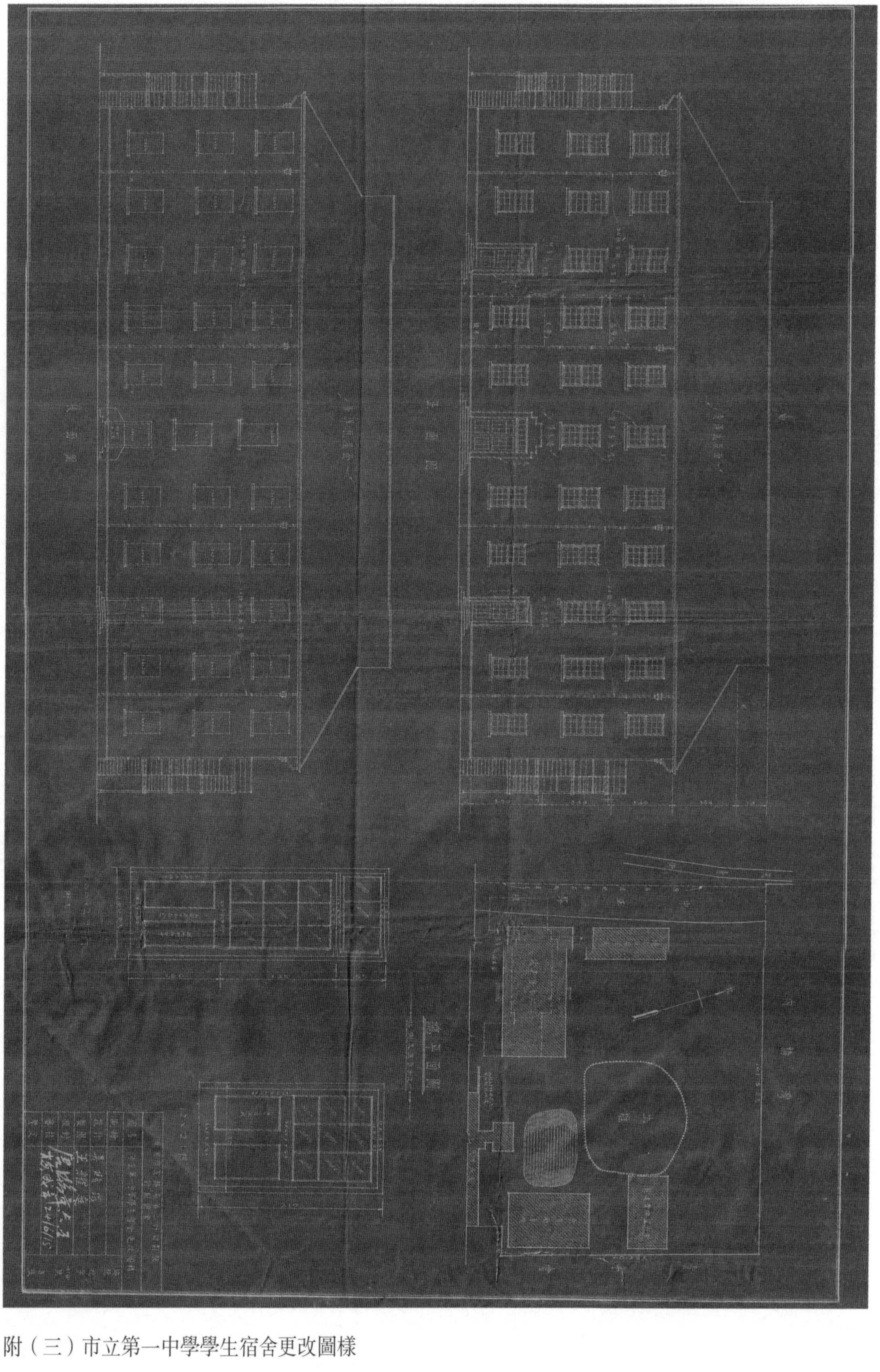

附（三）市立第一中學學生宿舍更改圖樣

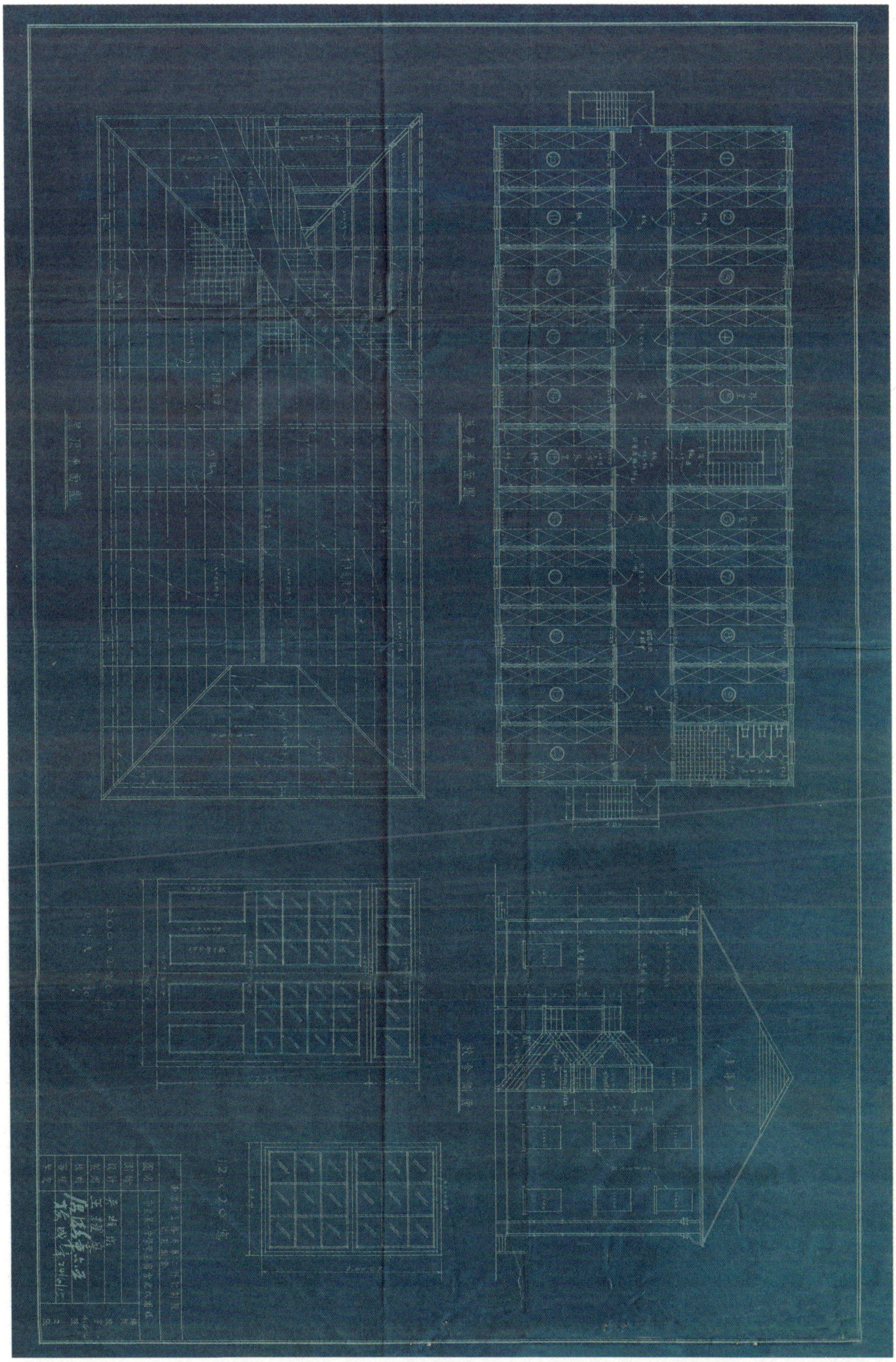

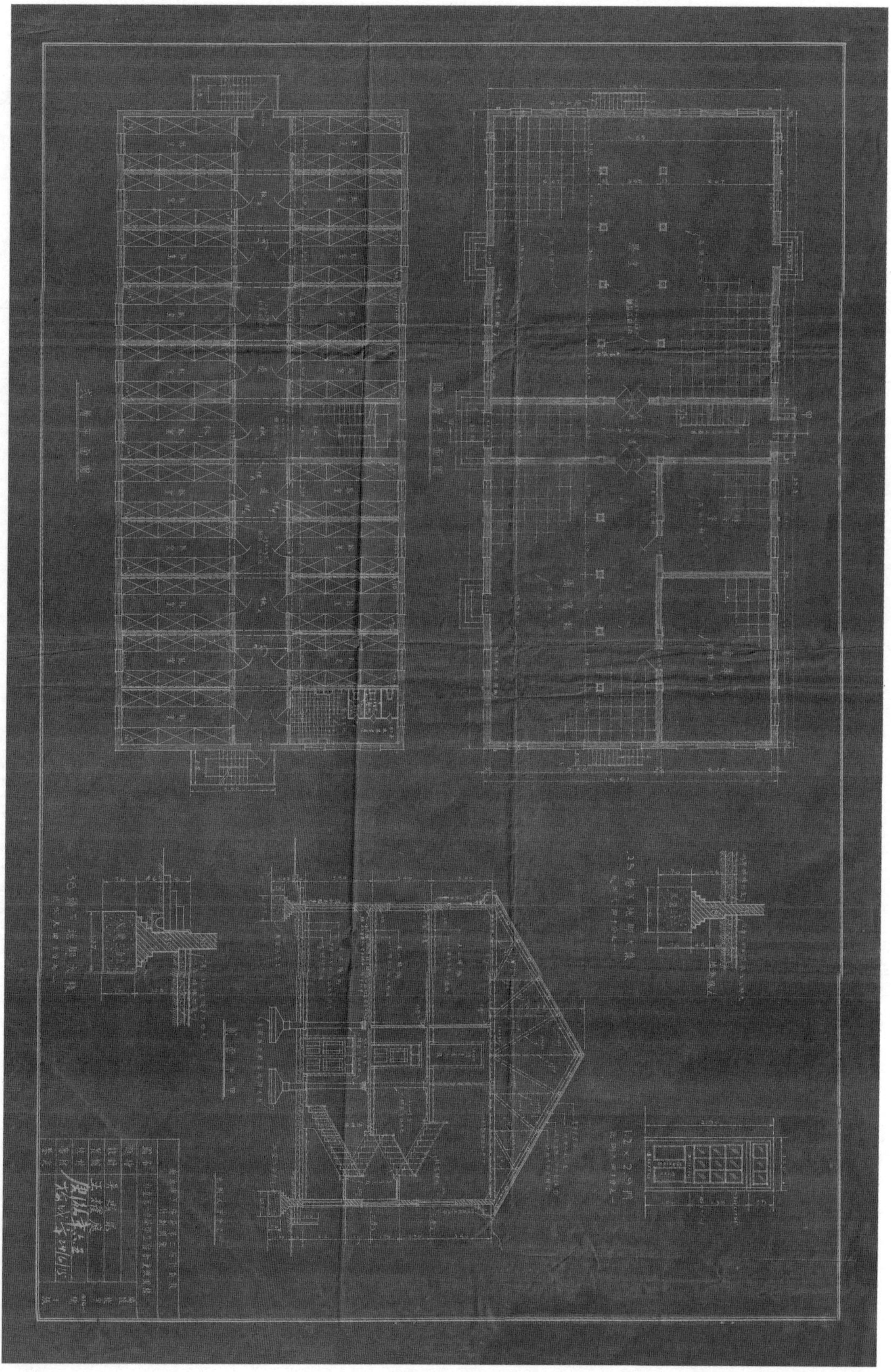

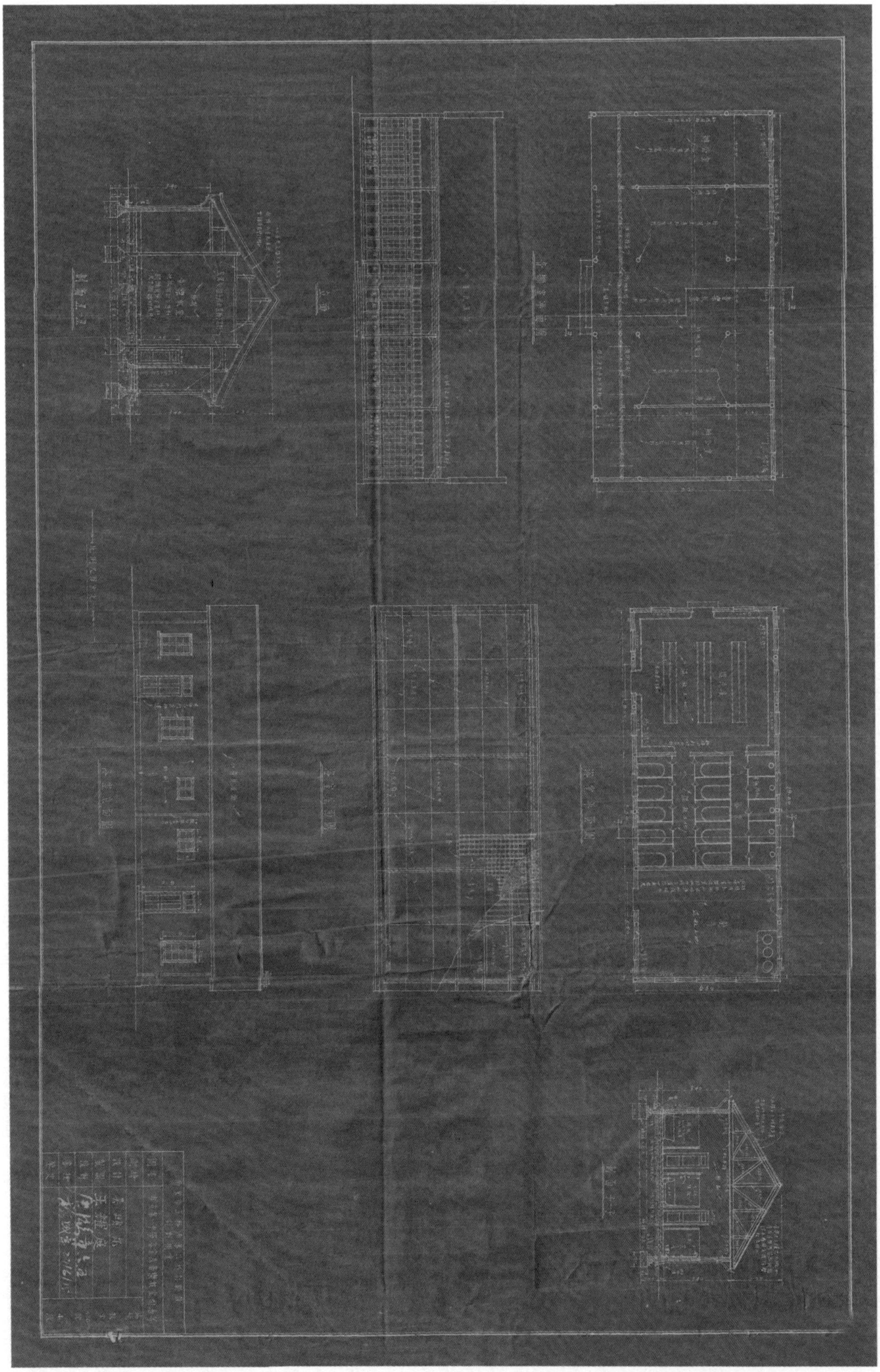

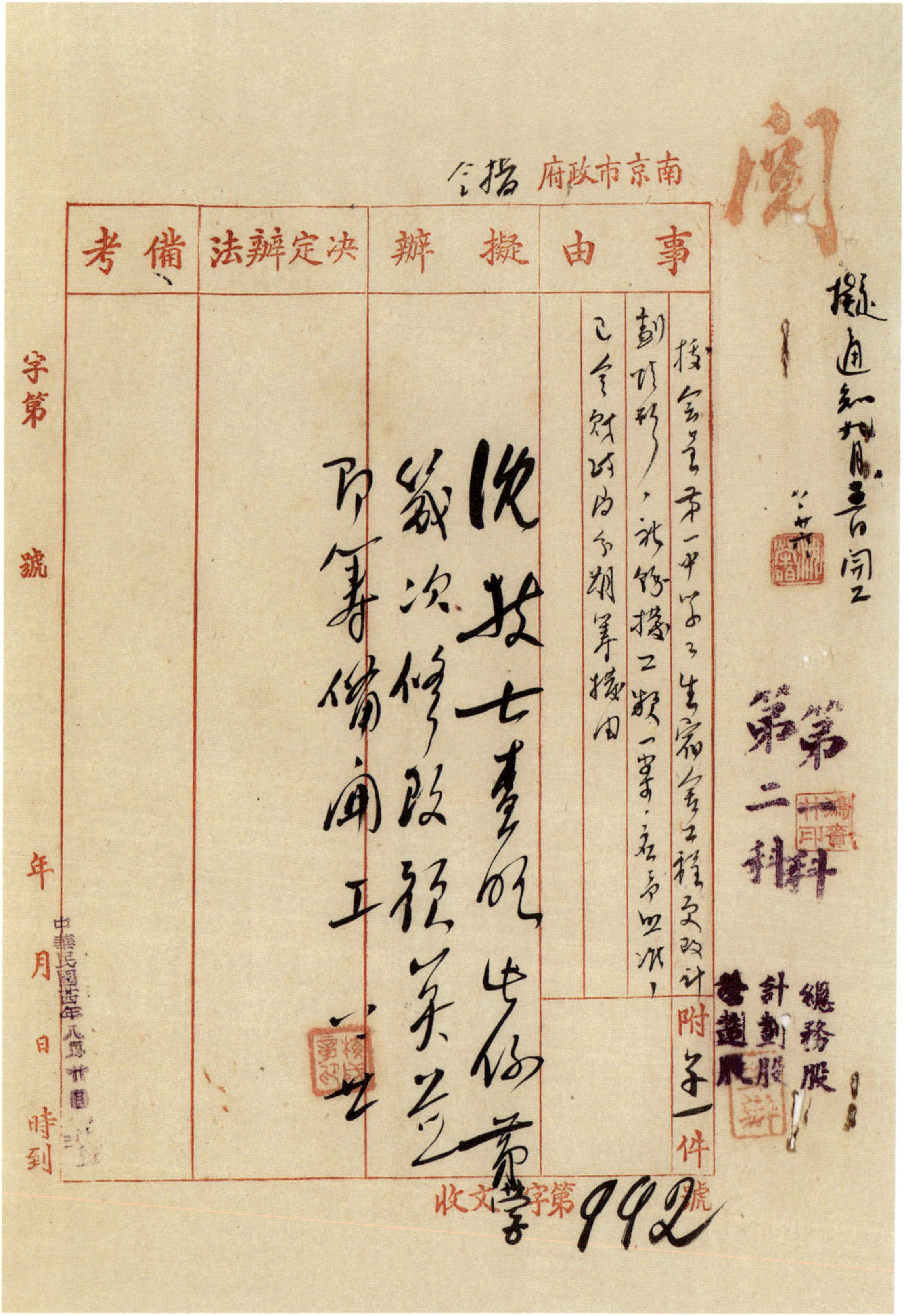

南京市政府爲據會呈第一中學學生宿舍工程更改計劃情形，祈飭撥工款一案應予照準，已令財政局分期籌撥給市工務局的指令（一九三五年八月二十日）

附：更改市立第一中學學生宿舍工程賬單

檔號：1001-3-107

南京市政府指令　字第4460號

令工務局

會呈一件，為呈擬第一中學宿舍工程及改
計劃情形，仰祈鑒核，飭撥工款由。

呈件均悉。茲核所呈尚屬可行，惟本年度
已積欠預算甚二倍，全賴財政局籌墊，現由該局
將所有暫付款辦法限日整理，詳為統籌，以求新財政
自指歸，以算撥，以符財力。除分令外，仰即遵照
擬草案送，餘件分別存轉。此令。

計黏送賬單一紙。

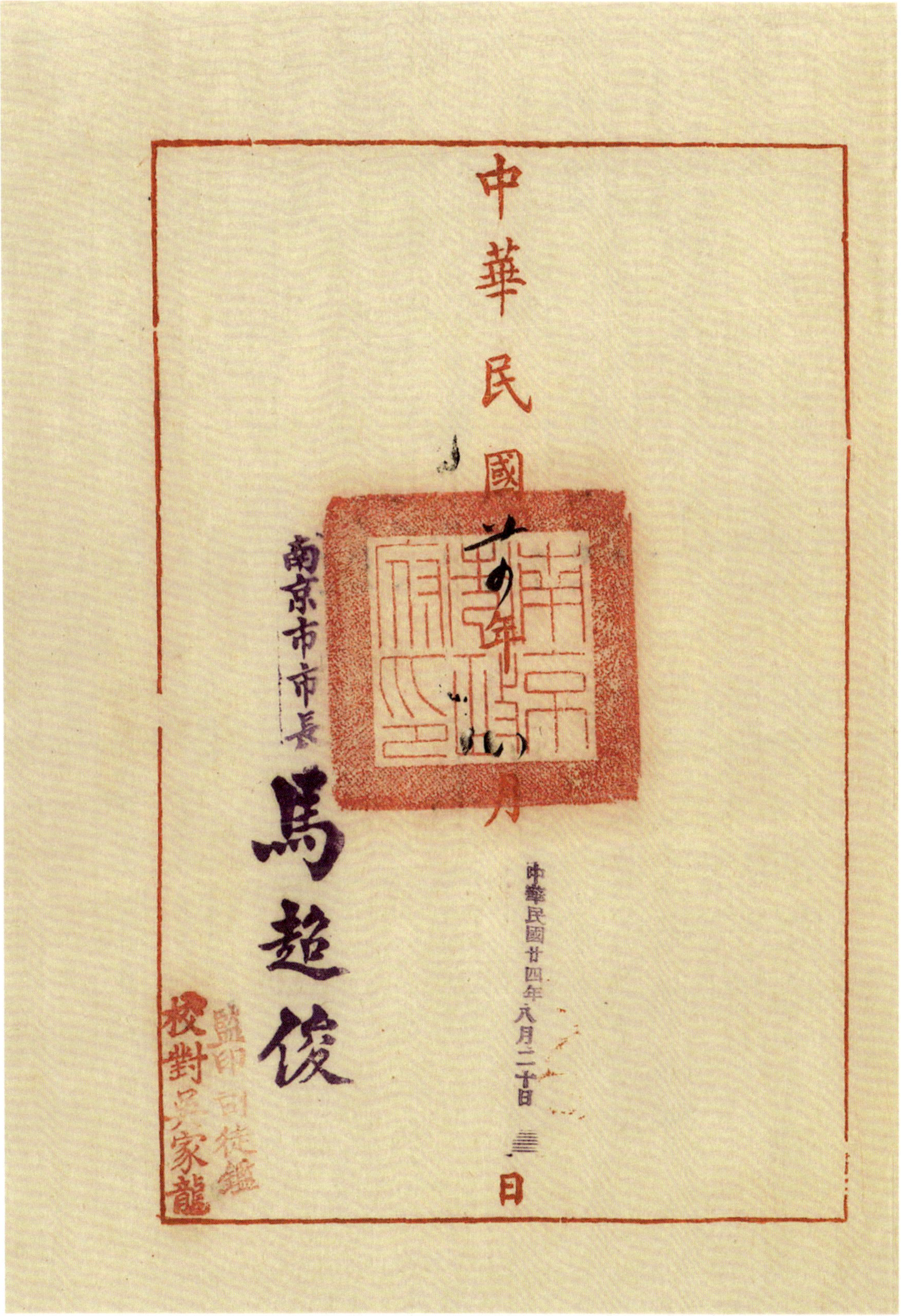

中華民國廿四年八月三日

中華民國廿四年八月二十日

南京市市長

馬超俊

監印 司徒鑑

校對 吳家龍

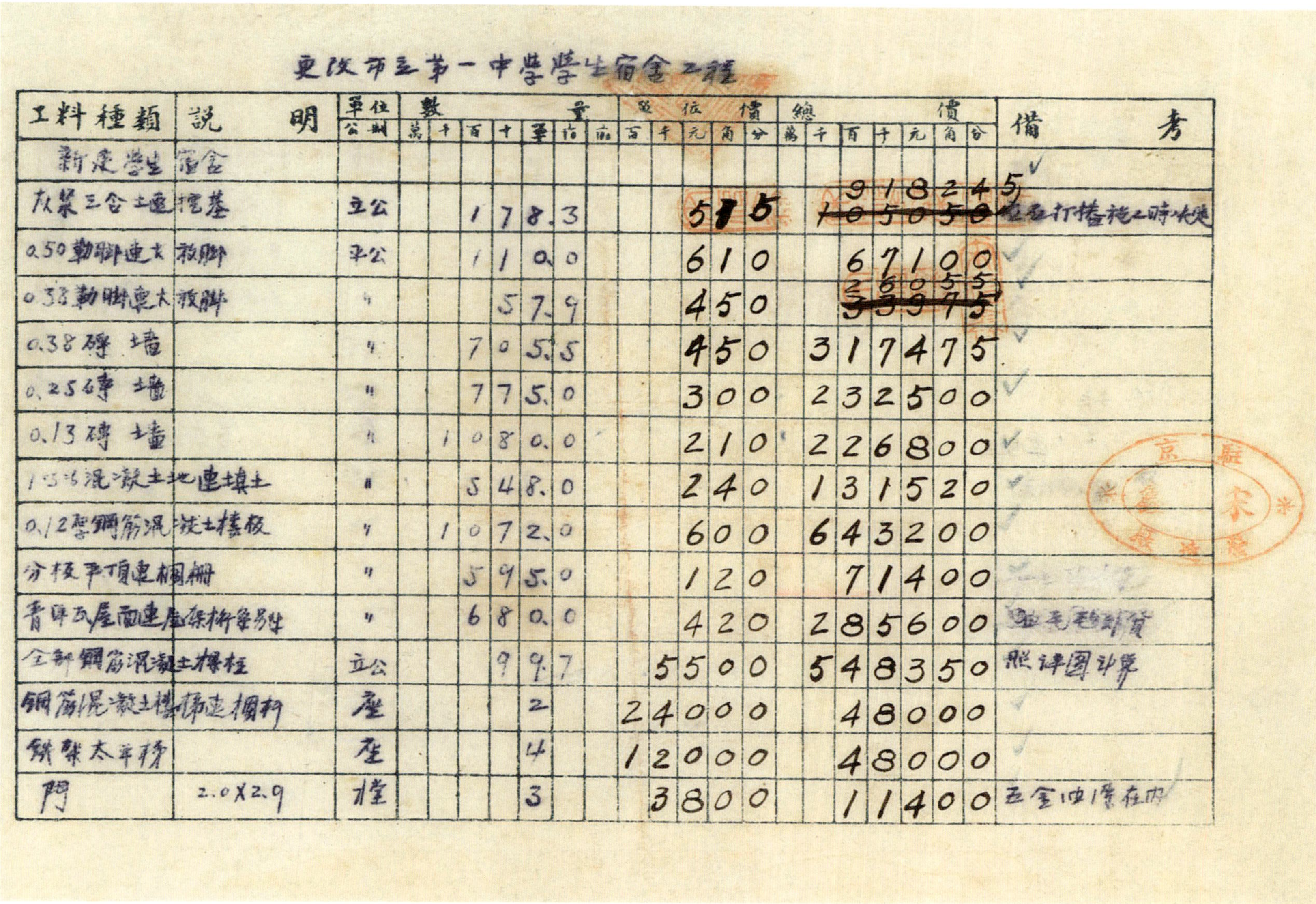

更改市立第一中學學生宿舍工程

工料種類	說明	單位 公制	數量	單位價	總價	備考
新建學生宿舍						
灰漿三合土填墻基		立公	178.3	5[illegible]5	~~105050~~ 918245	尚在打樁施工時決定
0.50勒腳連大放腳		平公	110.0	610	67100	
0.38勒腳連大放腳		〃	57.9	450	~~59975~~ 26055	
0.38磚墻		〃	705.5	450	317475	
0.25磚墻		〃	775.0	300	232500	
0.13磚墻		〃	1080.0	210	226800	
1:3:6混凝土地連填土		〃	548.0	240	131520	
0.12厚鋼筋混凝土樓板		〃	1072.0	600	643200	
分棧平頂連欄柵		〃	595.0	120	71400	
青平瓦屋面連屋架桁條另計		〃	680.0	420	285600	連毛毡油質
全部鋼筋混凝土樑柱		立公	9.7	5500	54835	照詳圖計算
鋼筋混凝土樓梯連欄杆		座	2	24000	48000	
鐵架太平梯		座	4	12000	48000	
門	2.0×2.9	樘	3	3800	11400	五金油漆在内

工料種類	說明	單位公制	數量 萬	千	百	十	單	分	厘	單位價 百	十	元	角	分	總價 萬	千	百	十	元	角	分	備考
門	1.2×2.9	樘					9				2	2	0	0			1	9	8	0	0	五金油漆在內
門	1.2×2.1	〃					1				2	0	0	0				2	0	0	0	仝上
門	1.0×2.9	〃				4	2				1	6	0	0			6	7	2	0	0	仝上
玻璃窗	1.2×2.0	〃				7	5				1	8	0	0		1	3	5	0	0	0	仝上
廁所內磨石子地		平公				3	8					3	2	0			1	2	1	6	0	
廁所內杉木企口陽板連小門		公尺				2	0					3	0	0				6	0	0	0	
1:3:6混凝土踏步		座					4				1	0	0	0				4	0	0	0	
天溝落水管		公尺			2	3	8						8	5			2	0	2	3	0	推用外貨
水泥明溝		公尺			1	1	0					1	1	0			1	2	1	0	0	
總價															3	0	2	7	7	1	4	5

（即叁萬零貳佰柒拾柒元壹角肆分伍厘）

工料種類	說明	單位公制	數量	單位價	總價	備考
原有圖書室	改建音樂室					
灰漿三合土墊	挖基	立公	38.5	250	9625	石平磚用拆下舊磚
.38勒腳連大	拔腳	平公	33.7	250	8425	磚用拆下舊磚
.25勒腳連大	拔腳	〃	48.0	150	7200	仝上
.25空斗牆連	粉刷	〃	167.0	~~150~~ 120	~~25050~~ 20040	仝上
.13磚牆連	粉刷	〃	92.0	80	7360	仝上
部查原有小青瓦屋	面連整理屋架椽子	〃	260.0	~~150~~ 100	~~39000~~ 26000	
拆舖原有地板	連整理	〃	168.0	~~80~~ 50	~~13440~~ 8400	無須回價
新做1:3:6混	凝土地	〃	32.0	210	6720	
四週明溝		公尺	60.0	110	6600	
天溝,落水管		〃	56.0	85	4760	性用外資
原有門窗整理油漆		估		1300	1300	
合計					~~12948.0~~	(即壹仟貳佰玖拾肆元捌角正)
原有飯堂等	改建浴室盥洗室				1064.30	
灰漿三合土墊	挖基	立公	15.7	250	3925	用拆下舊磚

工料種類	說明	單位公制	數量	單位價	總價	備考
.38勒脚墙大放脚		平公	54.0	2.50	135.00	用拆下舊磚
.25空斗墙通粉刷		〃	259.0	~~1.50~~	~~388.50~~	〃 〃
拆蓋原有小會屋連整理屋架樣子		〃	160.0	~~1.50~~	~~240.00~~	
新做1:3:6石灰三和土地		〃	124.0	2.10	260.40	屋内明溝在内
分板平頂連欄柵		〃	124.0	1.00	124.00	一部份原有
大溝、陰水管		公丈	65.0	.85	55.25	准用外貨
屋外四週明溝		〃	51.0	1.10	56.10	
分板隔板連小門		〃	60.0	~~3.00~~	~~180.00~~	
火灶連烟囱		付	1	~~40.00~~ ~~90.00~~	~~40.00~~ ~~90.00~~	
原有門窗改造		住		~~100.00~~ ~~167.00~~	~~100.00~~ ~~167.00~~	
合計					~~1735.50~~ 1340.80	（即壹仟柒佰叁拾伍元伍角）

以上三項共計總價為叁萬叁仟叁佰零柒元肆角肆分伍厘

以上三項改過以後共計總價為叁萬貳仟陸佰柒拾貳元三角玖分五厘

4

南京建康路針巷内二號

京駐 宋鑫 營造廠

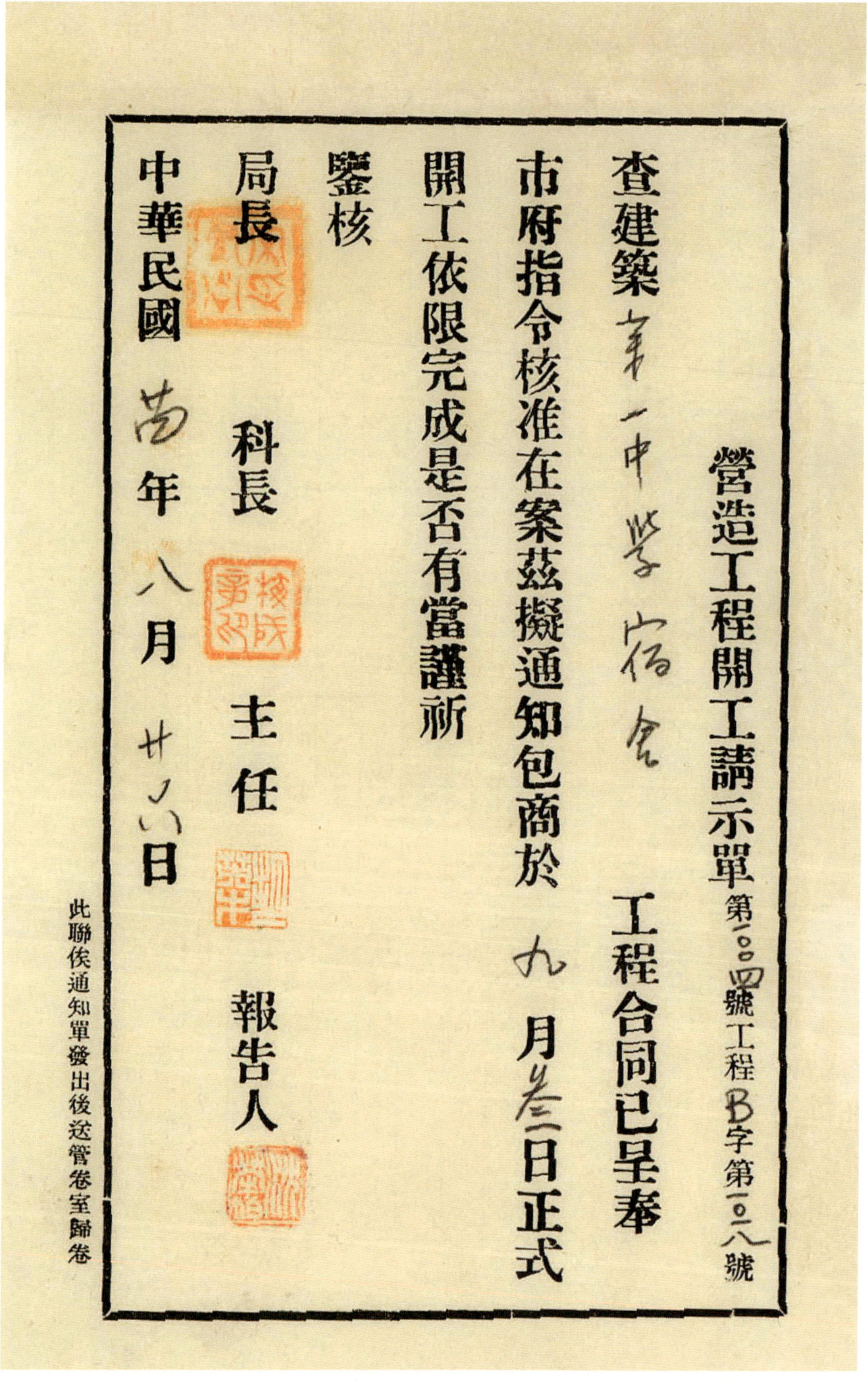

營造工程開工請示單第一〇四號工程B字第一〇八號

查建築第一中學宿舍工程合同已呈奉市府指令核准在案茲擬通知包商於九月叁日正式開工依限完成是否有當謹祈

鑒核

局長　科長　主任　報告人

中華民國廿四年八月廿六日

此聯俟通知單發出後送管卷室歸卷

建築第一中學學生宿舍工程開工請示單（一九三五年八月二十六日）

檔號：1001-3-107

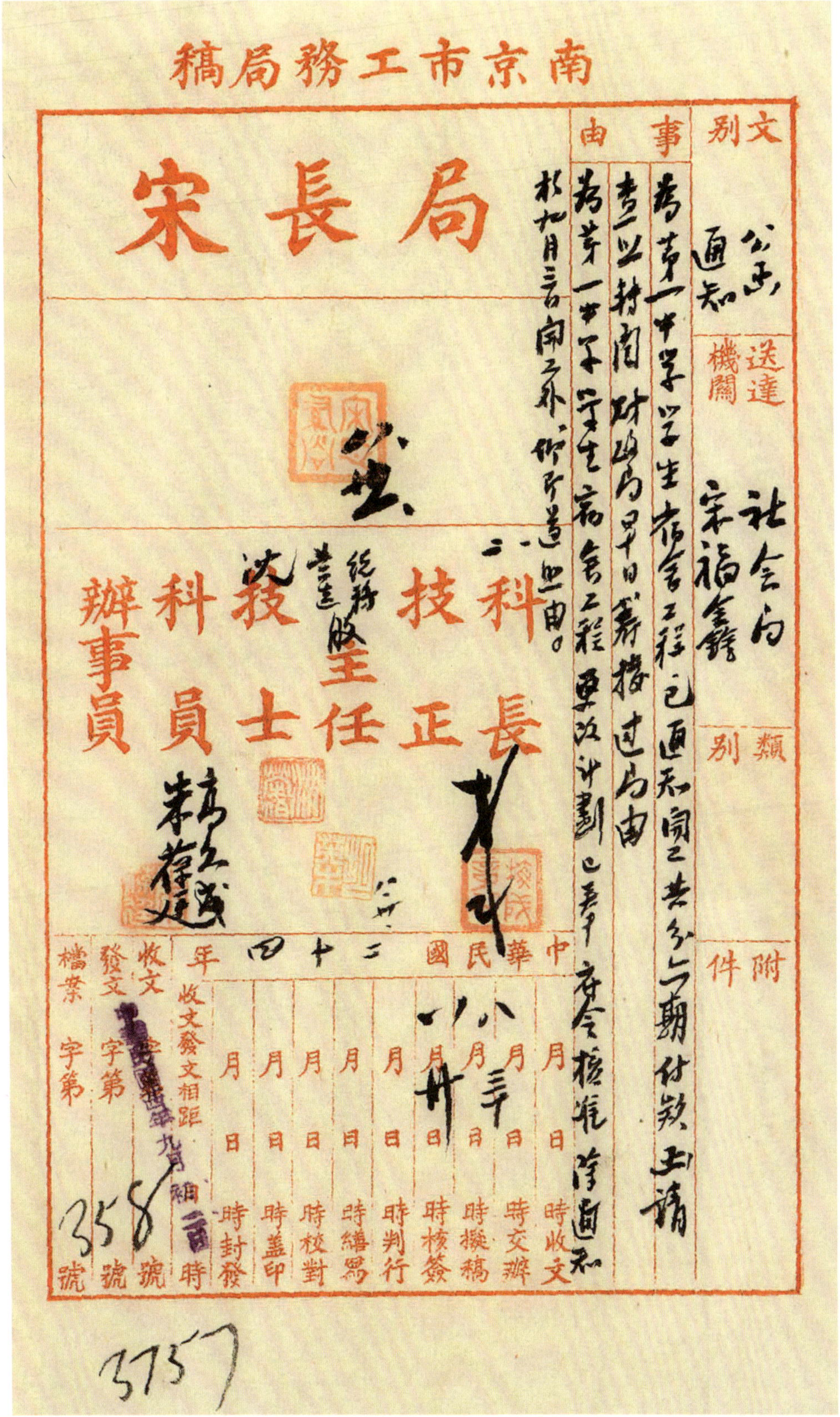
南京市工務局稿

局長宋

文別：公函 通知

送達機關：社會局 宋福鑫

事由：爲第一中學學生宿舍工程已通知開工共分六期付款，函請轉函財政局早日籌撥過局由

爲第一中學學生宿舍工程，業經計劃，已奉市令核准，着即通知於九月二日開工，仰即遵照由。

科長 技正 主任 技士 科員 辦事員

中華民國二十四年 八月三十日 八月卅一日

收文 發文 檔案 字第 號

3757

南京市工務局爲第一中學學生宿舍工程已通知開工，共分六期付款，請轉函財政局早日籌撥過局給市社會局的公函及給宋福鑫營造廠的通知（一九三五年八月三十一日）

檔號：1001-3-107

公函

案奉

市政府第四四六〇號指令，本府会呈一件，為呈報第一中

學學生宿舍工程更改計劃情形，仰祈鑒核飭撥工

款由，内開：

「呈件均悉。簽核所呈尚屬可行，准予照办。已檢

同原預算書，令飭財政局遵照，應由該局

將分期付款辦法及日期詳為規定，並知財政局

按期籌撥，以紓財力。除分令外，仰即遵照」

等因，奉此，查此案前經檢同圖說等件，会同

貴局呈請
市政府備案在案，茲奉前因，除已通知包工定於九
月三日開工外，仍限壹百廿晴天完工，共分六期付款，
其付款多少，須視各期完成工程計算，相應函達，
即請
查照轉函財務局早日籌撥修工款過局，以備支付為荷。
此致
社會局
通知
查建築第一中學之生宿舍工程，前經交由該廠

宋○○

承包並與卅簽訂合同，分別存執在案。旋因更改計劃，

飭據該商重行開據前來，查所拆鋪地板等項，原列之

單價過高，業經商得該廠同意逐項核減，計核減

後總價三萬二千六百八十二元二角九分五厘在案。除

呈奉

市政府令准並已通知於九月三日開工外，依限一百五十晴

天完工。合行正式通知，仰即遵照依限完成為要。特

此通知。

右通知宋福興營造廠遵照。

中華民國　　年　　月　　日

監印章筱英
校對周伯崧

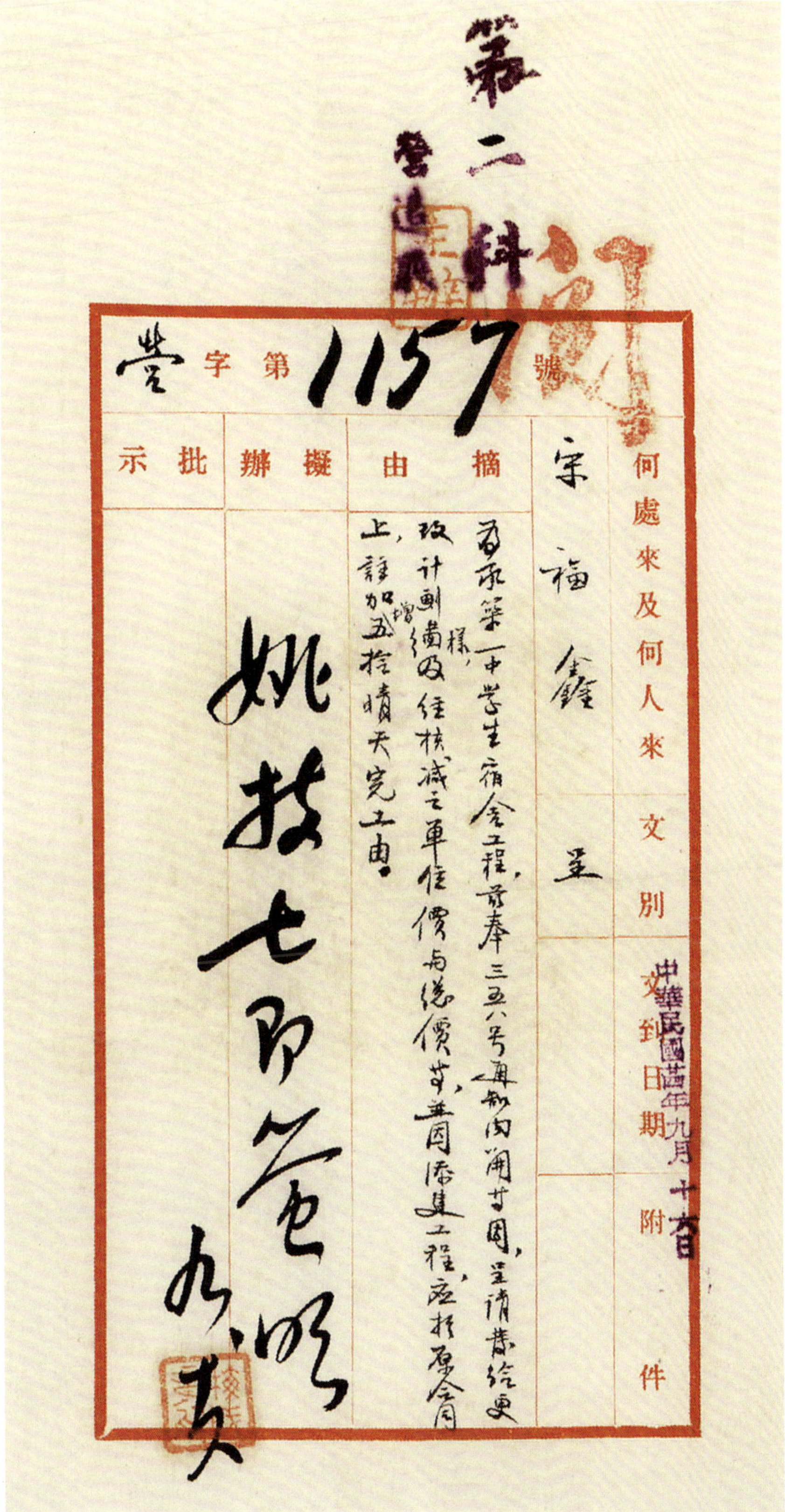
第二科

營字第1157號

何處來及何人來	宋福鑫 呈
文別	
文到日期	中華民國廿四年九月十四日
附件	
摘由	爲承築第一中學生宿舍工程，前奉三五八號再批內開各因，呈請發給更改計劃圖樣，備及經核減之單位價與總價等，並因添建工程，應於原合同上請增加五十晴天完工由
擬辦	姚技士即簽明
批示	

宋福鑫營造廠爲承築第一中學學生宿舍工程，請發給更改計劃圖樣及經核減之單位價與總價等，并因添建工程請增加五十晴天完工給南京市工務局的呈文

（一九三五年九月十四日）

檔號：1001-3-107

呈

為呈請事竊商承包建築第一中學學生宿舍工程業經
鈞局簽發合同分別存執並奉通知飭于九月三日開工各在案茲復奉
鈞局三五八號通知內開查建築第一中學學生宿舍工程前經交由該廠承包
並與簽訂合同分別存執旋因更改計劃飭據該商重行開賬前來當以拆
舖地板等項之單位價通商業經商得該廠同意逐項核減後總價叁萬捌式仟陸佰

捌拾弍元弍角玖分五厘在案除呈奉
市政府令准並已通知九月三日開工外仍限壹佰五拾晴完工合行正式通知仰即
遵照依限完成為要特此通知等因奉此查更改計劃逐項核減之單位價存卷
內已經改正但 商存執之合同內容數量單位價等尤未更改又未奉諭重行
簽訂双方存執合同各不相符手續欠妥批請

鈞局迅賜飭將該處工程更改計劃圖樣暨經核減之單位價與總價一併發給以資備查再限期壹佰五拾晴天完工之議俟對新建築宿舍一座之限定後來更改計劃改建圖書館音樂室浴室廚房等項工程又該校販賣部及廚房等尤未遷出以上需五十天之期並未議及自應不在壹佰五拾晴天完工之限期內應請將簽訂合同批註加期五拾晴天因該處宿舍工程全部水泥樓板樓梯及柱子不可草率簽訂壹佰五拾晴天完工原冀五月間可以開工其時天氣晴長尚勉敷用今加建圖書館等興

程加多限期不能包括在內且秋冬日短更屬難行爲此懇請加期五拾晴天以便從容進行而利事所有上述懇請發給經核減之單位價及總價加添建南書館等工程應在原訂合同上批註加期五拾晴天各緣由是否有當理合備文呈請

鑒核賜予批准施行不勝感禱待命之至特此 謹呈

南京市工務局局長宋

具呈人

南京宋福鑫營造廠

中華民國二十四年九月十四日

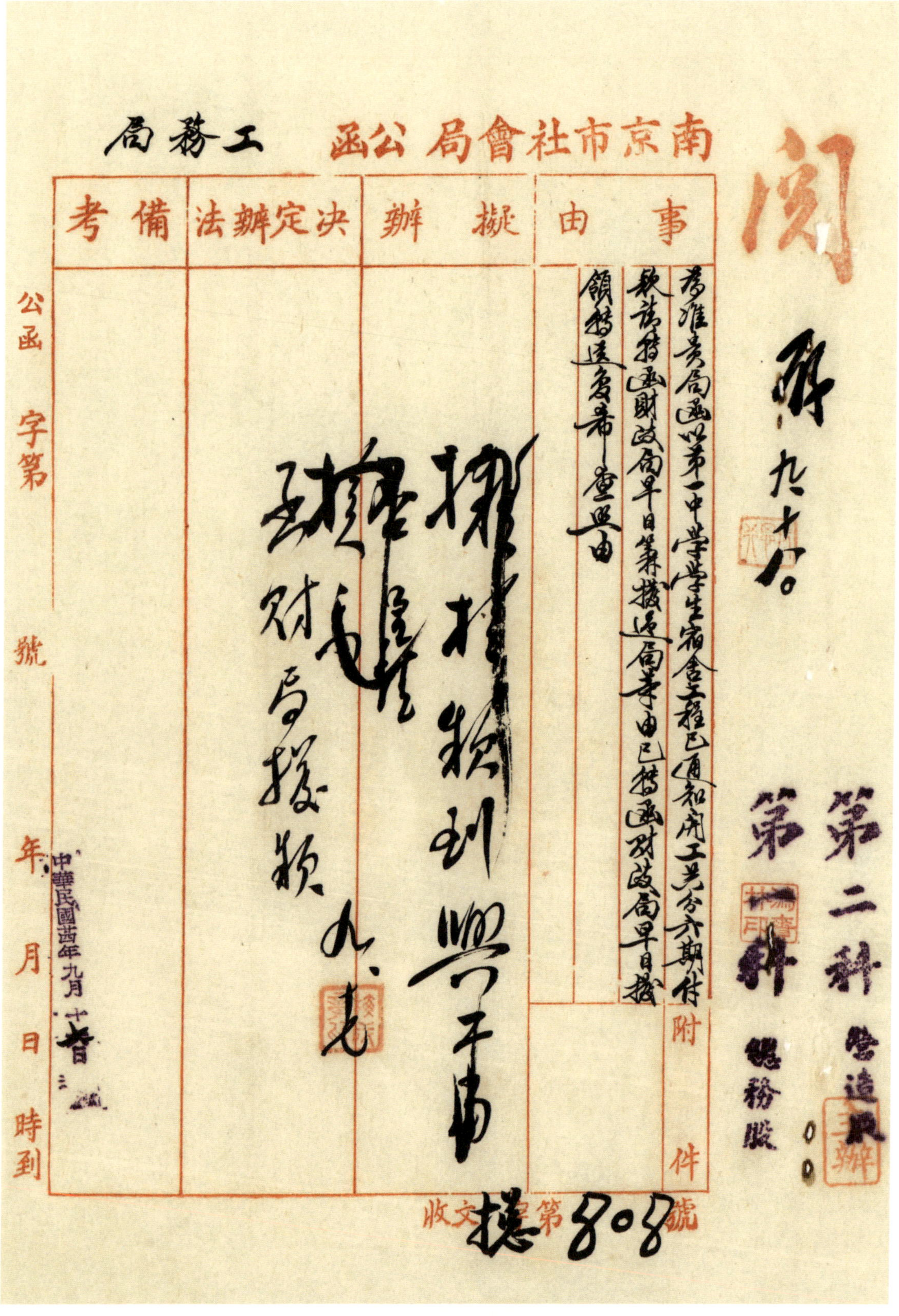
南京市社會局公函　工務局

事由	擬辦	決定辦法	備考
爲准貴局函以第一中學學生宿舍工程已通知開工并分六期付款請轉函財政局早日籌撥過局等由已轉函財政局早日撥款轉送貴局查照由			

附件

公函　字第　號

中華民國廿四年九月十六日

年　月　日　時到

收文第　號

南京市社會局爲第一中學學生宿舍工程通知開工分期付款，已轉函財政局早日撥款給市工務局的公函

（一九三五年九月十六日）

檔號：1001-3-107

南京市社會局公函

字第6827號

案准

貴局第三七五七號公函內開：「案奉

市政府第四四六零號訓令，本局會呈一件，為呈報第一中學學生宿舍工程更改計劃情形，仰祈鑒核，飭撥工款由。內開：呈件均悉。查核所呈尚屬可行，准予照辦。已檢同原預算書二份，令飭財政局遵照，應由該局將分期付款辦法及日期詳為擬定，函知財政局核照籌撥，以紓財力，除分令外，仰即遵照。等因，奉此，查此案前經檢同賬單等件會同貴

局呈請 市政府備案在案。茲奉前因，除已通知包工定於九月三日

開工外，仍限一百五十晴天完工，共分六期付款，其付款多少，須視各期完成

工程計算，相應函達，即請查照，轉函財政局早日將工款籌撥送局，以便

支付為荷。」

等由；准此，查此案前由本局呈

貴局會呈 市府，並經奉同樣指令，着即填具領款單，向財政局請領在

案。茲准前由，除轉函財政局請早將工款撥發具領，以資特造應用外，相應函復，即希

查照為荷。此致

工務局。

陳劍如

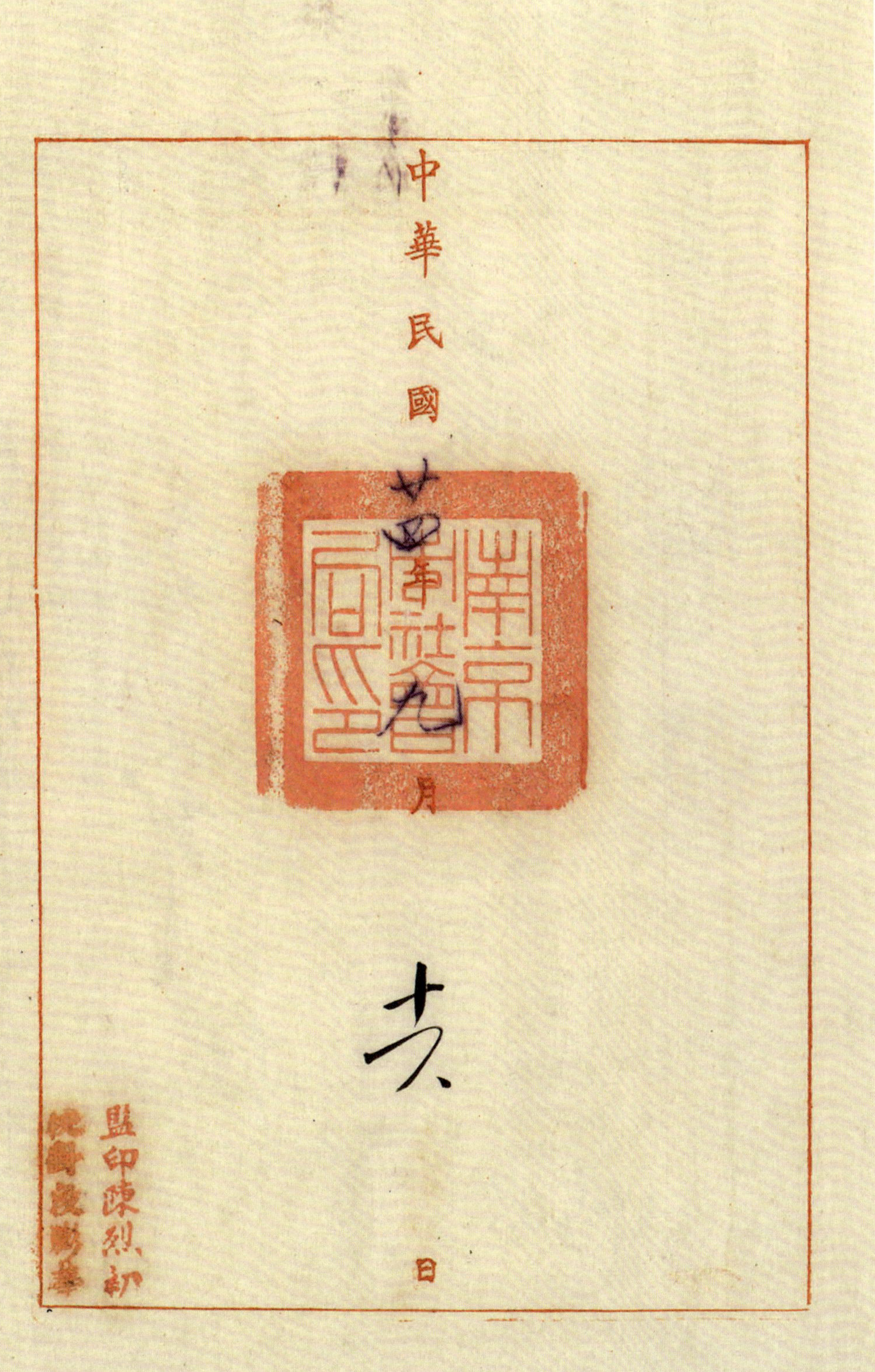

中華民國廿四年九月十六日

（印：南京市社會局）

監印陳烈初
校對殷彬華

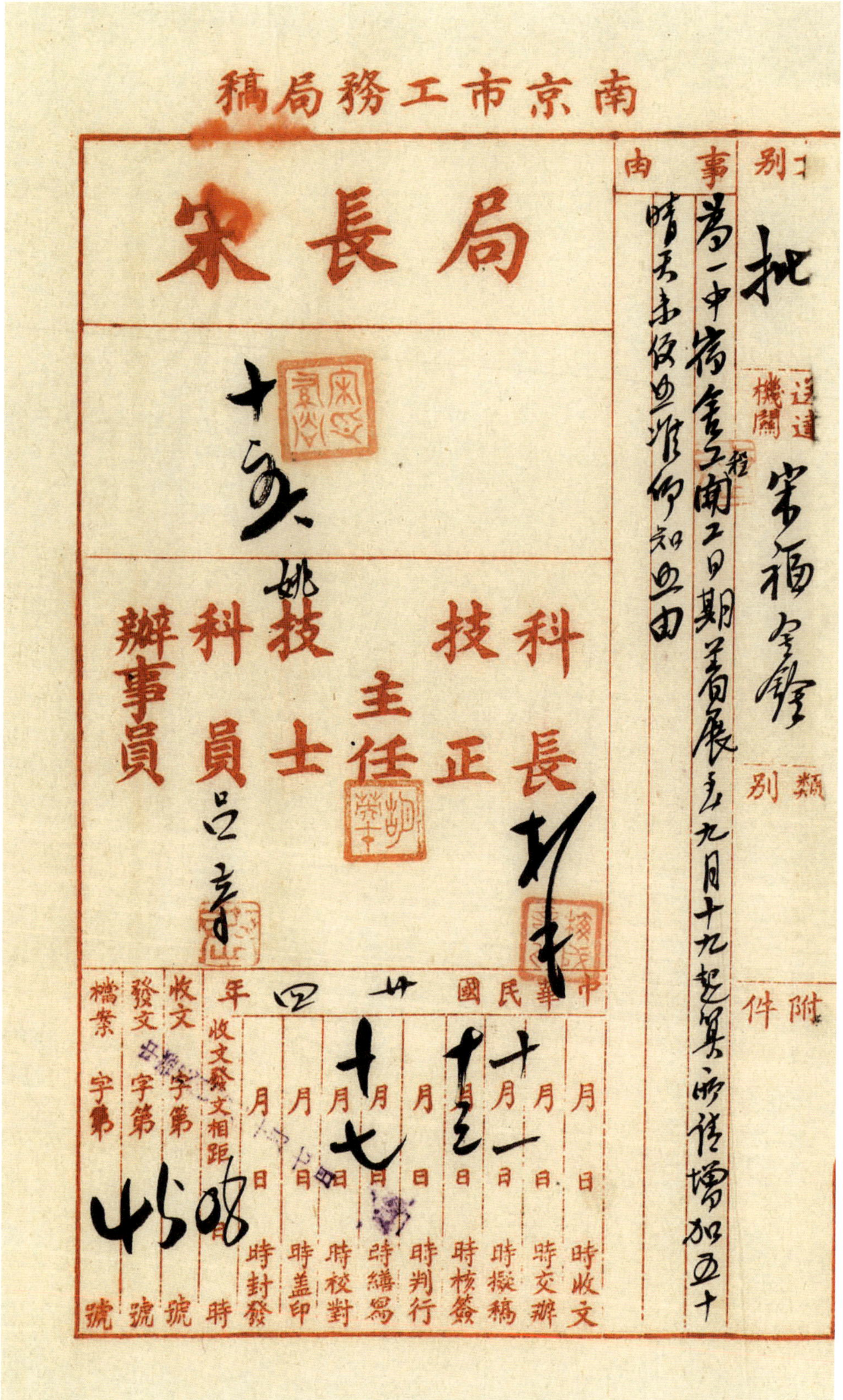

南京市工務局爲第一中學學生宿舍工程開工日期展至九月十九日起算，所請增加五十晴天未準給宋福鑫營造廠的批文（一九三五年十月七日）

檔號：1001-3-107

批第　　號

具呈人宋福全鑫營造廠

呈件　為承攬第一中學宿舍工程前奉三五八號通知内開並用呈請前往更改計劃圖樣及估核減之單位價與總價並因添建工程應於原合同上註加五十晴天完工由

呈悉。查第一中學宿舍工程、前准該校來函對於工程地址上、原有舊廚房、浴室須於九月十八日始能拆除、該工程開工日期、准自九月十九日起算、所请增加五十晴天一节，未便照准，仰即知照，此批。

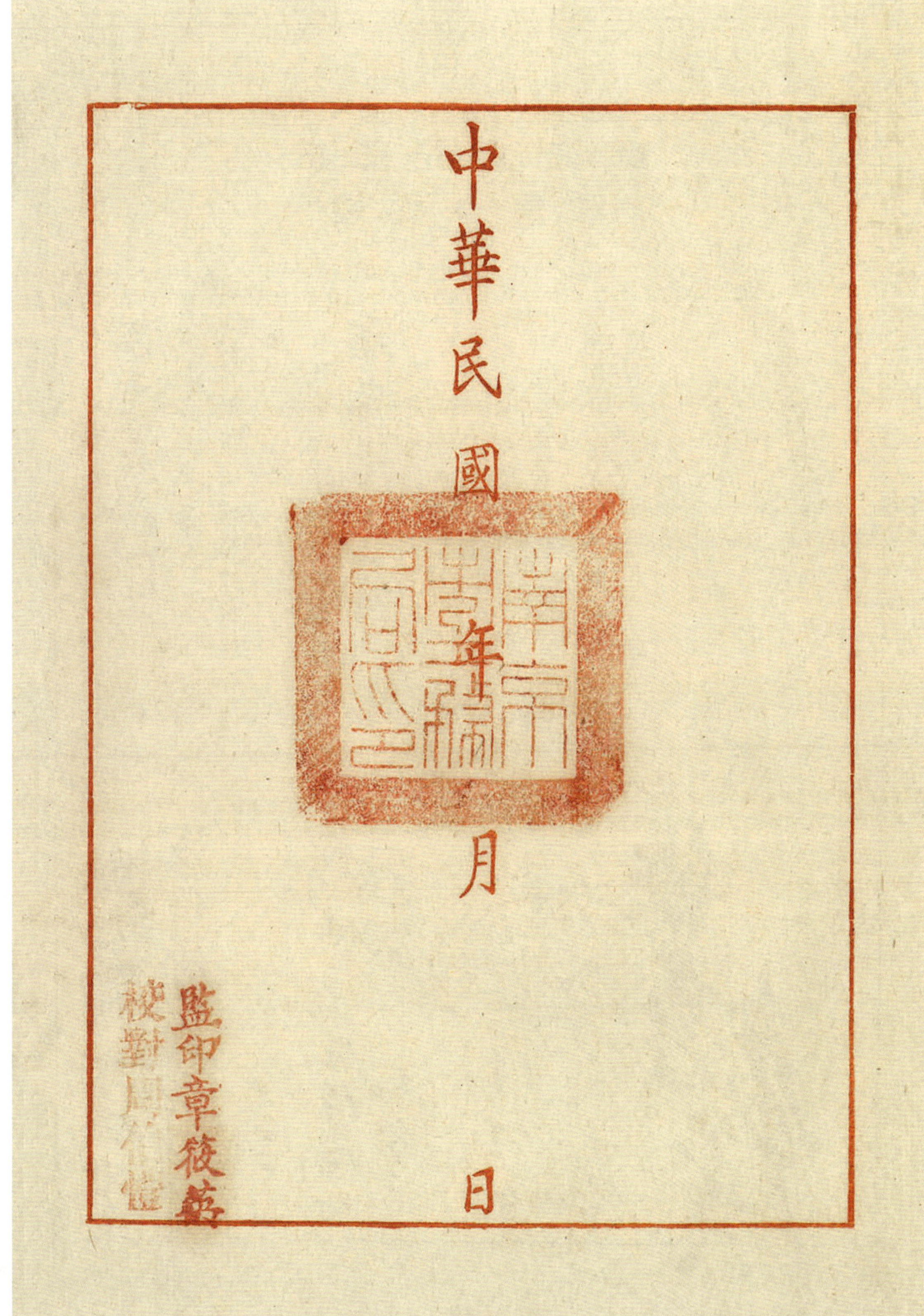

中華民國　　年　　月　　日

監印章筱蘇

校對周[illegible]

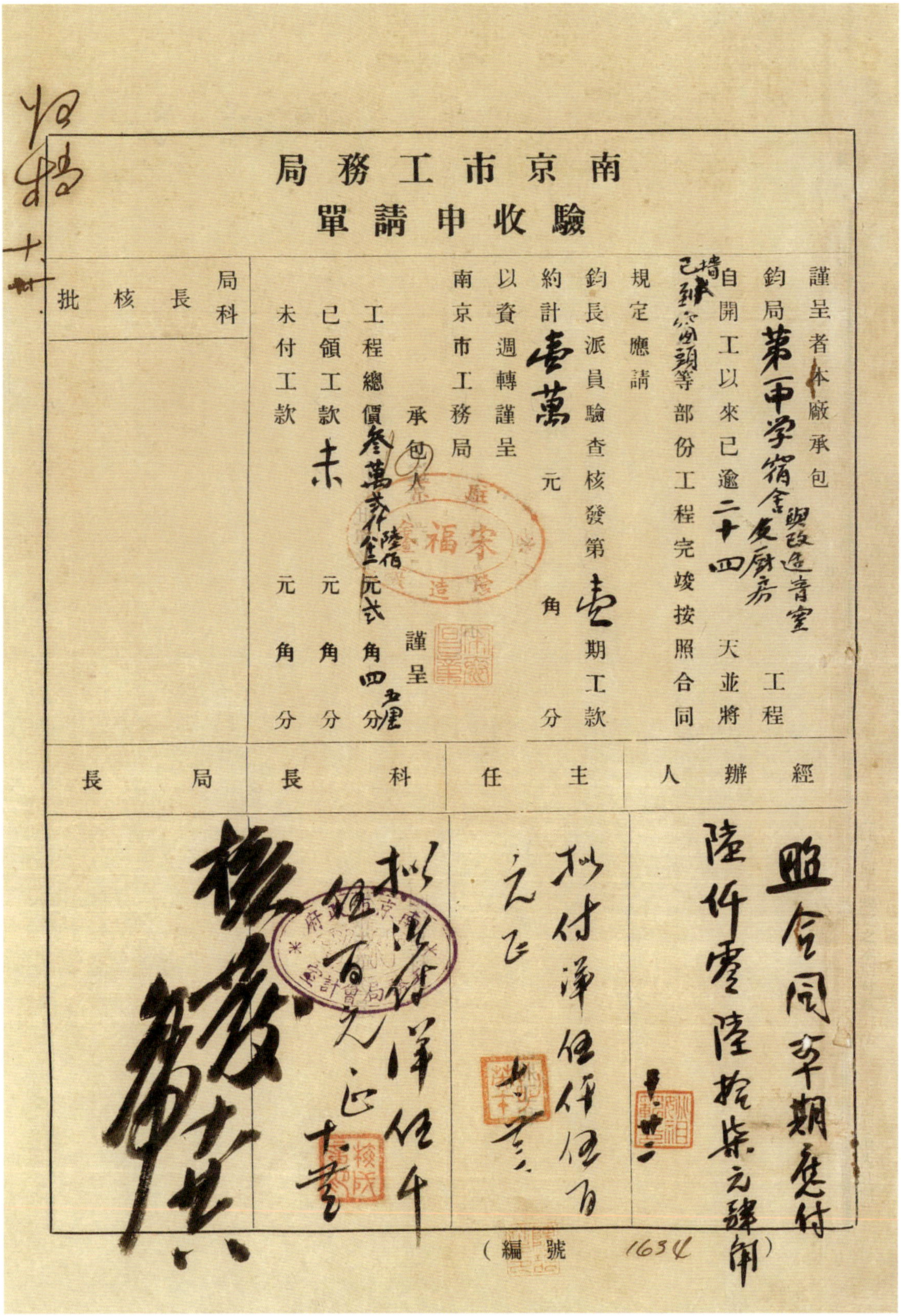
南京市工務局
驗收申請單

謹呈者本廠承包
鈞局第一中學宿舍與改造音室及廚房工程
自開工以來已逾二十四天並將已增裝水落頭等部份工程完竣按照合同
規定應請
鈞長派員驗查核發第壹期工款
約計壹萬元　角　分
以資週轉謹呈
南京市工務局
承包人　謹呈
工程總價叁萬叁仟陸佰叁拾元式角四分
已領工款未　元　角　分
未付工款　元　角　分

局科長核批

經辦人	主任	科長	局長

（編號 1634）

南京市工務局爲建築第一中學宿舍，改造音樂室及厨房工程的驗收申請單及工程驗收單（第一期）
（一九三五年十月二十六日）
檔號：1001-3-107

申請驗收單辦法

（一）此單直接送工務局第二科
（二）登記員登記後用送閱簿即送科長或轉呈局長核批
（三）經辦人接到此單後應儘三日內辦竣附同驗收單及工程報告單送還登記員
（四）驗收單送還登記員後登記員應即趕辦登記並另備送閱簿呈科長
（五）科長核批後呈送局長批示
（六）局長批准後送還第二科填三聯單並在工程報告單上填註付款數量後即將工程報告單送還經辦人
（七）三聯單登記後另用送件簿送科長局長
（八）此單付款後歸卷

南京市工務局

工程驗收單

工程名稱 第一中學宿舍　　合同　　號

包　　商 宋福鑫　　第 / 期工程

種類	形狀	單位	數量	單價（元）	總價（元）	備考
大楼						
灰漿三合土	1:2:4	m^3	165.00	5.15	849.75	
勒脚及大放脚		m^2	170.00	6.10	1037.00	
清水墙	38cm厚	〃	300.00	4.50	1350.00	
					3236.75	工程總價
音樂室						
灰漿三合土	1:2:4	m^3	38.50	2.50	96.25	
勒脚及大放脚		m^2	29.70	2.50	74.25	
屋架					50.00	
					220.50	工程總價
青磚		千塊	60.00	15.00	900.00	以下係存工材料
水泥		袋	100.00	3.50	350.00	
石灰		担	200.00	.90	180.00	
杉木	$20^{cm}\times 9.5^{m}$	根	200.00	5.00	1000.00	
杉木板		m	300.00	1.00	300.00	
洋松板					850.00	
紙巾		担	70.00	2.60	182.00	
石子		m^3	50.00	4.00	200.00	
黄沙		〃	30.00	4.00	120.00	
青平瓦		千塊	5.00	.90	45.00	
					4127.00	存工材料總價
					7584.25	工料總價
					6067.40	按八折數

24年 10月 21日　　驗收者 [印]　　校對　　審核

(格式工字001號)

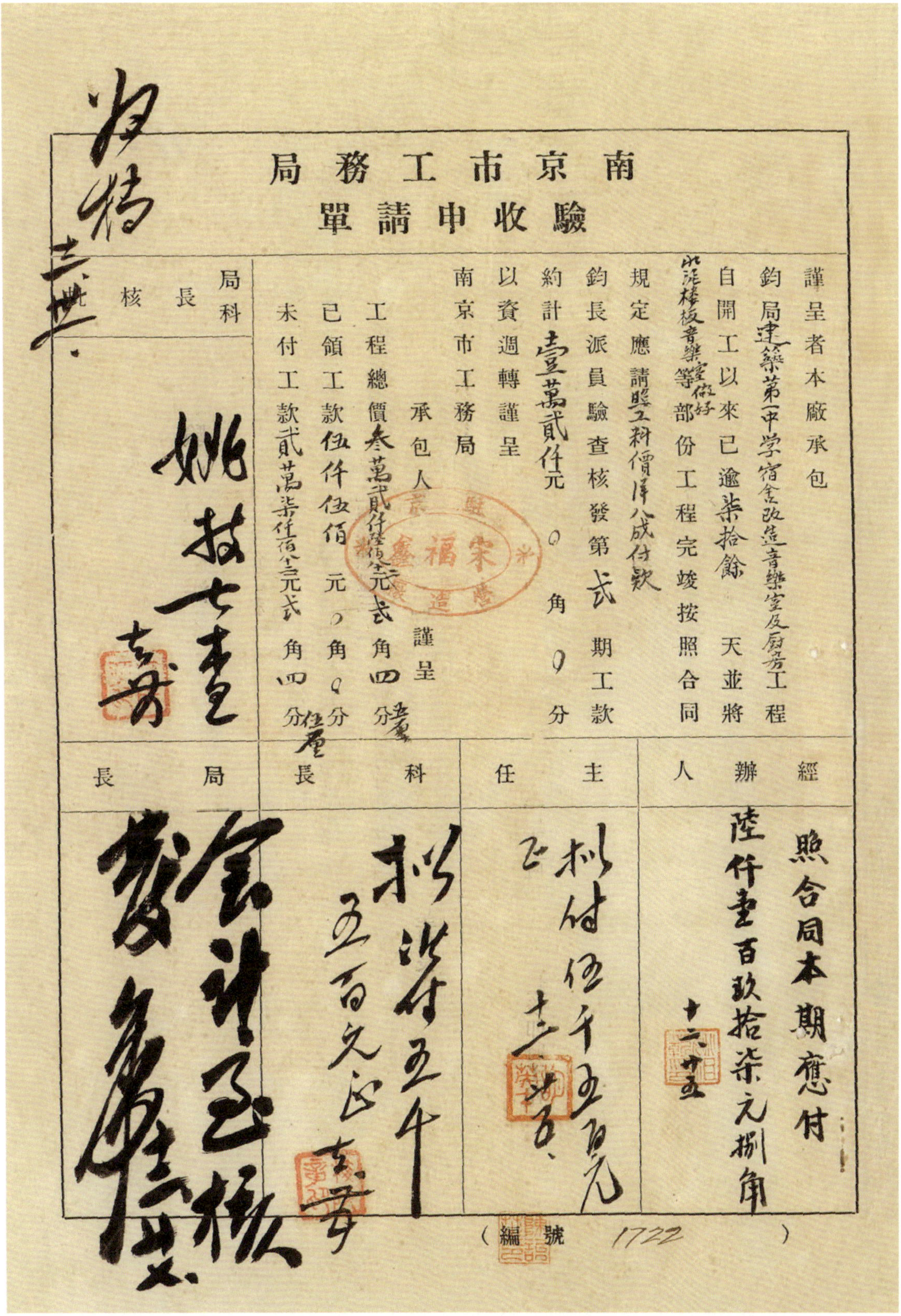
南京市工務局
驗收申請單

謹呈者本廠承包
鈞局建築第一中學宿舍改造音樂室及廚房工程
自開工以來已逾柒拾餘 天並將
水泥樓板音樂室做好等部份工程完竣按照合同
規定應請照工料價洋八成付款
鈞長派員驗查核發第貳 期工款
約計壹萬貳仟元 〇角 〇分
以資週轉謹呈
南京市工務局
承包人 宋福泰營造廠 謹呈
工程總價叁萬貳仟陸佰叁元貳角四分
已領工款伍仟伍佰 元〇角〇分
未付工款貳萬柒仟陸佰叁元貳角四分

局長 科長 核批

局長	科長	主任	經辦人
	擬准付五千五百元正	擬付伍千五百元	照合同本期應付陸仟壹百玖拾柒元捌角

（編號 1722）

南京市工務局爲建築第一中學宿舍，改造音樂室及厨房工程的驗收申請單及工程驗收單（第二期）
（一九三五年十二月二十七日）
檔號：1001-3-107

申請驗收單辦法

（一）此單直接送工務局第二科
（二）登記員登記後用送閱簿即送科長或轉呈局長核批
（三）經辦人接到此單後應儘三日內辦竣附同驗收單及工程報告單送還登記員
（四）驗收單送還登記員後登記員應即趕辦登記並另備送閱簿呈科長
（五）科長核批後呈送局長批示
（六）局長批准後送還第二科填三聯單並在工程報告單上填註付款數量後即將工程報告單送還經辦人
（七）三聯單登記後另用送件簿送科長局長
（八）此單付款後歸卷

南京市工務局

工程驗收單

工程名稱 第一中学宿舍　　合同　號

包　商 宋榆鑫　　第 2 期工款

種類	形狀	單位	數量	單價 元	總價 元	備考
音樂教室					800.00	
灰漿三合土		立公	178.3	5.15	918.25	
0.50勒脚連大放脚		平公	110.0	6.10	671.00	
0.38 磚 墻		〃	340.0	4.50	1530.00	
0.25 〃 〃		〃	180.0	3.00	540.00	
鋼骨樓板	0.12厚	平公	530.0	6.00	3180.00	
〃 〃 〃 梯		座	1	240.00	240.00	
鋼骨柱及大料		立公	74.0	55.00	4070.00	
					11949.25	工程總價
青磚		千塊	50	15.00	750.00	
洋灰		袋	120	4.00	480.00	
紙筋灰		担	160	2.50	400.00	
杉木門		樘			200.00	約數
〃 〃 窗		〃			300.00	〃 〃
青平瓦		千塊	4.00	90.00	360.00	
石子		立公	24.0	4.50	108.00	
粗沙		〃	10.0	4.50	45.00	
三合土		〃	20	1.50	30.00	
					2673.00	材料總價
					14622.25	工料總價
					11697.80	按八成價
					5500.00	已領數
					6197.80	本期應領數

年　月　日　　驗收者 [印]　　校對　　審核

（格式工字001號）

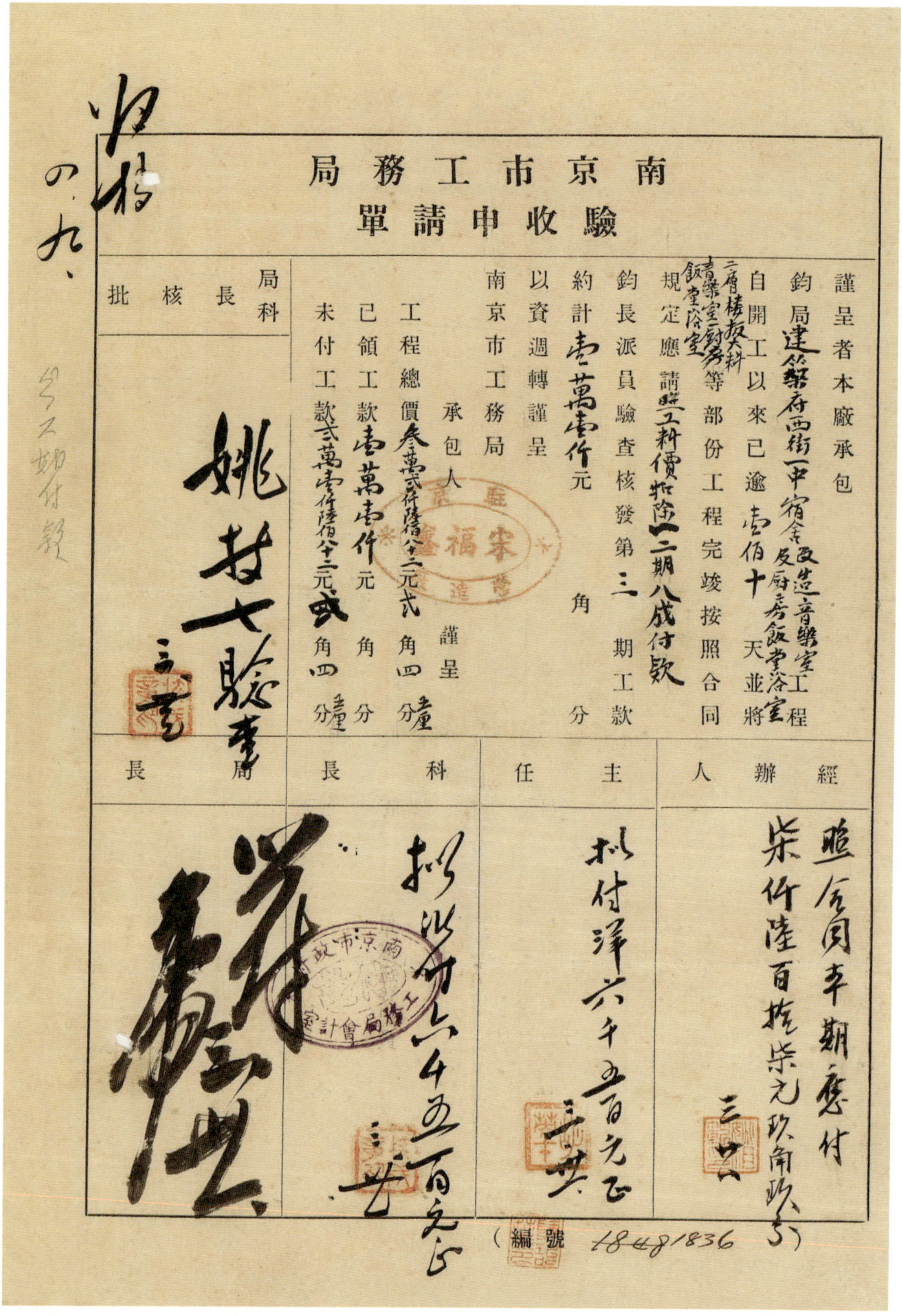

南京市工務局

驗收申請單

謹呈者本廠承包

鈞局建築府西街一中宿舍改造音樂室及廚房飯堂浴室工程自開工以來已逾壹佰十天並將二層樓板大料音樂室廚房飯堂浴室等部份工程完竣按照合同規定應請照工料價扣除一二期八成付款

鈞長派員驗查核發第三期工款約計壹萬壹仟元　角　分以資週轉謹呈

南京市工務局

承包人宋福鑒營造　謹呈

工程總價叁萬弍仟陸佰令三元弍角四分

已領工款壹萬壹仟元　角　分

未付工款弍萬壹仟陸佰令三元弍角四分

局長	科長	主任	經辦人
[illegible]	擬照付六千五百元正 三廿七	擬付洋六千五百元正 三廿六	照合同本期應付柒仟陸百捌柒元玖角玖分 三廿六

（編號 1848 1836）

南京市工務局爲建築第一中學宿舍，改造音樂室及厨房、飯堂、浴室工程的驗收申請單及工程驗收單（第三期）（一九三六年三月三十一日）

檔號：1001-3-107

申請驗收單辦法

（一）此單直接送工務局第二科

（二）登記員登記後用送閱簿卽送科長或轉呈局長核批

（三）經辦人接到此單後應儘三日內辦竣附同驗收單及工程報告單送還登記員

（四）驗收單送還登記員後登記員應卽趕辦登記並另備送閱簿呈科長

（五）科長核批後呈送局長批示

（六）局長批准後送還第二科填三聯單並在工程報告單上填註付款數量後卽將工程報告單送還經辦人

（七）三聯單登記後另用送件簿送科長局長

（八）此單付款後歸卷

南京市工務局

工程名稱 第一中學宿舍
包　　商 宋福鑫

工程驗收單

合同　　號
第三期工款

種類	形狀	單位	數量	單價 元	總價 元	備考
宿舍						
灰漿三合土		m^3	178.30	515	91821	
勒脚及大放脚	500m/m厚	m^3	110.00	610	67100	
〃〃〃〃〃〃	38〃〃	〃	57.90	450	26055	
磚牆	〃〃厚	〃	500.00	450	225000	
〃〃	25〃〃	〃	500.00	300	150000	
〃〃	13〃〃	〃	500.00	210	105000	
樓板	12〃〃	〃	1072.00	600	225120	
〃樓梯		座	2	24000	48000	
柱及樑		m^3	99.70	55	548350	
					1486149	
音樂教室		%	100%		106130	
浴室		〃	96%		110000	
					1702879	各項工程總價
青磚		千塊	50.0	1500	75000	
紙筋灰		担	200.0	200	40000	
洋灰		袋	200.0	450	90000	
三合土		m^3	100.0	450	45000	
青平瓦		千塊	7.0	9000	63000	
石子		m^3	50.0	500	25000	
通砂		〃	50.0	500	25000	
屋頂板		塊	1000	050	50000	
桁条		根	500	060	30000	
門	2.0×29	樘	3	2500	7500	
〃〃	1.2×29	〃	9	1500	13500	
〃〃	1.2×21	〃	1	1400	1400	
〃〃	1.0×29	〃	42	1000	42000	
窗		〃	75	1000	75000	
					624400	現存料總價
					2327249	工料總價
					1861799	按八成折實
					1100000	已領款
					761799	本期應領款

35年 3月 25日　　驗收者　　校對　　審核

(格式工字001號)

(註合同上規定之本期付款辦法、須于備考項內註明)

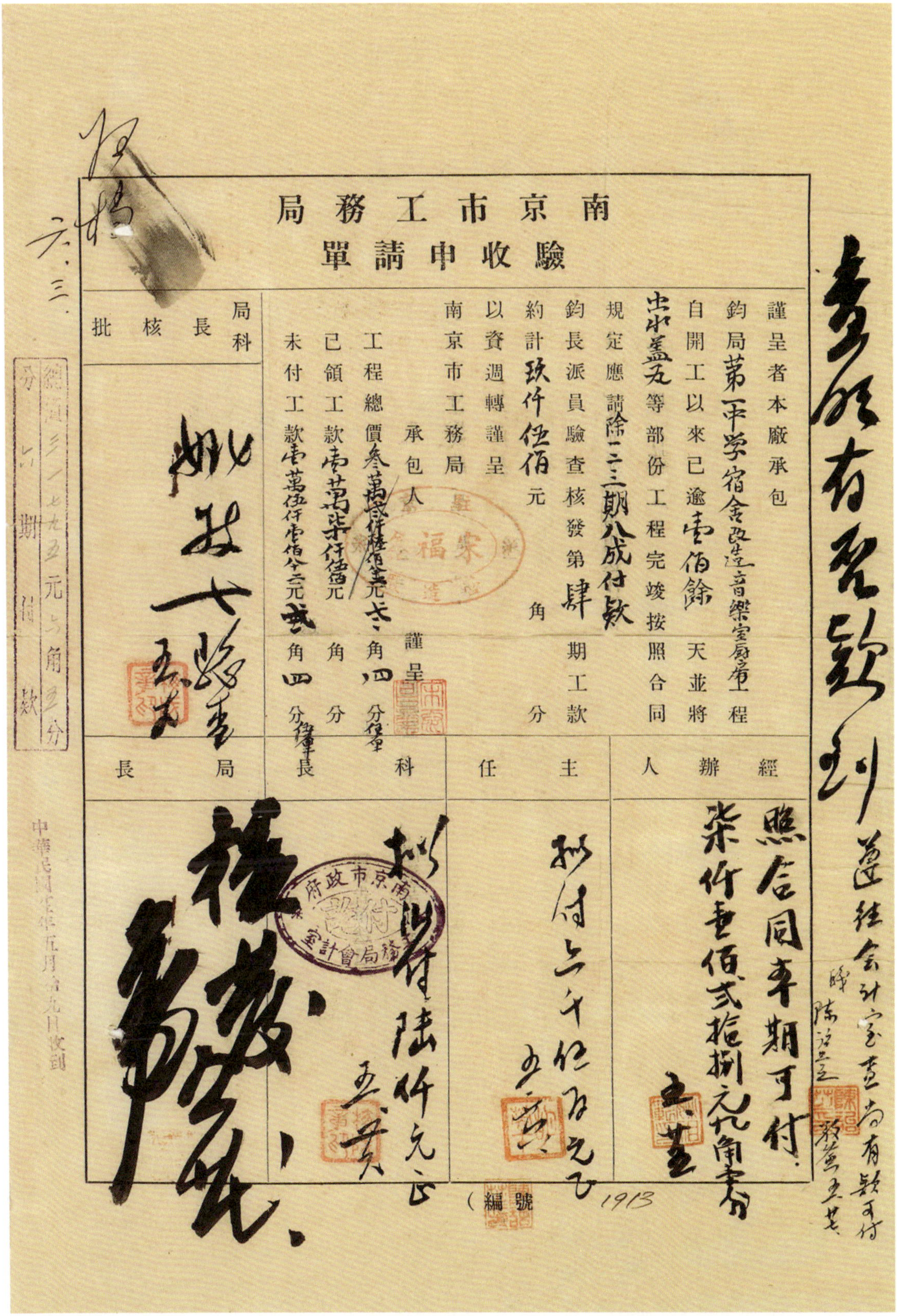

南京市工務局
驗收申請單

謹呈者本廠承包
鈞局第一中學宿舍改造音樂室廚房工程
自開工以來已逾壹佰餘天並將
出水蓋瓦等部份工程完竣按照合同
規定應請除一二三期八成付款
鈞長派員驗查核發第肆期工款
約計玖仟伍佰元　角　分
以資週轉謹呈
南京市工務局
承包人　　謹呈
工程總價叁萬貳仟陸佰叁元七角四分
已領工款壹萬柒仟伍佰元　角　分
未付工款壹萬伍仟壹佰叁元貳角四分

局科長批核

經辦人　主任　科長　局長

中華民國廿五年五月廿九日收到

（編號 1913）

南京市工務局爲建築第一中學宿舍，改造音樂室、厨房工程的驗收申請單及工程驗收單（第四期）
（一九三六年五月二十七日）

檔號：1001-3-107

申請驗收單辦法

（一）此單直接送工務局第一科

（二）登記員登記後用送閱簿即送科長或轉呈局長核批

（三）經辦人接到此單後應儘三日內辦竣附同驗收單及工程報告單送還登記員

（四）驗收單送還登記員後登記員應即趕辦登記並另備送閱簿呈科長

（五）科長核批後呈送局長批示

（六）局長批准後送還第一科填三聯單並在工程報告單上填註付款數量後即將工程報告單送還經辦人

（七）三聯單登記後另用送件簿送科長局長

（八）此單付款後歸卷

南京市工務局

工程名稱 第一中學宿舍

包商 宋福鑫

工程驗收單

合同 號

第 4 期工款

種類	形狀	單位	數量	單價（元）	總價（元）	備考
音樂教室			100%		106430	
浴室			100%		134080	
灰漿三合土		m^3	178.30	515	91824	
勒脚及大放脚	50cm	m^2	110.00	610	67100	
磚墻	38〃	〃	705.50	450	317250	
〃〃	25〃	〃	775.00	300	232500	
〃〃	13〃	〃	700.00	210	147000	
鋼骨樓板	12〃	〃	1072.00	600	643200	
〃〃〃梯		座	2	24000	48000	
鋼骨柱及大料		m^3	99.70	5500	548350	
屋面桁条及桁架		m^2	680.00	420	285600	
天溝落水管		m	238.00	085	20230	
勒脚及大放脚	38cm	m^2	57.90	450	26055	
					2667619	已完工程總價
青磚		十塊	40.00	1500	60000	
細沙		m^3	30.00	450	13500	
洋灰		袋	150	400	60000	
石子		m^3	40.00	450	18000	
粗沙		〃	20.00	450	9000	
杉木門		樘	55	1600	88000	
〃〃窗		〃	75	1400	105000	
三合土		m^3	55.00	500	27500	
太平梯料					30000	
					411000	存工料總價
					3078619	合計總價
					2462895	總八付數

（註合同上規定之本期付款辦法、須于備考項內註明）

25年 5月 22日 驗收者 校對 審核

（格式工字001號）

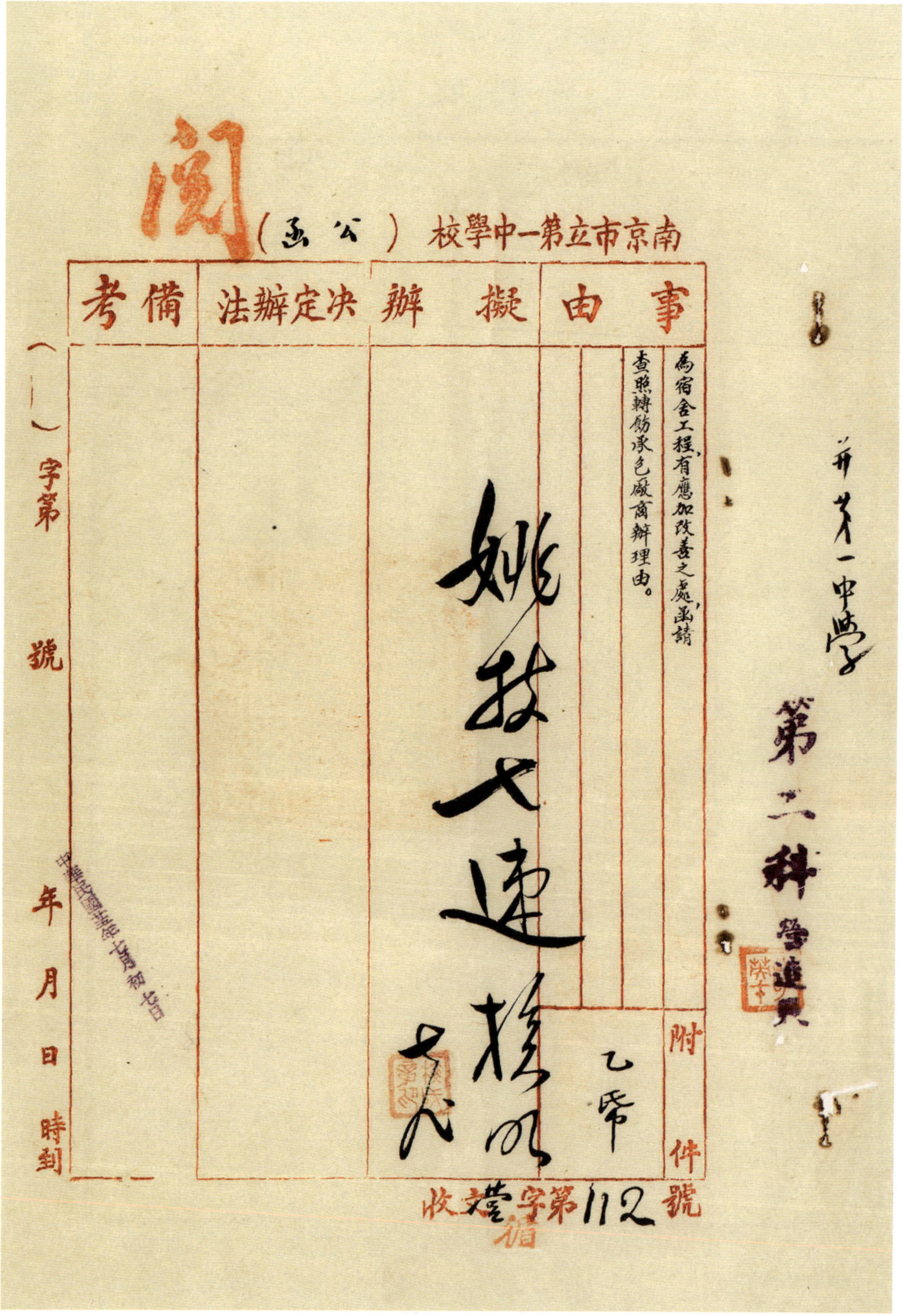

南京市立第一中學校（公函）

事由	擬辦	決定辦法	備考
爲宿舍工程，有應加改善之處，函請查照轉飭承包廠商辦理由。			

附件：乙帋

（　　）字第　　號

年　月　日　時到

收文　字第112號

南京市立第一中學爲宿舍工程有應加改善之處，函請查照轉飭承包廠商辦理由給市工務局的公函

（一九三六年七月六日）

附：市立第一中學宿舍埋設溝管工程計劃估單

檔號：1001-3-107

南京市立第一中學校公函　字第　號

查本校學生宿舍工程，關於最下層圖書館書庫部分，因須放置固定書架，其高度應自樓板大料下至地面為三、七〇公尺。現在書庫高度為三、四〇餘公尺，與固定書架相差約在三公分之譜。該項書架，因必須適合存放圖書關係，事實上未能任意更變，以圖削足適履。茲擬乘書庫地面水泥尚未施工之際，將其掘深出土若干公分，使符書架高度，庶可合用。至全部圖書館及膳堂，因係放置定製器物，水泥地面，均須砥平，施工時應飭使用水平測正，藉免將來器物放置時有傾斜不平之虞。又宿舍四週，依施工辦法，均係明溝，似欠妥當。按宿舍面積，佔地頗廣，約在八十方以上，若僅恃明溝，將來排洩水量，必不能流暢，恐將發生問題。茲擬於四週埋設暗管，通至校園荷池，該池位於宿舍之旁，距離密邇，池面與深

度，均堪蓄水之用，以供巨量排水，最爲適合。據該承包廠商家福鑫估計埋設暗管，僅需百三十元，所費有限，特開具估單，隨函附陳

察核。以上數點，對於工程效用關係重要，均應加以改善，以求完備，諒荷

貴局所贊同。用敢函請

查照，懇祈

轉飭承包廠商家福鑫營造廠依照辦理，藉利一切，至紉公誼！

此致

南京市工務局。

附估單一紙。

校長 李清悚

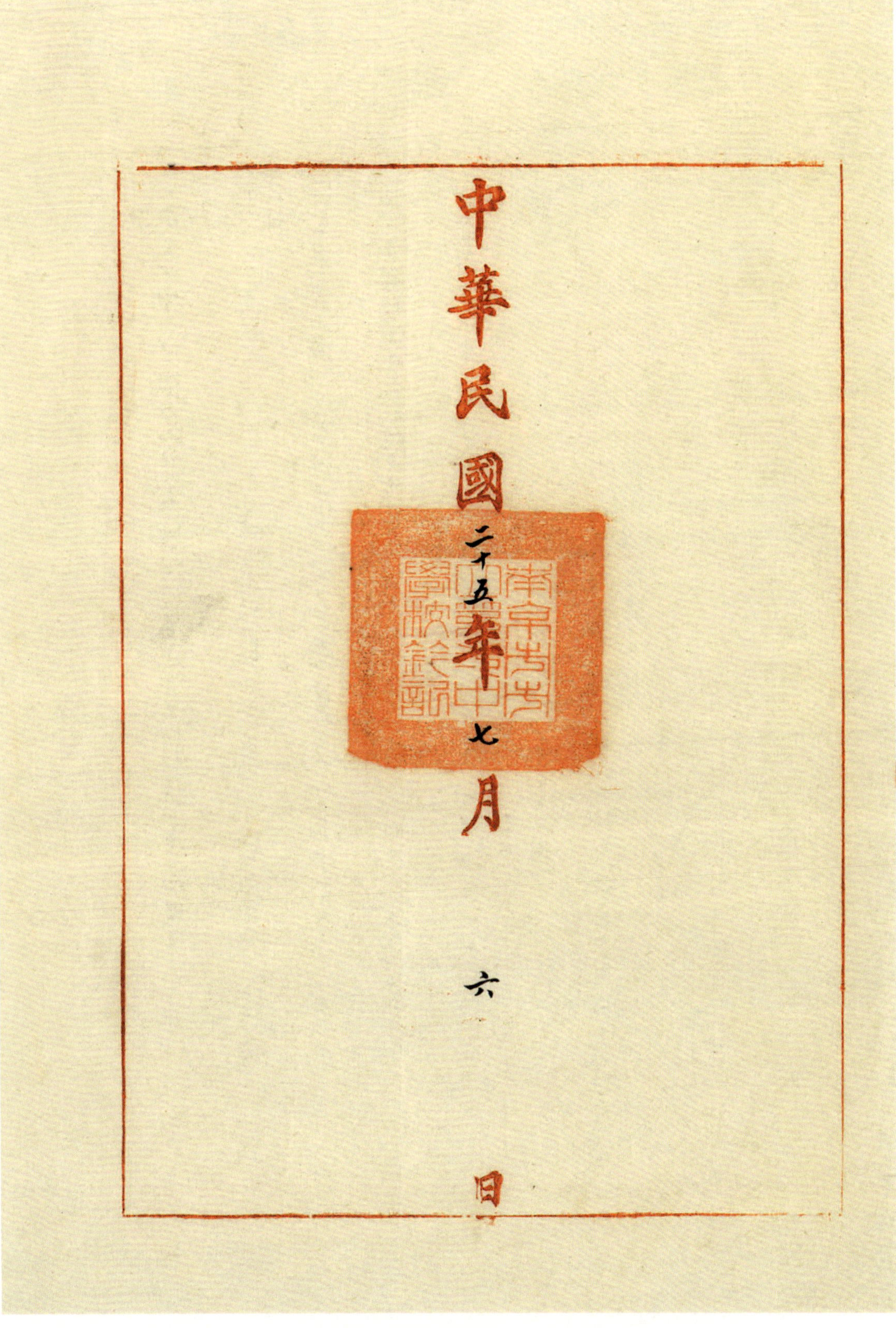

中華民國二十五年七月六日

市立第一中學宿舍埋設溝管工程計畫估單

摘要	單位	數量	單價	總價	備註
宿舍東南北三面加埋6"徑溝管	公尺	五〇·七〇	一·五〇	七六·一〇	
宿舍東南北三面合處加埋8"徑溝管	公尺	二〇·〇〇	一·八〇	三六·〇〇	
宿舍四週加大十三號溝頭	個	一二·〇〇	一·五〇	一八·〇〇	
總計	壹百叁拾元壹角				

附記：此估單係由宿舍工程原承包人宋福鑫營造廠估計

南京市工務局簽條

圍牆，壹邊不能更改，祇求將水泥地面降低深度，但三十公分恐有牆腳，壁圍有窗，曾向該校長說明，如君必須以十五公分為限，是否准改深卅公分，或改深十五公分之處

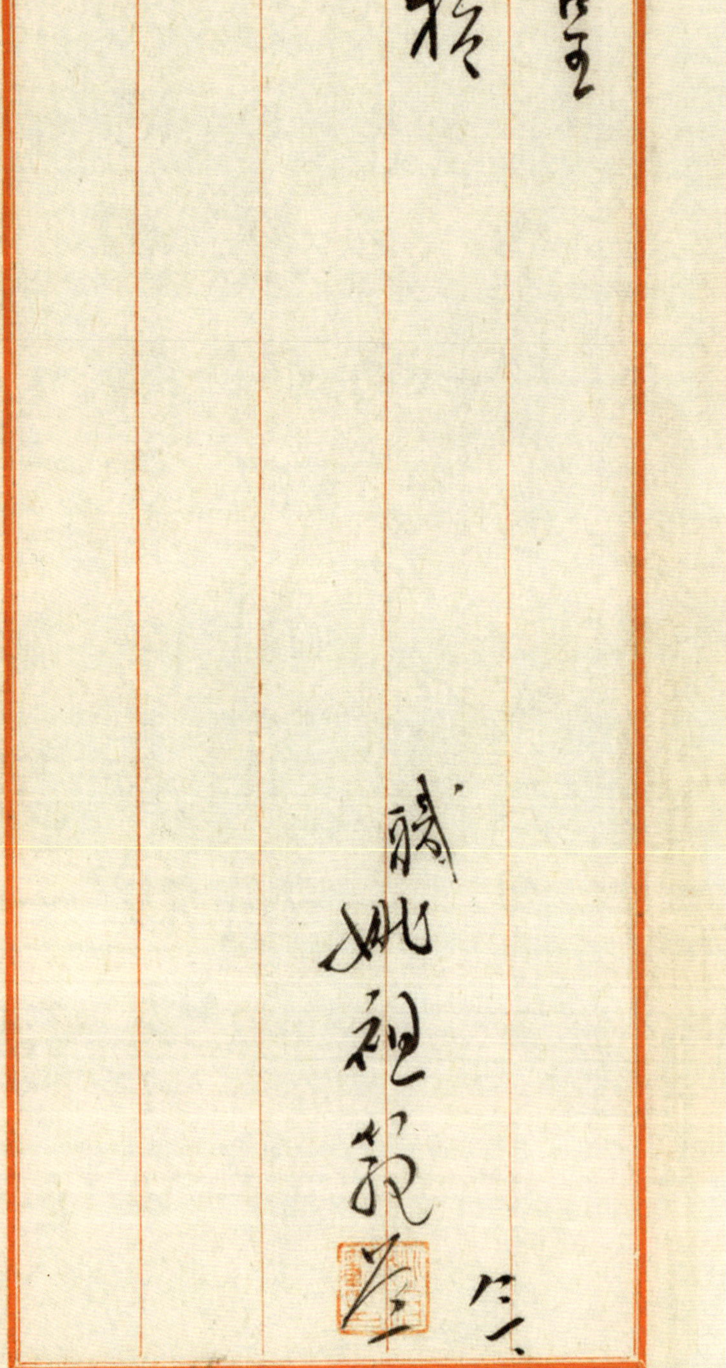

南京市工務局簽條

呈
核

職姚祖範呈

六、

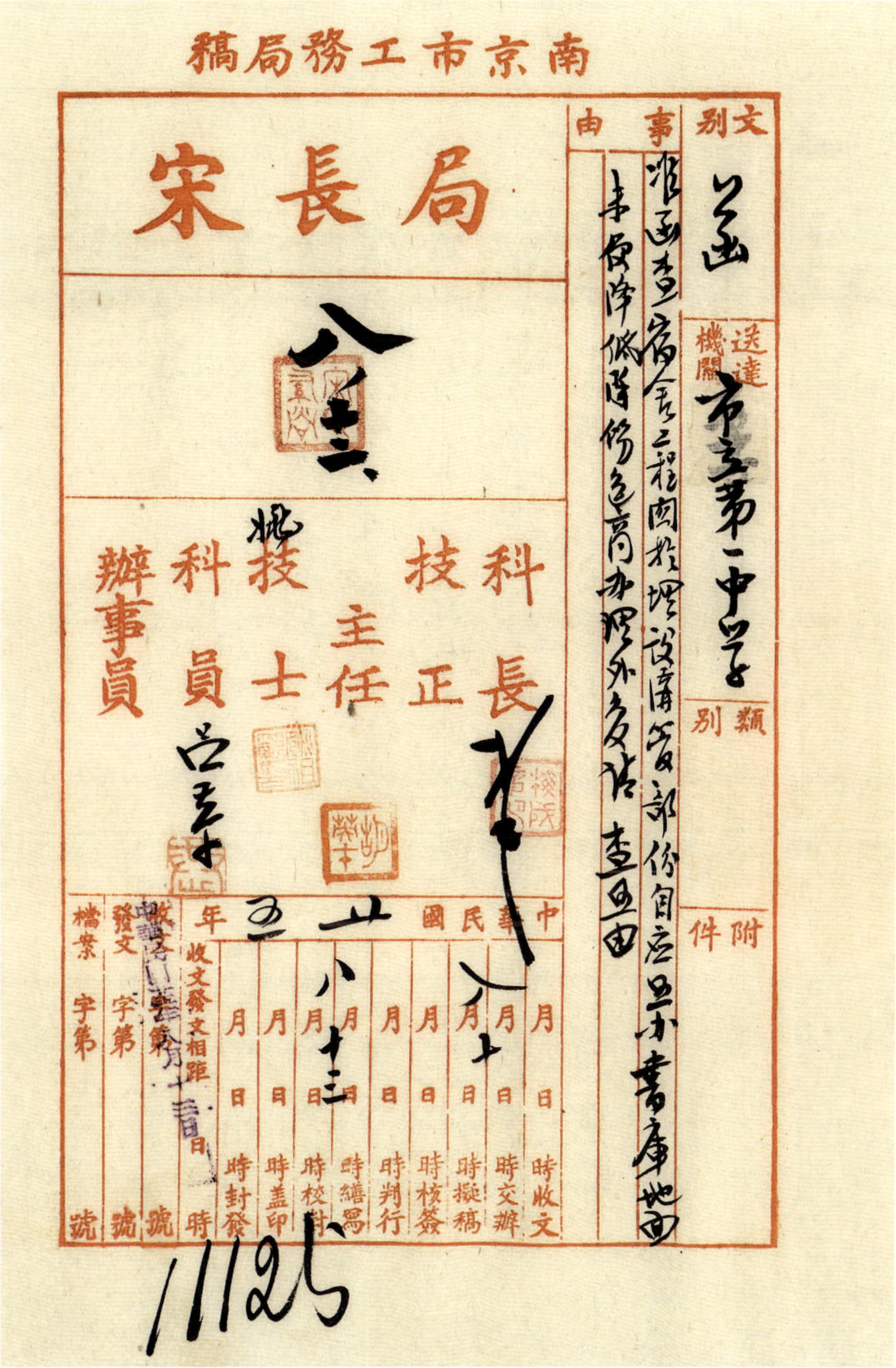
南京市工務局稿

局長 宋

文別：公函

事由：准函查宿舍工程關於埋設溝管部份自應照辦書庫地面未便降低除飭包商辦理外復請查照由

送達機關：市立第一中學

類別

附件

科長　技正　主任　技士　科員　辦事員

中華民國 二十五 年 八 月 十三 日

收文　月　日　時
交辦　月　日　時
擬稿　月　日　時
核簽　月　日　時
判行　月　日　時
繕寫　月　日　時
校對　月　日　時
蓋印　月　日　時
封發　月　日　時

收文發文相距　日　時

收文　字第　號
發文　字第　號
檔案　字第　號

11125

南京市工務局爲準函查宿舍工程關于埋設溝管部分自應照辦，書庫地面未便降低，除飭包商辦理外復請查照給市立第一中學的公函（一九三六年八月十三日）

檔號：1001-3-107

公函

事准

贵校本年七月六日公函，为宿舍工程，有应加善之处，嘱查照转饬包商办理并由，附估价单一纸，准此，当经查照，除阴沟为全部宿舍出水计，自应照原图书库由水泥地面，因有陆图一定计划，一经更改，于墙基屏障有碍，未便降依所饬包商照装隔簧，至将书库地面建筑等平整外，准函前由，相应函复，请

查照為荷、

發

市立第一中學

局長宋○○

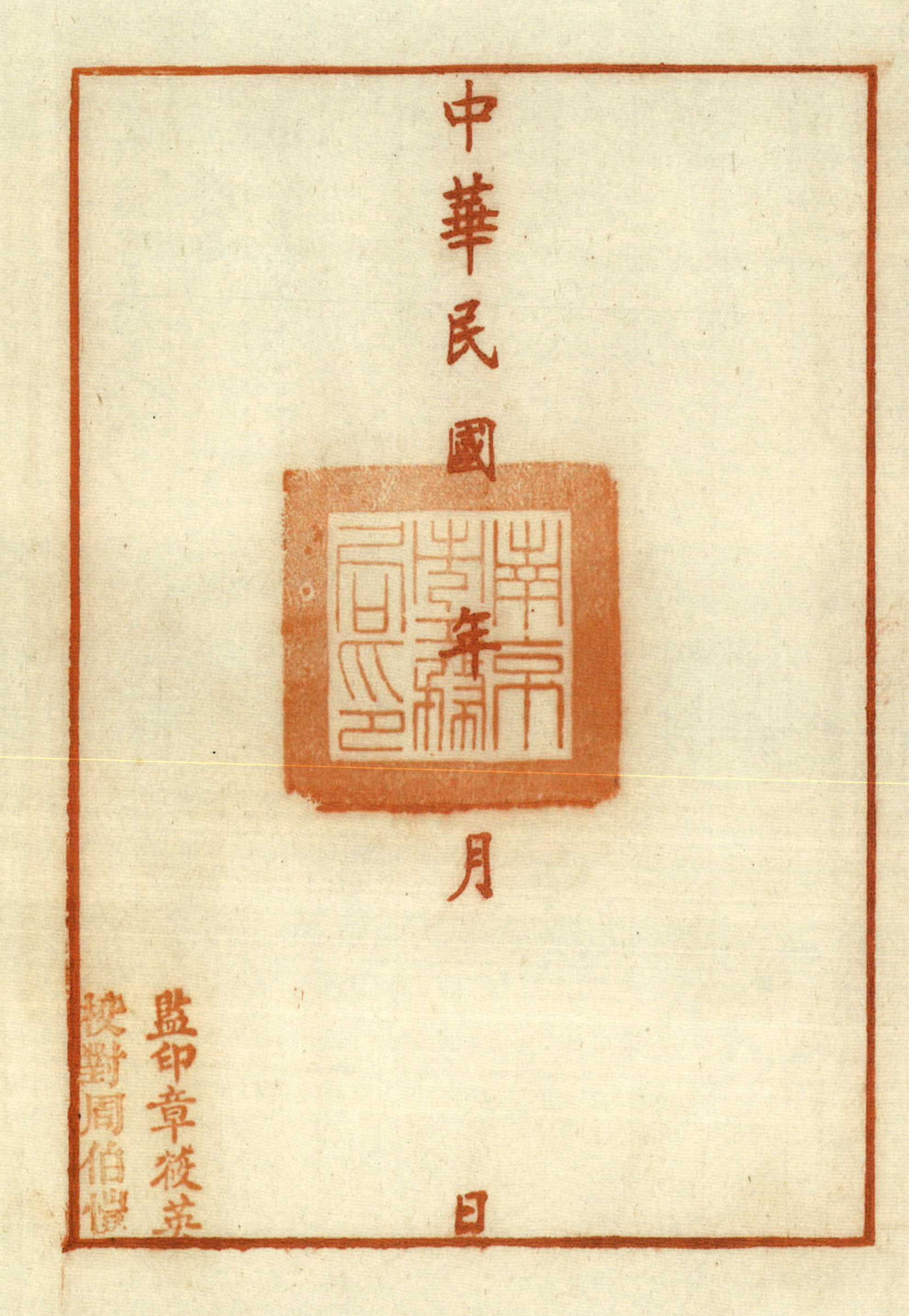

中華民國　年　月　日

監印章筱英

校對周伯儻

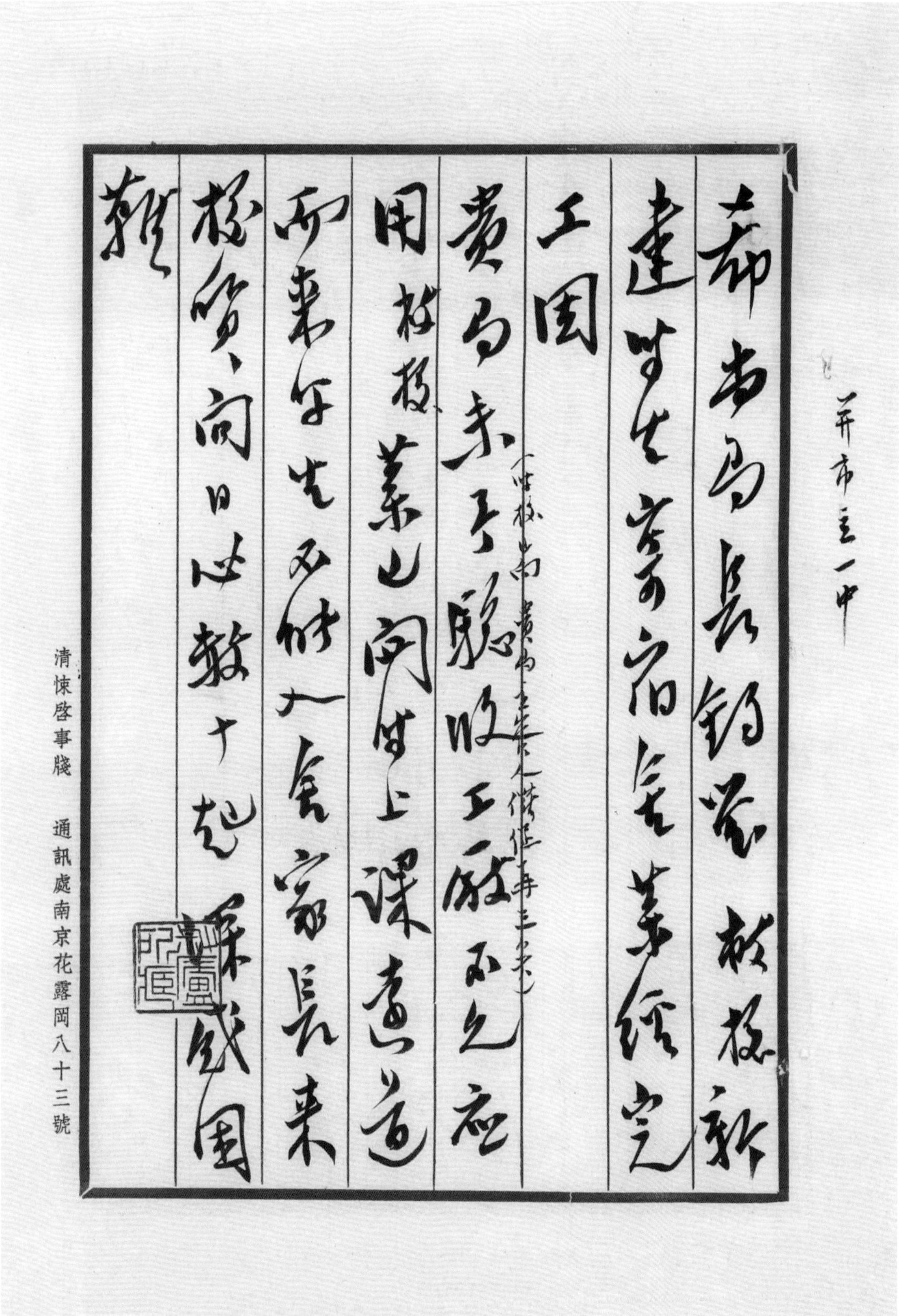

清悚啓事牋　通訊處南京花露岡八十三號

爲新建學生宿舍提前驗收交付使用的往來文件

南京市立第一中學校長李清悚給市工務局的信函（一九三六年九月一日）

檔號：1001-3-107

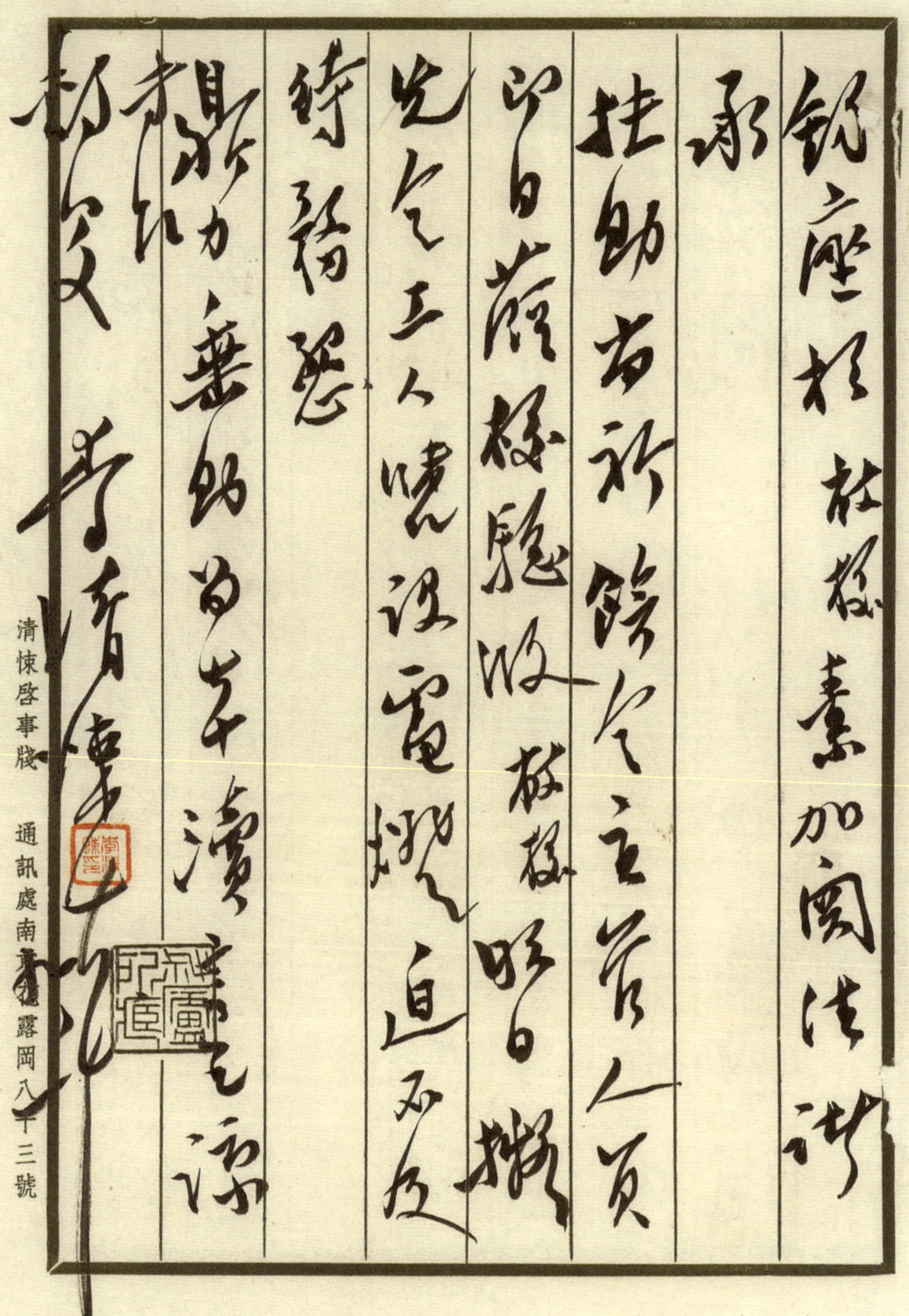

鈞座於枚樵素加關注

承

推助有加，飭令主管人員

即日蒞校驗收。枚樵明日擬

先令工人續設電機，自追不及

特稿懇

賜力無錫省等讀書之諒

肅此

敬頌鈞安

李清悚 拜上

清悚啓事牋　通訊處南京[illegible]露岡八十三號

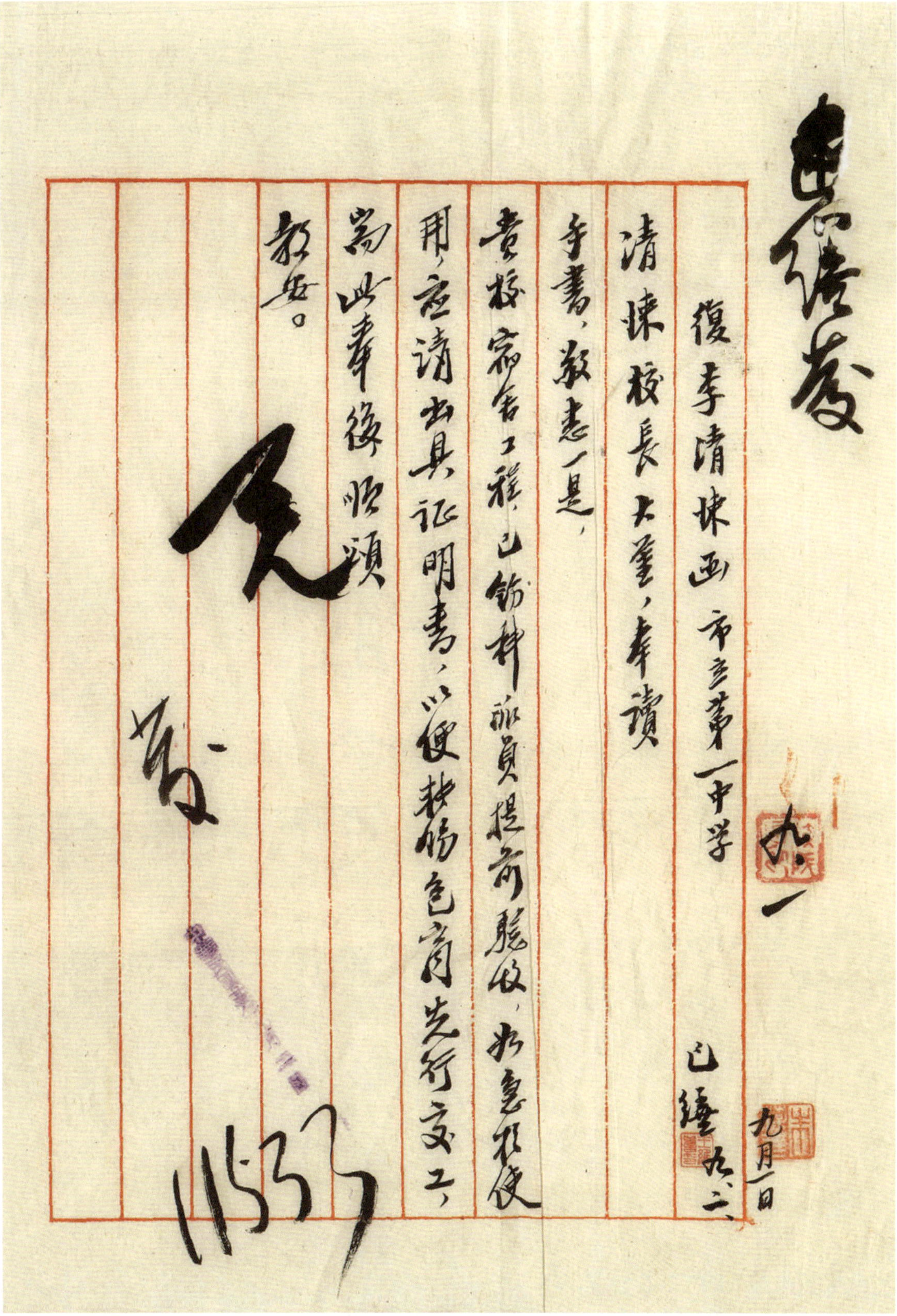
急繕發
復李清悚函　市立第一中學
清悚校長大鑒，奉讀
手書，敬悉一是。
貴校宿舍工程，已飭科派員提前驗收，如急於使
用，應請出具證明書，以便核飭包商先行交工，
為此奉復，順頌
教安。
九、一
已繕　九、二
九月二日

南京市工務局給市立第一中學校長李清悚的復函（一九三六年九月二日）

檔號：1001-3-107

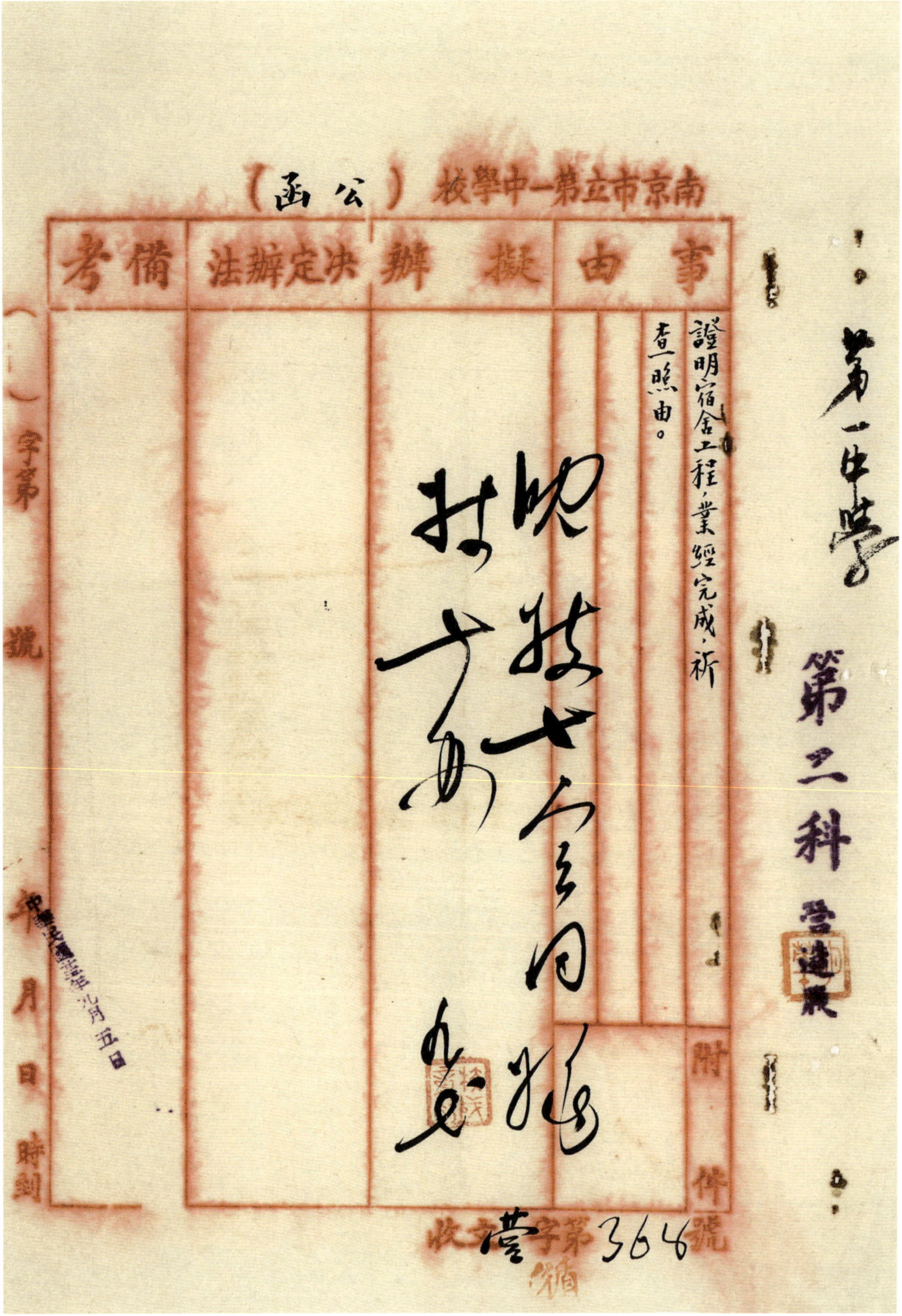
南京市立第一中學校（公函）

事由	擬辦	決定辦法	備考
證明宿舍工程，業經完成，祈查照由。			

附件

收文營字第364號

第一中學

第二科 營建股

（　）字第　號

中華民國　年　月　日　時到

南京市立第一中學爲證明宿舍工程業經完成祈查照給市工務局的公函（一九三六年九月三日）

檔號：1001-3-107

南京市立第一中學校公函　字第　號

逕啟者查本校宿舍工程粉刷油漆均已完整現值學校開學
宿舍內部亟待佈置之際用相應具函證明即祈
飭員驗收一面并請
轉飭該包商宋福鑫先行交工以資應用無任公感
此致
市工務局長宋
校長李清悚

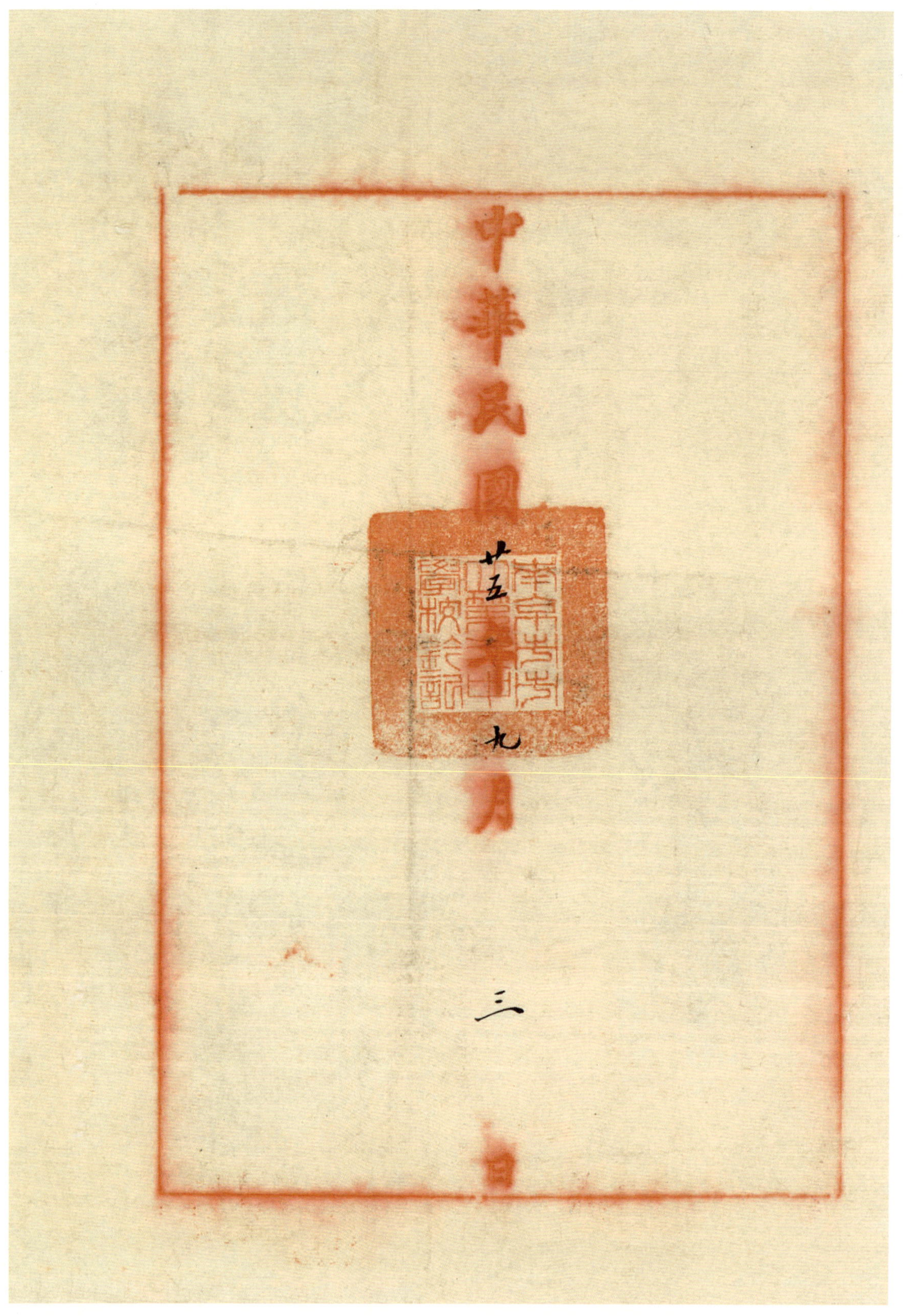

中華民國廿五年九月三日

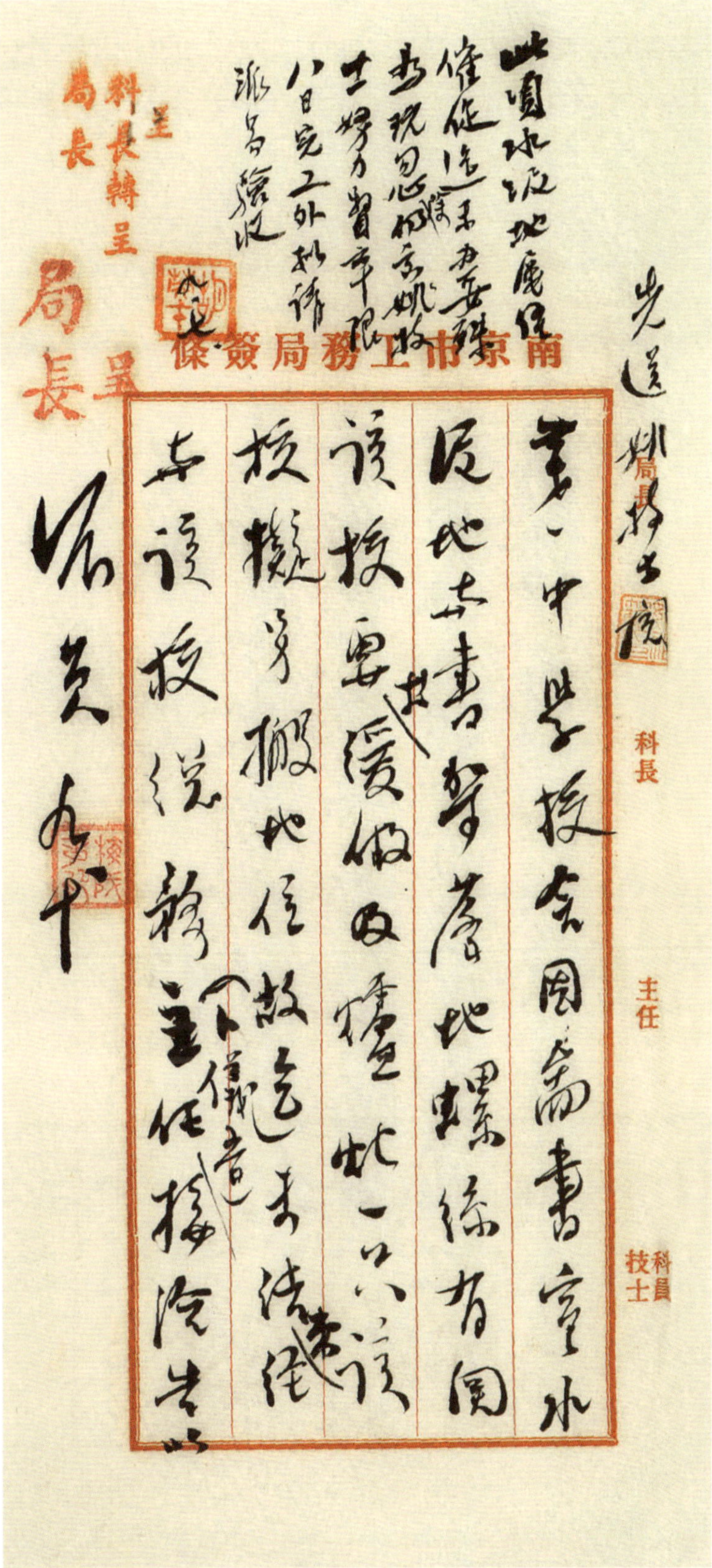

南京市工務局簽條

科長

主任

科員技士

呈科長轉呈局長

呈局長

南京市工務局派員查驗第一中學學生宿舍工程情形的一組簽呈

（一九三六年九月七日至十一月三十日）

檔號：1001-3-107

南京市工務局簽條

工程方面發生糾紛未妥可將原屬南校應用者責令該校已之即日將水泥地做好擋牆用地任其通過即行取消其做以借机款以資結束並擬

局長　科長　主任　技士

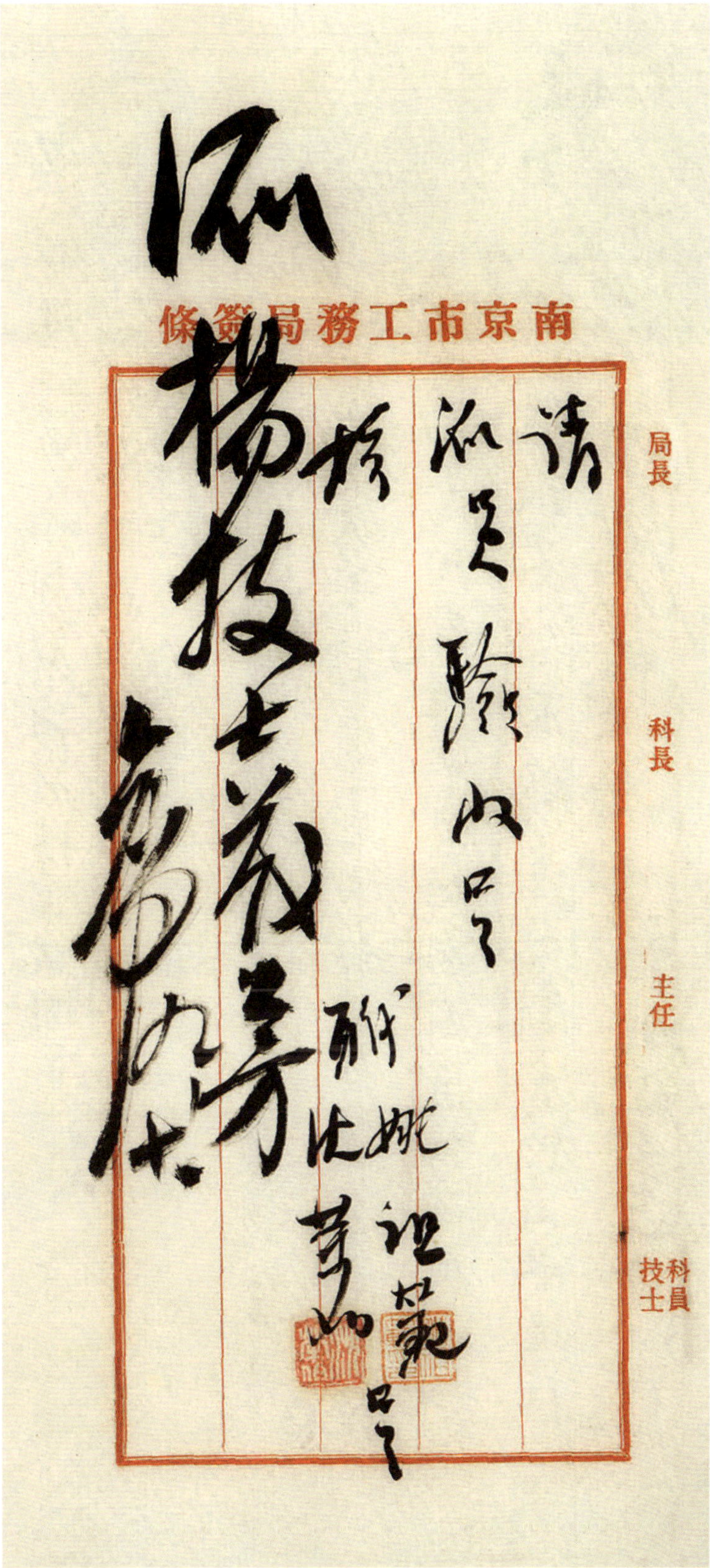
南京市工務局簽條

局長

科長

主任

科員

技士

請派員驗收

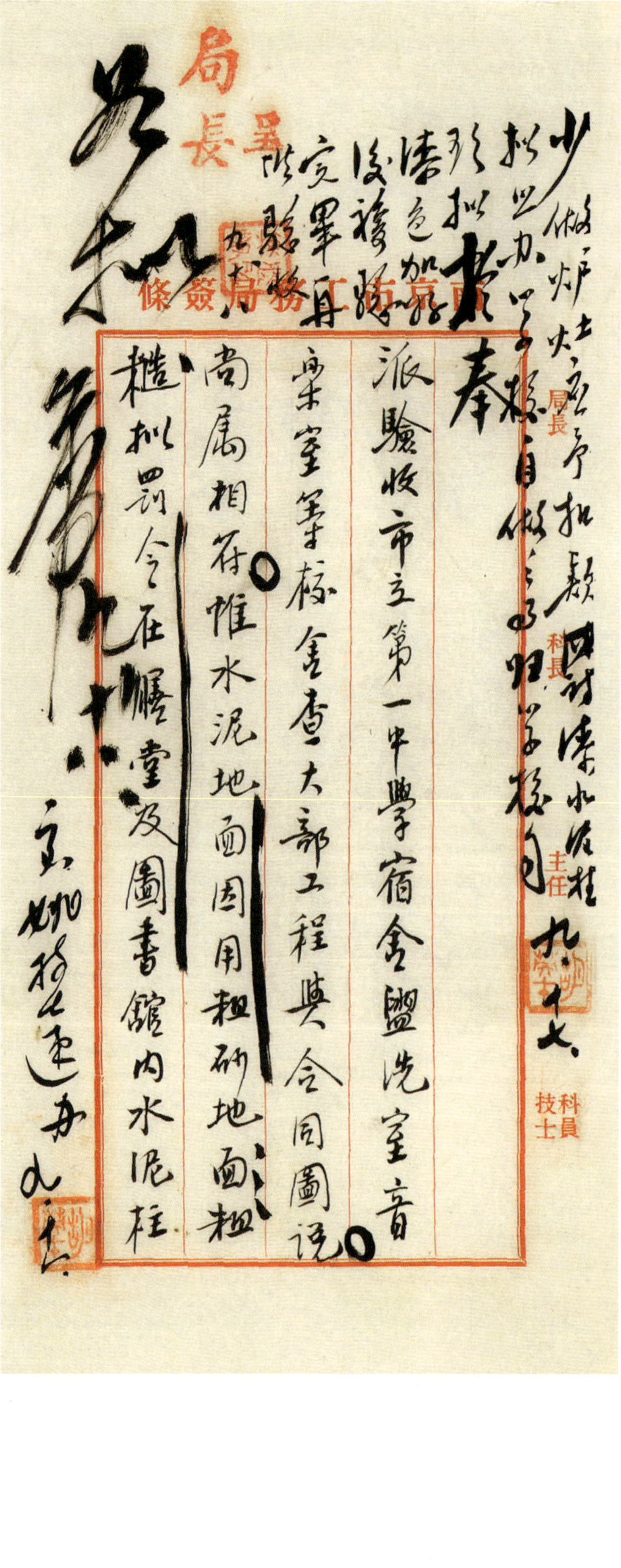
南京市工務局簽條

奉

派驗收市立第一中學宿舍盥洗室音樂室等棟，全查大部工程與合同圖說，尚屬相符。惟水泥地面因用粗砂，地面粗糙，擬罰令在膳堂及圖書館內水泥柱

局長 科長 主任 科員 技士

南京市工務局簽條

局長　　科長　　主任　　科員技士

下部柱面因校方請求刷色上灰漆一度，不另給價。盥洗室內因校方指工自做盥洗台，現在鑿地埋管應由校方自負責，並少做爐灶一只，應予扣款，外擬請准予驗收。當否，謹呈
鑒核。

職　楊殺芳謹呈
九、十六

抄送驗收為要 九.廿六

查奉訓令案福興油漆承辦圖書館及餐室水泥柱下面油漆尚屬完好擬請准予驗收謹呈

瞿校長

職楊[illegible]謹呈 九.廿八

[illegible] 九.廿六

南京市工務局便用箋

將①②③三項實際所需天數呈明再奪

光

局長

科長

主任

科員 技士

南京市工務局簽條

查第一中學宿舍工程原訂合同之天數為壹佰伍拾晴天，惟訂立合同後設計曾經更改，並另行加做①音樂室、走廊、加蓋宿舍，復將原有②飯廳、等室拆蓋浴室、盥洗室等室。計

南京市工務局簽條

局長　科長　主任　科員技士

于日期一項並未另訂宿舍部樓上下三層窗框（吊窗）照圖樣尺寸不合應用全部改大於窗實在屋架吊条不負載重原有層一律改為層大料照原圖接頭办法不甚堅固加長

南京市工務局簽條

局長　科長　主任　科員技士

③

亦以樓頭亦係事實，藏書室及借作臨時考場，礙係學校方面備而擱，工作上言之，延長日期屬有困難，工程進度亦無可藉飾，但該商對于改做工料未要求加價，不無可原之

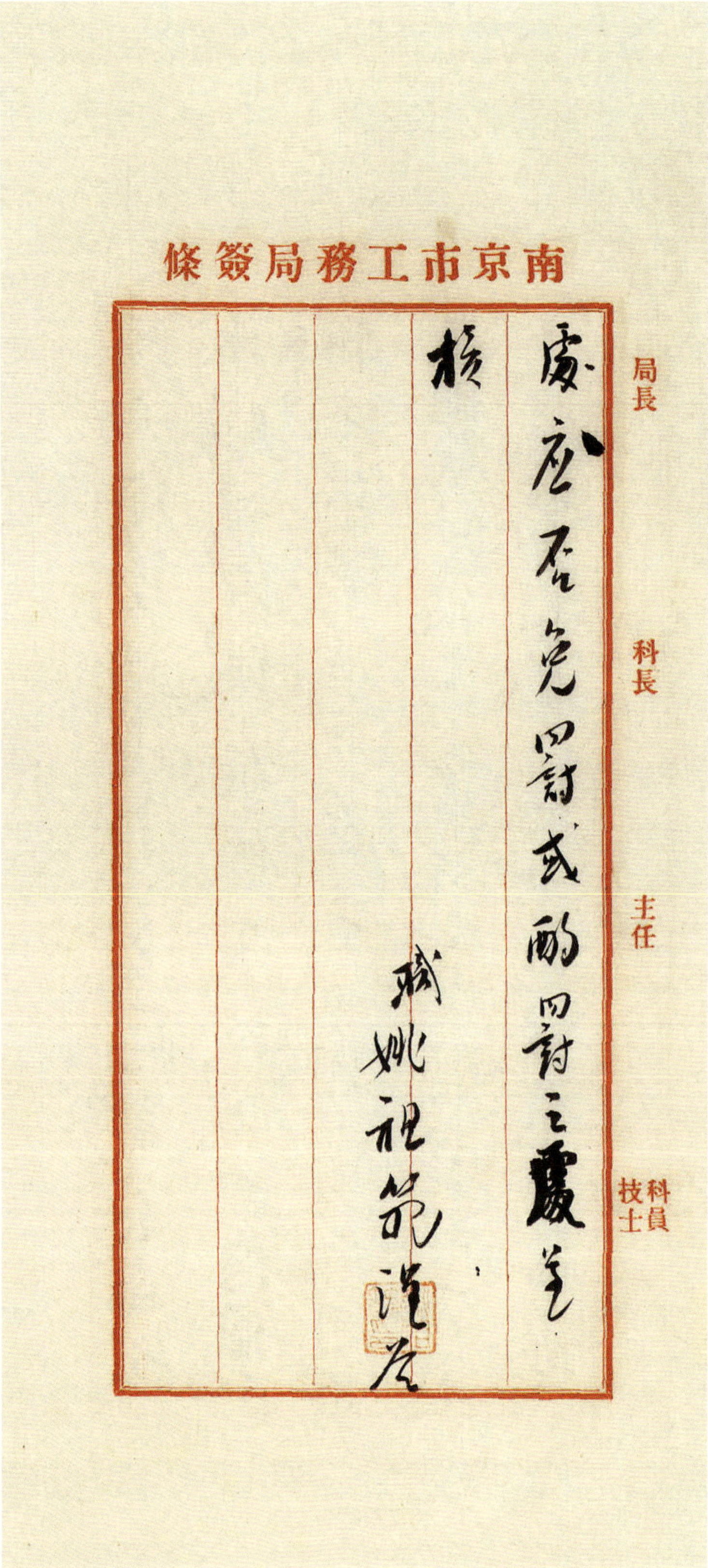
南京市工務局簽條

局長
科長
主任
科員
技士

處座吾兄罰式酌罰之處呈
核
職姚祖範謹呈

南京市工務局簽條

局長　科長　主任　科員 技士

查加做音樂室及飯廳等工室拼建浴室盥洗室等室約需但按晴天但此項工程係更改計劃所有宿舍工程部份同時交由該商承包應否仍以但按晴天計算呈核

南京市工務局簽條

藏書室及借作臨時考場實需
十二天左右
核

藏
姚祖[illegible]謹啓

局長　科長　主任　技士

查五營造廠昨派其經理包商（宋福記）來局詢問，該商並無要求，
僅覺罰款數目太大，擬由該校擬以減罰二分之一，擬請核示。
李 十一日

呈
科長韓 呈
局長

擬照簽辦 青 十二

可 十二

交姚校長改正決算
十六

查市一中學校校舍工程總查係卅四年九月廿九日
開工至卅五年八月十二日完工，實際工作天數
三百二十八天，除合同規定乙百五十天完工及
雨雪冰凍八十六天外，計逾期九十二天，照
合同規定每天罰洋乙百元，計共須罰洋
乙萬四千七百二十元，惟該商提出各項逾期
原因茲分錄如下
一、校舍窗框原合同規定為8×10，現因實際
需要改大為8×16，事實上對於工程之進行
殊稍有影響，所請增長三十天似屬
過長

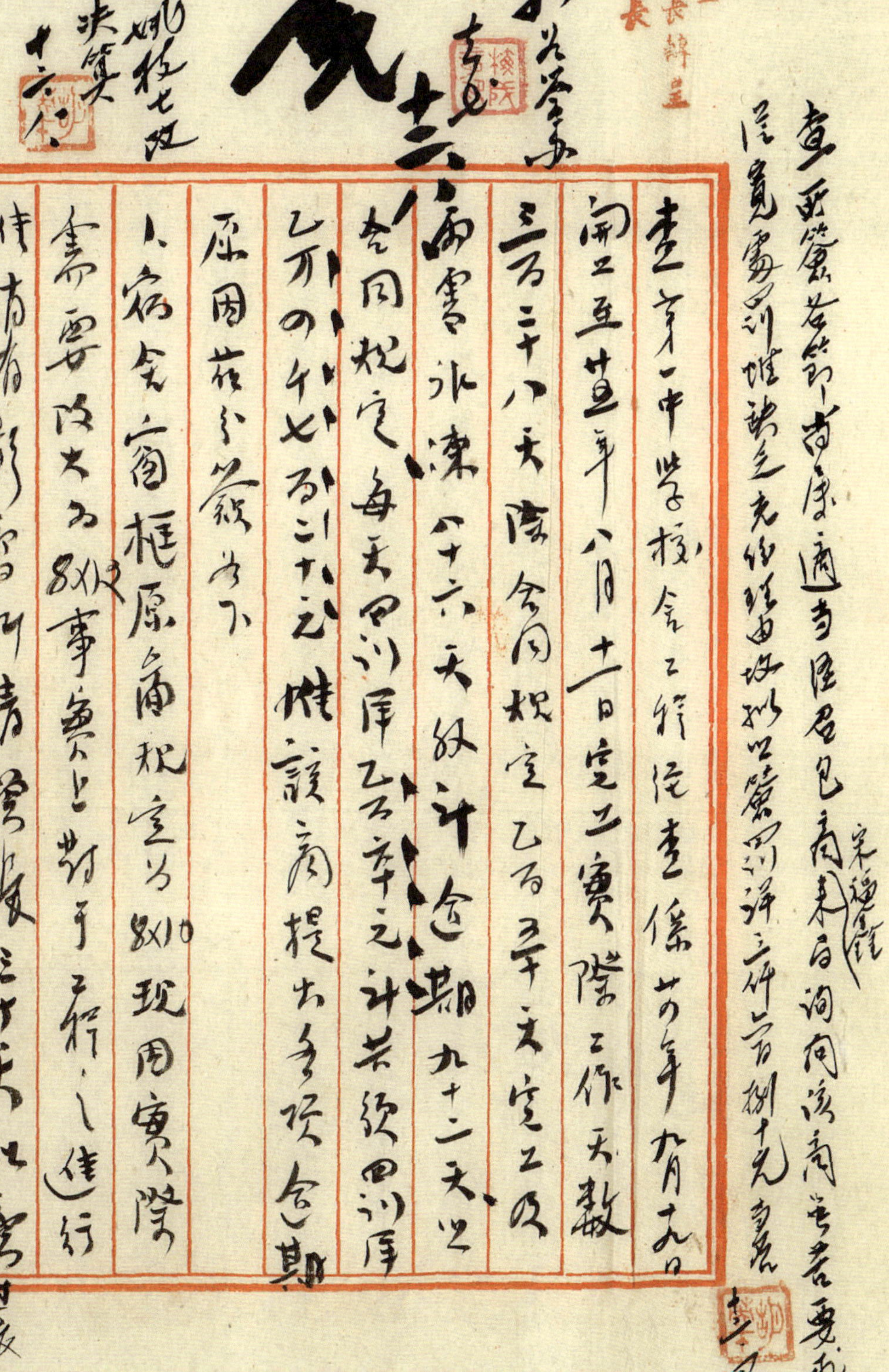

惟該商既不要求增，於擬酌給十日。又改建六合舍與洗衣等，要求加展五十天，查此項更改工程係于開工以前核定，並非事後更改，且曾由該商于廿七年九月份呈請展長五十天，經批示不准在案，惟原合同工程係宿舍一座，更改以後為大中三座，而工程總價亦增出乙千餘元，工作進行似難責其另就物料更改，擬酌給四十天；又人字架中間拉鐵原以木檁挑托之，云經計算拉力不足，修改以保，該商既不因此要求加給兩工作方面似確有密聯繫所請增長六天擬予照准。至於校方借用宿舍作為考場以致礙及校之進行要求增長三天似尚合理、擬予照准。又藏書室小屋地書架齊齊度存之場屋窄庶不適至校方要求將小屋地復做原架、擬增長九天、因此時其他工作均可進行、同時因在八月十日完工之時、此項小屋地尚未修製、小屋地係事後補造，故展期殊欠理由。擬不給

已屋架大料換法更改，請予增長二十一天，查
原計劃搭搭長度欠長，更須加工作，似有難
資，擬酌給十日，
故以此計算共合期二十三天，每天罰洋
乙百六十元之譜，須罰洋三千六百八十元之巨，
應如何辦理之處，簽呈
核

職 沈[illegible]謹
十二、卅

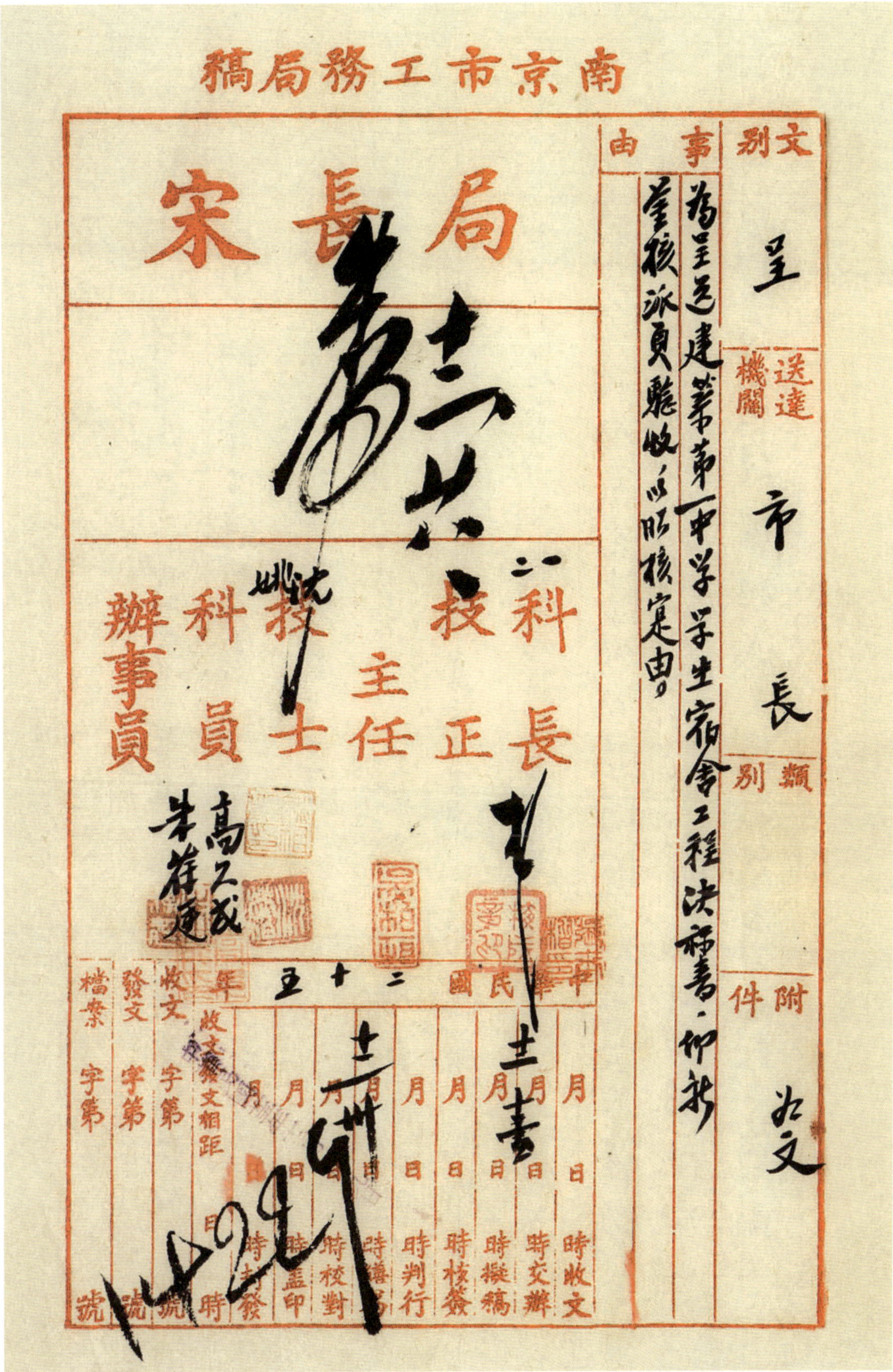
南京市工務局稿

文別	呈
送達機關	市長
事由	爲呈送建築第一中學學生宿舍工程決算書，仰祈鑒核派員驗收，以昭核定由
類別	
附件	決文

局長宋

科長 技正 主任 技士 科員 辦事員

中華民國二十五年 十二月 日 時收文 月 日 時交辦 月 日 時擬稿 月 日 時核簽 月 日 時判行 月 日 時繕寫 月 日 時校對 月 日 時蓋印 月 日 時封發

收文發文相距 日 時

收文 字第 號 發文 字第 號 檔案 字第 號

南京市工務局爲送建築第一中學學生宿舍工程決算書，仰祈鑒核派員驗收給市政府的呈文

（一九三六年十二月三十日）

附：市立第一中學學生宿舍工事決算書（一九三六年十二月九日）

檔號：1001-3-107

呈第　　號

案查建築第一中學學生宿舍工程，前經本局交

由宋福鑫營造廠承包，計包價三萬乙千柒百九拾五元

陸角五分，並與簽訂合同，呈奉

鈞府廿四年六月十七日第二六六一號指令核准，嗣准社會局

函據第一中學校呈請另為變更，特將通盤籌劃等

由，並附建築計劃簡單說明等件過局，准經與該校接

洽決定，將原有藏書館改建音樂教室，及原有飯

堂改建浴室、盥洗室，當經另擬預算，一面飭原包

商重行開帳，經核減之後，總價為三萬弍千陸百捌

拾貳元貳角玖分，較合同原列包價，計需追加洋捌百捌拾陸元陸角四分，曾將更改計劃情形，連同賬单圖樣，並由社会局編造支付預算書，会銜呈奉鈞府二十四年八月二十日第四四六〇號令准照办各在案，查是項工程，已於本年八月十日完成，經派員檢驗，大致尚無不合，惟有爐灶一具，因校方以地位不甚合宜，取銷未做，經照單價扣洋四十元，此外校舍部份，准該校函囑加做清音陰井及清潔頸等項，計增加洋四十元，增減兩抵，計应实支工款三萬貳千陸百捌拾貳元貳角玖分，適與包價數目相符，實際工作天數為三百[illegible]

除雨雪冰凍八十六天外，計逾期九十二天，按照合同規定每天應罰洋乙百六十元，共應罰洋壹万四千七百[illegible]，茲經該商提出各項逾期原因，聲請核減[illegible]，查核該項逾期原因，尚屬合理，除核准[illegible]至[illegible]除雨雪外，逾期二十三天，應罰洋三千六百八十元，應俟驗收完畢[illegible]扣除併入雜費項內解繳，理合編造決算書具文呈送，仰祈

鑒核，併賜派員驗收，用昭核實。再該宿舍工程，准該校備具書面證明到局，已飭包商先行交工在案，合併陳明。

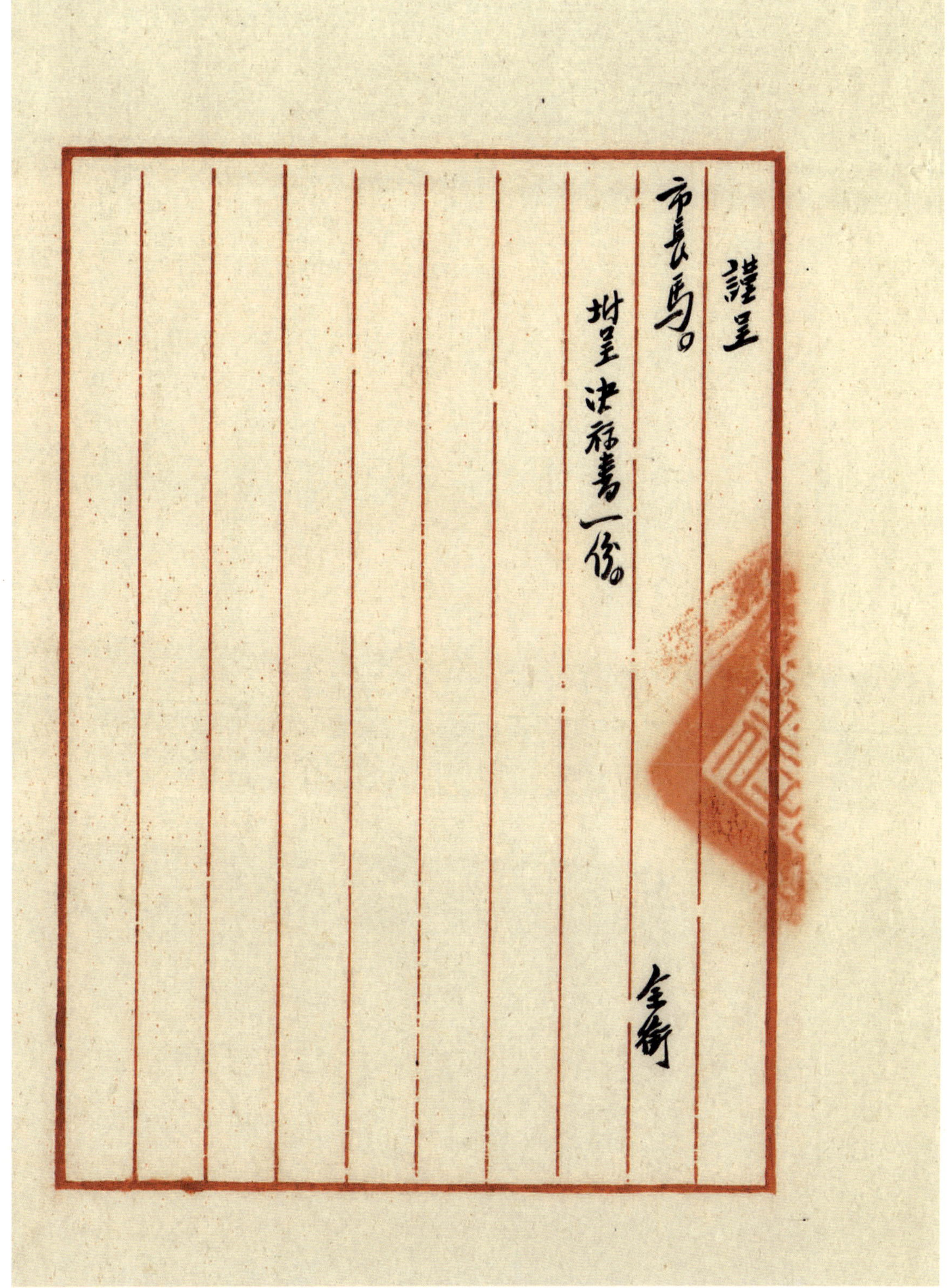

謹呈

市長馬

附呈決算書一份

全銜

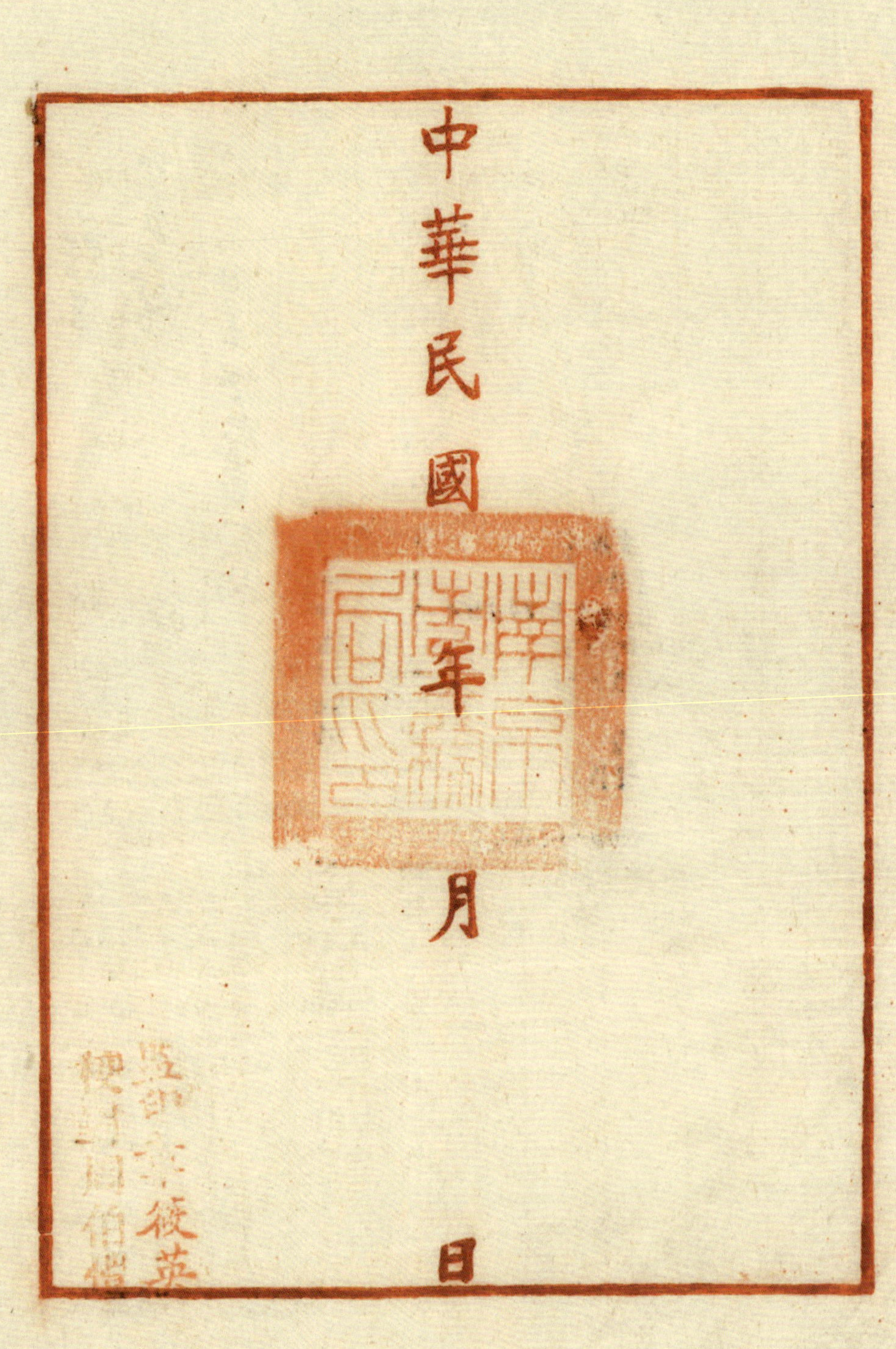

中華民國　年　月　日

監印李筱英
校對周伯楷

南京市工務局

工事決算書（續）

市立第一中學學生宿舍

字第　　號　　　　　　　　　　　　第二頁　共二頁

種類	形狀	單位	數量	單價（元）	總價（元）	備考
玻璃窗	1.2X2.0	樘	75	18.00	1350.00	
厕所内磨石子地		平公	38	3.20	121.60	
厕所内杉木企口板連小門		公尺	20	3.00	60.00	
1:3:6混凝土踏步		座	4	10.00	40.00	
天溝落水管		公尺	238	.85	202.30	
水泥明溝		〃	110	1.10	121.00	
				合計	30277.14	
原有圖書室改建音樂室						
灰漿三合土連挖基		立公	38.5	2.50	96.25	
.38勒脚連大放脚		平公	33.7	2.50	84.25	
.25 〃 〃 〃		〃	48.0	1.50	72.00	
.25空斗墻連粉刷		〃	167.0	1.20	200.40	
.13.磚墻連粉刷		〃	92.0	.80	73.60	
拆蓋原有小青瓦屋面連整理屋架柱子		〃	260.0	1.00	260.00	
拆鋪原有地板連整理		〃	168.0	.50	84.00	
新做1:3:6混凝土地		〃	32.0	2.10	67.20	
四週明溝		公尺	60.0	1.10	66.00	
天溝落水管		〃	56.0	.85	47.60	
原有門窗整理油漆				13.00	13.00	
				合計	1064.30	
原有飯堂等改建理髮室盥洗室						
灰漿三合土連挖基		立公	15.7	2.50	39.25	
.38勒脚連大放脚		平公	54.0	2.50	135.00	
.25空斗墻連粉刷		〃	259.0	1.20	310.80	
拆蓋原有小青瓦屋面連整理屋架柱子		〃	160.0	1.00	160.00	
新做1:3:6混凝土地		〃	[illegible]	2.10	260.40	
分板平頂連擱栅		〃	124.0	1.00	124.00	
天溝落水管		公尺	65.0	.85	55.25	
屋外四週明溝		〃	51.0	1.10	56.10	
分板隔板連小門		〃	60.0	1.00	60.00	
原有門窗改造				100.00	100.00	
加做廁所頭溝管				40.00	40.00	
				合計	1340.80	
				總共計洋	32682.29	

25年 12月 9日　　計算　　校對　　主任　　科長　技正　　局長

南京市工務局

市立第一中學學生宿舍 工事決算書 （共二頁）

字第　　號　　　　　　　　　　　　第一頁

合同號數	305（原合同号数）	規定限期	150晴天
承包人	宋福鑫	雨雪冰凍	86天
開工日期	24年9月19日	核准延期	69天
全部分 一部分 工竣日期	25年8月11日	逾期日數	23天

預算		決算	
原來預算或原合同所訂總價	32682.29元	承包人實做工程費額	32682.29元
第一次追加		逾期罰款	3680.00元
第二次追加			
共計 32682.29元		淨付承包人 29002.29元	

附註

實做工程詳細表

種類	形狀	單位	數量	單價（元）	總價（元）	備考
新建學生宿舍						
灰漿三合土建墻基		立公	178.3	5.15	918.24	
0.50勒腳建大放腳		平公	110.0	6.10	671.00	
0.38 〃 〃 〃		〃	57.9	4.50	260.55	
0.38磚牆		〃	705.5	4.50	3174.75	
0.25 〃 〃		〃	775.0	3.00	2325.00	
0.13 〃 〃		〃	1080.0	2.10	2268.00	
1:3:6混凝土素模土		〃	548.0	2.40	1315.20	
0.12厚鋼筋混凝土樓板		〃	1072.0	6.00	6432.00	
分板平頂連擱柵		〃	595.0	1.20	714.00	
青洋瓦屋面連屋架桁條等件		〃	680.0	4.20	2856.00	
全部鋼筋混凝土樑柱		立公	99.7	55.00	5483.50	
鋼筋混凝土樓梯連欄杆		座	2	240.00	480.00	
鋼架太平梯		座	4	120.00	480.00	
門	2.0×2.9	樘	3	38.00	114.00	
〃	1.2×2.9	〃	9	22.00	198.00	
〃	1.2×2.1	〃	1	20.00	20.00	
〃	1.0×2.9	〃	42	16.00	672.00	

25年12月9日　計算　　主任　　科長 技正　　局長

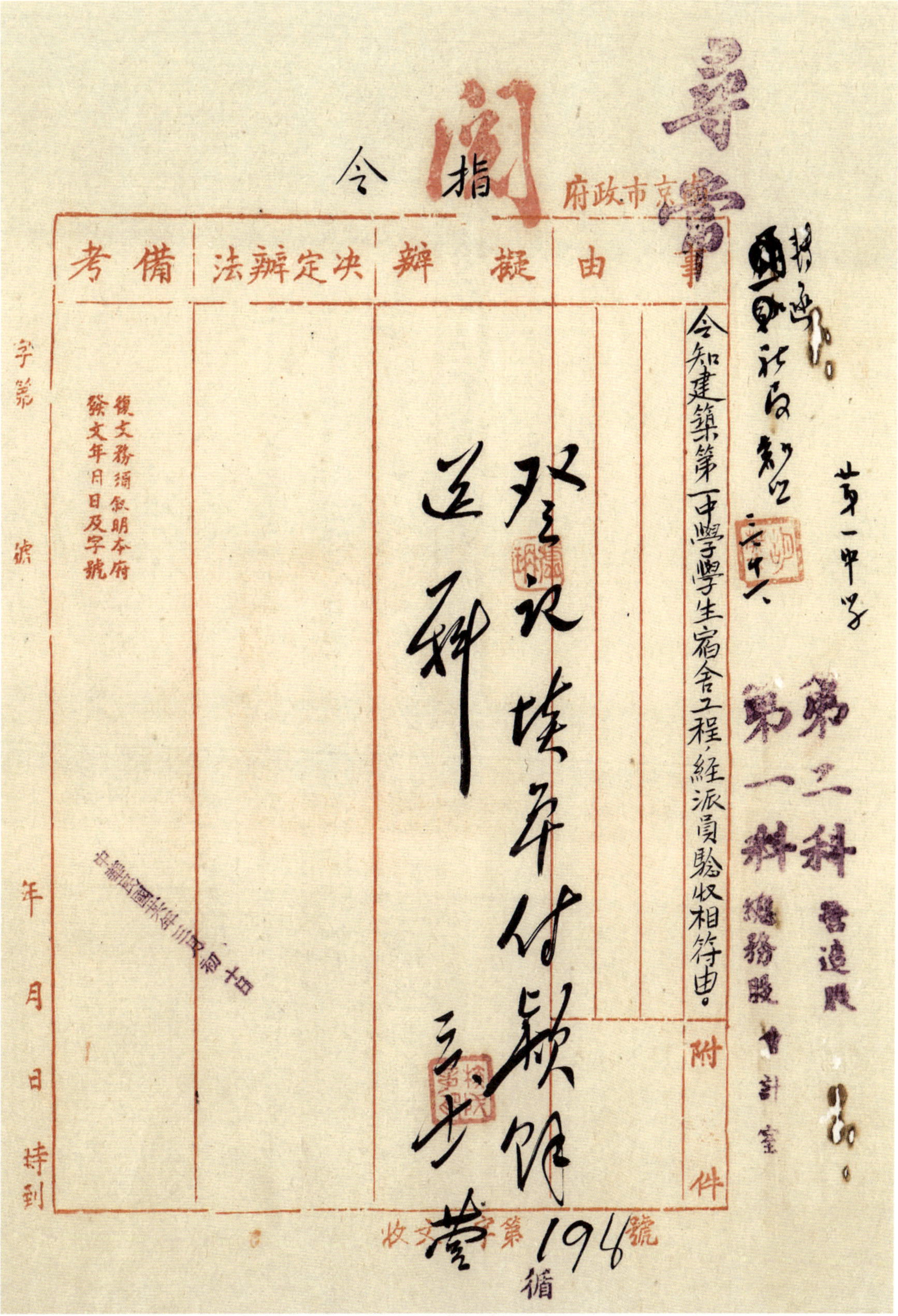
南京市政府
指令
事由	擬辦	決定辦法	備考
令知建築第一中學學生宿舍工程，經派員驗收相符由。			復文務須叙明本府發文年月日及字號

附件

字第　　號

年　月　日　時到

收文　字第196號

南京市政府爲建築第一中學學生宿舍工程經派員驗收相符給市工務局的指令（一九三七年三月十日）

檔號：1001-3-107

南京市政府指令 字第 002100 號

令工務局

上年十二月三十日第一四二三九號呈一件。爲送建築第一中學學生宿舍工程決算書，祈鑒核派員驗收由。

呈件均悉。案經派員前往驗收相符，准予備案，仰即知照，并轉函社會局知照。件存。此令。

中華民國二十六年三月 日

民國廿六年三月十日發

南京市市長

馬超俊

監印司徒鑑

校對邵世馨

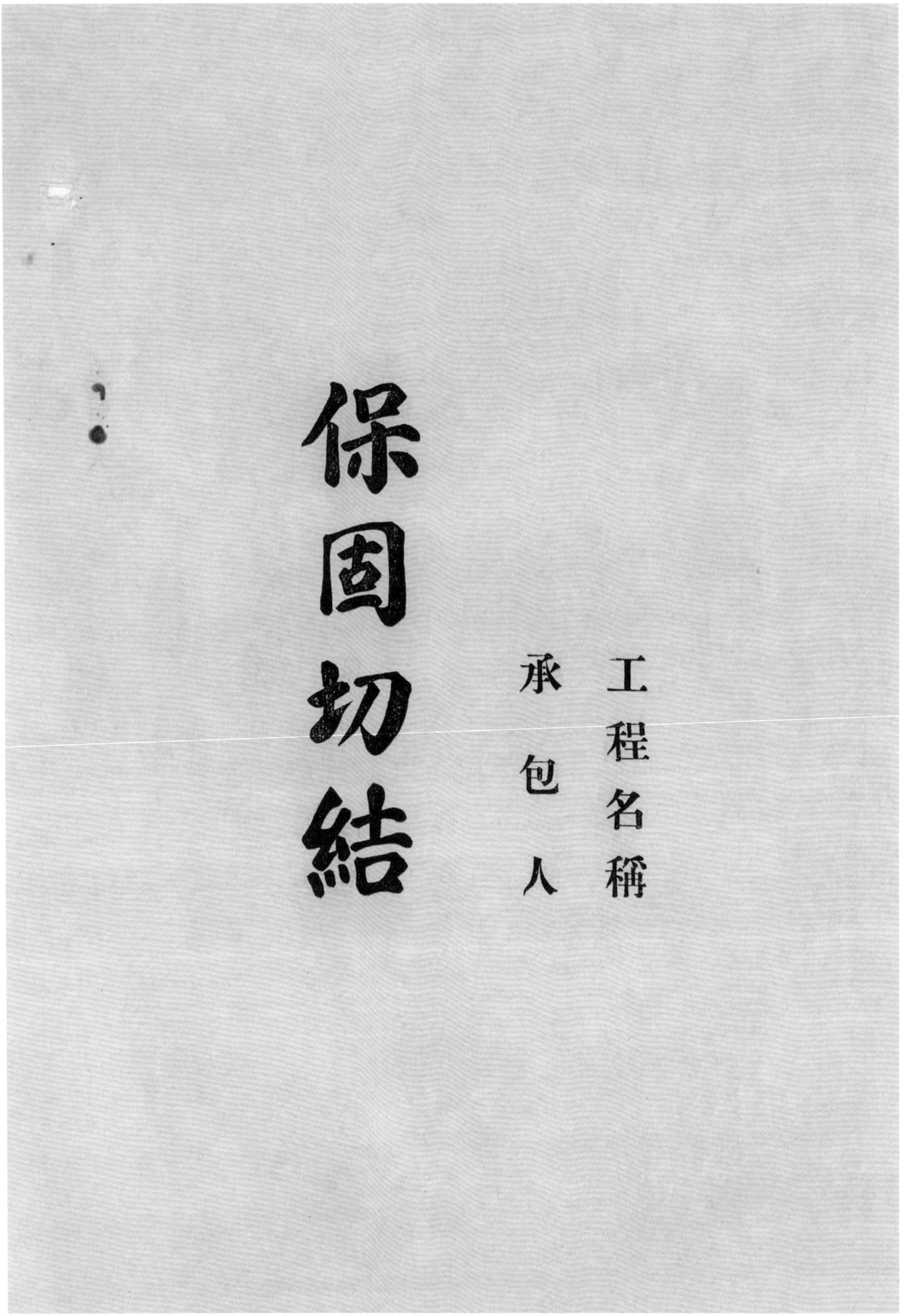
工程名稱
承包人
保固切結

南京市立第一中學學生宿舍工程保固切結（一九三七年三月十日）

檔號：1001-3-107

立保固切結人宋福鑫營造廠　今因承包
南京市工務局府西街市立一中學校宿舍工程業已全部完
竣並經
市政府派員驗收認爲合格茲願遵照本工程合同
第九條之規定立具保固切結自具結之日起保固
壹年　月倘于保固期內本工程發現裂痕
或傾陷等情經
鈞局查明係由材料不佳或工作不善所致者一經
通知具結人當即負責依照原狀修復所需修理工
料亦概歸具結人負担爲此甘具保結是實

中華民國二十六年三月十日

立保固切結　店號
負責人　宋泰昌
住址　南京建康路針巷內二號

此項保固切結一式三紙一紙呈　市政府備案一紙存管卷室一紙存營造股備查

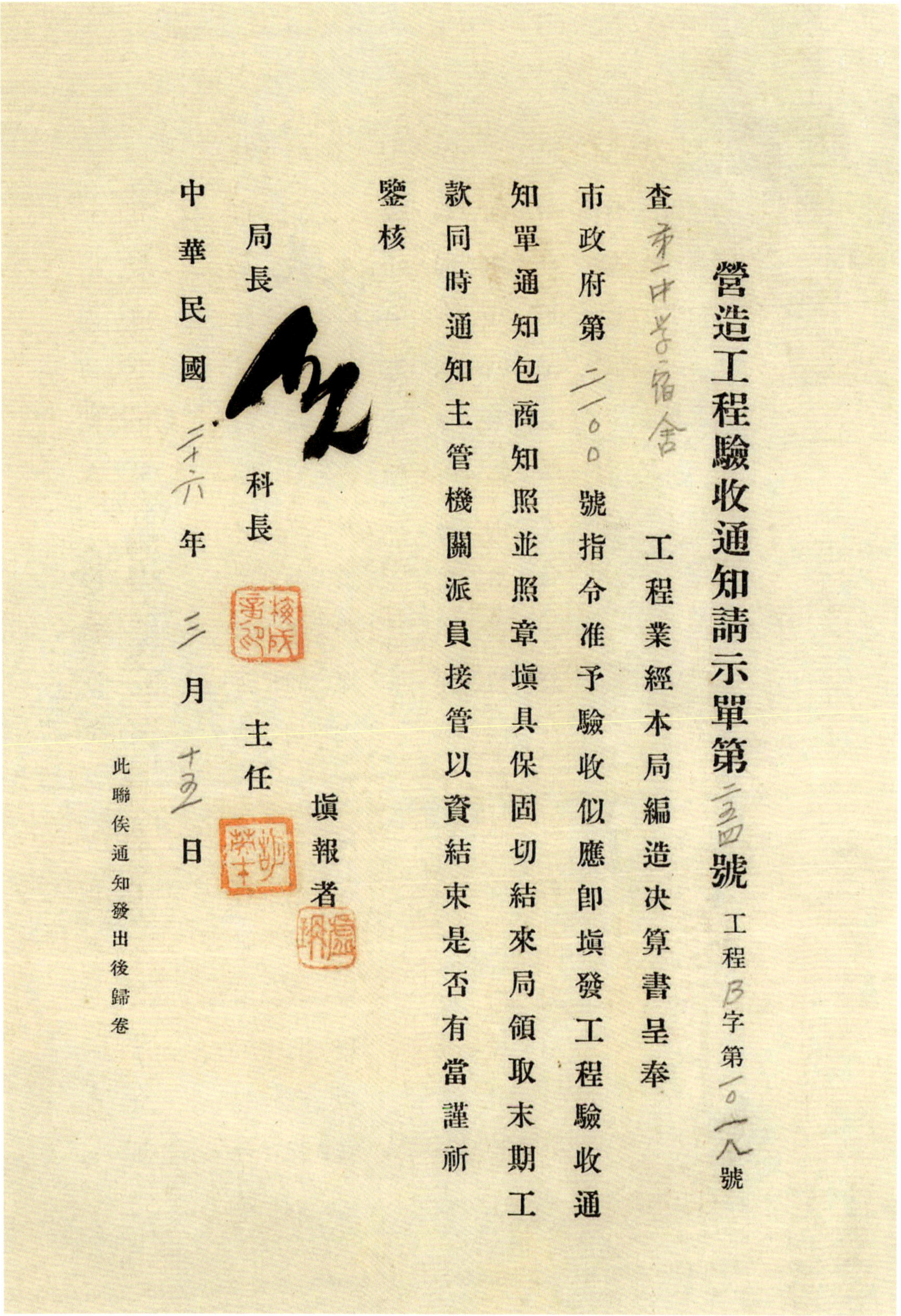
營造工程驗收通知請示單第二三四號　工程B字第一〇一八號

查市第一中學宿舍工程業經本局編造決算書呈奉
市政府第二一〇〇號指令准予驗收似應即填發工程驗收通知單通知包商知照並照章填具保固切結來局領取末期工款同時通知主管機關派員接管以資結束是否有當謹祈
鑒核

填報者

主任

科長

局長

中華民國二十六年三月十五日

此聯俟通知發出後歸卷

南京市工務局爲市立第一中學宿舍工程的營造工程驗收通知請示單（一九三七年三月十五日）

檔號：1001-3-107

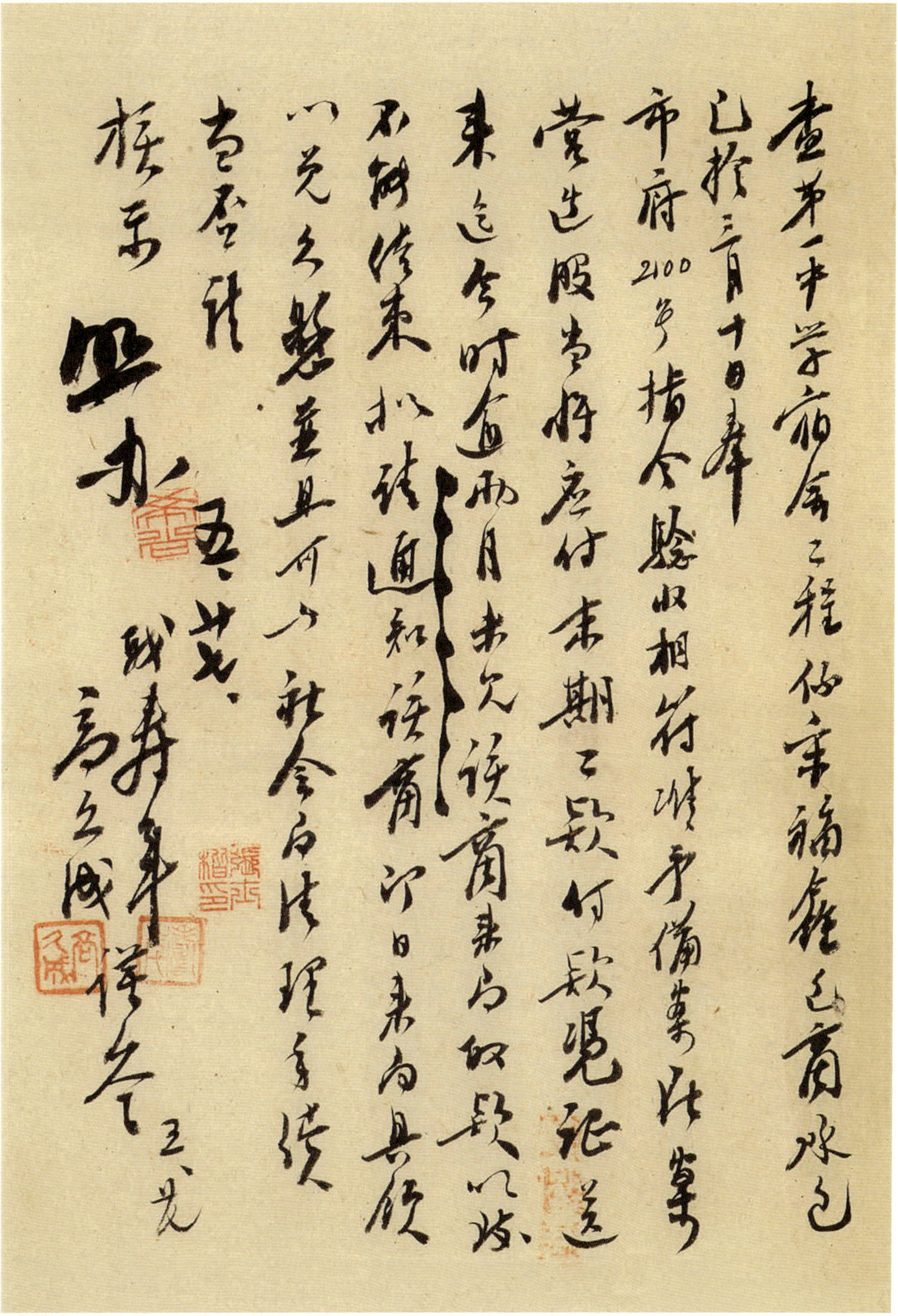

南京市工務局科員壽年、高久成爲第一中學學生宿舍工程已驗收應通知宋福鑫營造廠訂日來局領款事給局長的簽呈（一九三七年五月二十七日）

檔號：1001-3-107

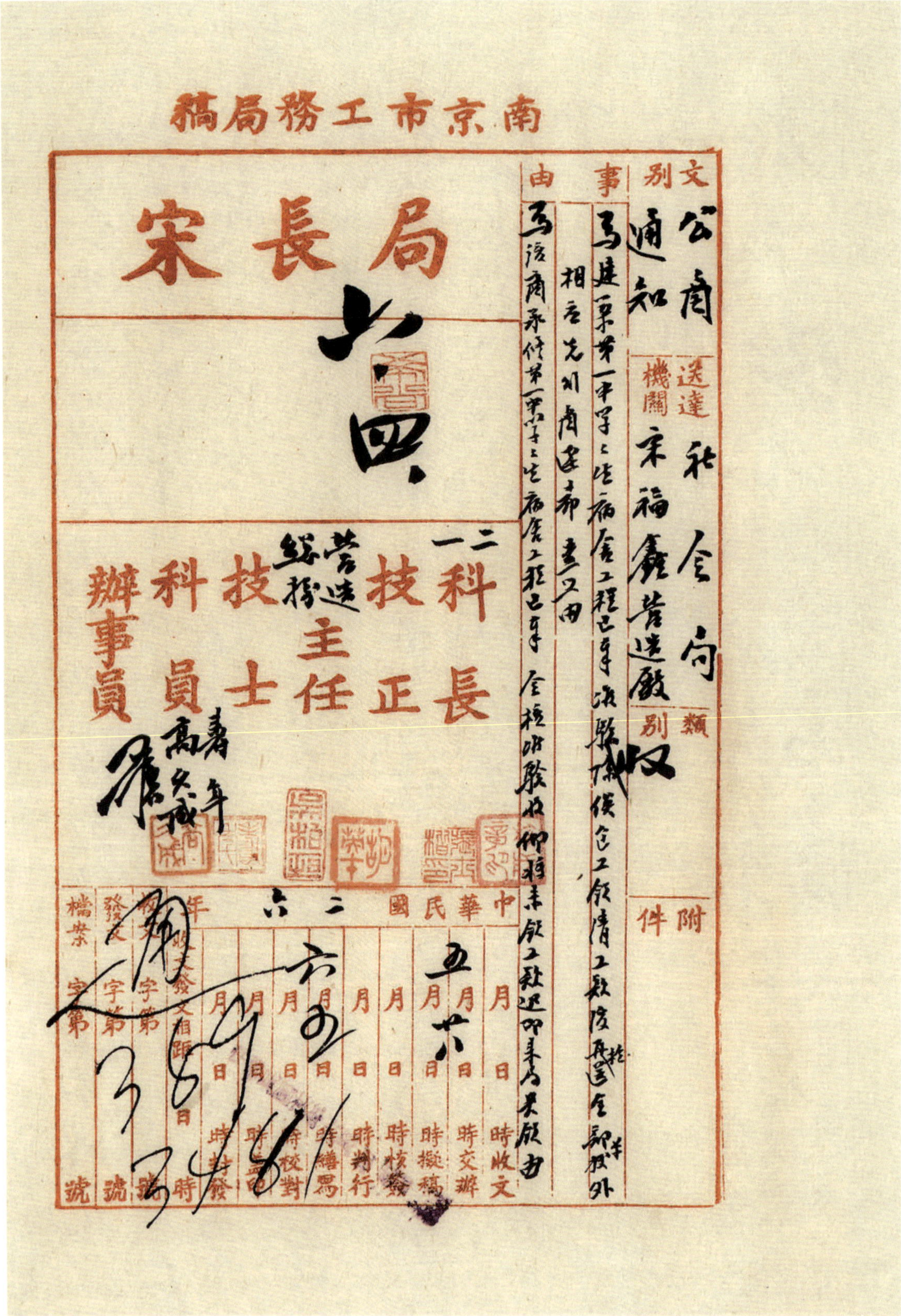
南京市工務局稿

局長宋

科長　技正　主任　技士　科員　辦事員

文別　公函　通知

送達機關　社會局　宋福鑫營造廠

類別

事由

附件

中華民國二六年　月　日

收文　月　日　時
交辦　月　日　時
擬稿　月　日　時
核發　月　日　時
判行　月　日　時
繕寫　月　日　時
校對　月　日　時
蓋印　月　日　時
封發　月　日　時

收文發文相距　日　時

收文　字第　號
發文　字第　號
檔案　字第　號

南京市工務局爲建築第一中學學生宿舍工程已奉準驗收，除俟包工領清工款後再檢送全部單據等給市社會局的公函，以及爲請領工款給宋福鑫營造廠的通知（一九三七年六月五日）

檔號：1001-3-107

公函　第　　號

案奉

市政府本年三月十日第二一零零號指令，本局
呈一件，為造送第一中學學生宿舍工程決算
書，祈鑒核派員驗收由，內開：
「呈件均悉。業經派員前往驗收相符，准予備
案，仰即知照，並轉商社令向知照」
等因，奉此，查此項工程，原係交由宋福鑫營
造廠承包，其應付末期工款，迄今未據該商來局
具領，以致案懸不能結束。除另案通知宋福鑫營造廠

催速飭清工款後，再行檢齊單據，逕請造報外，相應先行函達，即希查照，為荷。

此致

社會局

局長　宋〇〇

通知第　　號

為通知事。案查張商承包第一中學學生宿舍工程，業經本局檢同竣工決算書表等件，呈奉

市政府第二一壹壹號指令，驗收相符，准
予備案，在案。惟查該商應領未期工款，迄
今未據來府具領，以致久懸不能結束，現該
項付款憑證，早經由府簽妥，擬將領款[redacted]，
合亟令仰該商，從速來府具領，以便結束，[redacted]
毋再延自誤為要。特此通知。
右通知宋福鑫營造廠 准此

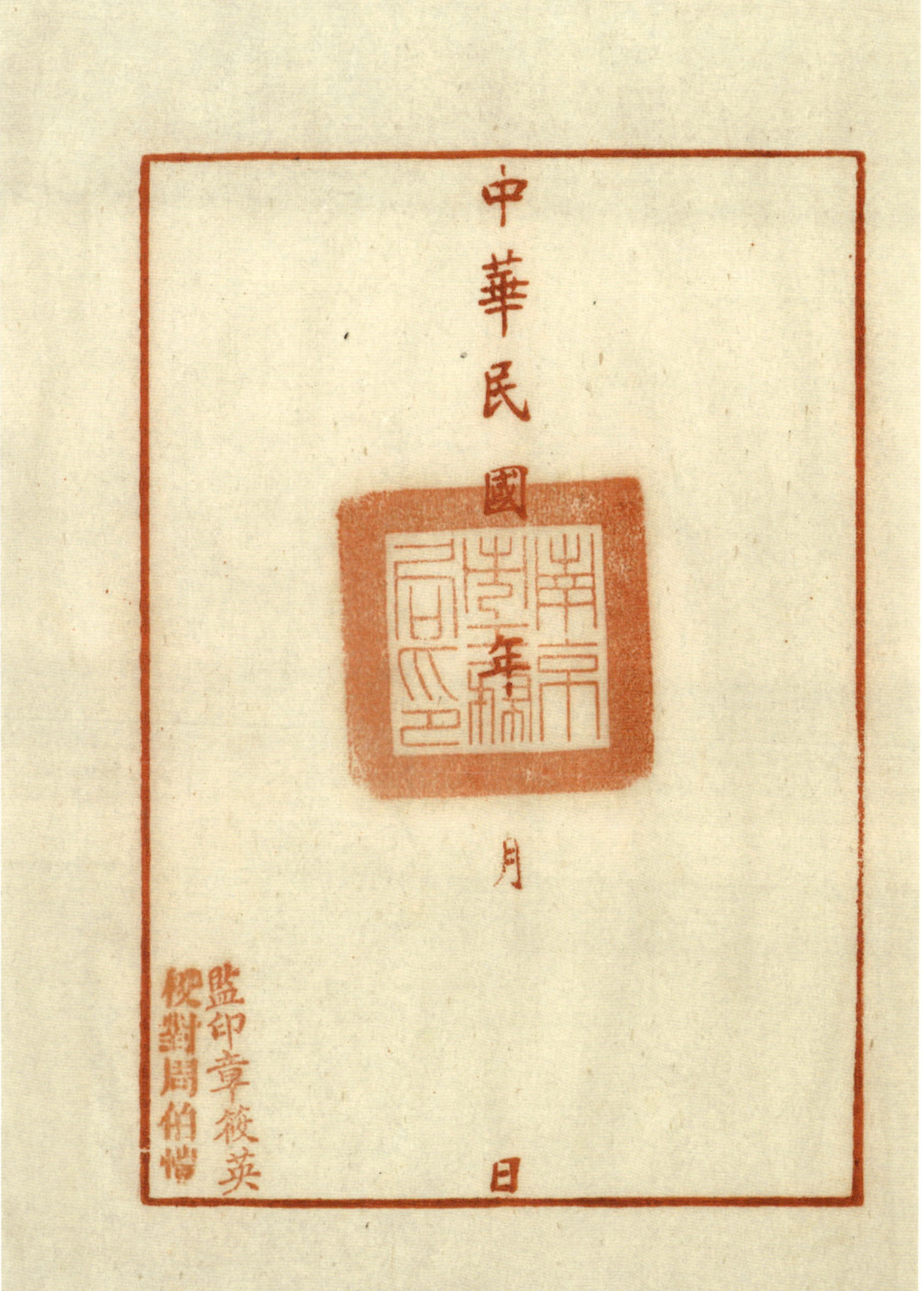

中華民國　　年　　月　　日

監印章筱英
校對周伯愷

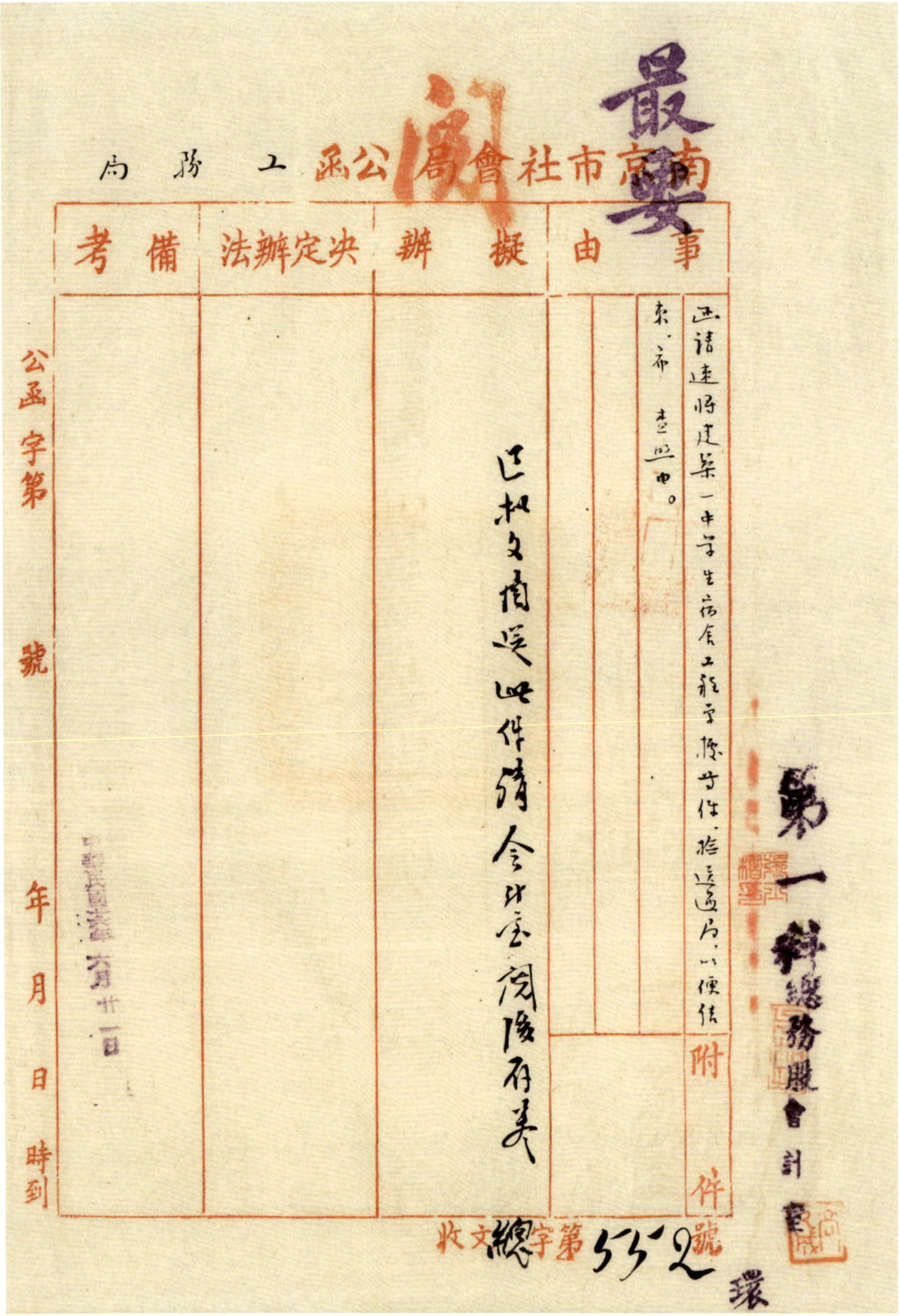
南京市社會局公函　工務局

最要

事由	擬辦	決定辦法	備考
函請速將建築第一中學學生宿舍工程單據等件，檢送過局，以便結束，希查照由。	已抄文摘送此件請會計室閱後存案		

附件

公函字第　號

中華民國廿六年六月廿一日　時到

收文總字第552號

第一科總務股會計室

南京市社會局爲請速將建築第一中學學生宿舍工程單據等件檢送過局以便結束給市工務局的公函

（一九三七年六月十九日）

檔號：1001-3-107

南京市社會局公函

總字第2855號

案准

貴局二十六年六月五日第三四八一號公函：以建築第一中學學生宿舍工程，已予准照驗收，除俟已領清工款時再檢送全部單據外，先行函達查照。等由；查此案尚係廿四年八月份臨時費案之一，現正亟待整理彙報，該項單據兩件，應請

查照速行檢送過局，以便結束為荷！

此致

工務局。

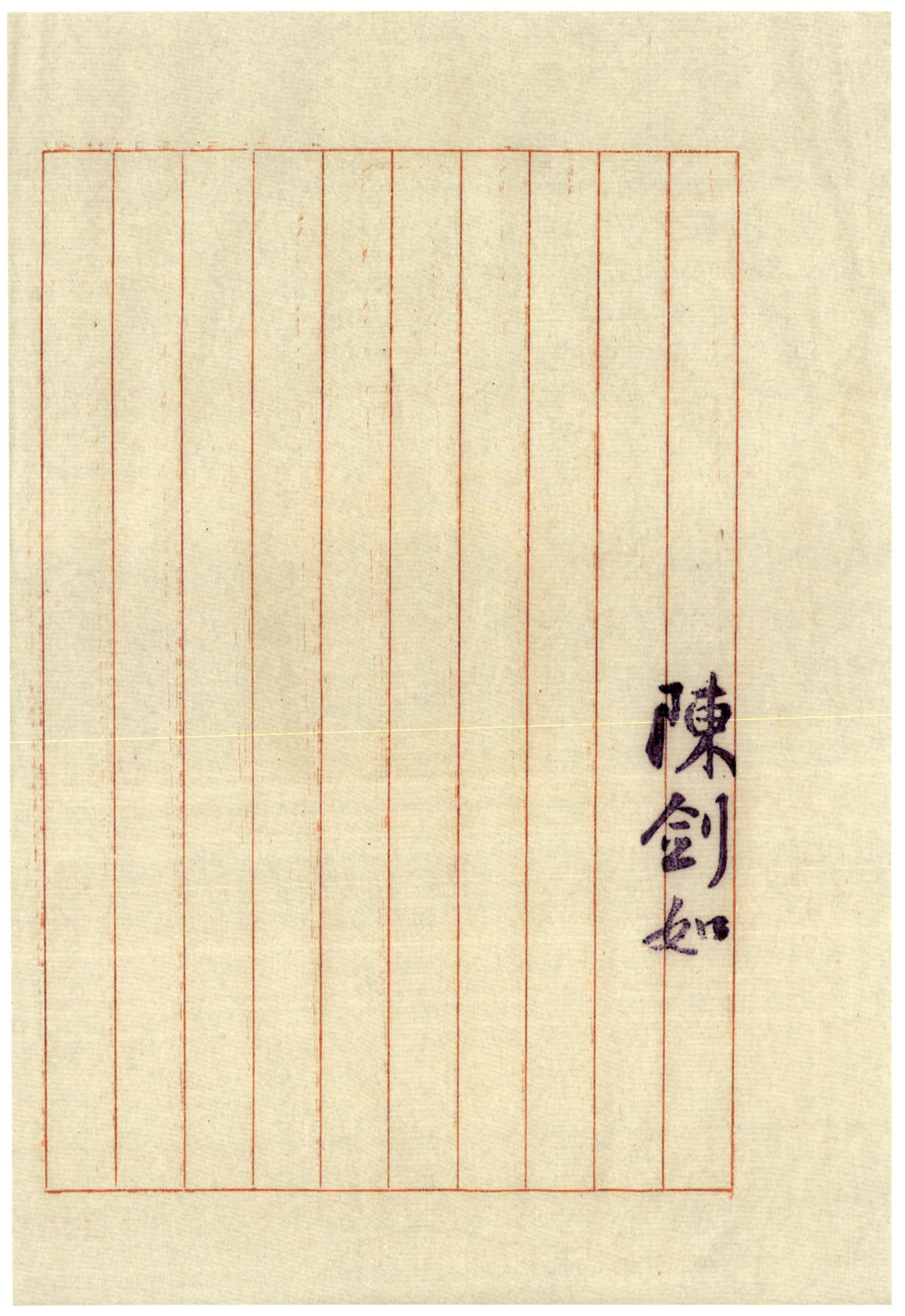

陳劍如

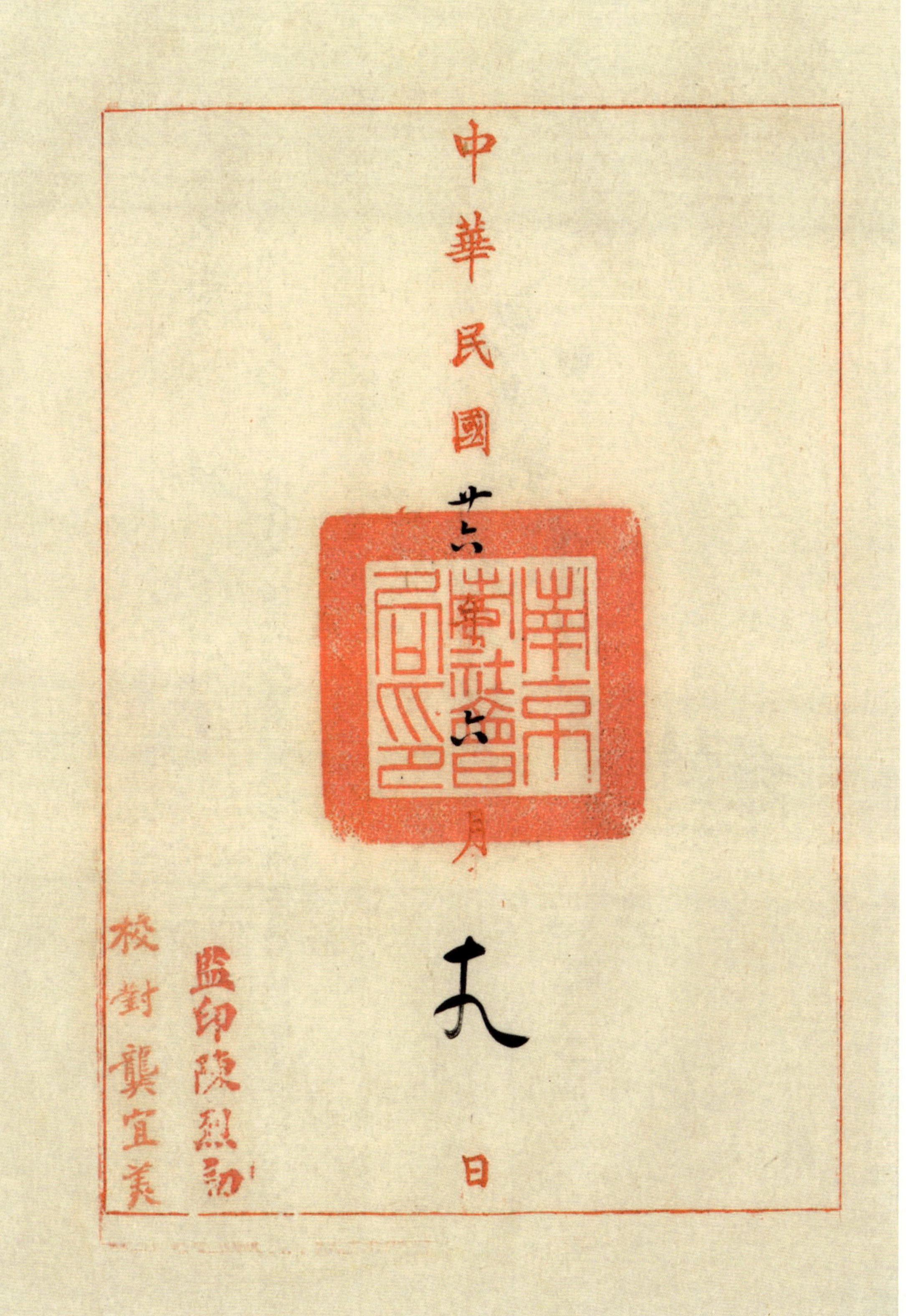

中華民國廿六年六月十九日

監印陵烈勛

校對龔宜美

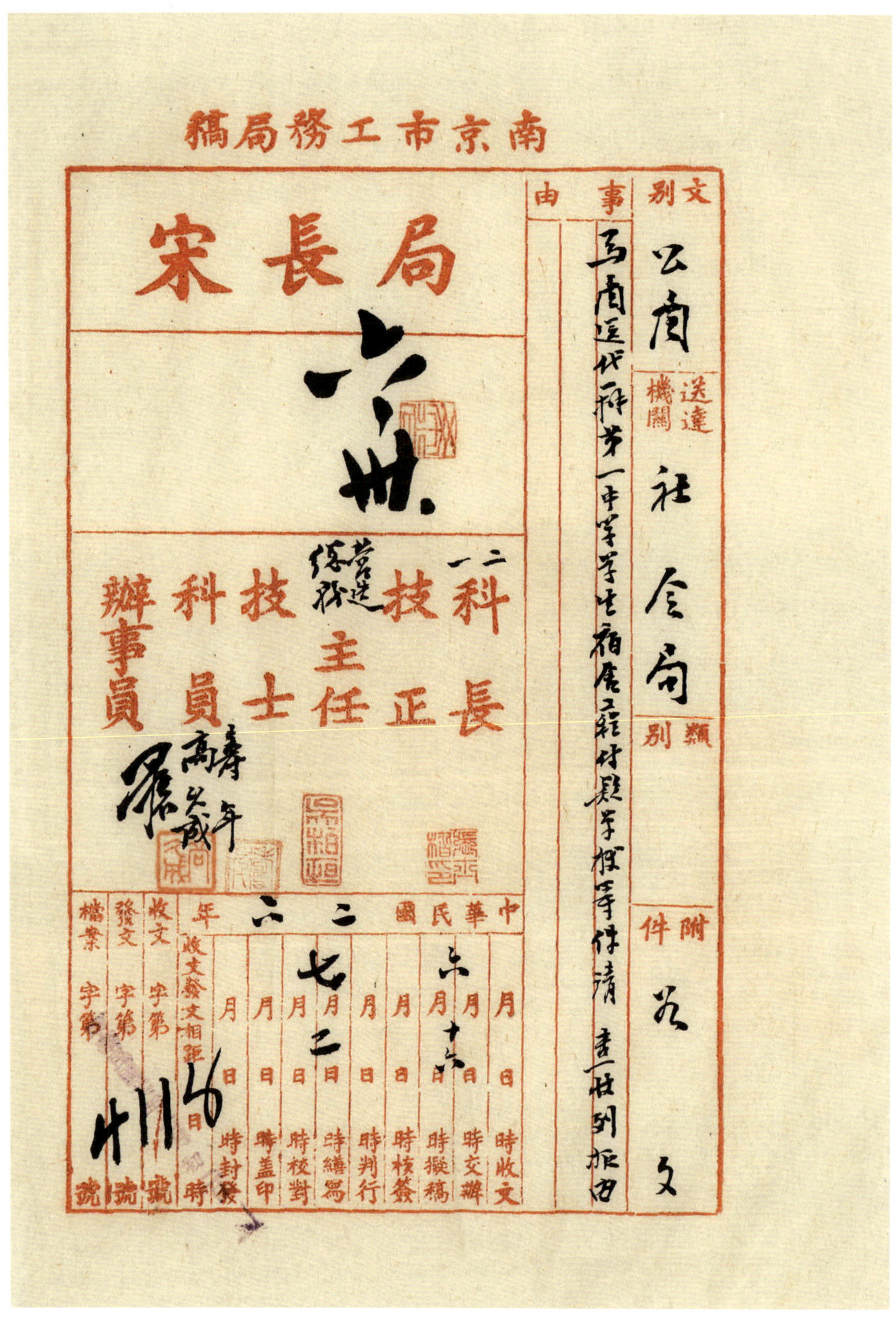

南京市工務局稿

文别	公函
送達機關	社會局
類别	
附件	如文
事由	為函送代辦第一中學學生宿舍工程付款單據等件請　查收列報由

局長宋

二科科長　一科技正　營造保孫（技）主任　技士　科員　辦事員

高壽年　八成

中華民國二六年

收文	交辦	擬稿	核簽	判行	繕寫	校對	蓋印	封發
月　日　時	月　日　時	六月十六日　時	月　日　時	月　日　時	七月二日　時	月　日　時	月　日　時	月　日　時

收文發文相距　日　時

收文　字第　號
發文　字第　號
檔案　字第　號

州1146

南京市工務局爲送代辦第一中學學生宿舍工程付款單據等件給市社會局的公函（一九三七年七月二日）

附：批示

檔號：1001-3-107

公函 第 號

案查代籌建第一中學學生宿舍工
程，係由京福營造廠承包，現已全部修築
完成。所有包價及追加工款共叁萬弍千陸百
捌拾弍元弍角玖分，已由
貴府先後分數撥付。茲將本工程驗收工決
算書表等件，呈奉
市政府本年三月十日第二一零零號指令核
准驗收。茲（先行）轉函。查四零號案，茲查此項工款，
准支付府相應。相應檢同付款憑證及合同

窗帘等件，开送
贵会，即希
查照列报，并请将本会前借之账附付据掷还
以便注销，为荷。
此致
社会局
计送 付款凭证六张 合同乙份
续计窗样乙份计五张
施工细则乙份 单价表乙份
局长 宋〇〇

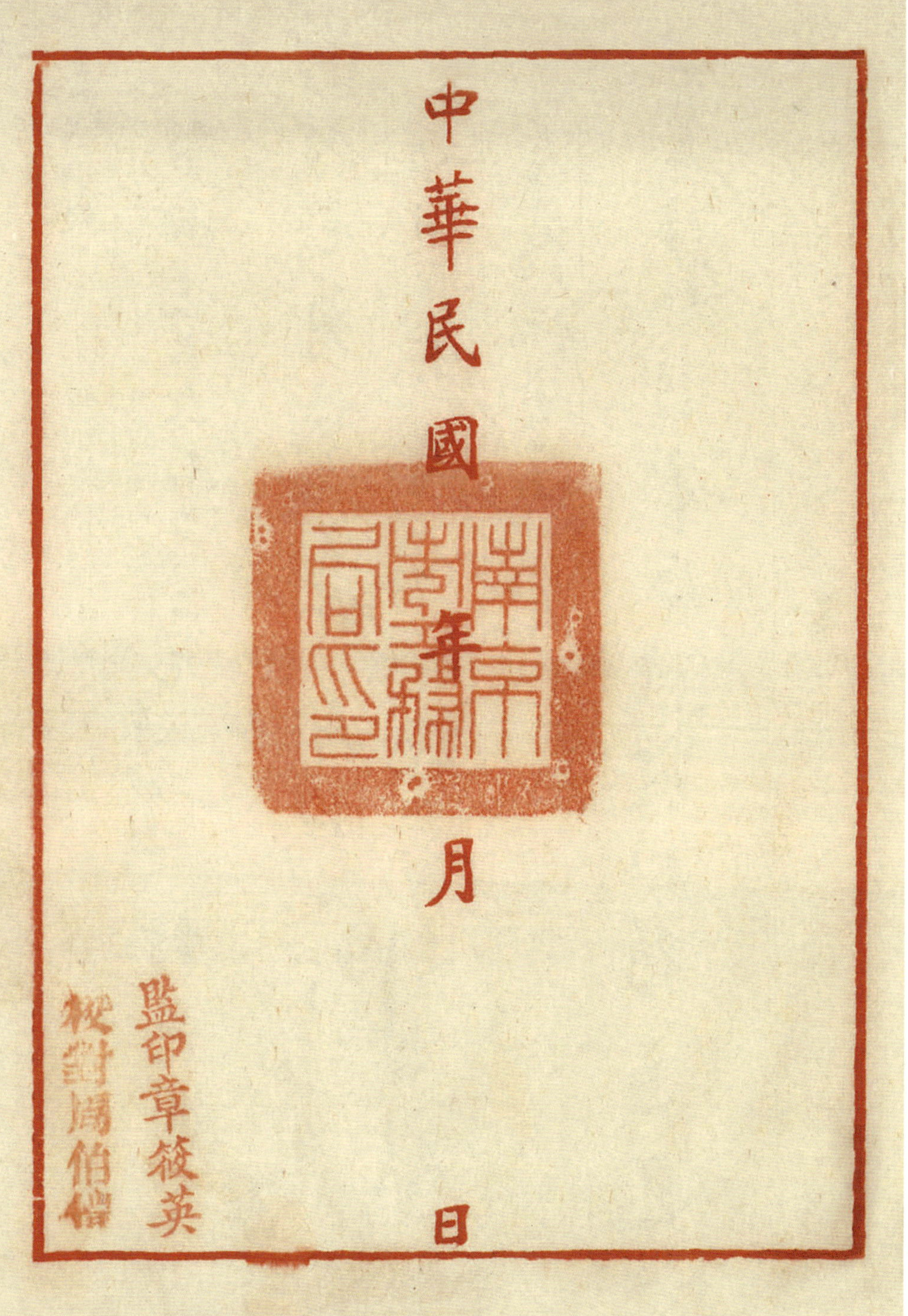

中華民國　　年　　月　　日

監印章箴英

校對周伯偕

請送代辦第一中學付款憑証等件至
社會局

計收三三六八二元二九連加號付款日

附付款憑証六單　合同一份

設計圖樣壹份　計五張　施工細則一份

單位價目表一份

並請將本局臨時收據送還

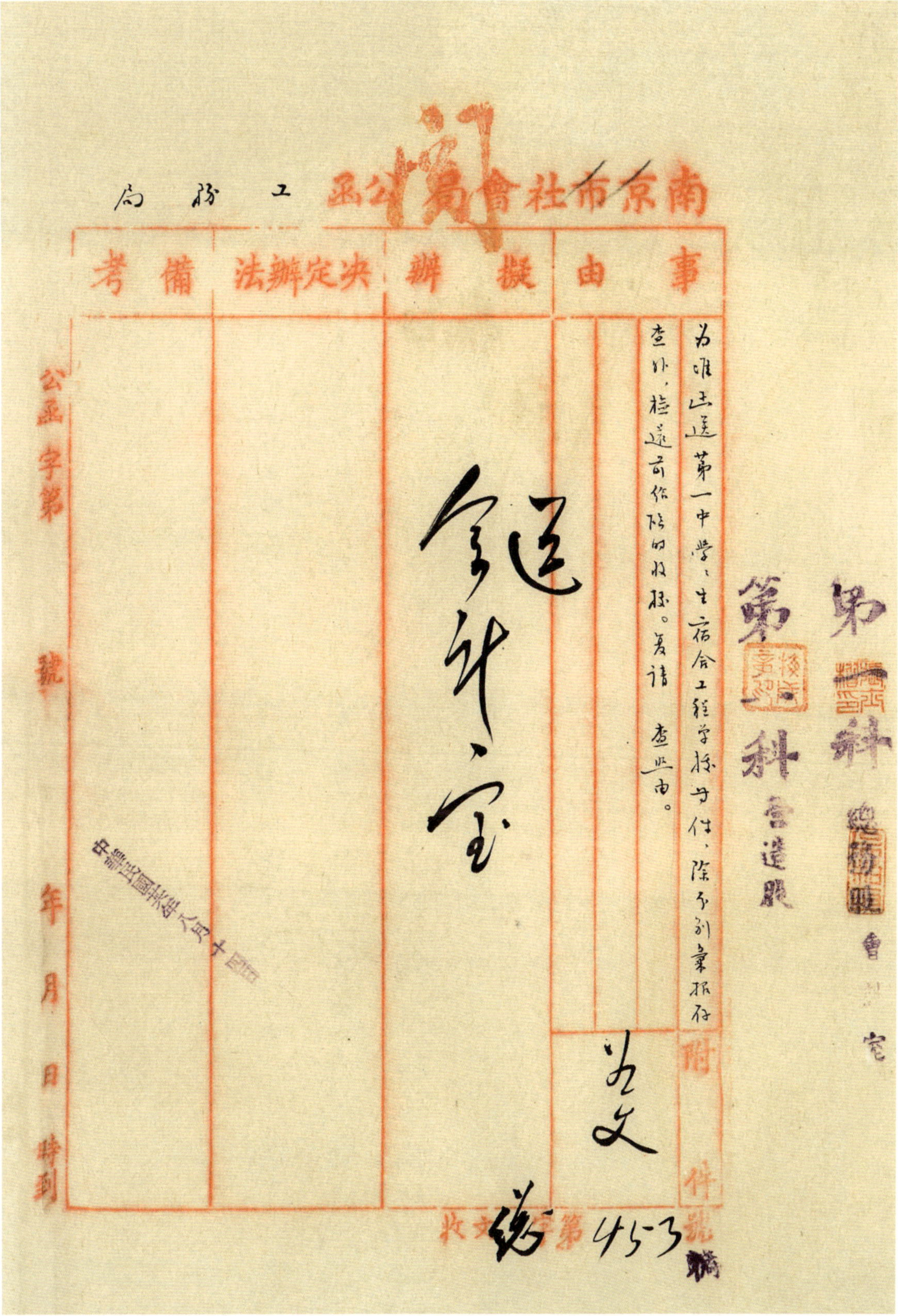

南京市社會局公函　　工務局

事由	擬辦	決定辦法	備考
為准送第一中學、生宿舍工程單據等件，除分別彙核存查外，檢送前作附的收據。另請查此由。	送		公函字第　　號 　年　月　日 特到

第一科

第二科　會達服

南京市社會局爲準函送第一中學學生宿舍工程單據等件給市工務局的公函（一九三七年八月十三日）

檔號：1001-3-107

南京市社會局公函

總字第一二七〇號

案准

貴局廿六年七月二日第四一一八號公函，以檢送代辦第一中學學生宿舍工程付款單據廿件，囑查明列報。等由，並附件件，准此，經核相符。除將各件分別彙報存查外，相應檢還前給核明單據，復請

查照為荷！此致

工務局

附檢還核明單據（正）帋。

陳劍如

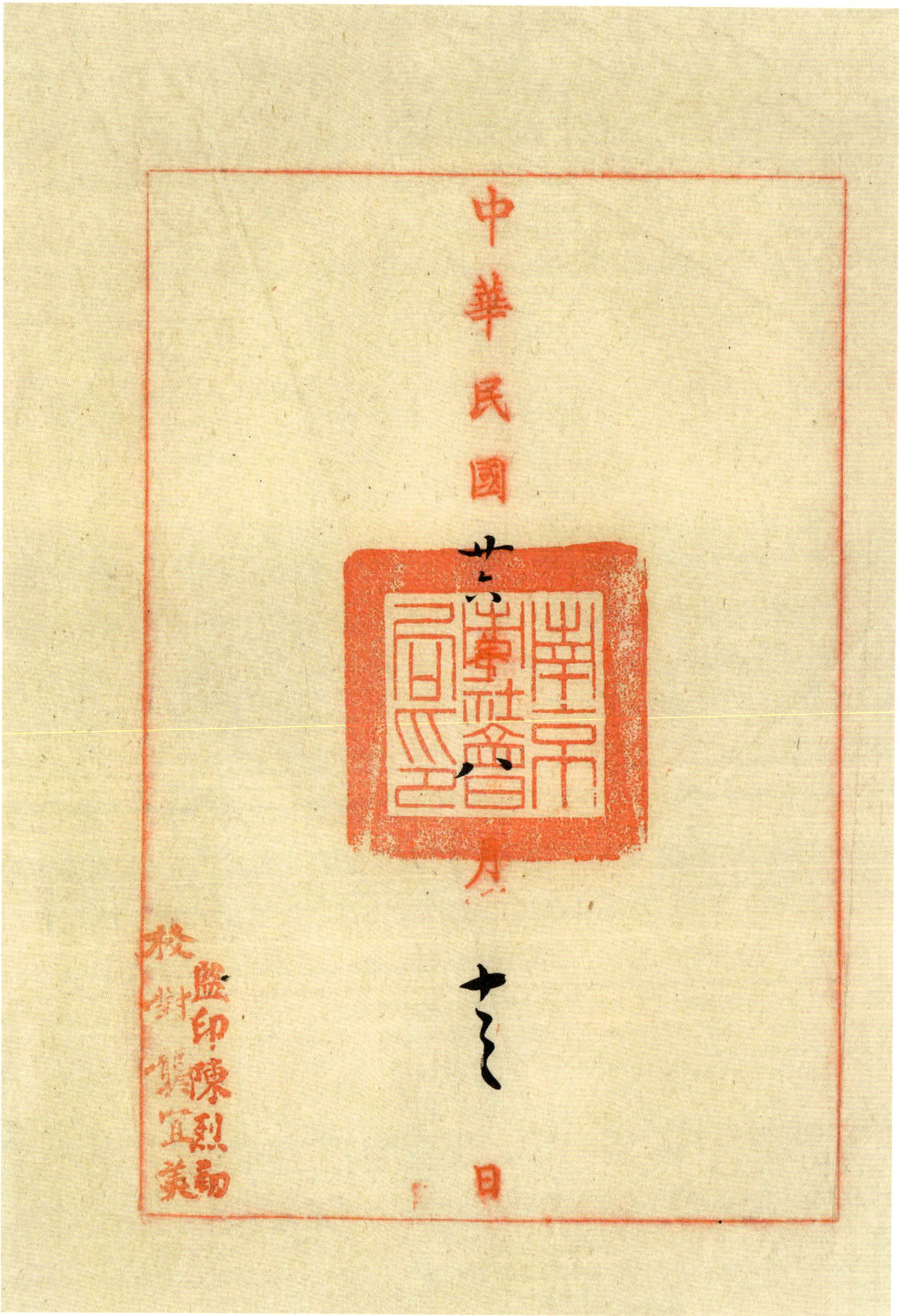

中華民國廿六年八月十七日

監印陳烈勳

校對龔宜美